安徽省高等教育“十二五”规划教材
全国职业教育规划教材 · 财务会计系列

U1021000

新编税法

（第二版）

主　编　马克和
副主编　张文华　康会英　李　雪
　　　　王　萍　刘　珺　罗鸣令
参　编　高桂华　游振宇
　　　　刘连生　高素芬

北京大学出版社
PEKING UNIVERSITY PRESS

内 容 简 介

本书定位于高职高专教育，以“着眼素质教育、突出职教特色、重视能力培养、体现时代要求”为编写原则，具有“内容全面，系统规范；编排新颖，创新实用；能力本位，职教特色”等特点，充分体现了职业教育综合技能型人才培养的特征。本书以新颁布的税收法规、政策为依据，结合征纳双方的实际，全面而系统地阐述了12部分的内容，即税法总论、增值税法、消费税法、营业税法、关税法、企业所得税法、个人所得税法、资源类税法、财产类税法、行为目的类税法、税收征收管理法和税收救济法。本书内容丰富，形式活泼，语言通俗易懂。更值得一提的是，本书摒弃了传统教材单纯叙述知识的老框架，改进了教材体系结构、编写体例和版式风格，可读性强，极易提高读者的学习兴趣。

本书既可作为高职高专财会专业和财经类其他专业的专业基础课教材，也可作为在职财会、税务人员业务学习、岗位培训教材。

图书在版编目(CIP)数据

新编税法/马克和主编. —2版. —北京：北京大学出版社，2014.10
(全国职业教育规划教材·财务会计系列)
ISBN 978-7-301-25032-7

Ⅰ.①新… Ⅱ.①马… Ⅲ.①税法—中国—高等职业教育—教材 Ⅳ.①D922.22

中国版本图书馆CIP数据核字(2014)第244117号

书　　名：新编税法(第二版)
著作责任者：马克和　主编
策 划 编 辑：周　伟
责 任 编 辑：周　伟
标 准 书 号：ISBN 978-7-301-25032-7/F·4081
出 版 发 行：北京大学出版社
地　　址：北京市海淀区成府路205号　100871
网　　址：http://www.pup.cn　新浪官方微博：@北京大学出版社
电 子 信 箱：zyjy@pup.cn
电　　话：邮购部62752015　发行部62750672　编辑部62754934　出版部62754962
印 刷 者：三河市博文印刷有限公司
经 销 者：新华书店
787毫米×1092毫米　16开本　18.5印张　456千字
2008年9月第1版
2014年10月第1版　2014年10月第1次印刷(总第4次印刷)
定　　价：42.00元

第二版前言

《新编税法(第二版)》是安徽省高等教育“十二五”规划教材和“全国职业教育规划教材·财务会计系列”教材之一。

市场经济是一种开放性、竞争性、高效率的经济体制。市场经济也是法治经济。随着社会主义市场经济体制日益发展和完善，迫切需要我们从我国国情出发，根据市场经济运行的内在规律，制定、颁布并实施一整套相关法律，维护市场经济的秩序，调节和控制市场经济的运行，促进市场经济的健康发展。税法既是税收活动的规范，又是我国法律体系的重要组成部分。有税必有法，无法不成税。经济越发展，税法越重要。党的十八届三中全会提出，必须完善立法、明确事权、改革税制、稳定税负、透明预算、提高效率。因此，我国在税收政策和法律、法规方面作了较大的改革和调整。基于以上原因，我们对原出版的《新编税法》中的相关内容进行了修订和调整。

本次修订任务主要由马克和完成。修订和调整的内容主要是：将第1章中“税法体系的建立与发展”的相关内容作了修订；按照调整后的如“营改增”等税收政策，修订了增值税法、消费税法、营业税法、耕地占用税法、车船税法、资源税法、城市维护建设税法和教育费附加的有关规定；将第11章“税收征收管理法”中的“税务行政复议”和“税务行政诉讼”的内容剥离出来，与“税务行政赔偿”合并设立第12章“税收救济法”，使得整本书的内容更加科学合理。另外，还修改了其他章节的有关内容。

《新编税法(第二版)》由马克和任主编，张文华、康会英、李雪、王萍、刘珺和罗鸣令任副主编，高桂华、游振宇、刘连生和高素芬参编。

为了更好地理解和掌握本书的内容，我们还制作了课件和习题答案，以供读者选用。限于水平有限，书中肯定存在不足和错漏，敬请读者批评指正。

编　者

2014年6月

目　　录

第1章 税法总论

学习目标

【知识目标】

1. 理解并掌握税法的基本概念
2. 了解并掌握税收法律关系的相关内容
3. 了解我国现行税法的分类
4. 掌握税法的基本要素
5. 了解我国现行的税法体系

【能力目标】

1. 能够熟悉并把握我国税法的有关内容
2. 能够熟悉我国现行的税法体系,树立依法纳税的意识

1.1 税法概述

1.1.1 税法基本概念

1. 税法的定义

记一记: 税法是国家制定的用以调整国家与纳税人之间在征纳税方面的权利与义务关系的法律规范的总称。税法是国家依法征税、纳税人依法纳税的行为准则,其目的是保障国家利益和纳税人的合法权益,维护正常的税收秩序,保证国家的财政收入。

税法有广义与狭义之分,广义的税法是指国家立法机关、政府及其有关部门制定的有关税收方面的法律、规章、制度等;狭义的税法仅指国家立法机关或其授权制定的税收法律,这是严格意义上的税法。本书中所言的税法是指广义的税法。

2. 税法与税收的关系

税法与税收密不可分,税法是税收的法律表现形式,税收则是税法所确定的具体内容。税收是一国政府为满足社会公共需要,凭借其社会公共权力,依照法律,强制、无偿地参与国民收入分配的一种形式,其基本职能是满足国家的基本财政需要和对经济运行实施有效的调控。它具有强制性、无偿性、固定性三个特征。而税法就是国家凭借其权力,利用税收工具的"三性"特征参与社会产品和国民收入分配的法律规范的总称。有税必有法,无法不成税。

税法视野　　海上灯塔——公共事务例释

假定一个社会是由生活在一个孤岛上的渔民组成的,捕鱼是他们最基本的谋生手段。渔民出海捕鱼,在经历了数次渔船触礁或搁浅之后,深感有必要建造一些灯塔,为渔船导航之用。这样的灯塔如能建成,对岛上的每一个渔民来说,都会从中得到很大的益处。可建造灯塔所带来的利益并非是任何一个渔民可以独享的。一部分渔民使用灯塔导航,并不影响和妨碍其他渔民同时使用灯塔导航。即使有的渔民不参加灯塔的建造或不为灯塔的建造支付任何费用,我们也无法排除他享受灯塔导航的益处。因此,像灯塔这样的产品就属于公共事务的一类,它是不可能通过市场来提供的。

从二者的联系上看:税收和税法是辩证统一、互为因果的关系。具体地说,税收与税法都是以国家为前提,与财政收入密切相关;国家对税收的需要决定了税法的存在,而税法的存在决定了税收的分配关系;税法是税收内容的具体规范和权力保证(即法律强制性征收);税收是税法的执行结果,同时税收又是衡量税法科学性、合理性的重要标准。

从二者的区别上看:税收属于经济基础,税法则属于上层建筑范畴。

1.1.2 税收法律关系

税收法律关系是指税法所确认和调整的,国家与纳税人之间在税收分配及其管理活动中,以国家强制力保证实施的,具有经济内容的权利与义务的关系。国家征税与纳税人纳税形式上表现为利益分配的关系,但经过法律明确其双方的权利与义务后,这种关系实质上已上升为一种特定的法律关系。了解税收法律关系,对于正确理解国家税法的本质,严格依法纳税、依法征税都具有重要的意义。

1. 税收法律关系的构成

税收法律关系在总体上与其他法律关系一样,都是由主体、客体和法律关系内容三方面构成的,但在三方面的内涵上,税收法律关系则具有特殊性。

(1) 税收法律关系的主体

税收法律关系的主体是指税收法律关系中享有权利和承担义务的当事人,包括征税主体和纳税主体两个方面。在我国,征税主体是代表国家行使征税职责的国家税务机关,包括国家各级税务机关、海关和财政机关。纳税主体是指依法履行纳税义务的人,包括法人、自然人和其他组织,在华的外国企业、组织、外籍人、无国籍人,以及在华虽然没有机构、场所但有来源于中国境内所得的外国企业或组织。对纳税主体的确定,一般采取属地兼属人的原则。

议一议: 税收法律关系与一般民事法律关系有什么不同?

在税收法律关系中权利主体双方的法律地位平等,但因为主体双方是行政管理者与被管理者的关系,双方的权利与义务不对等,因此,与一般民事法律关系中主体双方权利与义务的平等是不一样的。这是税收法律关系的一个重要特征。

(2) 税收法律关系的客体

税收法律关系的客体是指税收法律关系主体的权利和义务所共同指向的对象,表现为税收的征纳活动,包括物、货币和行为。

法律定义上的"物"是指具有一定经济价值的物品或其他物质财富,但作为税收法律关系客体的"物"仅指与税收有关的应税货物(如增值税法中的应税货物、房产税法中的房屋等)和依法缴纳的货物;"货币"作为税收法律关系的客体具有普遍性,既包括纳税人的货物计价和货币结算等,又包括缴入国库的货币税款;"行为"作为客体在税收法律关系中更具广泛意义,如制定税法、编制计划、税款征收以及纳税人的税务登记、纳税申报、税款缴库等行为均属此类。

(3) 税收法律关系的内容

税收法律关系的内容就是税收法律关系的主体所享有的权利和所应承担的义务,这是税收法律关系中最实质的规定,也是税法的灵魂。它规定权利主体可以有什么行为,不可以有什么行为,若违反了这些规定,须承担什么样的法律责任。

国家税务机关的权利主要表现在依法进行税务管理、征收税款、税务检查及对违法者进行处罚。其义务主要是向纳税人宣传、咨询、辅导税法,对纳税人情况保密,依法办事;依法计征,及时把征收的税款解缴国库,依法受理纳税人对税收争议申诉等。

纳税义务人的权利主要有税法了解权、发票购买权、多缴税款退还权、延期纳税权、依法申请减免税权、请求国家赔偿权、对税务决定申辩权、申请复议和提起诉讼权等。其义务主要是按税法规定办理税务登记、进行纳税申报、接受税务检查、依法缴纳税款等。

2. 税收法律关系的产生、变更与终止

税法是引起税收法律关系的前提条件,但税法本身并不能产生具体的税收法律关系。税收法律关系的产生、变更和终止,必须有能够引起税收法律关系产生、变更或终止的税收法律事实来决定。这种税收法律事实一般指税务机关依法征税的行为和纳税人的经济活动行为,发生这种行为才能产生、变更或消灭税收法律关系。例如,纳税人开业经营即产生税收法律关系,纳税人转业或停业就造成税收法律关系的变更或终止。

3. 税收法律关系的保护

税收法律关系的保护是指保障征纳税权利主体行使权利和监督义务主体履行义务的活动。其实质就是保护国家正常的经济秩序,保障国家财政收入,维护纳税人的合法权益。因此,保护税收法律关系就应对侵犯税收主体的合法权益和不履行法定义务者,严格依法追究法律责任。

税收法律关系的保护方式较多,税法中关于限期纳税、征收滞纳金和罚款的规定,以及税法中对纳税人不服税务机关征税处理决定,可以申请复议或提出诉讼的规定等都是对税收法律关系的直接保护。税收法律关系的保护对权利主体双方是对等的,不能只对一方保护而对另一方不予保护,对权利享有者的保护本身就是对义务承担者的制约。

1.1.3 税法的分类

1. 税收基本法和税收普通法

根据基本内容和效力的不同,税法可分为税收基本法和税收普通法。

(1) 税收基本法

税收基本法是规定税收性质、立法、种类、体制和税务机构以及征纳双方权利与义务等内容的法律规范。它是税法体系的主体和核心,起着税收母法的作用。目前,我国还没有制定统一的税收基本法。但随着我国社会主义市场经济的发展和税收法制的不断完善,将研究制定税收基本法。

查一查:目前我国税收基本法的制定情况及意义。

(2) 税收普通法

税收普通法是根据税收基本法的原则,对税收基本法规定的事项分别立法实施的法律规范,如《中华人民共和国个人所得税法》(以下简称《个人所得税法》)、《中华人民共和国税收征收管理法》(以下简称《税收征收管理法》)等。

2. 税收实体法和税收程序法

根据职能作用的不用,税法可分为税收实体法和税收程序法。

(1) 税收实体法

税收实体法是规定税种及其征税对象、纳税人、税目税率、计税依据、纳税地点等要素内容的法律规范,如《中华人民共和国增值税暂行条例》(以下简称《增值税暂行条例》)、《个人所得税法》等。

(2) 税收程序法

税收程序法是规定税收管理工作的步骤和方法等方面的法律规范。主要包括税务管理法、纳税程序法、发票管理法、税务处罚法和税务争议处理法等,如《税收征收管理法》。

问题解答 **实体法与程序法之间的关系怎样?**

答:这是按照法律规定内容的不同为标准对法的分类。实体法是指以规定和确认权利和义务或职责为主的法律,如民法、刑法等;程序法是指以保证权利和义务得以实施或职权和职责得以履行的有关程序为主的法律,如诉讼法、税收征管法等。实体法和程序法的分类是就其主要方面的内容而言,它们之间也有一些交叉,实体法中也可能涉及一些程序规定,程序法中也可能有一些涉及权利、义务等内容的规定。

3. 流转税法、所得税法、资源税法、财产税法和行为目的税法

根据征税对象的不同,税法可分为流转税法、所得税法、资源税法、财产税法和行为目的税法。

(1) 流转税法

流转税法是对流转额征税的税法,包括增值税、消费税、营业税、关税等税法。流转税法的特点是与商品生产、流通、消费有着密切的联系,对什么商品征税,税率多高,对商品经济活动都有直接的影响,有利于国家发挥对经济的宏观调控作用。

(2) 所得税法

所得税法是对所得额(或收入额)征税的税法,包括企业所得税、个人所得税等税法。所

得税法的特点是可以直接调节纳税人的收入水平，发挥税收公平税负和调整分配关系的作用。

(3) 资源税法

资源税法是对自然资源征税的税法，包括资源税、城镇土地使用税等税法。资源税法的特点是可以调节因自然资源或客观原因所形成的级差收入，避免资源浪费，保护合理使用国家自然资源。

(4) 财产税法

财产税法是对财产的价值征税的税法，包括房产税、车船税、契税等税法。财产税法的特点是避免利用财产投机取巧和闲置浪费，以促进财产合理使用为根本目的。

(5) 行为目的税法

行为目的税法是对特定行为征税的税法，包括印花税、车辆购置税、城市维护建设税等税法。行为目的税法的特点是可选择面较大，有利于国家引导和限制某些特定行为而达到预期的目的。

4. 中央税、地方税、中央与地方共享税

根据税收收入归属和征管权限的不同，税法可分为中央税、地方税、中央与地方共享税。

(1) 中央税

中央税是指税收收入和管理权限归属于中央一级政府的税收，一般由中央统一征收管理，如消费税、关税等。

(2) 地方税

地方税是指税收收入和管理权限归属于各级地方政府的税收，一般由各级地方政府负责征收管理，如城市维护建设税、房产税等。

(3) 中央与地方共享税

中央与地方共享税是指税收收入属于中央政府和地方政府的共同收入，目前由国家税务总局负责征收管理，如增值税、企业所得税、个人所得税等。

此外，根据主权国家行使税收管辖权的不同，税法可分为国内税法、外国税法和国际税法等。

1.1.4 税法的作用

税法调整的对象涉及社会经济活动的各个方面，与国家的整体利益及企业、单位和个人的直接利益有着密切的关系，并且在建立和发展我国社会主义市场经济体制中，国家将通过制定实施税法加强对国民经济的宏观调控，其地位和作用越来越重要。

议一议：税法在建立和发展我国社会主义市场经济体制中的重要作用。

1. 税法是国家组织财政收入的法律形式

我国为了加速国民经济的健康发展，必须筹集大量的资金，用于工农业基础建设和能源、交通等重点建设。而税收是筹集国家建设资金的最主要渠道。为了保证税收组织财政收入职能的发挥，必须通过制定税法，以法律的形式确定单位和个人履行纳税义务的具体项目、数额和纳税程序，惩治偷逃税款的行为，防止税款流失，保证国家依法征税，及时足额地取得税收收入。

2. 税法是国家宏观调控经济运行的法律手段

社会主义市场经济体制改革的目标之一,就是从过去国家习惯于用行政手段直接管理经济,向主要运用法律、经济的手段宏观调控经济转变。税收作为国家宏观调控的重要手段,通过制定税法,以法律的形式确定国家与纳税人之间的利益分配关系,调节生产与消费及社会成员的收入水平,调整产业结构和社会资源的优化配置,使其符合国家的宏观经济政策;同时,以法律的平等原则,公平税负、鼓励平等竞争,为市场经济的发展创造良好的条件。

3. 税法是国家维护经济秩序的法律工具

由于税法的贯彻执行涉及从事生产经营活动的每个单位和个人,这些经营单位和个人通过办理税务登记、建账建制、纳税申报等,其各项经营活动都将纳入税法的规范制约和管理范围。这样,税法就确定了一个规范有效的纳税秩序和经济秩序,以监督经营单位和个人依法经营、加强经济核算、提高经营管理水平;同时,税务机关按照税法规定对纳税人进行税务检查,严肃查处偷逃税款及其他违反税法规定的行为,也将有效地打击各种违法经营活动,为国民经济的健康发展和良性循环创造条件。

4. 税法是国家保护纳税人合法权益的法律依据

由于国家征税直接涉及纳税人的切身利益,如果税务机关出现随意征税的现象,就会侵犯纳税人的合法权益,影响纳税人的正常经营,这是法律所不允许的。因此,税法在确定税务机关征税权利和纳税人履行纳税义务的同时,相应规定了税务机关承担的义务和纳税人享有的权利,如纳税人享有发票购买权、延期纳税权、申请减税免税权、多缴税款退还权、依法申请复议或提起诉讼权等;税法还严格规定了对税务机关执法行为的监督制约制度,如进行税收征管必须按照法定的权限和程序进行,造成纳税人合法权益损失的要负赔偿责任等。所以,税法不仅是税务机关征税的法律依据,同时也是纳税人保护自身合法权益的重要法律依据。

5. 税法是国家维护其经济权益的法律保障

在国际经济交往中,任何国家对进出口贸易、技术交流与合作,以及在本国境内从事生产经营的外国企业和个人都拥有税收管辖权,这是国家权益的具体体现。我国自实行对外开放政策以来,在平等互利的基础上,不断扩大和发展同各国、各地区的经济贸易往来及交流与合作,利用外资、引进技术的规模、渠道和形式都有很大发展。我国在建立和完善涉外税法的同时,还同70多个国家签订了避免双重征税的协定。这些税法规定既维护了国家的经济权益,又为鼓励外商投资、保护国外企业和个人在华合法经营,以及发展国家间平等互利的经济技术合作关系,提供了可靠的法律保障。

税法视野

税法的规范作用

1. 指引作用

即税法的制定为人们的行为提供一个模式、标准和方向,使人们知道在税收领域哪些是该做的,哪些是不该做的。

2. 评价作用

即税法作为法律规范具有判断、衡量人们的行为是否合法的作用。

3. 预测作用

即依靠税法指引的方向和提供的评价标准，可以预先估计人们相互间将如何行为，从而在税法许可范围内，对自己的行为作出最合理的安排。

4. 强制作用

即对违反税法的行为进行制裁而产生的法律保证，是税收强制性的法律依据。

5. 教育作用

教育作用可以说是税法评价作用与强制作用的延伸，它借助税法提供的行为模式，使人们逐渐将自己的行为与税法的要求相一致，养成守法的习惯。

1.2 税法要素

税法要素是指税法应具备的基本内容，一般指税收实体法的组成要素。任何一部税收实体法都要规定对什么征税，向谁征，征多少，如何征，这些构成了税收实体法的基本内容，简称税法要素。税法要素一般包括总则、纳税人、征税对象、税率、纳税环节、纳税期限、税收优惠、征收方法、纳税地点、罚则、附则等要素。其中，纳税人、征税对象和税率是税法的基本要素。

1.2.1 纳税人

纳税人是纳税义务人的简称，又称纳税主体，是指税法中规定的直接负有纳税义务的单位和个人，是构成税法的基本要素之一。无论什么税，都要由相关的纳税人来承担，即由谁来纳税。如增值税的纳税人是在中国境内销售货物或者提供加工、修理修配劳务和应税服务以及进口货物的单位和个人；企业所得税的纳税人是在中华人民共和国境内的企业和其他取得收入的组织。纳税人包括自然人和法人。在实际的纳税过程中，与纳税人相关的概念有代扣代缴义务人、负税人、纳税单位。

注意： 纳税人、征税对象和税率是税法的基本要素。

1. 扣缴义务人

扣缴义务人是代扣代缴义务人的简称，是指税法规定的有义务从持有的纳税人收入中扣除其应纳税款并代为缴纳的企业、单位或个人。当纳税人发生应税行为直接缴税有困难时，国家为了防止纳税人偷逃税款，保证税款及时足额入库，税法中须明确扣缴人扣缴税款的具体规定。如《个人所得税法》中规定，纳税人取得的各项应税所得有支付单位的，以支付单位为扣缴人。

2. 负税人

负税人即最终负担税收的单位和个人。负税人与纳税人是两个不同的概念，纳税人是直接向税务机关缴纳税款的单位和个人，负税人是税款的最终承担者或实际负担者。纳税人与负税人可能是一致的，也可能是不一致的，关键在于纳税人缴纳税款后是否将税款转嫁或转移给第三者:如果纳税人通过一定的途径把税款转嫁给别的单位和个人负担,纳税人就不再是负税人,如对烟、酒、化妆品等消费品采取高价高税政策,纳税人虽是企业,但税款已包括在商品的价格之中,负税人是消费者;如果纳税人未能把税款转嫁出去,则纳税人同时也就是负税人,如个人所得税,税收直接由纳税人自己负担,纳税人本身就是负税人。税法中并没有负税人的规定,并不规定税款最终由谁负担,只规定由谁交纳税款。

问题解答　　**纳税人与负税人的区别是什么?**

答:纳税人和负税人是两个既有联系,又有区别的概念。纳税人是直接向税务机关缴纳税款的法人、自然人和其他组织,负税人是实际负担税款的法人、自然人和其他组织,当纳税人能够通过一定的途径把税款转嫁或转移给他人的,纳税人就不再是负税人,被转嫁或被转移的他人才是真正的负税人。在不存在转嫁和转移的情况下,纳税人同时就是负税人。

3. 纳税单位

纳税单位是指申报缴纳税款的单位,是纳税人的有效集合。所谓有效集合,就是为了征管和缴纳税款的方便,可以允许在法律上负有纳税义务的同类型纳税人作为纳税单位,填写一份纳税申报表。如个人所得税,可以单个人为纳税单位,也可以夫妇为纳税单位,还可以以一个家庭为纳税单位,目前我国采取的是以单个人为纳税单位。企业所得税可以每个分公司为一个纳税单位,也可以总公司为一个纳税单位。

1.2.2 征税对象

征税对象又称课税对象、纳税客体,是指税法中规定征税的目的物,也就是对什么征税,是征税的客体。

征税对象是税法构成要素中的最基础性要素,原因如下。

(1) 征税对象是区分不同税种的最主要标志,各种税的名称通常都是根据征税对象来确定的,如增值税、所得税、房产税等。

(2) 征税对象体现着各种税的征税范围,如我国增值税的征税对象是对销售或进口货物,提供加工、修理修配劳务征税;企业所得税的征税对象是对生产经营所得和其他所得征税。

(3) 税法其他要素的内容一般都是以征税对象为基础来确定的,如纳税人这一要素,国家开征一种税,所以要选择这些单位和个人作为纳税人,而不选择其他单位和个人作为纳税人,原因是因为这些单位和个人拥有税法中规定的征税对象。

与征税对象相关的概念,主要有征税范围、税目和计税依据。

1. 征税范围

征税范围是指税法规定的征税对象的具体内容范围,是国家征税的界限。它可按货物、品种、所得、地区等方面进行划分。征税范围与征税对象密切相关,一般来说,它是征税对象的进一步补充和划分。如我国现行的城镇土地使用税的征税对象为土地,其征税范围为城市、县城、建制镇和工矿区。

2. 税目

税目是各个税种所规定的具体征税项目，是征税对象在质上的具体化。如现行消费税具体规定了烟、酒等14个税目。通过划分税目，可以进一步明确征税范围，凡列入税目的都征税，未列入的不征税。同时，解决征税对象的归类问题，可以归类确定税率，并可以形成"税目税率表"的形式，从而使征税对象更加简明、清晰，如消费税税目税率表、营业税税目税率表等。税目一般可分为列举税目和概括税目，列举税目是指将每一种商品或经营项目采用一一列举的方法，概括税目就是按商品大类或行业采用概括方法设计税目。不是所有的税种都规定税目，有些税种的征税对象简单、明确，没有必要另行规定税目，如房产税、企业所得税等。

3. 计税依据

计税依据又称征税基础，是指税法中规定的据以计算各种应征税款的依据或标准，是征税对象在量上的具体化，是计算每种税应纳税额的根据。计税依据在表现形式上有以下两种。

(1) 从价计征

从价计征即征税对象以价值作为依据。在这种情况下，征税对象与计税依据是一致的，如所得税的征税对象是所得额，计税依据也是所得额。

(2) 从量计征

从量计征即按征税对象的数量、重量、容积、面积等作为计税依据。在这种情况下，征税对象与计税依据一般是不一致的，如车船税的征税对象是各种车辆、船舶，而计税依据则是车船的吨位。

议一议：征税对象与征税范围、税目、计税依据的区别与联系。

计税依据与征税对象的关系表现为：征税对象是指征税的目的物，计税依据则是在目的物已经确定的前提下，对目的物据以计算税款的依据或标准；征税对象是从质的方面对征税所做的规定，而计税依据则是从量的方面对征税对象所做的规定。

1.2.3 税率

税率是应纳税额与征税对象(或计税依据)之间的关系或比例，是计算税额的尺度，也是衡量税负轻重与否的重要标志。税率是税收制度的核心和灵魂。税率的高低关系国家的收入多少和纳税人的负担程度，是体现税收政策的中心环节。

我国现行税率的基本形式有三种，即比例税率、累进税率和定额税率。

1. 比例税率

比例税率是对同一征税对象，不分数额大小，规定相同的征收比例的税率。如我国现行增值税、营业税、企业所得税等采用的都是比例税率。税额与征税对象成正比关系。在具体运用中，比例税率又可以分为统一比例税率、差别比例税率和幅度比例税率。

(1) 统一比例税率

统一比例税率又称单一比例税率，是指一个税种只规定一个统一的比例税率，所有的纳税人都按同一税率纳税，如我国现行的企业所得税税率。

(2) 差别比例税率

差别比例税率是指一个税种设两个或两个以上的比例税率。税率是根据具体征税项目设计的,不同的纳税人要根据特定征税项目分别适用不同的税率。实行差别比例税率有利于更好地贯彻区别对待、公平税负的原则,在现行的税制中,差别比例税率又分为产品差别比例税率、行业差别比例税率和地区差别比例税率。

① 产品差别比例税率

产品差别比例税率即按产品大类或品种分别设计不同的税率,如现行的消费税税率。

② 行业差别比例税率

行业差别比例税率即按照应税产品或经营项目所归属的行业设计税率,不同的行业采取不同的比例税率,如现行的营业税税率。

③ 地区差别比例税率

地区差别比例税率即对同一征税对象按照其所在地区分别设计不同的税率,如原来的农业税税率。

(3) 幅度比例税率

幅度比例税率是指由税法规定统一比例幅度,由各地区根据本地的具体情况确定具体的适用税率。如现行税法中归地方的一些税就是由各地在一定幅度内自主确定。

2. 累进税率

累进税率是指同一征税对象,随数量的增大,征收比例也随之提高的税率。它是将征税对象按数额大小分为若干等级,不同等级适用由低到高的不同税率,征税对象数额越大税率越高,数额越小税率越低。在所得税中使用较多,累进税率可以合理调节收入分配,正确体现税收负担的纵向公平问题。

累进税率可按不同的标准进行分类。

一是按累进依据的性质,累进税率可分为额累和率累两种。额累是按征税对象数量的绝对额分级累进,如所得税一般按所得额的大小分级累进。率累是按与征税对象有关的某一比率分级累进,如我国现行税法中的土地增值税。

二是按累进方式,累进税率又分为全额累进和超额累进。

依据这两种方式和划分级次的标准,可将累进税率分为:全额累进税率和超额累进税率、全率累进税率和超率累进税率等。我国现行税法运用的有超额累进税率和超率累进税率两种。

(1) 全额累进税率

全额累进税率是指按征税对象的绝对额划分等级,以纳税人征税对象的全部数额为基础,确定与之相适应的级距税率,计算应纳税额的一种累进税率。即征税对象的全部数额都按其相应等级的累进税率计算。全额累进税率实际上是按征税对象数额的大小,分等级规定的一种差别比例税率。表1-1是简化的累进税率表。

表1-1 简化的累进税率表

级 数	全月应纳税所得额	税率(%)	速算扣除数
1	不超过1 500元的部分	3	0
2	超过1 500～4 500元的部分	10	105
3	超过4 500～9 000元的部分	20	555
4	超过9 000～35 000元的部分	25	1 005
5	超过35000～55000元的部分	30	2 755

【例 1-1】 2014 年 2 月，李某的月收入为 9 000 元，张某的月收入为 9 001 元（两人的收入均为扣除免征额 3 500 元后的应纳税所得额）。

要求：请采用全额累进税率计算两人的应纳税额。

【解答】 李某的月收入为 9 000 元，适用税率 20%；张某的月收入为 9 001 元，适用税率 25%。

李某的应纳税额＝9 000×20%＝1 800（元）

张某的应纳税额＝9 001×25%＝2 250.25（元）

由此可见，全额累进税率具有以下两个特点：

① 在确定应纳税所得额后，相当于按照比例税率计征，计算方法简单；

② 税负不合理，特别是在两个级距的临界部位会出现税负增加不合理的情况。

例 1-1 中张某的月收入只比李某的月收入多 1 元，而要比李某多纳税 450.25 元，显然极不合理。

（2）超额累进税率

超额累进税率是指按征税对象的绝对额划分征税级距，以纳税人的征税对象的所属等级同时适用几个税率分别计算，将计算结果相加后得出应纳税额的一种累进税率。即采用超额累进税率时征税对象的数额超过某一等级时，仅就超过部分，按高一级税率计算征税。我国现行税法中采用这种税率的有个人所得税，其计算方法有以下两种。

① 依定义逐级计算法

【例 1-2】 2014 年 2 月，李某的月收入为 9 000 元。

要求：请采用超额累进税率计算李某的应纳税额。

【解答】 第一级：应纳税额＝1 500×3%＝45（元）

第二级：应纳税额＝（4 500 － 1 500）×10%＝300（元）

第三级：应纳税额＝（9 000 － 4 500）×20%＝900（元）

李某应纳税额＝45＋300＋900＝1 245（元）

上述依定义逐级计算的方法过于复杂，特别是征税对象的数额越大时，级次越多，计算越复杂，给实际操作带来困难。

② 采用速算扣除法

按全额累进税率计算的税额，比超额累进税率计算的税额要多征一定的数额，如例 1-2 中李某的收入为 9 000 元，按全额累进税率计算的应纳税额为 1 800 元，与按超额累进税率计算的应纳税额 1 245 元要多 555 元，应纳税所得额在 4 500～9 000 的部分，这个数是固定不变的，是一个常数，即：

全额累进税率计算的应纳税额－超额累进税率计算的应纳税额＝常数

我们把这个常数称为速算扣除数。

试一试：应税收入为 4 000 元时，全额累进税率计算的应纳税额＝________，超额累进税率计算的应纳税额＝________；差额＝________。

应税收入为 6 000 元时，全额累进税率计算的应纳税额＝________，超额累进税率计算的应纳税额＝________；差额＝________，并说说差额为什么相等。

由此可以得出,超额累进税率应纳税额的计算公式:

应纳税额=全额累进税率计算的应纳税额-速算扣除数(常数)

【例 1-3】 2014 年 2 月,李某的月收入为 9 000 元。

要求:请按速算法计算李某的应纳税额。

【解答】 应纳税额=9 000×20%- 555=1 245(元)

由此可见,按逐级计算法与按速算扣除法计算的应纳税额是相等的,但计算却要简便得多,因此,在实际工作中,一般采用速算扣除数法。

(3) 超率累进税率

超率累进税率是指征税对象数额各按所属比率级次适用的征税比例计税的一种累进税率。即把征税对象数额的相对率(如销售利润率、增值额占扣除项目金额的比率等)划分若干级距,分别规定相应的差别税率,相对率每超过一个级距的,对超过的部分就按高一级的税率计算征税。目前,我国采用这种税率的是土地增值税。

问题解答　全额累进税率与超额累进税率有何区别?

答:全额累进税率与超额累进税率相比,不同之处主要体现在以下三个方面。

一是实际税率不同。在名义税率相同的情况下,实际税率往往是不同的,全额累进税率只适用纳税人的一个征税比例,全累负担较重;而超额累进税率往往会适用纳税人几个征税比例,超累负担较轻。

二是累进程度不同。在累进级次的临界点附近,全额累进税率的累进程度急剧,税额负担呈跳跃式的上升,税额的增加会超过征税对象数额的增加;超额累进税率的累进程度较为缓和,不存在这种不合理的现象。

三是税额计算不同。全额累进税率计算税额较为简便,相当于采用比例税率的税额计算;而超额累进税率计算税额相对复杂,要进行分级分次的税额计算,即便采用速算扣除数法计算税额也比全额累进麻烦。

3. 定额税率

定额税率又称固定税额、单位税额,是对征税对象计量单位直接规定固定的征税数额的税率。征税对象的计量单位可以是重量、数量、面积、体积等自然单位,也可以是专门规定的复合单位。如土地使用税以“平方米”自然单位为计量单位,资源税中的天然气以“千立方米”这一复合单位为计量单位。单位征税对象应征税额是固定不变的,税额的多少只与征税对象的数量有关。在实际运用中,定额税率又分为以下三种。

(1) 地区差别定额税率

地区差别定额税率即对同一征税对象按照不同的地区规定高低不同的固定税额。如我国的资源税,其他煤炭的税率规定为:北京、吉林等 9 省市为 2.5 元/吨;河北、湖北等 6 省、自治区为 3 元/吨;安徽省为 2 元/吨。

(2) 幅度定额税率

幅度定额税率即统一规定税额征收幅度,由各地在规定的幅度内具体确定本地区的执行税额。如现行的车船税,税法规定排气量在 1.0 升(含)以下的乘用车每辆 60～360 元,各省、市、自治区人民政府可在这个幅度内确定本地区的适用税额。

(3) 分类定额税率

分类定额税率按某种标志将征税对象划分为类别，类别下再划分为若干项，分别规定不同的征税数额。如我国现行车船税对车船共分 5 类，并规定全国统一的固定税额。

4. 特殊税率

除上述税率外，还有一些特殊形式，如零税率、加成征收和加倍征收等，它们实际上是税率的收缩或延伸。

(1) 零税率

零税率即税率为零，是比例税率的一种特殊形式，零税率既不是不征税，也不是免税，而是征税后负担的税额为零。表明征税对象的持有人负有纳税义务，但不需缴纳税款。我国现行增值税对出口货物规定零税率。

(2) 加成征收和加倍征收

加成征收是按应纳税额的一定成数加征税款。1 成为 10%，加征 1 成，即为在原税率或税额上加征 10%。加征 2 成，即为在原税率或税额上加征 20%，依此类推。加倍征收是依据纳税人的应纳税额加征一定倍数的税额。加成征收和加倍征收是税率的补充形式，是税率的大幅度延伸提高。

1.2.4 税收优惠

税收优惠是税法规定的对某些纳税人或征税对象给予鼓励和照顾的特殊性规定，主要有减税免税、起征点与免征额等。

1. 减税免税

减税是从纳税人的应纳税额中减征部分税额的措施。免税是免除纳税人全部应纳税额的措施。减税免税是对某些纳税人和征税对象给予鼓励和支持的一种特殊规定。减税免税按其性质划分，可分为法定减免、特定减免和临时减免；按其方式划分，可分为征税对象减免、税率减免和税额减免。

2. 起征点与免征额

起征点是征税对象达到征税数额开始计税的界限。如现行增值税规定销售货物和提供应税服务的起征点为月销售额 5 000～20 000 元。免征额是征税对象全部数额中规定免予计税的数额。如个人所得税规定工资薪金所得每月扣除 3 500 元，即为免征额。

起征点和免征额的区别，前者是达到或超过的就其全部数额征税、未达到不征税，而后者是达不到的不征税，达到或超过的均按扣除该数额后的余额计税。

1.2.5 纳税环节

纳税环节是指税法规定的征税对象确定的应该缴纳税款的环节。征税对象在整个社会经济运行中是不断流转运动的，如货物有生产、流通、消费的过程。所得有创造、分配和收受的过程等。在这些过程中，哪些环节纳税，哪些环节不纳税，税法中必须作出明确的规定。如流转税在生产和流通环节纳税，所得税在分配环节纳税等。按纳税环节的多少，可以将税收课征制度分为以下两种。

(1) 一次课征制

一次课征制是指同一种税在其征税对象运动过程中只选择一个环节征税的制度。如现行资源税采用的就是这种征税制。

(2) 多次课征制

多次课征制是指同一种税在某征税对象运动过程中选择两个或两个以上环节征税的制度。如现行增值税采用就是这种征税制。

1.2.6 纳税期限

纳税期限是税法规定纳税人发生纳税义务后缴纳税款的期限。它是税收强制性和固定性在时间上的体现,具体规定有以下三种。

(1) 按期纳税

按期纳税是指根据纳税义务的发生时间,通过确定纳税间隔期,实行按日纳税。纳税间隔期分为1天、3天、5天、10天、15天、1个月六种。纳税人的具体纳税期,由主管税务机关根据纳税人生产经营情况和应纳税额的大小分别核定。

(2) 按次纳税

按次纳税是指以纳税行为的发生次数,确定纳税期限。如我国现行对进口商品征收的关税以及契税等都规定按次纳税。

(3) 按年计征,分期预缴

按年计征,分期预缴是指按规定的期限预缴税款,年度结束后,汇算清缴,多退少补,如企业所得税、房产税等。

1.2.7 纳税地点

纳税地点是税法中规定纳税人(包括扣缴义务人)具体缴纳税款的地点。它是根据各税种的征税对象、纳税环节,本着有利于源泉控制税款的原则来确定的。既要方便税务机关和纳税人征纳税款,又要有利于各地区、各征收机关的税收利益。

1.2.8 总则、罚则和附则

总则规定设立的目的、制定依据、适用原则、征收主体等内容。

查一查:《增值税暂行条例》,说说它由哪些要素构成?

罚则是对纳税人和扣缴义务人违反税法行为而采取的处罚措施。

附则一般规定与该法紧密相关的内容,主要有该法的解释权、生效时间、适用范围及其他的相关规定。

1.3 税法体系

1.3.1 我国现行的税法体系

税法体系是指由若干个单行税法以及各单行税法中不同位阶的税收法规组成的,既相互区别,又相互联系的有机整体。

税法体系是具体而不是抽象的,构成税法体系的因素(税法)是变化而不是静止的。税法体系的完善程度是相对而不是绝对的。税法体系及其内容是由客观条件决定的，是不以人的意志为转移的。

1. 税收实体法体系

经过 1994 税制的全面改革和近年来的合并与取消，到 2014 年年初，我国现行的税收法律体系从实体法上看共有 19 个税种。按其征税对象的性质，大致可分为以下五类。

(1) 流转税法类

流转税法类包括增值税、消费税、营业税、关税和船舶吨税等 5 种税，主要在生产、流通和服务业及进出口贸易等方面发挥调节作用。

(2) 所得税法类

所得税法类包括企业所得税、个人所得税等 2 种税，主要是在国民收入形成以后，对生产经营者的利润和个人的纯收入发挥调节作用。

(3) 资源税法类

资源税法类包括资源税、土地增值税、城镇土地使用税和耕地占用税等 4 种税，主要是对因开发和利用自然资源差异而形成的级差收入发挥调节作用。

(4) 财产税法类

财产税法类包括房产税、车船税和契税等 3 种税，主要是对某些特定财产发挥调节作用。

(5) 行为目的税法类

行为目的税法类包括固定资产投资方向调节税（暂停）、印花税、城市维护建设税、车辆购置税和烟叶税等五种税，以及具有税收性质的教育费附加和社会保险费，主要是为达到特定的目的，对特定对象和特定行为发挥调节作用。

上述税种中，关税由海关负责征收管理，并按《中华人民共和国海关法》（以下简称《海关法》）和《中华人民共和国进出口关税条例》（以下简称《进出口关税条例》）等有关规定执行；除关税外，其余各税（费）原则上由税务机关负责征收管理（1996 年以后，耕地占用税和契税原则上改由地方税务机关征管），并按《税收征收管理法》等有关规定执行。

2. 税收程序法体系

我国的税收程序法是以 2001 年 4 月九届全国人大常委会第 21 次会议通过修订的《税收征收管理法》为核心。此外，还包括 2002 年 10 月国务院发布的《中华人民共和国税收征收管理法实施细则》（以下简称《税收征收管理法实施细则》）。经国务院批准，财政部于 1993 年 12 月发布的《中华人民共和国发票管理办法》；1993 年以后国家税务总局陆续发布的《关于贯彻实施〈中华人民共和国税收征收管理法〉及其实施细则若干问题的通知》《中华人民共和国发票管理办法实施细则》《税务行政复议规则》《税务稽查工作规程》和《税务代理试行办法》，以及参照执行的《中华人民共和国行政处罚法》（以下简称《行政处罚法》）、《中华人民共和国行政诉讼法》（以下简称《行政诉讼法》）和《中华人民共和国国家赔偿法》（以下简称《国家赔偿法》）等。

1.3.2　我国税法体系的建立与发展

我国现行的税收法律体系是在税制的建立和改革完善中逐步形成的，大体上经历了四个历史时期、六次重大的改革。

1. 四个历史时期

中华人民共和国成立以来，随着国家政治、经济形势的发展，税收制度的建立与发展经历了一个曲折的过程。从总体上来看,中华人民共和国成立以来我国税制改革的发展大致上经历了四个历史时期:第一个时期是从中华人民共和国成立到1957年,即国民经济恢复和社会主义改革改造时期,这是新中国税制建立和巩固的时期。第二个时期是从1958—1978年年底中国共产党第十一届中央委员会第3次全体会议召开之前,这是我国税制曲折发展的时期。第三个时期是1978年党的十一届三中全会召开之后的新时期,这是我国税制建设得到全面加强、税制改革不断前进的时期。第四个时期是1992年党的十四大提出建立社会主义市场经济体制的战略目标后,税制改革不断完善的新时期。

2. 六次重大的改革

(1) 1953年修正税制

中华人民共和国成立后,立即着手建立新税制。1950年1月30日,中央人民政府政务院发布《全国税政实施要则》,规定全国共设14种税收,即货物税、工商业税(包括营业税和所得税两个部分)、盐税、关税、薪给报酬所得税、存款利息所得税、印花税、遗产税、交易税、屠宰税、房产税、地产税、特种消费行为税和使用牌照税。此外,还有各自行征收的一些税种,如农业税、牧业税等。

1952年12月政务院发布了《关于税制若干修正及实行日期通告》和《商品流通税试行办法》,于1953年1月起实施。这次修正税制的主要内容:一是试行商品流通税,从原来征收货物税的税日中,选择能够控制或收购的烟、酒、原木、钢材、棉纱等22种产品,以及原来在生产和销售各个环节缴纳的货物税、营业税及营业税附加和印花税等合并为商品流通税等;二是修订货物税,将应税货物工业环节和商业批发环节原来征收的营业税及其附加并入营业税征收;三是修订工商业税,将工商营业收入应征的营业税及其附加、印花税并入营业税征收,统一调整营业税税率等。

经过1953年税制修正,工商税收共有11种,企业缴纳的主要税种已被合并简化。总体上看,达到了适应经济发展变化和保证国家财政收入的目的。

(2) 1958年改革工商税制,统一全国农业税制

为适应社会主义经济的新形势,财政部于1957年9月提出了《关于改革工商税制的报告》,1958年9月全国人大常委会审议原则通过。其改革的原则是"基本保持原税负,合并税种、简化税制"。改革的主要内容包括:将商品流通税、货物税、营业税和印花税合并为工商统一税,同时减少纳税环节,简化征税方法等。

1958年6月全国人大常委会第96次会议通过并由毛泽东主席公布了《中华人民共和国农业税条例》,从而结束了我国农业税制不统一的历史。新税制贯彻了"稳定负担和增产不增税"的政策精神,对促进农业生产的发展起到了积极作用。

经过这次税制改革,我国工商税制大为简化,由原来的11个税种简并为8个税种,使税制在结构上更突出了以流转税为主体的税制格局。

(3) 1973年试行工商税

1964年开始研究税制的简并问题并进行试点。财政部军管会根据试点经验,拟定了《关于扩大改革工商税制试点的报告》和《中华人民共和国工商税条例(草案)》,1972年3月经国务院批准后决定从1973年起试行。其主要内容包括:将企业原来缴纳的工商统一税及其附加、城市房地产税、车船使用牌照税、盐税和屠宰税合并为工商税;同时,简化税目税率、调整行业税率,并简化了征收办法。

工商税制通过这次简并,总体中只剩7个税种,形成了对国营企业只征收一种工商税,

对集体企业只征工商税和工商所得税的税制格局。城市房地产税、车船使用牌照税、屠宰税、牲畜交易税和集市交易税，虽然名义上存在，但只向非企业单位、个人和外侨征收，所征税款不到工商税收总额的 1%。税制的过度简化，缩小了税收作用的范围和力度。

(4) 1984 年全面改革工商税制

1984 年工商税制的全面改革的主要内容包括：将工商税分为产品税、增值税、营业税和盐税 4 种税；开征国营企业所得税、国营企业调节税、资源税、城市维护建设税、房产税、土地使用税和车船使用税(其中后 4 种暂缓征收)。

此后，国务院又陆续发布了关于征收集体企业所得税、私营企业所得税、城乡个体工商业户所得税、个人收入调节税、城市维护建设税、奖金税(包括国营企业奖金税、集体企业奖金税和事业单位奖金税)、国营企业工资调节税、固定资产投资方向调节税(其前身为 1983 年开征的建筑税)、特别消费税、房产税、车船使用税、城镇土地使用税、印花税、筵席税等税收的法规。

1991 年，第七届全国人大第 4 次会议将《中华人民共和国中外合资企业所得税法》与《中华人民共和国外国企业所得税法》合并为《中华人民共和国外商投资企业和外国企业所得税法》。

至此，我国的工商税制共有 32 种税收。这套税制在理论上、实践上突破了长期以来封闭型税制的约束，转向开放型税制；突破了统收统支的财力分配的关系，重新确立了国家与企业的分配关系；突破了以往税制改革片面强调简化税制的框子，注重多环节、多层次、多方面地发挥税收的经济杠杆作用，由单一税制转变为复合税制。这些突破使中国的税制建设开始进入健康发展的新轨道，与国家经济体制、财政体制改革的总体进程协调一致。

(5) 1994 年税制改革

党的十四大提出了建立社会主义市场经济体制的战略目标，包括税制改革的任务。1993 年 6 月，中共中央、国务院作出了关于强加宏观调控的一系列重要决策，其中的重要措施之一就是要加快税制改革，其主要内容如下。

① 流转税制的改革。总体上是建立增值税、消费税和营业税三税并立、双层次调节的税制。

② 所得税制的改革。先统一内资企业所得税，保留外商投资企业和外国企业所得税，条件具备时再合并内外资企业所得税；将个人所得税、个人收入调节税和城乡个体工商业户所得税合并统一为个人所得税。

③ 其他各税的改革，主要有以下六点：

A. 修订资源税，将盐税并入资源税中征收；

B. 开征土地增值税，按超额累进税率计征；

C. 拟修订房产税、土地使用税、车船使用税和城市维护建设税；

D. 拟开征遗产税、证券交易税和社会保险税；

E. 取消盐税(并入资源税)、特别消费税(并入消费税)、烧油特别税(并入消费税)、奖金税、国营企业工资调节税、集市交易税、牲畜交易税以及涉外单独适用的工商统一税、城市房地产税和车船使用牌照税；

F. 保留印花税、投资方向调节税、农业税、关税、契税、屠宰税、筵席税等税，其中屠宰税和筵席税开征停征权下放给省、市、自治区人民政府决定。

改革后的新税制体系共分 5 类 20 个税种，基本上实现了建立适应生产力发展水平的、符合社会主义市场经济要求的税制体系的总体目标。这是中国历史上规模最大、内容最多、范围最广的一次税制改革，是税制建设中的历史性突破。

此外,随着新税制的实施,我国还建立了“以纳税申报和优化服务为基础,以计算机网络为依托,集中征收,重点稽查”的新的税收征管模式。

(6) 2004 年及以后的税制改革

随着社会主义市场经济建设的不断推进和全面建设小康社会目标的需要,特别是我国加入世贸组织后,税收制度已难以适应社会发展的要求,税制建设显得越来越重要,改革的呼声亦越来越高。党的十六届三中全会对税收改革作如下描述:“分步实施税收制度改革。按照简税制、宽税基、低税率、严征管的原则,稳步推进税制改革。改革出口退税制度,统一各类企业税收制度。增值税由生产型改为消费型,将设备投资纳入增值税抵扣范围。完善消费税,适当扩大税基。改进个人所得税,实行综合和分类相结合的个人所得税制。实施城镇建设税费改革,条件具备时对不动产开征统一规范的物业税,相应取消有关收费。在统一税政前提下,赋予地方适当的税政管理权。创造条件逐步实现城乡税制统一”。这次税制改革将是我国历史上最科学、最合理、最成功的一次改革。

查一查: 国外开征遗产税的情况,并谈谈我国开征遗产税的可行性。

新一轮税制改革的具体内容和方略是:(1) 改革和完善增值税制度,主要包括两个方面:一是将生产型增值税逐步转变为消费型增值税;二是增值税逐步取代营业税;(2) 统一内外资企业所得税;(3) 积极创造条件完善个人所得税制;(4) 适时开征社会保障税;(5) 适时开征物业税,完善地方税收体系;(6) 调整与完善进出口税收政策和制度;(7) 逐步取消农业税制度,基本统一城乡税制。

目前,农业税已于 2006 年取消,2006 年 4 月 28 日国务院公布了《中华人民共和国烟叶税暂行条例》(以下简称《烟叶税暂行条例》),对烟叶的收购实行 20%的比例税率。调整的税种有消费税、个人所得税、耕地占用税等。新《中华人民共和国企业所得税法》(以下简称《企业所得税法》)于 2008 年 1 月 1 日施行;2009 年 1 月 1 日起,所有地区及行业的增值税一般纳税人购进或者自制固定资产发生的进项税额,均可从销项税额中抵扣,增值税实施转型改革并即将立法;以及 2011 年 2 月 25 日十一届全国人大常委会第 19 次会议表决通过的《中华人民共和国车船税法》,于 2012 年 1 月 1 日起施行。2012 年 1 月上海作为首个试点城市,在交通运输业和部分现代服务业开展营业税改征增值税的工作,从 9 月开始在北京市、天津市、福建省(含厦门市)、广东省(含深圳市)、江苏省、湖北省、安徽省、浙江省(含宁波市)等 10 个省市试点。2013 年 8 月 1 日,营业税改征增值税试点在全国范围内推开,并将广播影视作品的制作、播映、发行纳入试点行业,即在“部分现代服务业”下新增广播影视服务。2014 年 1 月 1 日起,将铁路运输和邮政业纳入“营改增”试点范围。2014 年 6 月 1 日起,将电信业纳入“营改增”试点范围。这都标志着我国税收法制建设进入一个崭新的阶段。

1.3.3 我国税法体系的健全与完善

税法是否健全、完善,在一定程度上取决于是否有一个完善的税法体系。一个相对完善、合理的税法体系的标志是:第一,组成税法体系的各个单行税法之间在内容上存在着相互依存、相互联系的关系;第二,在税法种类和外在形式上是不可或缺的;第三,组成税法体系的各个单行税法的功能必须健全。也就是说,单行税法本身不能是“病态”的,而必须是相对完善的、科学的。

查一查：我国税制改革的进展情况，说说税制改革的必要性。

对照上述标准来检验我国现行税法，显然，我们的税法体系还不够科学、完善。用“法规的堆砌”一词来描述我国现行税法体系的现状可能有些过分，但是，我国的税法体系还有进一步优化的余地应该是不争的事实。首先，现有税法在数量上是不足的。这并不是说有关具体税种的税收单行法还不够，而是说那些综合性、基础性的税法还尚未完全建立起来，如我国还没有“税收基本法”“税务机关组织法”等。其次，某些现行税法在内容上还有欠缺。我们的许多税收单行法没有充分表达其应有之义。各个税法本身应具有的功能没有完整地表现出来。如现行的《税收征收管理法》对征管措施的规定还不够全面，有些规定还停留在原则上，难以发挥应有的作用。另外，税法中的一些制度、措施还不够规范，与国际上的通行做法有较大差距。

造成这种状况的原因可能是我们过去在进行税收立法时，从税收的财政功能和经济功能上考虑的多，而从法律建设的角度来通盘设计税法体系的考虑比较少。

从完善税收法律的角度来看，我国的税法体系大致应该包括以下五个部分。

1. 税收基本法

一个国家的法律是以宪法为核心，由若干法律部门组成的法律体系。税法作为一个法律部门，也应该有一个统帅性的法律来整合，这个统帅性的法律就是税收基本法或类似性质的法律。所谓税收基本法，就是税收领域的宪法性法律，税法体系中其他税收单行法的制定都要以税收基本法为依据。因此，税收基本法在原则上要具有指导意义，在内容上要具有广泛的包容性。具体来说，税收基本法应该包括以下八项内容：

（1）税收的适应范围和基本原则；

（2）税法的效力，包括时间效力和空间效力；

（3）税收立法体制，主要是税收立法权的划分和税收立法程度；

（4）税收管理体制；

（5）税法执行机关的法律地位及其权利、义务；

（6）纳税人及其他相对人的权利和义务；

（7）税收征管的主要手段、适用条件和适用原则；

（8）税收的外部条件如社会有关部门的协助义务，为便利税收征管，需要对经济活动的约束和管理手段（如减少现金支付措施、支付单位源泉控管制度对账簿、票证的管理制度等）作出规定。

税法视野

税收基本法之内容[①]

关于税收基本法内容的讨论也是争议颇多，不仅包括税收基本法究竟应该涵盖哪些内容，而且在同一部分的具体设计上也是仁者见仁、智者见智。

① 汤贡亮，刘爽：《税收基本法研究回顾与展望》，载《税务研究》2008 年第 1 期。

第一,税收基本法之适用。有关税收基本法适用问题的争论主要包含两个方面:一是是否包括关税在内的名称为“税”的所有收入;二是仅指名称为“税”的收入还是也包含那些实质为税的各种政府收入,如收费、基金等项目。

第二,税收基本法之原则。税收基本法的原则是税收基本法形成的基础和评价的标准,对于税收基本法立法具有普遍的指导意义,因此受到学者们的广泛关注。有的学者从法学的角度进行阐释认为税收基本法的原则应体现税法的基本原则,有的学者则从经济学的角度进行论述认为应遵循税收原则,因此也就产生了多种不同的学术观点。

第三,税收基本法与其他法律之间的关系。总的来说,在税收基本法与其他法律之间关系到底如何界定这个问题上还是存在较多争议的。究其原因,大致有三个方面:一是税收基本法研究目前还不够成熟、完善,所以无法达成共识;二是学界对税法的归属还不能盖棺定论,大致有“隶属经济法说”“隶属行政法说”以及“独立部门法说”3 种,所以也使得对税收基本法的认识还需进一步的“求同”;三是税收基本法涉及的范围广,极易与其他有关税收的法律规范出现交叉和重叠,而我国有关税收的法律规范本身还不完善,所以也容易导致理解的差异。

第四,税收基本法之纳税人权利。纳税人权利的完善是民主社会进步的表现,彰显民主与法治精神的税收基本法所要解决的核心问题是纳税人的权利保障,因此有学者把税收基本法界定为“不是管制法而是权利保障法”。至于如何进行权利保障,从法律层面上来说首先要解决的就是纳税人权利具体涵盖哪些方面。对此,学界还没有达成共识,但是学者们对如何在税收基本法中规定纳税人权利问题,倾向于提供比较具体和具有可操作性的权利,而不只是简单、抽象的规定。

第五,税收基本法之税收立法权划分。税收基本法中关于税权的划分一直是税收基本法制定过程中的重点和难点问题,特别是有关税收立法权的划分更是争论的焦点。既包括是否要把有关税收立法权划分的内容列入税收基本法的法律文本中,也包括如果列入,对税收立法权主要是中央与地方之间的税收立法权又该如何划分这两方面问题。从目前的发展趋势来看,更多的学者、实务工作者倾向于赞成列入。至于在税收基本法中对中央与地方之间税收立法权的划分问题如何进行规定,比较统一的认识是应赋予地方独立的税收立法权,但需加以规范,即中央集中主要税种的立法权,地方(主要是省或较大的市这一层级)在接受中央立法机关监督下享有部分地方税种的立法权。

第六,税收基本法之行政协助。随着经济活动种类的不断创新,税务机关所面临的税收征管问题日益复杂,税务机关越来越需要通过外界的帮助来提供更多的涉税信息,从而更好地履行征税职责。

第七,税收基本法之税务警察、税务法院和税务检察院。从现有的研究成果来看,大多数学者认为税务警察、税务法院等问题涉及国家的司法体制,目前对此尚未有十分迫切的要求,因此认为没有必要在税收基本法中规定设立税务警察、税务法院和税务检察院。

2. 税收征管法

税收征管法是集实体和程序于一身，侧重于税收征纳程序的基本法律之一，是税务机关进行税收征收管理的基本依据。税收征管法要具体体现税收基本法中关于税收征管的原则性规定。税收征管法应主要包括以下六个方面的内容：

(1) 纳税义务的确定；

(2) 税收管理方式；

(3) 税款征收形式和程序；

(4) 征税时效；

(5) 税收强制手段；

(6) 法律责任。

3. 税务机关组织法

由于我国目前没有税务机关组织法，因此，对于税务机关的设置、职责、权限等问题还没有统一、明确的法律规定。特别是对具有派出性质的机构，一些地方人民法院在审理税务行政诉讼案件的过程中对它们能否作为一级执法主体，能否以自己的名义实施具体行政行为产生疑问。已经有一些上述机构因以自己的名义执法未果而引起败诉的案例发生。因此，有必要以法律的形式明确税务机关设置和法律地位，制定一个统一的税务机关组织法。税务机关组织法要明确以下四个问题：

(1) 税务系统由几级税务机关及其派出机构组成；

(2) 各级税务机关及其派出机构的职责权限；

(3) 各级税务机关之间的相互关系以及与同级人民政府的关系；

(4) 各级税务机关的内设机构、人员的升迁、考核和奖惩制度等。

4. 发票管理法

发票是企事业单位从事生产经营活动和进行财务核算的主要原始凭证，也是税务机关征税的重要依据。要实现依法治税，必须切实加强发展管理。发票管理法应在现行《中华人民共和国发票管理办法》的基础上，着重从以下三个方面加以改进：

(1) 统一全国发票格式和印章；

(2) 改进发票的印制形式，充分运用现代印刷技术，尽量减少利用发票作弊的可能性；

(3) 对违反发票管理的行为规定严厉的制裁措施。

5. 有关各个税种的单行税法

一个国家究竟要设置多少个税种，是由该国一定时期内政治、经济、社会形势以及人们的历史习惯等众多因素决定的。税种的设置要以社会的承受能力为限，社会经济没有发展到一定水平，制定再多的税种也没有什么实际意义。因此，制定税收实体法要避免草率行事，必须事先进行充分论证。制定税收实体还要有以下两个方面的考虑：第一，要从税法体系的角度来衡量制定某一税法是否必要；第二，要从内容上尽量完善每一个税法本身应有的功能，也就是说税法本身必须是健全、完善的，对应该作出明确规定的内容，不能有所遗漏。同时，要与其他相关税法相对照，要绝对避免相互矛盾的税法出现。

总之，建立适应社会主义市场经济的税收法律体系的总体目标应当是：以宪法为依据，以税收基本法为骨干，以涵盖各个税种的法律为主体，以相关的行政法规和地方性法规为辅助，由内容齐全、结构严谨、内部协调、体例科学的税收法律及其配套法规构成有机的统一整体。从税法的纵向构成看，在宪法的统帅下，应当包括税法法律、税收行政法规和地方性税收法规等层次。从横向构成看,应当包括以下内容:税收基本法;税收征管法;增值税法;消费税法;营业税法;企业所得税法;个人所得税法;关税法;资源税法;印花税法;房地产税法;遗产与赠与税法;社会保障税法等。

课外阅读

税收立法的程序与实施

税收立法是国家立法机关或其授权机关根据一定的立法程序,制定税收法律规范的一系列活动。通过税收立法,一方面要确定国家、集体、个人之间的税收分配关系,以及我国与外国政府或外资企业、外籍人员的税收权益分配关系;另一方面要制定正确处理这些关系所必须遵守的程序和准则。只有立法才能做到有法可依,避免"以权代法、以言代法"等问题的发生。税收立法程序是国家在制定、修改、补充、废止等税收立法活动中,必须遵循的法定步骤和方法,我国的税收立法主要包括以下四个方面。

1. 提出税法草案

提出税法草案包括起草税法草案和对原有税法的修改或废止的草案或建议。我国的税法草案通常由财政部税政司或国家税务总局草拟后,提交国务院法制局审查;国务院法制局将税法草案发给有关部门征求意见或修改后,提交国务院审查。

2. 审议税法草案

国务院审查通过后,提交全国人大或其常委会审议。全国人大或其常委会的法制委员会根据委员和代表的讨论意见,并征求国务院各有关单位和各地意见,对税法草案进行修改,最后提交全国人大或其常委会进行审议表决。

3. 通过税法草案

通过税法草案是立法机关和人员对其表示的正式同意,它是整个税收立法程序中最有决定意义的阶段。全国人大或其常委会在开会期间,以少数服从多数的方式通过税法议案,形成正式的税收法律,送交国家主席发布。

4. 公布实施税法

我国通过的税法以国家主席令发布,并在《人民日报》等重要报刊上全文刊登。税法的公布日和生效日有时是一致的,有时是不一致的,或公布之日前、或公布当日、或公布后的某个时日实行,我国税法的生效日大多为后者。

颁布的税法从生效或实行之日起就必须贯彻执行,它要求正确运用、严格遵守税法并对违法者实施制裁。税法具有多层次的特点,在税收执法过程中,对其适用性或法律效力的判断上,一般应按以下原则掌握:层次高的法律优于层次低的法律;同一层次法律中的特别法优于普通法;国际法优于国内法;实体法从旧而程序法从新。因此,贯彻执行税法是保证税法得以顺利实施的重要条件,任何违反税法的行为都要受到应有的制裁。

本章小结

税法是我国法律体系的重要组成部分,是一个重要的部门法,是征纳双方共同遵守的行为规范。税法与税收密不可分，有税必有法，无法不成税；税法是税收的法律表现形式，税收则是税法所确定的具体内容。

税收法律关系是指税法所确认和调整的，国家与纳税人之间在税收分配及其管理活动中，以国家强制力保证实施的，具有经济内容的权利与义务的关系。税收法律关系在总体上与其他法律关系一样，都是由主体、客体和法律关系内容三个方面构成的，但在三个方面的内涵上，税收法律关系则具有特殊性。税收法律关系的主体是指税收法律关系中享有权利和承担义务的当事人，包括征税主体和纳税主体两个方面。税收法律关系中双方的权利与义务不对等，与一般民事法律关系中主体双方权利与义务的平等是不一样的。这是税收法律关系的一个重要特征。税收法律关系的客体是指税收法律关系主体的权利和义务所共同指向的对象，表现为税收的征纳活动，包括物、货币和行为。税收法律关系的内容是指税收法律关系的主体所享有的权利和所应承担的义务。

税法要素是指税法应具备的基本内容，一般指税收实体法的组成要素。税法要素一般包括总则、纳税人、征税对象、税率、纳税环节、纳税期限、税收优惠、征收方法、纳税地点、罚则、附则等要素。其中，纳税人、征税对象和税率是税法的基本要素。纳税人是指税法中规定的直接负有纳税义务的单位和个人。与纳税人相关的概念有代扣代缴义务人、负税人、纳税单位。

征税对象是指税法中规定征税的目的物，也就是对什么征税，是征税的客体。征税对象是税法构成要素中的最基础性要素，是区分不同税种的最主要标志。与征税对象相关的概念，主要有征税范围、税目和计税依据。税率是应纳税额与征税对象(或计税依据)之间的关系或比例。我国现行税率的基本形式有三种，即比例税率、累进税率和定额税率。

我国现行的税法体系大体上经历了四个历史时期、六次重大的改革。展望未来，建立适应社会主义市场经济的税收法律体系的总体目标应当是：以宪法为依据，以税收基本法为骨干，以涵盖各个税种的法律为主体，以相关的行政法规和地方性法规为辅助，由内容齐全、结构严谨、内部协调、体例科学的税收法律及其配套法规构成有机的统一整体。

自测练习

一、学习思考

1. 简述税法的概念以及税法与税收的关系？
2. 税法的要素有哪些？
3. 简述中华人民共和国成立后的税法体系的大体历程及构成情况。

二、案例分析

我国现行税制的基本框架是 1994 年奠定的，整体格局较为合理，在 20 多年的运行过程中，尽管不时地做了一些修补，如“费改税”和农村税费改革以及增值税在东北的改革试点等，税制结构产生了一些变化，其基本框架未变。进行税制改革，这似乎已经成为当前社会各界的一种共识。但税制改革需要有改革者的气魄、行政首脑的支持、相关措施的配合、宏观经济的稳定以及税制内容的可行，只有具备了这些条件，税制改革才能够顺利进行。

世界上没有最好的税制，也无最坏的税制。税制改革应在公共财政框架下进行，而不能就税论税。新一轮税制改革必须摆正税收收入功能与调节功能的位置，在税制设计时，应避免追求多目标而导致思路左右摇摆，更要防止那种过分强调税收调节功能而使税制过分复杂化。税制设计过程还受到税收征管能力的制约,只有适应现实税收征管能力,才能提高税收征管效率,真正实现严征管的目标。在税制改革时,还需要理性地分析改革需要付出的成本,所冒的风险,评估改革可能带来的收益等。此外,我国的税制改革绝对不能以他国是否进行了税制改革为依据,更不能以他国现存的税制模式作为国际惯例来改革我们的税制,唯一的根据应是根植于中国国情的税制是否能实现现阶段的政策目标以及能否适应新的环境和新的条件。

要求:根据上述材料分析我国税制改革的发展趋势。

三、能力训练

1. 超额累进税率的应用

表 1-2 劳务报酬所得适用的 3 级超额累进税率

级 数	每次应纳税所得额	税 率(%)	速算扣除数
1	不超过 20 000 元	20	0
2	超过 20 000～50 000 元	30	2 000
3	超过 50 000 元部分	40	7 000

著名歌星王×,在 2013 年 10 月由经纪人安排演出,收入为 30 000 元,按照税法的规定,每次收入超过 4 000 元时,扣除的生活费比例为 20%。

要求:试按照累进税率的计算原理计算王×应缴纳的个人所得税税额。

2. 速算扣除数的计算

(1) 计算表 1-3 中 5 级超额累进税率表中的速算扣除数。

表 1-3 5 级超额累进税率表

级 次	应税所得额数额	税 率(%)	速算扣除数
1	不超过 1 000 元部分	5	
2	超过 1 000～5 000 元部分	10	
3	超过 5 000～20 000 元部分	20	
4	超过 20 000～10 万元部分	30	
5	超过 10 万元部分	40	

(2) 计算表 1-4 中超率累进税率表中的速算扣除系数。

表 1-4 超率累进税率表

级 次	课税对象数额	税 率(%)	速算扣除系数
1	销售利润率在 5%以下部分	免	
2	销售利润率 5%～15%部分	10	
3	销售利润率 15%～30%部分	15	
4	销售利润率 30%～50%部分	25	
5	销售利润率超过 50%部分	30	

第2章 增值税法

学习目标

【知识目标】

1. 理解并掌握增值税的基本法律内容
2. 掌握增值税应纳税额的计算方法
3. 了解增值税的税收优惠政策
4. 了解并掌握增值税的申报与缴纳
5. 了解增值税专用发票的管理
6. 了解增值税的出口退税
7. 了解“营改增”的相关政策

【能力目标】

1. 能够熟悉并掌握增值税应纳税额的计征方法
2. 能够正确处理增值税的纳税申报事宜

2.1 增值税的基本法律

2.1.1 增值税的征税范围

记一记： 增值税法是指国家制定的用以调整增值税征收与缴纳之间权利与义务关系的法律规范。我国增值税是对在境内销售货物或者提供加工、修理修配劳务、提供应税服务(交通运输业、邮政电信业和部分现代服务业)以及进口货物的单位和个人，就其取得的货物或应税劳务的销售额，以及进口货物的金额计算税款，并实行税款抵扣制的一种流转税。现行增值税法的基本规范是1993年12月13日国务院颁布的《增值税暂行条例》，并经2008年11月5日国务院第34次常务会议修订通过，自2009年1月1日起施行。

现行增值税的征税范围包括以下内容。

1. 销售或进口货物

销售货物是指有偿转让货物的所有权。进口货物是指申报进入中华人民共和国海关境内的货物。货物是指有形动产，即具备实物形态，能够带来经济利益的可移动的资产，包括电力、热力、气体在内。销售土地、房屋和其他建筑物等不动产以及转让专利权、著作权、商标权、商誉等无形资产不属于增值税的征税范围。

2. 提供加工、修理修配劳务

提供加工、修理修配劳务是指有偿提供加工、修理修配劳务，即从购买方取得货币、货物或其他经济利益。所谓加工劳务,是指受托加工货物所发生的劳务,即委托方提供原料及主要材料,受托方按照委托方的要求制造货物并收取加工费的业务。所谓修理修配,是指受托对损伤和丧失功能的货物进行修复,使其恢复原状和功能的业务。

增值税的征税范围不包括单位或个体经营者聘用的员工为本单位或雇主提供的加工、修理修配劳务。对修理修配业务,不包括对不动产的修缮业务。

3. 提供应税服务

提供应税服务是指有偿(取得货币、货物或其他经济利益)提供应税服务,但不包括非营业活动中提供的应税服务。非营业活动包括:非企业性单位按照法律和行政法规的规定,为履行国家行政管理和公共服务职能收取政府性基金或行政事业性收费的活动;单位或个体工商户聘用的员工为本单位或雇主提供应税服务;单位或个体工商户为员工提供应税服务;财政部和国家税务总局规定的其他情形。应税服务主要包括交通运输业、邮政业、电信业和部分现代服务业。

(1) 交通运输业

交通运输业是指使用运输工具将货物或旅客送达目的地,使其空间位置得到转移的业务活动。交通运输业包括陆路运输服务、水路运输服务、航空运输服务和管道运输服务。

① 陆路运输服务

陆路运输服务是指通过陆路(地上或地下)运送货物或旅客的运输业务活动。陆路运输服务包括铁路运输和其他陆路运输,其中,铁路运输服务是指通过铁路运送货物或旅客的运输业务活动;其他陆路运输服务是指铁路运输以外的陆路运输业务活动,包括公路运输、缆车运输、索道运输、地铁运输和城市轻轨运输等。

出租车公司向使用本公司自有出租车的出租车司机收取的管理费用,按陆路运输服务征收增值税。

② 水路运输服务

水路运输服务是指通过江、河、湖、川等天然、人工水道或海洋航道运送货物或旅客的运输业务活动。远洋运输的程租、期租业务属水路运输服务。

程租业务是指远洋运输企业为租船人完成某一特定航次的运输任务并收取租赁费的业务。

期租业务是指远洋运输企业将配备有操作人员的船舶承租给他人使用一定期限,承租期内听候承租方调遣,不论是否经营,均按天向承租方收取租赁费,发生的固定费用均由船东负担的业务。

③ 航空运输服务

航空运输服务是指通过空中航线运送货物或旅客的运输业务活动。航空运输的湿租业务属于航空运输服务,湿租业务是指航空运输企业将配备有机组人员的飞机承租给他人使用一定期限,承租期内听候承租方调遣,不论是否经营,均按一定标准向承租方收取租赁费,发生的固定费用均由承租方承担的业务。

航天运输服务,按照航空运输服务征收增值税。航天运输服务是指利用火箭等载体将卫星、空间探测器等空间飞行器发射到空间轨道的业务活动。

④ 管道运输服务

管道运输服务是指通过管道设施输送气体、液体、固体物质的运输业务活动。

(2) 邮政业

邮政业是指中国邮政集团公司及其所属邮政企业提供邮件寄递、邮政汇兑、机要通信和邮政代理等邮政基本服务的业务活动。邮政业包括邮政普遍服务、邮政特殊服务和其他邮政服务。

① 邮政普遍服务

邮政普遍服务是指函件、包裹等邮件寄递,以及邮票发行、报刊发行和邮政汇兑等业务活动。其中,函件是指信函、印刷品、邮资封片卡、无名址函件和邮政小包等。

包裹是指按照封装上的名址递送给特定个人或单位的独立封装的物品,其重量不超过50千克,任何一边的尺寸不超过150厘米,长、宽、高合计不超过300厘米。

② 邮政特殊服务

邮政特殊服务是指义务兵平常信函、机要通信、盲人读物和革命烈士遗物的寄递等业务活动。

③ 其他邮政服务

其他邮政服务是指邮册等邮品销售、邮政代理等业务活动。

(3) 电信业

电信业是指用各种电传设备传输电信号来传递信息的业务,包括电报、电传、电话、电话机安装、电信物品销售和其他电信业务。

电信业务包括基础电信业务和增值电信业务。其中,基础电信业务是指提供公共网络基础设施、公共数据传输和基本语音通信服务的业务,具体包括固定网国内长途及本地电话、移动通信、卫星通信、互联网及其数据传输、网络元素出租出售、电信设备及电路的出租、网络接入及网络托管、国际通信基础设施国际电信、无线寻呼业务和转售的基础电信等业务。

增值电信业务是指利用公共网络基础设施提供的电信与信息的业务,具体包括固定电话网增值电信业务、移动电话网增值电信业务、卫星网增值电信业务、互联网增值电信业务和其他数据传输网增值电信业务等服务。

(4) 部分现代服务业

部分现代服务业是指围绕制造业、文化产业、现代物流产业等提供技术性、知识性服务的业务活动。部分现代服务业包括研发和技术服务、信息技术服务、文化创意服务、物流辅助服务、有形动产租赁服务、鉴证咨询服务和广播影视服务。

① 研发和技术服务

研发和技术服务包括研发服务、技术转让服务、技术咨询服务、合同能源管理服务和工程勘察勘探服务。

② 信息技术服务

信息技术服务是指利用计算机、通信网络等技术对信息进行生产、收集、处理、加工、存储、运输、检索和利用,并提供信息服务的业务活动。信息技术服务包括软件服务、电路设计及测试服务、信息系统服务和业务流程管理服务。

③ 文化创意服务

文化创意服务包括设计服务、商标和著作权转让服务、知识产权服务、广告服务和会议展览服务。

④ 物流辅助服务

物流辅助服务包括航空服务(包括航空地面服务和通用航空服务)、港口码头服务、货运客运场站服务、打捞救助服务、货物运输代理服务、代理报关服务、仓储服务、装卸搬运服务和收派服务。

⑤ 有形动产租赁服务

有形动产租赁包括有形动产融资租赁和有形动产经营性租赁。其中,有形动产融资租赁是指出租人根据承租人所要求的规格、型号、性能等条件购入有形动产租赁给承租人,合同期内设备所有权属于出租人,承租人只拥有使用权,合同期满付清租金后,承租人有权按照残值购入有形动产,以拥有其所有权。不论出租人是否将有形动产残值销售给承租人,均属于融资租赁。

有形动产经营性租赁是指在约定时间内将物品、设备等有形动产转让他人使用且租赁物所有权不变更的业务活动。远洋运输的光租业务、航空运输的干租业务,属于有形动产经营性租赁。其中,光租业务是指远洋运输企业将船舶在约定的时间内出租给他人使用,不配备操作人员,不承担运输过程中发生的各项费用,只收取固定租赁费的业务活动;干租业务是指航空运输企业将飞机在约定的时间内出租给他人使用,不配备机组人员,不承担运输过程中发生的各项费用,只收取固定租赁费的业务活动。

⑥ 鉴证咨询服务

鉴证咨询服务包括认证服务、鉴证服务和咨询服务。其中,认证服务是指具有专业资质的单位利用检测、检验、计量等技术,证明产品、服务、管理体系符合相关技术规范、相关技术规范的强制性要求或标准的业务活动。

鉴证服务是指具有专业资质的单位,为委托方的经济活动及有关资料进行鉴证,发表具有证明力的意见的业务活动,包括会计鉴证、税务鉴证、法律鉴证、工程造价鉴证、资产评估、环境评估、房地产土地评估、建筑图纸审核、医疗事故鉴定等。

咨询服务是指提供和策划财务、税收、法律、内部管理、业务运作和流程管理等信息或建议的业务活动。代理记账、翻译服务按照"咨询服务"征收增值税。

⑦ 广播影视服务

广播影视服务包括广播影视节目(作品)的制作服务、发行服务和播映(含放映,下同)服务。其中,广播影视节目(作品)制作服务是指进行专题(特别节目)、专栏、综艺、体育、动画片、广播剧、电视剧、电影等广播影视节目和作品制作的服务。

广播影视节目(作品)发行服务是指以分账、买断、委托、代理等方式,向影院、电台、电视台、网站等单位和个人发行广播影视节目(作品)以及转让体育赛事等活动的报道及播映权的业务活动。

广播影视节目(作品)播映服务是指在影院、剧院、录像厅及其他场所播映广播影视节目(作品),以及通过电台、电视台、卫星通信、互联网、有线电视等无线或有线装置播映广播影视节目(作品)的业务活动。

4. 视同销售货物

对单位或个体经营者发生的下列行为,根据税法规定要视同销售货物,缴纳增值税,具体包括:

(1) 将货物交付他人代销;

(2) 销售代销货物;

(3) 设有两个以上机构并实行统一核算的纳税人，将货物从一个机构移送其他机构用于销售，但相关机构设在同一县(市)的除外；

(4) 将自产或委托加工的货物用于非应税项目；

所称非应税项目，是指提供非应税劳务、转让无形资产、销售不动产和固定资产在建工程等。

(5) 将自产、委托加工或购买的货物作为投资，提供给其他单位或个体经营者；

(6) 将自产、委托加工或购买的货物分配给股东或投资者；

(7) 将自产、委托加工的货物用于集体福利或个人消费；

集体福利或个人消费是指企业内部设置的供职工使用的食堂、浴室、理发室、宿舍、幼儿园等福利设施及其设备、物品等或者以福利、奖励、津贴等形式发放给职工个人的物品。

(8) 将自产、委托加工或购买的货物无偿赠送他人。

议一议：上述视同销售行为为何缴纳增值税?

试一试：请判断以下行为是否属于增值税的征税范围?

1. 某商贸公司购进一批电子台历，作为礼物赠送给自己的长期客户，购进时取得增值税专用发票。

2. 某生产企业为增值税一般纳税人，经与投资者协商，决定以自产乙产品一批作为利润分配给投资者。

5. 混合销售行为

所谓混合销售，是指一项销售行为既涉及增值税应税货物又涉及非应税劳务。凡混合销售行为，其销售货物与提供非应税劳务的价款是同时从一个购买方取得的。如某小家电生产厂家销售空调，与购货方商定由本厂负责安装，收取运费。理论上讲，销售空调属于销售货物，征收增值税，而提供安装劳务属于销售非应税劳务，征收营业税。但实务工作中为了便于征管，根据《中华人民共和国增值税暂行条例实施细则》(以下简称《增值税暂行条例实施细则》)的规定，从事货物的生产、批发或零售的企业、企业性单位及个体工商户的混合销售行为，视为销售货物，应当征收增值税；其他单位和个人的混合销售行为，视为销售非增值税应税劳务，不征收增值税。

上述所称“非应税劳务”是指属于应缴营业税的建筑业、金融保险业(有形动产的融资租赁除外)、文化体育业、娱乐业、服务业税目征收范围的劳务。所称“从事货物的生产、批发或零售的企业、企业性单位及个体经营者”，包括以从事货物的生产、批发或零售为主，并兼营非应税劳务的企业、企业性单位及个体经营者在内。

混合销售行为的税务处理，除国家特殊规定外，从事货物的生产、批发或零售的企业、企业性单位和个体工商户(包括以从事货物的生产、批发或零售为主，并兼营非增值税应税劳务的单位和个体工商户在内)的混合销售行为，视为销售货物，应当缴纳增值税；其他单位和个人的混合销售行为，视为销售非增值税应税劳务，不缴纳增值税。

纳税人的下列混合销售行为，应当分别核算货物的销售额和非增值税应税劳务的营业额，并根据其销售货物的销售额计算缴纳增值税，非增值税应税劳务的营业额不缴纳增值税；未分别核算的，由主管税务机关核定其货物的销售额：一是销售自产货物并同时提供建筑业劳务的行为;二是财政部、国家税务总局规定的其他情形。

6. 兼营非应税劳务

兼营非应税劳务是指纳税人的销售行为既涉及增值税应税货物或应税劳务,又涉及非应税劳务,且从事的非应税劳务与某一项销售货物或提供应税劳务并无直接的联系和从属关系。

根据《增值税暂行条例实施细则》的规定,纳税人兼营非应税劳务的,应分别核算货物或应税劳务和非应税劳务的销售额,对货物或应税劳务的销售额,按各自适用的税率征收增值税,对非应税劳务的销售额按适用的税率征收营业税。不分别核算或者不能准确核算的,由主管税务机关核定货物或者应税劳务的销售额。

如某食品商场(为增值税一般纳税人),一方面批发、零售各类食品,另一方面经营快餐业务,因此,该商场发生了兼营非应税劳务的行为。该商场应分别核算批发、零售的销售额和提供饮食服务业务的营业额,并对销售货物征收增值税,对饮食服务业务征收营业税。如果两项业务不分别核算或者不能准确核算,由主管税务机关核定批发、零售的销售额或者饮食服务业务的营业额。

议一议: 混合销售行为和兼营非应税劳务行为有什么不同?

7. 属于增值税征税范围的其他项目

(1) 货物期货,包括商品期货和贵金属期货,在期货的实物交割环节纳税。

(2) 银行销售金银的业务。

(3) 典当业的死当物品销售业务和寄售业代委托人销售寄售物品业务。

(4) 基本建设单位和从事建筑安装业务的企业附设工厂、车间生产的水泥预制构件、其他构件或建筑材料,凡用于本单位或本企业的建筑工程的,应视同对外销售,在移送使用环节征收增值税。

(5) 供电企业利用自身输电设备对并入电网的企业自备电厂生产的电力产品进行电压调节,属于提供加工劳务。对于供电企业进行电力调压并按照电量向电厂收取的并网服务费,应当征收增值税。

(6) 税法规定的其他项目。

试一试: 下列各项中,属于增值税征税范围的有(　　)。

A. 将委托加工的货物用于集体福利

B. 动力设备的安装

C. 邮政部门发行报刊

D. 销售代销的货物

2.1.2 增值税的纳税人

1. 纳税义务人

增值税的纳税人为在中国境内销售货物、进口货物或提供加工、修理修配劳务以及应税服务的单位和个人。单位是指企业、行政单位、事业单位、军事单位、社会团体和其他单位,个人是指个体工商户和其他个人。

单位以承包、承租、挂靠方式经营的，承包人、承租人、挂靠人（统称承包人）以发包人、出租人、被挂靠人（统称发包人）名义对外经营并由发包人承担相关法律责任的，以该发包人为纳税人；否则，以承包人为纳税人。

两个或两个以上的纳税人，经财政部和国家税务总局批准可以视为一个纳税人合并纳税，具体办法由财政部和国家税务总局另行制定。

《增值税暂行条例》将纳税人按其经营规模大小及会计核算健全与否划分为一般纳税人和小规模纳税人。

2. 扣缴义务人

增值税扣缴义务人是指依据法律或行政法规规定，负有代扣、代缴增值税税款义务的单位和个人。境外的单位或个人在境内销售货物或提供应税劳务，而在境内未设有经营机构的，其应纳税款以代理人为扣缴义务人，代替其向税务机关垫缴税款；没有代理人的，以购买者为扣缴义务人，购买者在接受劳务、支付劳务费时，可从支付的劳务费中扣除应纳税款，然后向税务机关缴纳。

3. 小规模纳税人的认定标准

小规模纳税人是指年应征增值税销售额在规定标准以下，并且不能按会计制度和税务机关的要求准确核算增值税的销项税额、进项税额和应纳税额，不能按规定报送有关税务资料的增值税纳税人。

小规模纳税人的认定标准如下。

（1）从事货物生产或者提供应税劳务的纳税人，以及以从事货物生产或者提供应税劳务为主，并兼营货物批发或者零售的纳税人，年应税销售额在 50 万元以下的（所称以从事货物生产或者提供应税劳务为主，是指纳税人的年货物生产或者提供应税劳务的销售额占年应税销售额的比重在 50%以上）。

（2）其他纳税人年应税销售额在 80 万元以下的。

年应税销售额超过小规模纳税人标准的其他个人按小规模纳税人纳税，非企业性单位、不经常发生应税行为的企业可选择按小规模纳税人纳税。

小规模纳税人以外的增值税纳税人，为增值税一般纳税人。属于一般纳税人的企业，须在规定的期限内，向所在地主管税务机关申请办理一般纳税人的认定手续。

对一般纳税人和小规模纳税人认定的权限，在县级以上税务机关。

小规模纳税人销售货物或应税劳务不得使用专用发票，不能享有税款抵扣权，小规模纳税人实行简易办法征收增值税。

4. 一般纳税人的认定标准

下列单位和个人经税务机关批准，可认定为一般纳税人。

（1）年应税销售额超过小规模纳税人认定标准的企业和企业性单位。已开业的小规模企业其年应税销售额超过小规模纳税人标准的，应在次年一月底以前申请办理一般纳税人认定手续。

（2）年应税销售额未超过标准的小规模企业，会计核算健全，能准确核算并提供销项税额、进项税额，并能按规定报送有关税务资料的，经企业申请，税务部门可将其认定为一般纳税人。

（3）非企业性单位如果经常发生增值税应税行为，并且符合一般纳税人条件的，可以认定为一般纳税人。

(4) 个体经营者符合《增值税暂行条例》规定的条件,经省级国家税务局批准,可以认定为一般纳税人。

一般纳税人在对外销售货物或提供应税劳务时,可开具专用发票,在购进货物或接受应税劳务时有权向销售方索取专用发票或其他扣税凭证。一般纳税人享有税款抵扣权。

议一议:增值税一般纳税人与小规模纳税人有什么不同?

5. 一般纳税人的认定办法

凡符合一般纳税人标准的增值税纳税人,都必须主动向企业所在地的主管税务机关申请办理认定手续。《增值税一般纳税人申请认定办法》的相关规定如下。

(1) 凡增值税一般纳税人,均应依照该办法向其企业所在地主管税务机关申请办理一般纳税人认定手续。一般纳税人总分支机构不在同一县(市)的,应分别向其机构所在地主管税务机关申请办理一般纳税人认定手续。

(2) 企业申请办理一般纳税人认定手续,应提出申请报告,并提供下列有关证件、资料:营业执照;有关合同、章程、协议书;银行账号证明;税务机关要求提供的其他有关证件、资料。

(3) 主管税务机关在初步审核企业的申请报告和有关资料后,发给《增值税一般纳税人申请认定表》,企业应如实填写该表(一式两份),经审批后,一份交基层征收机关,一份退企业留存。

(4) 一般纳税人认定的审批权限,在县级以上税务机关。对于企业填报的《增值税一般纳税人申请认定表》,负责审批的税务机关应在收到之日起 20 日内审核完毕。符合一般纳税人条件的,在其《税务登记证》副本首页上方加盖"增值税一般纳税人"确认专章(印色统一为红色,印模由国家税务总局制定),作为领购增值税专用发票的证件。

6. "营改增"试点纳税人的认定标准和办法

"营改增"试点后,对提供应税服务纳税人的认定办法,沿用了《增值税暂行条例》及其实施细则中纳税人的认定标准及管理原则,其不同的内容与要求如下。

(1) 一般纳税人的认定标准和办法

① 应税服务年销售额超过小规模纳税人标准的纳税人,应向国税主管税务机关申请办理一般纳税人资格认定。其中,应税服务年销售额标准为 500 万元(含本数),由财政部和国家税务总局根据试点情况进行调整。但需要注意的是:

第一,对"营改增"试点前,按照差额征税方式确定销售额的纳税人,其应税服务年销售额按未扣除之前的销售额计算。

第二,纳税人试点实施前的应税服务年销售额按以下公式换算:应税服务年销售额=连续不超过 12 个月应税服务营业额合计÷(1+3%),其中,"连续不超过 12 个月应税服务营业额合计"指原缴纳营业税的应税服务营业额;"3%"不分服务种类、不分行业、不分企业。

第三,增值税纳税人兼有销售货物、提供加工修理修配劳务及应税服务的,应税货物及劳务销售额与应税服务销售额分别计算,分别适用一般纳税人资格认定标准,即二者是平行的关系,无论哪项年应税销售额超过一般纳税人资格认定标准,均应当按照相关规定申请认定或不认定一般纳税人。

② 应税服务年销售额超过规定标准的其他个人，不属于一般纳税人。

③ 超标小规模纳税人属于非企业性单位（含行政单位、事业单位、军事单位、社会团体及其他单位）的，根据财税〔2013〕37 号文件规定，2013 年 8 月 1 日后也需申请认定为一般纳税人，这与《增值税暂行条例》及其实施细则的规定和部分地区前期“营改增”试点政策有所不同。

④ 超标小规模纳税人属于不经常提供应税服务的非企业性单位、企业和个体工商户，可选择按照小规模纳税人纳税。不经常提供应税服务的企业，指非增值税纳税人；不经常提供应税服务，是指偶尔提供增值税应税服务行为。

⑤ 原一般纳税人，不需要重新办理一般纳税人认定手续。

(2) 小规模纳税人的认定标准和办法

“营改增”试点后，如果纳税人不符合一般纳税人的规定，则属于小规模纳税人，具体包括以下三种情况：

① 应税服务年销售额未超过规定标准的纳税人，为小规模纳税人；

② 应税服务年销售额超过规定标准的其他个人，不属于一般纳税人；

③ 不经常提供应税服务的非企业性单位、企业和个体工商户，可选择按照小规模纳税人纳税。

需要注意的是，应当申请办理一般纳税人资格认定而未申请的纳税人，应按销售额和增值税税率计算应纳税额，不得抵扣进项税额，也不得使用增值税专用发票，直至纳税人报送上述资料并经主管税务机关审核批准后方可停止执行。

2.1.3 增值税税率与征收率

1. 税率

增值税实行比例税率，主要有四档，分别是基本税率、低税率、零税率，以及“营改增”后，在现行增值税 17%标准税率和 13%低税率的基础上，新增 11%和 6%两档税率。

(1) 基本税率

我国现行增值税的基本税率为 17%。增值税一般纳税人销售或者进口货物，提供加工、修理修配劳务时，除税法规定适用低税率的范围和销售个别旧货适用征收率外，一律适用基本税率。

(2) 低税率

我国现行增值税的低税率为 13%。增值税一般纳税人销售或者进口下列货物，按照低税率计征增值税。

① 粮食、食用植物油、鲜奶；

② 热水、暖气、冷气、煤气、石油液化气、天然气、沼气、居民用煤炭制品；

③ 图书、报纸、杂志；

④ 饲料、化肥、农药、农机（不包括农机零部件）、农膜；

⑤ 国务院规定的其他货物。

为公平税负，缓解制盐企业的经营困难，经国务院批准，自 2007 年 9 月 1 日起，盐适用增值税税率由 17%统一调整为 13%。所称盐，是指主体化学成分为氯化钠的工业盐和食用盐,包括海盐、井矿盐和湖盐。

另外,根据国务院的决定:自 2007 年 1 月 1 日起,将音像制品和电子出版物的增值税税率由 17%下调至 13%;对农业产品增值税税率也为 13%;金属矿采选产品、非金属矿采选产品自 2009 年 1 月 1 日起调整为 17%。

(3) 零税率

我国为鼓励货物出口,按《增值税暂行条例》的规定,实行出口货物税率为零的优惠政策。所谓零税率,是指货物在出口时整体税负为零。适用零税率的纳税人出口环节不必纳税,而且还可以退还以前纳税环节已纳税款。但是,原油、糖、援外货物和国家禁止出口的货物(目前包括天然牛黄、麝香、铜及铜基合金、铂金等),不适用该优惠政策。

(4)"营改增"新增税率

11%针对交通运输业、邮政业和电信业中的基础电信服务,6%针对现代服务业和电信业中的增值电信服务(部分现代服务业中的有形动产租赁服务适用 17%税率)。

2. 征收率

(1) 增值税的征收率的基本规定

一般纳税人销售的货物(进项税额不易确认和计量)及提供财政部和国家税务总局规定的特定应税服务,可按简易办法计算缴纳增值税,即按不含增值税的销售额乘以征收率计算缴纳增值税。一般纳税人选择按照简易办法计算缴纳增值税的,36 个月内不得变更。

(2) 一般纳税人适用的征收率

根据国家税务总局公告 2014 年第 36 号《国家税务总局关于简并增值税征收率有关问题的公告》,决定将 6%和 4%的增值税征收率统一调整为 3%。

(3) 小规模纳税人适用的征收率

小规模纳税人增值税征收率为 3%。小规模纳税人销售货物,如果购买方需要专用发票、且符合规定要求,可以由税务机关代开。

2.2 增值税的计征管理

2.2.1 一般纳税人应纳税额的计算

一般纳税人销售货物或者提供应税劳务,应纳税额为当期销项税额减当期进项税额后的余额,应纳税额的计算公式为:

应纳税额=当期销项税额－当期进项税额

【例 2-1】 某公司为增值税一般纳税人,2013 年 10 月,该公司外购原材料支付增值税进项税额 30 000 元,并收到对方开具的增值税专用发票;当月销售货物,开具增值税专用发票,注明税款 120 000 元。

要求:请计算该公司 2013 年 10 月应缴纳的增值税税额。

【解答】 该公司为增值税一般纳税人,应纳增值税税额的计算采用税款抵扣的方式,即:

当月应缴纳的增值税税额=120 000－30 000=90 000(元)

1. 销项税额

销项税额是纳税人销售货物或者提供应税劳务,按照销售额或应税劳务收入和规定的税率计算，并向购买方收取的增值税额，计算公式为：

销项税额＝销售额×适用税率

对属于一般纳税人的销售方来说，销项税额不是其应纳的增值税税额，还应该抵扣进项税额。销项税额的计算取决于销售额和适用税率两个因素。

注意： 增值税是价外税，公式中的销售额必须是不包括收取的销项税额的销售额。

（1）销售额的一般规定

销售额是指纳税人销售货物或者提供应税劳务向购买方（包括接受劳务方，下同）收取的全部价款和价外费用，但不包括收取的销项税额。价外费用（即销售方的价外收入）是指价外向购买方收取的手续费、补贴、基金、集资费、返还利润、奖励费、违约金（延期付款利息）、包装费、包装物租金、储备费、优质费、运输装卸费、代收款项、代垫款项及其他各种性质的价外收费。

价外费用不包括下列项目：

① 受托加工应征消费税的消费品所代收代缴的消费税；

② 同时符合以下条件的代垫运费：承运者的运输发票开具给购货方的；纳税人将该发票转交给购货方的；

③ 同时符合以下条件代为收取的政府性基金或者行政事业性收费：由国务院或者财政部批准设立的政府性基金，由国务院或者省级人民政府及其财政、价格主管部门批准设立的行政事业性收费；收取时开具省级以上财政部门印制的财政票据；所收款项全额上缴财政；

④ 销售货物的同时代办保险等而向购买方收取的保险费，以及向购买方收取的代购买方缴纳的车辆购置税、车辆牌照费。

为了防止纳税人以各种名目的收费减少销售逃避纳税的现象，税法规定：凡随同销售货物或提供应税劳务向购买方收取的价外费用，无论其会计制度如何核算，均应并入销售额计算销项税额。

根据国家税务总局的规定：对增值税一般纳税人（包括纳税人自己或代其他部门）向购买方收取的价外费用，应视为含税收入，在计算销项税额时，必须将其换算为不含税的销售额。

（2）含税销售额的换算

增值税属于价外税，应采用不含销项税的销售额按照适用税率计算税款。但实际工作中，一般纳税人有时采用将销售额和销项税额合并定价收取的方法，从而形成含税销售额。为了防止增值税计税环节重复纳税的现象，必须将含税的销售额换算成不含税的销售额，计算公式为：

不含税销售额＝含税销售额÷(1＋税率)

上述公式中的税率为销售货物或提供应税劳务按《增值税暂行条例》规定所适用的税率。

【例 2-2】 某彩电生产厂家为增值税一般纳税人，本月销售给某百货商场彩电 600 台，每台不含税价款 3 000 元，开具增值税专用发票，取得不含税销售额 1 800 000 元；另向购买方收取装卸费 4 680 元。

要求：请计算该彩电生产厂家的应税销售额。

【解答】 应税销售额＝不含税销售额＋含税销售额÷(1＋税率)

＝1 800 000＋4 680÷(1＋17%)

＝1 804 000(元)

特别说明：该厂家收取的装卸费属于价外费用，视同含税收入，在计算增值税销售额时应换算成不含增值税的销售额。

(3) 特殊销售方式下销售额的确定

在激烈的市场竞争过程中，纳税人为了扩大市场份额会采取灵活多样的销售方式。不同的销售方式下，销售者取得的销售额会有所不同，这些特殊销售方式下计征增值税的销售额按以下方法确定。

① 折扣销售方式

折扣销售是指销货方在销售货物或应税劳务时，因购货方的信誉较好或购货数量较大等原因，而给予购货方的价格优惠(如某运动鞋厂家规定：购买100双运动鞋，给予价格折扣10%；购买300双运动鞋，给予价格折扣15%)。由于折扣是在实现销售的同时发生，因此，税法规定，如果销售额和折扣额在同一张发票上分别注明，可按折扣后的余额作为销售额计算增值税；如果将折扣额另开发票，不论其在财务上如何处理，均不得从销售额中减除折扣额。

议一议： 折扣销售、销售折让及销售折扣有何不同？在确定计征增值税的销售额时，税法的规定是否相同？

在确定折扣销售的销售额时，应注意区分销售折让、销售折扣。销售折让是指货物销售后，由于其品种、质量等原因购货方未予退货，销售方给予购货方的一种价格折让。销售折让可以折让后的货款为销售额。销售折扣是指销货方在销售货物或应税劳务后，为了鼓励购货方及早偿付货款，而协议许诺给购货方的一种折扣优惠(如某购销合同规定：购货方应在30天之内付清全部款项，但在10天内付款，可给予折扣2%；20天内付款，给予折扣1%)。销售折扣发生在销货之后，是一种融资性质的理财费用，不得从销售额中减除。

需要注意的是，折扣销售仅限于货物价格的折扣，如果销货方将自产、委托加工和购买的货物用于实物折扣的，则该实物款项不能从货物销售额中减除，且该实物应按《增值税暂行条例》“视同销售货物”中的“赠送他人”计算征收增值税。

② 以旧换新销售方式

以旧换新是指纳税人在销售自己的货物时，折价回收相关的旧货，并以折价款部分冲减货物价款的一种销售方式。由于销售货物与收购货物是两个不同的业务活动，销售额与收购额不能够相互抵减，因此税法规定，纳税人采取以旧换新的销售方式销售货物，销售额按照新货物的同期销售价格确定，不得扣减旧货物的收购价格。

【例2-3】 某自行车销售公司“五一”期间开展促销活动，购买新自行车时，旧自行车一律折价100元，活动期间以旧换新共售出新自行车60辆，每辆原售价700元。

要求：请计算该自行车销售公司的应税销售额。

【解答】 应税销售额＝700×60＝42 000(元)

考虑到金银首饰以旧换新业务的特殊情况，对于金银首饰以旧换新业务，可以按销售方实际收取的不含增值税的全部价款征收增值税。

③ 还本销售方式

还本销售是指纳税人销售货物后，在一定期限内将全部或部分销货款一次或分次退还给购货方的一种销售方式。其主要目的在于进行促销和融通资金。税法规定，采取还本销售方式销售货物，其销售额就是货物的销售价格，不得从销售额中扣除还本支出。

④ 以物易物销售方式

以物易物是指购销双方不以货币结算，而以同等价款的货物相互结算，实现货物购销的一种方式。税法规定，纳税人采取以物易物方式销售货物的，应视同销售按规定纳税，即购销双方均以各自发出的货物核算销售额，计算销项税额，以各自收到的货物按规定核算购货额并计算进项税额。但如果收到的货物不能取得相应的增值税专用发票或其他合法票据，不能抵扣进项税额。

⑤ 出租出借包装物押金的处理

税法规定，纳税人为销售货物而出租出借包装物收取的押金，凡单独记账核算，时间在 1 年以内，又未过期的，不并入销售额征税；但对逾期未收回包装物不再退还的押金，应按所包装货物的适用税率计算销项税额。押金视同含税销售额，必须将其换算为不含税价，再计算销项税额。其中，"逾期"是指按合同规定实际逾期或以 1 年为限，对收取 1 年以上的押金，无论是否退还均并入销售额征税。

对销售除啤酒、黄酒外的其他酒类产品而收取的包装物押金，无论是否返还以及会计上如何处理，均应并入当期销售额征税。对销售啤酒、黄酒所收取的押金，按上述一般押金的规定处理。

议一议：在确定计征增值税的销售额时，包装物押金与包装物租金的税务处理是否相同？

⑥ 直销方式

直销企业先将货物销售给直销员，直销员再将货物销售给消费者的，直销企业的销售额为向直销员收取的全部价款和价外费用；直销企业通过直销员向消费者销售货物，直接向消费者收取货款，直销企业的销售额为向消费者收取的全部价款和价外费用。

⑦ 固定资产处理的相关规定与政策衔接

根据国家税务总局公告 2014 年第 36 号文件的规定，自 2009 年 1 月 1 日起，纳税人销售自己使用过的固定资产，应区分不同情形征收增值税：销售自己使用过的 2009 年 1 月 1 日以后购进或者自制的固定资产，按照适用税率征收增值税；2008 年 12 月 31 日以前未纳入扩大增值税抵扣范围试点的纳税人，销售自己使用过的 2008 年 12 月 31 日以前购进或者自制的固定资产，按照 3%征收率减按 2%征收增值税。

纳税人已抵扣进项税额的固定资产用于不得从销项税额中抵扣进项税额项目的，应在当月按下列公式计算不得抵扣的进项税额：

$$不得抵扣的进项税额＝固定资产净值\times适用税率$$

固定资产净值是指纳税人按照财务会计制度计提折旧后计算的固定资产净值。

对于纳税人发生固定资产视同销售行为，对已使用过的固定资产无法确定销售额的，以固定资产净值为销售额。

自 2012 年 2 月 1 日起，增值税一般纳税人销售自己使用过的固定资产，属于以下两种情形的，可按简易办法依 3%征收率减按 2%征收增值税，同时不得开具增值税专用发票：纳税人购进或者自制固定资产时为小规模纳税人，认定为一般纳税人后销售该固定资产；增值税一般纳税人发生按简易办法征收增值税应税行为，销售其按照规定不得抵扣且未抵扣进项税额的固定资产。

自 2012 年 7 月 1 日起，经批准允许从事二手车经销业务的纳税人按照有关规定，收购二手车时将其办理过户登记到自己名下，销售时再将该二手车过户登记到买家名下的行为，应按照现行规定征收增值税。

试一试： 某企业为增值税一般纳税人，2013 年 11 月进行设备的更新换代，将一台旧设备出售，收取价款 200 000 元，该设备系 2009 年购进，购进时该企业为小规模纳税人。请问：该企业销售旧设备应缴纳的增值税税额应为多少？

答：应缴纳的增值税税额＝200 000÷(1＋3%)×3%×2%＝116.5(元)

【例 2-4】 某生产企业为增值税一般纳税人，适用增值税税率 17%，2013 年 5 月发生销售使用过的进口摩托车 4 辆，开具普通发票，每辆取得含税销售额 10 300 元；该摩托车原值每辆 9 000 元。

要求：请计算该笔业务应缴纳的增值税税额。

【解答】 应缴纳的增值税税额＝10 300÷(1＋3%)×3%×2%×4＝24(元)

(4) 视同销售行为及售价明显偏低且无正当理由情况下销售额的确定

税法规定，对视同销售行为征税而无销售额的，按下列顺序确定销售额：

① 按纳税人当月同类货物的平均销售价格确定；

② 按纳税人最近时期同类货物的平均销售价格确定；

③ 用以上两种方法均不能确定其销售额的情况下，可按组成计税价确定。

组成计税价格的计算公式为：

组成计税价格＝成本×(1＋成本利润率)

征收增值税，同时又征收消费税的货物，其组成计税价格中应加计消费税税额，计算公式为：

组成计税价格＝成本×(1＋成本利润率)＋消费税税额

或　　组成计税价格＝成本×(1＋成本利润率)÷(1－消费税税率)

上述公式中的“成本”分为两种情况，销售自产货物的为实际生产成本，销售外购货物的为实际采购成本。公式中的“成本利润率”一般确定为 10%，但对于应从价定率征收消费税的货物，则按《消费税若干具体问题的规定》确定。

【例 2-5】 某日化有限公司将试制的一批洗涤新产品作为福利发放给职工，成本价 100 000 元，成本利润率为 10%，该新产品无同类产品市场销售价格。

要求：请计算该日化有限公司的应税销售额。

【解答】 应税销售额＝100 000×(1＋10%)＝110 000(元)

(5) 混合销售行为销售额的确定

根据《增值税暂行条例实施细则》的规定，从事货物的生产、批发或零售的企业、企业性单位及个体经营者以及以从事货物的生产、批发或零售为主，并兼营非应税劳务的企业、企业性单位及个体经营者的混合销售行为，视为销售货物，应当征收增值税，其销售额为货物与非应税劳务销售额的合计数，该非应税劳务的销售额应视同含税销售额处理，非应税劳务的适用税率按照该混合销售行为中货物或应税劳务的税率确定。该混合销售行为涉及的非应税劳务所用购进货物的进项税额，凡符合规定的准予从销项税额中抵扣。

【例 2-6】 某热水器企业为增值税一般纳税人，适用增值税税率 17%，某月销售一批热水器给某服装厂，开具增值税专用发票，取得不含税销售额 800 000 元；另外，开具普通发票，取得安装该批热水器的收入 23 400 元。

要求：请计算该热水器企业的应税销售额。

【解答】 应税销售额＝800 000＋23 400÷(1＋17%)＝820 000(元)

(6) 兼营非应税劳务销售额的确定

根据《增值税暂行条例实施细则》的规定，纳税人兼营非应税劳务的，应分别核算货物或应税劳务和非应税劳务的销售额，对货物或应税劳务的销售额，按各自适用的税率征收增值税，对非应税劳务的销售额按适用的税率征收营业税。不分别核算或者不能准确核算的，由主管税务机关核定货物或者应税劳务的销售额。对于非应税劳务的销售额应视同含税销售额，在计算销项税额时，必须将其换算为不含税的销售额；其兼营的非应税劳务所用购进货物的进项税额，凡符合规定的准予从销项税额中抵扣。

议一议：对兼营非应税劳务不分别核算或者不能准确核算的，为何要由主管税务机关核定货物或者应税劳务的销售额？

2. 进项税额

进项税额是指纳税人购进货物或接受应税劳务所支付或负担的增值税额。在开具增值税专用发票的情况下，销售方收取的销项税额就是购买方支付的进项税额。对于一般纳税人而言，销售货物或提供加工、修理修配劳务会发生销项税额的收取，而购进货物或接受应税劳务会产生进项税额的支付，纳税人实际应缴纳的增值税就是销项税额扣除进项税额的余额。

(1) 准予从销项税额中抵扣的进项税额

① 外购的固定资产。现行增值税征税范围中的固定资产主要是机器、机械、运输工具以及其他与生产、经营有关的设备、工具、器具，因此，转型改革后允许抵扣的固定资产仍然是上述范围。房屋、建筑物等不动产不能纳入增值税的抵扣范围。为预防出现税收漏洞，将与企业技术更新无关，且容易混为个人消费的应征消费税的小汽车、摩托车和游艇排除在上述设备范围之外。

② 从销售方取得的增值税专用发票上注明的增值税额。增值税专用发票注明的进项税额是一般纳税人进项税额的主体部分。一般纳税人可实行手写版、电脑版两种方式开具专用发票，但鼓励和推行使用通过防伪税控系统开具的电脑版专用发票，限制手写版开具增值税专用发票。

根据国税函〔2003〕139号《国家税务总局关于进一步明确推行防伪税控系统和金税工程二期完善与拓展有关工作的通知》的规定,2003年7月1日起,增值税一般纳税人必须通过防伪税控系统开具专用发票,同时全国统一废止增值税一般纳税人所用的手写版专用发票。2003年10月1日起,增值税一般纳税人所用的手写版专用发票一律不得作为增值税的扣税凭证。税务部门为小规模纳税人代开的手写版专用发票,可继续使用。

自2005年1月1日起,凡税务机关代开增值税专用发票必须通过防伪税控系统开具,同时停止使用非防伪税控系统为纳税人代开增值税专用发票(包括手写版增值税专用发票和计算机开具不带密码的电脑版增值税专用发票)。增值税一般纳税人取得的税务机关用非防伪税控系统代开的增值税专用发票,应当在2005年3月纳税申报期结束以前向主管税务机关申报抵扣,逾期不得抵扣进项税额。

问题解答

一般纳税人丢失已开具专用发票的发票联和抵扣联,如何处理?

答:根据国税发〔2006〕156号《国家税务总局关于修订〈增值税专用发票使用规定〉的通知》规定,一般纳税人丢失已开具专用发票的发票联和抵扣联,如果丢失前已认证相符的,购买方凭销售方提供的相应专用发票记账联复印件及销售方所在地主管税务机关出具的《丢失增值税专用发票已报税证明单》,经购买方主管税务机关审核同意后,可作为增值税进项税额的抵扣凭证;如果丢失前未认证的,购买方凭销售方提供的相应专用发票记账联复印件到主管税务机关进行认证,认证相符的凭该专用发票记账联复印件及销售方所在地主管税务机关出具的《丢失增值税专用发票已报税证明单》,经购买方主管税务机关审核同意后,可作为增值税进项税额的抵扣凭证。一般纳税人丢失已开具专用发票的抵扣联,如果丢失前已认证相符的,可使用专用发票发票联复印件留存备查;如果丢失前未认证的,可使用专用发票发票联到主管税务机关认证,专用发票发票联复印件留存备查。一般纳税人丢失已开具专用发票的发票联,可将专用发票抵扣联作为记账凭证,专用发票抵扣联复印件留存备查。

③ 从海关取得的完税凭证上注明的增值税额。一般纳税人因生产经营所需进口货物,在进口时由海关征收货物进口环节增值税,完税凭证上注明的增值税额可作为进项税额予以扣除。

纳税人在进行增值税账务处理时,每抵扣一笔进项税额,就要有一份记录该进项税额的法定扣税凭证,没有从销售方或海关取得注明增值税税额的法定扣税凭证,就不能抵扣进项税。

对纳税人丢失的海关完税凭证,纳税人应当凭海关出具的相关证明,向主管税务机关提出抵扣申请。主管税务机关受理申请后,应当进行审核,并将纳税人提供的海关完税凭证电子数据纳入稽核系统比对,稽核比对无误后,可以抵扣进项税额。

④ 增值税一般纳税人购进农产品，除取得增值税专用发票或者海关进口增值税专用缴款书外，按照农产品收购发票或者销售发票上注明的农产品买价和 13% 的扣除率计算的进项税额。其进项税额的计算公式为：

准予抵扣的进项税额＝买价×扣除率

农业生产者是指直接从事农业生产并生产初级农产品的单位和个人。农产品的范围包括种植业、养殖业、林业、牧业和水产业的各种农业初级产品，原生农产品和简易加工的各种农产品也属农产品范围。不属于农产品范围的不得计算抵扣进项税额。

购买农产品的买价，仅限于经主管税务机关批准使用的收购凭证上注明的价款，购买农产品的单位在收购价格之外按规定缴纳并负担的农业特产税，准予并入农产品的买价，计算进项税额。

根据(财税〔2006〕140 号)《关于购进烟叶的增值税抵扣政策的通知》的规定，对烟叶税纳税人按规定缴纳的烟叶税，准予并入烟叶产品的买价计算增值税的进项税额，并在计算缴纳增值税时予以抵扣，计算公式为：

准予抵扣的进项税额＝(烟叶收购金额＋烟叶税应纳税额)×扣除率

烟叶税应纳税额＝烟叶收购金额×税率

上述公式中，烟叶收购金额和烟叶税及法定扣除率，按照《烟叶税暂行条例》及(财税〔2006〕64 号)财政部、国家税务总局印发《〈关于烟叶税若干具体问题的规定〉的通知》的规定计算。其中，烟叶税税率为 20%。烟叶收购金额包括纳税人支付给烟叶销售者的烟叶收购价款和价外补贴，价外补贴统一暂按烟叶收购价款的 10% 计算。烟叶收购金额的计算公式为：

烟叶收购金额＝烟叶收购价款×(1＋10%)

【例 2-7】 某生产企业为增值税一般纳税人，某月部分外购业务如下，判断准予抵扣的进项税额：购进货物取得增值税专用发票，注明支付的货款 500 000 元，进项税额 85 000 元；向农业生产者购进免税农产品一批，支付收购价 200 000 元，取得相关的合法票据。

要求：请计算该生产企业准予抵扣的进项税额。

【解答】 准予抵扣的进项税额＝85 000＋200 000×13%＝111 000(元)

【例 2-8】 某生产企业为增值税一般纳税人，本月购进原材料一批，取得增值税专用发票，注明支付的货款 500 000 元，进项税额 85 000 元；另外支付购货的运输费用 20 000 元，建设基金 300 元，装卸费 500 元，取得运费发票。

要求：请计算该生产企业准予抵扣的进项税额。

【解答】 准予抵扣的进项税额＝85 000＋(20 000＋300)×11%＝87 233(元)

⑤ 购置税控收款机税款。根据财税〔2004〕167 号财政部、国家税务总局《〈关于推广税控收款机有关税收政策〉的通知》的规定，自 2004 年 12 月 1 日起，增值税一般纳税人购置税控收款机所支付的增值税税额(以购进税控收款机取得的增值税专用发票上注明的增值税税额为准)，准予在该企业当期的增值税销项税额中抵扣。

根据国税发〔2000〕183 号《国家税务总局关于推行增值税防伪税控系统若干问题的通知》的规定，自 2000 年 1 月 1 日起，企业购置增值税防伪税控系统专用设备和通用设备发生的费用，准予在当期计算缴纳所得税前一次性列支；同时可凭购货所取得的专用发票所注明的税额从增值税销项税额中抵扣。

增值税防伪税控专用设备包括税控金税卡、税控IC卡和读卡器,通用设备包括用于防伪税控系统开具专用发票的计算机和打印机。

(2) 不得从销项税中抵扣的进项税额

根据《增值税暂行条例》的规定,下列项目的进项税额不得从销项税额中抵扣。

税法视野

增值税的类型

实行增值税,各国对增值额的规定都具有法定性,在确定增值额时,按照外购固定资产处理方式的不同,增值税可以分为生产型增值税、收入型增值税和消费型增值税三种类型。

1. 生产型增值税

生产型增值税是以销售收入总额减去其耗用的外购商品与劳务(不包括纳税人购进的固定资产)后的余额为课税依据所计算的增值税。征税依据等于工资、利润、利息、租金和折旧数之和,从整体看,征税基数相当于国民生产总值,故称生产型增值税。

2. 收入型增值税

收入型增值税是以销售额减去外购商品、劳务和折旧额后的余额为课税依据所计算的增值税。征税依据等于工资、利润、利息、租金之和,从整体看,征税基数相当于国内收入,因此称为收入型增值税。其主要特点是纳税人在计算增值税税额时,允许扣除本期固定资产所含的税金。

3. 消费型增值税

消费型增值税是以销售额减去外购商品、劳务及同期购建的全部固定资产价值后的余额为课税依据所计算的增值税。从国民经济的整体上看相当于只对消费资料征税,不包括生产资料的价值,其税基相当于全部消费品价值,故称消费型增值税。

我国于1994年试行生产型增值税,2009年1月正式转型实行消费型增值税。

① 用于非应税项目的购进货物或应税劳务。所称非应税项目,是指提供非应税劳务、转让无形资产、销售不动产和固定资产在建工程等。纳税人新建、改建、扩建、修缮、装饰建筑物,无论会计制度规定如何核算,均属于固定资产在建工程。

如果购进的货物发生视同销售,即作为投资、分配给股东或投资者、无偿赠送他人的,若取得了扣税凭证,其进项税额准予抵扣。

议一议: 为什么用于非应税项目的购进货物或应税劳务进项税额不得从销项税额中抵扣?

② 用于免税项目的购进货物或应税劳务。

③ 用于集体福利或者个人消费的购进货物或者应税劳务。

④ 非正常损失的购进货物。

⑤ 非正常损失的在产品、产成品所耗用的购进货物或应税劳务。所称非正常损失，是指生产、经营过程中正常损耗外的损失，包括：因管理不善造成货物被盗窃、发生霉烂变质等损失，其他非正常损失。

⑥ 国务院财政、税务主管部门规定的纳税人自用消费品。

⑦ 第 1 项至第 6 项规定的货物的运输费用和销售免税货物的运输费用。

2013 年 8 月 1 日起，纳税人自用的应征消费税的摩托车、小汽车、游艇，其进项税额以票抵扣。

试一试：某生产企业为增值税一般纳税人，2013 年 2 月部分购进业务如下：

(1) 本月购进生产用钢材一批，取得增值税专用发票上注明税金 170 000 元；

(2) 购买设备一台，取得增值税专用发票上注明税金 80 000 元；

(3) 为专项工程购进工程物资一批，取得增值税专用发票，注明支付的货款 300 000 元，进项税额 51 000 元；

(4) 将库存的钢材一批(增值税税额 20 000 元)移送本企业建造仓库使用。

要求：请确定准予抵扣的进项税额。

纳税人兼营免税项目或非应税项目(不包括固定资产在建工程)无法准确划分不得抵扣的进项税额部分，按下列公式计算不得抵扣的进项税额：

不得抵扣的进项税额＝当月无法划分的全部进项税额×当月免税项目销售额、非应税项目营业额合计/当月全部销售额、营业额合计

因进货退出或折让而收回的增值税额，应从发生进货退出或折让当期的进项税额中扣减。

3. 应纳税额的计算

【例 2-9】 某生产企业为增值税一般纳税人，2013 年 3 月销售货物取得不含税销售额 4 000 000 元，已知销售的货物适用 17%的增值税税率；购进原材料一批，取得增值税专用发票，注明支付的进项税额 136 000 元。

要求：请计算该企业 2013 年 3 月应缴纳的增值税税额。

【解答】 应缴纳的增值税税额＝4 000 000×17%－136 000＝544 000(元)

【例 2-10】 某汽车配件商店为增值税一般纳税人，2013 年 8 月购进零配件，取得增值税专用发票上注明货款 180 000 元，税款 30 600 元；当月销售零配件取得零售收入 468 000 元，收取装卸费 11 700 元。

要求：请计算该企业 2013 年 8 月应缴纳的增值税税额。

【解答】 该企业 2013 年 8 月应缴纳的增值税税额分步计算如下：

(1) 当月销项税额＝(468 000＋11 700)÷(1＋17%)×17%＝69 700(元)

(2) 当月准予抵扣的进项税额＝30 600(元)

(3) 当月应缴纳的增值税税额＝69 700－30 600＝39 100(元)

【例 2-11】 某服装商场为增值税一般纳税人，2013 年 9 月发生以下购销业务：

(1) 零售各种服装,取得含税销售额 643 500 元;

(2) 将零售价为 14 040 元的衬衣作为礼品送给了学校;

(3) 当月购入服装,取得增值税专用发票上注明税款 30 000 元;

(4) 购买设备一台取得增值税专用发票上注明税金 17 000 元。

要求:请计算该企业 2013 年 9 月应缴纳的增值税税额。

【解答】 该企业 2013 年 9 月应缴纳的增值税税额分步计算如下:

(1) 零售的销项税额=643 500÷(1+17%)×17%=93 500(元)

(2) 赠送礼品的销项税额=14 040÷(1+17%)×17%=2 040(元)

(3) 当月准予抵扣的进项税额=30 000+17 000=47 000(元)

(4) 当月应缴纳的增值税税额=93 500+2 040−47 000=48 540(元)

【例 2-12】 某超市为增值税一般纳税人,主营各类商品批发、零售,兼营饮食服务业。2013 年 10 月发生的业务如下:

(1) 本月取得销售收入 585 000 元,其中包括饮食服务收入。该企业在财务核算时对商品销售收入和饮食服务收入未分别核算,税务机关核定货物的销售收入是 351 000 元;

(2) 本月购进日用品一批,取得增值税专用发票,注明支付的货款 100 000 元,进项税额 17 000元;

(3) 本月购进面粉、大米一批,取得增值税专用发票上注明税额 26 000 元;

(4) 将购进的部分大米(增值税税额 2 000 元)用于发给本超市员工。

要求:请计算该企业 2013 年 10 月应缴纳的增值税税额。

【解答】 该企业 2013 年 10 月应缴纳的增值税税额分步计算如下:

(1) 当月销项税额=351 000÷(1+17%)×17%=51 000(元)

(2) 当月准予抵扣的进项税额=17 000+26 000−2 000=41 000(元)

(3) 当月应缴纳的增值税税额=51 000−41 000=10 000(元)

4. 计算应纳税额的时限

为了保证应纳税额计算的合理性、准确性,纳税人必须严格把握当期进项税额从当期销项税额中抵扣。“当期”是指税务机关依照税法的规定对纳税人确定的纳税期限。只有在纳税期限内实际发生的销项税额、进项税额,才是法定的当期销项税额或当期进项税额。

(1) 计算销项税额的时间限定

税法对于什么时间计算销项税额作了严格的规定,目的是保证及时、准确记录和核算当期销项税额。如采取直接收款方式销售货物,不论货物是否发出,均为收到销售额或取得索取销售额的凭据,并将提货单交给买方的当天;销售应税劳务,为提供劳务同时收讫销售额或取得索取销售额的凭据的当天等。

(2) 防伪税控专用发票进项税额抵扣的时间限定

自 2003 年 3 月 1 日起,增值税一般纳税人取得防伪税控系统开具的增值税专用发票,抵扣的进项税额按以下规定处理:

增值税一般纳税人申请抵扣的防伪税控系统开具的增值税专用发票,必须自该专用发票开具之日起 180 日内到税务机关认证,否则不予抵扣进项税额。

增值税一般纳税人认证通过的防伪税控系统开具的增值税专用发票,应在认证通过的当月按照增值税有关规定核算当期进项税额并申报抵扣，否则不予抵扣进项税额。

自2013年7月1日起，一般纳税人进口货物取得的属于增值税扣税范围的海关缴款书，需经税务机关稽核比对相符后，作为进项税额抵扣。

2.2.2 小规模纳税人应纳税额的计算

1. 应纳税额的计算公式

小规模纳税人销售货物或者提供应税劳务，实行简易办法计算应纳税额，按照销售额和规定的征收率计算应纳税额，不得抵扣进项税额，其应纳税额计算公式为：

应纳税额＝销售额×征收率

增值税的征收率是3%。上述公式中销售额的确定比照一般纳税人的计算方法，即销售货物或提供应税劳务向购买方收取的全部价款和价外费用，不包括按征收率收取的销项税额。

小规模纳税人会计核算不健全，不能准确核算销项税额和进项税额，不实行按销项税额抵扣进项税额的购进扣税法计算应纳税额，而是实行简易办法征收，所以，小规模纳税人不得抵扣进项税额。

2. 含税销售额的换算

小规模纳税人在销售货物或提供应税劳务时只能开具普通发票，取得收入均为含税的销售额。所以，在计算应纳税额时，必须将其换算为不含税的销售额，换算公式为：

不含税销售额＝含税销售额÷(1＋ 征收率)

【例2-13】 某涂料销售公司为增值税小规模纳税人，2013年5月取得零售收入总额113 300元。

要求：请计算该销售公司2013年5月应缴纳的增值税税额。

【解答】 该涂料销售公司2013年5月取得的不含税销售额＝113 300÷(1＋3%)＝110 000(元)

应缴纳的增值税税额＝11 000×3%＝3 300(元)

3. 购置税控收款机税款抵免的计算

根据财税〔2004〕167号财政部、国家税务总局《〈关于推广税控收款机有关税收政策〉的通知》的规定，自2004年12月1日起，增值税小规模纳税人购置税控收款机，经主管税务机关审核批准后，可凭购进税控收款机取得的增值税专用发票，按照发票上注明的增值税税额，抵免当期应纳增值税税额，或者按照购进税控收款机取得的普通发票上注明的价款，依下列公式计算可抵免税额：

可抵免税额＝价款÷(1＋17%)×17%

当期应纳税额不足抵免的，未抵免部分可在下期继续抵免。

2.2.3 进口货物应纳税额的计算

凡是申报进入我国海关境内的货物，均应缴纳进口环节增值税，并由海关代征。对于报关进口的应税货物，不论其是国外产制还是我国已出口而转销国内的货物，是进口者自行采购还是国外捐赠的货物，是进口者自用还是作为贸易或其他用途等，均应按照规定缴纳进口环节的增值税。

1. 进口货物的纳税人

进口货物增值税的纳税人是进口货物的收货人或办理报关手续的单位和个人。

代理进口货物的纳税人是海关开具的完税凭证上的纳税人。对报关进口货物,凡是海关完税凭证开具给委托方的,代理方对代理进口的货物不再缴纳增值税;凡是海关完税凭证开具给代理方的,代理方对所进口的货物应缴纳增值税,纳税后,代理方将已纳税款和进口货物价款等费用与委托方结算,由委托者承担已纳税款。

2. 进口货物应纳税额的计算

纳税人进口货物,按照组成计税价格和规定税率计算应纳税额,不得抵扣发生在我国境外的各种税金,计算公式为:

组成计税价格=关税完税价格+关税

应纳税额=组成计税价格×税率

如果进口货物属于消费税的应税消费品,组成计税价格公式中需加上消费税额,计算公式为:

组成计税价格=关税完税价格+关税+消费税

【例 2-14】 某商场 2013 年 9 月进口货物一批,该批货物的关税完税价格 620 000 元,货物报关后,商场按规定缴纳了进口环节的增值税 93 000 元,并取得了海关开具的完税凭证。货物增值税税率为 17%。已知该货物不属于消费税的应税消费品。

要求:请计算货物进口环节应缴纳的增值税税额。

【解答】 组成计税价格=620 000+93 000=713 000(元)

应缴纳的增值税税额=713 000×17%=121 210(元)

进口货物,增值税纳税义务发生时间为报关进口的当天。纳税地点是进口人或其代理人申报进口的报关地海关。纳税期限应当自海关填发税款缴款书之日起 15 日内缴纳税款,进口货物的增值税由海关代征。

2.2.4 增值税的税收优惠

1. 直接免税

享受直接免税的主要有:农业生产者销售的自产农业产品;避孕药品和用具;古旧图书;直接用于科学研究、科学试验和教学的进口仪器、设备;外国政府、国际组织无偿援助的进口物资和设备;销售的自己使用过的物品,指其他个人自己使用过的物品;由残疾人组织直接进口供残疾人专用的物品等。

2011 年 12 月 19 日,国务院办公厅印发了《关于加强鲜活农产品流通体系建设的意见》,提出要完善农产品流通税收政策。财政部、国家税务总局联合发文明确,自 2012 年 1 月 1 日起,我国免征蔬菜流通环节的增值税。自 2012 年 1 月 1 日起,对从事蔬菜批发、零售的纳税人销售的蔬菜免征增值税;自 2012 年 10 月 1 日起,免征部分鲜活肉蛋产品流通环节增值税。

2. 其他减免

(1) 增值税的补充减免

增值税的减免税除上述《增值税暂行条例》中的规定外,在税法执行过程中还根据实际情况陆续补充了一些减免税，如鼓励资源综合利用的税收优惠、销售再生资源的税收优惠、文化产业和动漫产业的税收优惠等。

(2) “营改增”的免税政策

中国境内的单位和个人提供的下列应税服务免征增值税，但财政部和国家税务总局规定适用增值税零税率的除外：

① 工程、矿产资源在境外的工程勘察勘探服务。

② 会议展览地点在境外的会议展览服务。

③ 存储地点在境外的仓储服务。

④ 标的物在境外使用的有形动产租赁服务。

⑤ 为出口货物提供的邮政业服务和收派服务。

⑥ 在境外提供的广播影视节目(作品)的发行、播映服务。

⑦ 符合规定条件的国际运输服务。

⑧ 符合规定条件的港澳台运输服务。

⑨ 向境外单位提供的下列应税服务：一是技术转让服务、技术咨询服务、合同能源管理服务、软件服务、电路设计及测试服务、信息系统服务、业务流程管理服务、商标著作权转让服务、知识产权服务、物流辅助服务(仓储服务、收派服务除外)、认证服务、鉴证服务、咨询服务、广播影视节目(作品)制作服务、期租服务、程租服务、湿租服务，但不包括合同标的物在境内的合同能源管理服务，对境内货物或不动产的认证服务、鉴证服务和咨询服务；二是广告投放地在境外的广告服务。

⑩ 境内单位和个人向中华人民共和国境外单位提供电信业服务，免征增值税。

3. 起征点

根据《增值税暂行条例》的规定，个人销售额未达到起征点的，免征增值税。根据财税〔2002〕208 号财政部、国家税务总局《〈关于下岗失业人员再就业有关税收政策问题〉的通知》，现行增值税的起征点为：

(1) 销售货物的起征点为月销售额 5 000—20 000 元；

(2) 销售应税劳务的起征点为月销售额 5 000—20 000 元；

(3) 按次纳税的起征点为每次(日)300—500 元。

上述起征点所称的销售额不包括应纳税额。如果纳税人销售货物或应税劳务采用销售额和应税额合并定价方法的，按下列公式计算月销售额：

$$销售额=含税销售额/(1+征收率)$$

2013 年 8 月 1 日起，对增值税小规模纳税人中月销售额不超过 2 万元的企业或非企业性单位，暂免征收增值税。

4. 增值税的先征后返和即征即退优惠

实行增值税先征后返的纳税人，先按规定缴纳增值税，再由财政部门审批，并按照纳税人实际缴纳的税额全部或依照一定比例办理退税。实行增值税即征即退的纳税人，先按规定缴税，再由财政部门委托税务部门审批后办理退税手续。

2.2.5 增值税的申报与缴纳

为满足现行增值税税收政策的需要，进一步加强增值税的征收管理，国家税务总局对现行的《增值税一般纳税人纳税申报办法》做了必要的修订。自2003年7月1日起,凡使用国家税务总局认定公布的增值税一般纳税人纳税申报电子信息采集系统的增值税一般纳税人,均应按照国税发〔2003〕第053号进行增值税纳税申报,其他增值税一般纳税人仍按照国税发〔1999〕29号的规定进行增值税纳税申报。

1. 纳税义务发生时间

增值税应纳税额的计算是用当期销项税额减去当期进项税额后的余额。只有在纳税期内实际发生的销项税额、进项税额,才是法定的当期销项税额和当期进项税额。如果将当期实现的销售额隐瞒不记账或滞后记账,就会减小当期销项税额;如果把不是当期实际发生的进项税额(上期结转的进项税额除外)充作当期进项税额,就会加大进项税额,从而造成少纳税或不纳税,这是违反税法规定的行为。增值税纳税义务发生时间分为以下两种情况。

(1) 销售货物或者应税劳务的纳税义务发生时间

销售货物或者应税劳务的纳税义务发生时间,为收讫销售额或者取得索取销售额凭据的当天。按销售结算方式的不同,具体确定为:

① 采取直接收款方式销售货物,不论货物是否发出,均为收到销售额或取得索取销售额的凭据的当天;

② 采取托收承付和委托银行收款方式销售货物,为发出货物并办妥托收手续的当天;

③ 采取赊销和分期收款方式销售货物,为按合同约定的收款日期的当天;无书面合同或者书面合同没有约定收款日期的,为货物发出的当天;

④ 采取预收货款方式销售货物,为货物发出的当天;

⑤ 委托其他纳税人代销货物,为收到代销单位销售的代销清单的当天;在收到代销清单前已收到全部或部分货款的,其纳税义务发生时间为收到全部或部分货款的当天;对于发出代销商品超过180天仍未收到代销清单及货款的,视同销售实现,一律征收增值税,其纳税义务发生时间为发出代销商品满180天的当天;

⑥ 销售应税劳务,为提供劳务同时收讫销售额或取得索取销售额的凭据的当天;

⑦ 纳税人发生视同销售货物行为第3项至第8项的,为货物移送的当天。

(2) 进口货物的纳税义务发生时间

进口货物的纳税义务发生时间为报关进口的当天。

2. 纳税期限

增值税的纳税期限分别为1日、3日、5日、10日、15日、1个月或1个季度。纳税人的具体纳税期限,由主管税务机关根据纳税人应纳税额的大小分别核定;不能按照固定期限纳税的,可以按次纳税。增值税报缴税款的期限有以下几种形式:

(1) 纳税人以1个月或1个季度为一期纳税的,自期满之日起15日内申报纳税;以1日、3日、5日、10日或者15日为一期纳税的,自期满之日起5日内预缴税款,于次月1日起15日内申报纳税;

(2) 纳税人进口货物,应当自海关填发税款缴纳书之日起15日内缴纳税款;

(3) 纳税人出口货物,应当按月向税务机关申报办理该项出口货物的退税。

3. 纳税地点

增值税纳税地点是指纳税人申报缴纳增值税税款的具体地点。根据企业跨地区经营和搞活商品流通的特点及不同情况,税法具体规定了增值税的纳税地点。

(1) 固定业户应当向其机构所在地主管税务机关申报纳税。总机构和分支机构不在同一县(市)的,应当分别向各自所在地主管税务机关申报纳税;经国家税务总局或其授权的税务机关批准,可以由总机构汇总向总机构所在地主管税务机关申报纳税。

(2) 固定业户到外县(市)销售货物的,应当向其机构所在地主管税务机关申请开具外出经营活动税收管理证明,向其机构所在地主管税务机关申报纳税。

未持有其机构所在地主管税务机关核发的外出经营活动税收管理证明,到外县(市)销售货物或者应税劳务的,应当向销售地或者劳务发生地主管税务机关申报纳税;未向销售地或者劳务发生地主管税务机关申报纳税的,由其机构所在地主管税务机关补征税款。

(3) 非固定业户销售货物或者应税劳务,应当向销售地或劳务发生地主管税务机关申报纳税。非固定业户到外县(市)销售货物或者应税劳务,未向销售地或劳务发生地主管税务机关申报纳税的,由其机构所在地或者居住地主管税务机关补征税款。

(4) 进口货物,应当由进口人或其代理人向报关地海关申报纳税。

4. 纳税申报

(1) 一般纳税人的纳税申报

增值税的一般纳税人应按主管税务机关核定的纳税期限,如实填写并报送《增值税纳税申报表(适用于增值税一般纳税人)》。该申报表的内容及格式参见表 2-1。

表 2-1　增值税纳税申报表

(适用于增值税一般纳税人)

根据《中华人民共和国增值税暂行条例》第 22 条和第 23 条的规定制定本表。纳税人不论有无销售额,均应按主管税务机关核定的纳税期限按期填报本表,并于次月一日起十日内,向当地税务机关申报。

税款所属时间:自　年　月　日至　年　月　日　填表日期:　年　月　日　金额单位:元至角分

纳税人识别号					所属行业:	
纳税人名称	(公章)	法定代表人姓名		注册地址		营业地址
开户银行及账号		企业登记注册类型		电话号码		

项目		栏次	一般货物及劳务		即征即退货物及劳务	
			本月数	本年累计	本月数	本年累计
销售额	(一) 按适用税率征税货物及劳务销售额	1				
	其中:应税货物销售额	2				
	应税劳务销售额	3				
	纳税检查调整的销售额	4				
	(二) 按简易征收办法征税货物销售额	5				
	其中:纳税检查调整的销售额	6				
	(三) 免、抵、退办法出口货物销售额	7			—	—
	(四) 免税货物及劳务销售额	8			—	—
	其中:免税货物销售额	9			—	—
	免税劳务销售额	10			—	—

续表

税款计算	销项税额	11				
	进项税额	12				
	上期留抵税额	13		—		—
	进项税额转出	14				
	免抵退货物应退税额	15			—	—
	按适用税率计算的纳税检查应补缴税额	16			—	—
	应抵扣税额合计	17=12+13－14－15+16		—		—
	实际抵扣税额	18(如17<11,则为17,否则为11)				
	应纳税额	19=11－18	—			
	期末留抵税额	20=17－18				—
	简易征收办法计算的应纳税额	21				
税款缴纳	期初未缴税额(多缴为负数)	25				
	实收出口开具专用缴款书退税额	26			—	—
	本期已缴税额	27=28+29+30+31				
	① 分次预缴税额	28		—		—
	② 出口开具专用缴款书预缴税额	29		—	—	—
	③ 本期缴纳上期应纳税额	30				
	④ 本期缴纳欠缴税额	31				
	期末未缴税额(多缴为负数)	32=24+25+26－27				
	其中:欠缴税额(≥0)	33=25+26－27		—		—
	本期应补(退)税额	34=24－28－29		—		—
	即征即退实际退税额	35	—	—		
	期初未缴查补税额	36			—	—
	本期入库查补税额	37			—	—
	期末未缴查补税额	38=16+22+36－37			—	—
授权声明	如果你已委托代理人申报,请填写下列资料: 为代理一切税务事宜,现授权 (地址)　　　为本纳税人的代理申报人,任何与本申报表有关的往来文件,都可寄予此人。 授权人签字:		申报人声明	此纳税申报表是根据《中华人民共和国增值税暂行条例》的规定填报的,我相信它是真实的、可靠的、完整的。 声明人签字:		
以下由税务机关填写						
收到日期:		接收人:		主管税务机关盖章:		

(2) 小规模纳税人的纳税申报

增值税的小规模纳税人应按主管税务机关核定的纳税期限,如实填写并报送《增值税纳税申报表(适用于增值税小规模纳税人)》。该申报表的内容及格式参见表2-2。

表 2-2 增值税纳税申报表

填表日期： 年 月 日

纳税人识别号： 金额单位：元(列至角分)

纳税人名称		税款所属时期：		法人代表		经营地址	
开户银行及账号		注册类型				电话号码	
货物或应税劳务名称	销售额	核定销售额	征收率	本期实际应纳税额	核定应纳税额	减免税额	应补退税额
序号	1	2	3	4=1×3	5=2×3	6	7
授权代理人	(如果你已委托代理人，请填写以下资料) 为代理一切税务事宜，现授权 (地址) 为本纳税人的代理申报人。任何与本申报表有关的往来文件都可寄与此人。 授权人签字：			声明	此纳税申报表是根据《中华人民共和国增值税暂行条例》的规定填表的，我确信它是真实的、可靠的、完整的。 声明人签字：		

会计主管签字： 代理申报人签字： 纳税人盖章：

以下由税务机关填写：

受到日期		接受人		审核日期		主管税务机关盖章： 核收人签字：
审核记录						

填表说明：

(1) 本申报表适用于增值税小规模纳税人填报。

(2) 本表中的“货物或应税劳务名称”，按“货物”“应税劳务”“视同销售”分别填列。“货物名称”按国家税务总局计会统计报表的分类口径及不同的适用税率分别汇总填列。

(3) 本表一式三联，第一联为纳税人保存；第二联由纳税人报主管税务机关留存；第三联报主管税务机关做税收会计原始凭证。

2.2.6 增值税专用发票的管理

增值税专用发票是增值税一般纳税人销售货物或者提供应税劳务开具的发票，是购买方支付增值税额并可按照增值税有关规定据以抵扣增值税进项税额的凭证。

2006 年 10 月 17 日，国家税务总局印发《关于修订〈增值税专用发票使用规定〉的通知》，修订后的《增值税专用发票使用规定》自 2007 年 1 月 1 日起施行。以前有关增值税专用发票的规定、通知等文件同时废止。该规定要求，一般纳税人应通过增值税防伪税控系统(以下简称防伪税控系统)领购、开具、缴销增值税专用发票，并通过增值税防伪税控系统认证纸质专用发票及其相应的数据电文。

问题解答　　**什么是增值税防伪税控系统？**

答：防伪税控系统是指经国务院同意推行的，使用专用设备和通用设备、运用数字密码和电子存储技术管理专用发票的计算机管理系统。其中，专用设备是指金税卡、IC卡、读卡器和其他设备；通用设备是指计算机、打印机、扫描器具和其他设备。

1. 增值税专用发票联次及票样

专用发票由基本联次或者基本联次附加其他联次构成，基本联次为三联：发票联、抵扣联和记账联。发票联，作为购买方核算采购成本和增值税进项税额的记账凭证；抵扣联，作为购买方报送主管税务机关认证和留存备查的凭证；记账联，作为销售方核算销售收入和增值税销项税额的记账凭证。其他联次用途，由一般纳税人自行确定。增值税专用发票票样如图2-1所示。

××省增值税专用发票

抵 扣 联　　　　№ 00000000

开票日期：　　年　月　日

<table>
<tr><td rowspan="2">购货单位</td><td>名 称</td><td colspan="3"></td><td colspan="9">纳税人登记号</td><td colspan="10"></td></tr>
<tr><td>地址、电话</td><td colspan="3"></td><td colspan="9">开户银行及账号</td><td colspan="10"></td></tr>
<tr><td colspan="2" rowspan="2">货物或应税劳务名称</td><td rowspan="2">计量单位</td><td rowspan="2">数量</td><td rowspan="2">单价</td><td colspan="9">金 额</td><td rowspan="2">税率（%）</td><td colspan="9">税 额</td></tr>
<tr><td>百</td><td>十</td><td>万</td><td>千</td><td>百</td><td>十</td><td>元</td><td>角</td><td>分</td><td>百</td><td>十</td><td>万</td><td>千</td><td>百</td><td>十</td><td>元</td><td>角</td><td>分</td></tr>
<tr><td colspan="2"></td><td></td><td></td><td></td><td></td><td></td><td></td><td></td><td></td><td></td><td></td><td></td><td></td><td></td><td></td><td></td><td></td><td></td><td></td><td></td><td></td><td></td></tr>
<tr><td colspan="2"></td><td></td><td></td><td></td><td></td><td></td><td></td><td></td><td></td><td></td><td></td><td></td><td></td><td></td><td></td><td></td><td></td><td></td><td></td><td></td><td></td><td></td></tr>
<tr><td colspan="2"></td><td></td><td></td><td></td><td></td><td></td><td></td><td></td><td></td><td></td><td></td><td></td><td></td><td></td><td></td><td></td><td></td><td></td><td></td><td></td><td></td><td></td></tr>
<tr><td colspan="2">合 计</td><td></td><td></td><td></td><td></td><td></td><td></td><td></td><td></td><td></td><td></td><td></td><td></td><td></td><td></td><td></td><td></td><td></td><td></td><td></td><td></td><td></td></tr>
<tr><td colspan="2">价税合计（大写）</td><td colspan="22">仟　佰　拾　万　仟　佰　拾　元　角　分　￥</td></tr>
<tr><td rowspan="2">购货单位</td><td>名 称</td><td colspan="8"></td><td colspan="7">纳税人登记号</td><td colspan="7"></td></tr>
<tr><td>地址、电话</td><td colspan="8"></td><td colspan="7">开户银行及账号</td><td colspan="7"></td></tr>
<tr><td>备注</td><td colspan="23"></td></tr>
</table>

收款人：　　　　开票单位（未盖章无效）

批印文号税发（94）014号本数21.36万上海印钞厂02

第一联：抵扣联　购货方作抵扣税款凭证

图2-1　××省增值税专用发票

专用发票实行最高开票限额管理。最高开票限额由一般纳税人申请，税务机关依法审批。一般纳税人申请最高开票限额时，需填报《最高开票限额申请表》。

2. 增值税专用发票的领购使用范围

一般纳税人有下列情形之一的，不得领购开具专用发票。

(1) 会计核算不健全，不能向税务机关准确提供增值税销项税额、进项税额、应纳税额数据及其他有关增值税税务资料的。上列其他有关增值税税务资料的内容，由省、自治区、直辖市和计划单列市国家税务局确定。

(2) 有《税收征收管理法》规定的税收违法行为，拒不接受税务机关处理的。

(3) 有下列行为之一，经税务机关责令限期改正而仍未改正的：

① 虚开增值税专用发票；

② 私自印制专用发票；

③ 向税务机关以外的单位和个人买取专用发票；

④ 借用他人专用发票；

⑤ 未按《增值税专用发票使用规定》第11条开具专用发票；

⑥ 未按《增值税专用发票使用规定》保管专用发票和专用设备；

⑦ 未按《增值税专用发票使用规定》申请办理防伪税控系统变更发行；

⑧ 未按《增值税专用发票使用规定》接受税务机关检查。

有上列情形的，如已领购专用发票，主管税务机关应暂扣其结存的专用发票和IC卡。

问题解答

哪些情形属于未按规定保管专用发票和专用设备？

答：有下列情形之一的，为上述规定中所称未按规定保管专用发票和专用设备：

1. 未设专人保管专用发票和专用设备；

2. 未按税务机关要求存放专用发票和专用设备；

3. 未将认证相符的专用发票抵扣联、《认证结果通知书》和《认证结果清单》装订成册；

4. 未经税务机关查验，擅自销毁专用发票基本联次。

3. 专用发票的开具范围

一般纳税人销售货物或者提供应税劳务，应向购买方开具专用发票，但有下列情形不得开具专用发票：

(1) 向消费者销售应税项目；

(2) 销售免税项目；

(3) 销售报关出口的货物，在境外销售应税劳务；

(4) 将货物用于非应税项目；

(5) 将货物用于集体福利或个人消费；

(6) 提供非应税劳务(应当征收增值税的除外)，转让无形资产或销售不动产。

对商业零售的烟、酒、食品、服装、鞋帽(不包括劳保专用的部分)、化妆品等消费品不得开具专用发票；对生产经营机器、机车、汽车、轮船、锅炉等大型机械电子设备的工商企业，凡直接销售给使用单位的，应开具普通发票，如购货方索取增值税专用发票，销售方可开具增值税专用发票。

4. 专用发票的开具要求

专用发票应按下列要求开具：

(1) 项目齐全，与实际交易相符；

(2) 字迹清楚，不得压线、错格；

(3) 发票联和抵扣联加盖财务专用章或者发票专用章；

(4) 按照增值税纳税义务的发生时间开具。

对不符合上列要求的专用发票，不得作为扣税凭证，购买方有权拒收。

5. 专用发票的开具时限

一般纳税人必须按规定时限开具专用发票,不得提前或滞后。专用发票开具时限规定如下:

(1) 采用预收货款、托收承付、委托银行收款结算方式的,为货物发出的当天;

(2) 采用交款提货结算方式的,为收到货款的当天;

(3) 采用赊销、分期付款结算方式的,为合同约定的收款日期的当天;

(4) 将货物交付他人代销,为收到受托人送交的代销清单的当天;

(5) 设有两个以上机构并实行统一核算的纳税人,将货物从一个机构移送其他机构用于销售,按规定应当征收增值税的,为货物移送的当天;

(6) 将货物作为投资提供给其他单位或个体经营者,为货物移送的当天;

(7) 将货物分配给股东,为货物移送的当天。

对已开具专用发票的销售货物,要及时足额计入当期销售额计税。凡开具了专用发票,其销售额未按规定计入销售账户核算的,一律按偷税论处。

6. 税款认证抵扣

认证是税务机关通过防伪税控系统对专用发票所列数据的识别、确认。用于抵扣增值税进项税额的专用发票应经税务机关认证相符(国家税务总局另有规定的除外)。认证相符的专用发票应作为购买方的记账凭证,不得退还销售方。所谓认证相符,是指纳税人识别号无误,专用发票所列密文解译后与明文一致。

问题解答　　**认证可采用哪些方法?**

答:认证按其方法可分为远程认证和上门认证。远程认证由纳税人自行扫描、识别专用发票抵扣联票面信息,生成电子数据,通过网络传输至税务机关,由税务机关完成解密和认证,并将认证结果信息返回纳税人的认证方式。上门认证是指纳税人携带专用发票抵扣联(或电子信息)等资料,到税务机关申报征收窗口进行认证的方式。纳税人报送的专用发票抵扣联,如果已污损、褶皱、揉搓,致使无法认证的,可允许纳税人用相应的其他联次进行认证(采集)。

(1) 不得作为增值税进项税额的抵扣凭证。经认证,有下列情形之一的,不得作为增值税进项税额的抵扣凭证,税务机关退还原件,购买方可要求销售方重新开具专用发票。

① 无法认证,是指专用发票所列密文或者明文不能辨认,无法产生认证结果。

② 纳税人识别号认证不符,是指专用发票所列购买方纳税人识别号有误。

③ 专用发票代码、号码认证不符,是指专用发票所列密文解译后与明文的代码或者号码不一致。

(2) 暂不得作为增值税进项税额的抵扣凭证。经认证,有下列情形之一的,暂不得作为增值税进项税额的抵扣凭证,税务机关扣留原件,查明原因,分别情况进行处理。

① 重复认证,是指已经认证相符的同一张专用发票再次认证。

② 密文有误,是指专用发票所列密文无法解译。

③ 认证不符，是指纳税人识别号有误，或者专用发票所列密文解译后与明文不一致。不含“不得作为增值税进项税额的抵扣凭证”所列情形中的第 2 种和第 3 种情形。

④ 列为失控专用发票，是指认证时的专用发票已被登记为失控专用发票。

(3) 专用发票抵扣联无法认证的，可使用专用发票发票联到主管税务机关认证。专用发票发票联复印件留存备查。

7. 销货退回、开票有误或销售折让开具增值税专用发票的处理

纳税人销售货物并向购买方开具专用发票后，如发生退货、开票有误或者销售折让，应根据不同情况分别按以下规定办理。

(1) 一般纳税人在开具专用发票当月，发生销货退回、开票有误等情形，收到退回的发票联、抵扣联符合作废条件的，按作废处理；开具时发现有误的，可即时作废。其中，“作废条件”是指同时具有下列情形：

① 收到退回的发票联、抵扣联时间未超过销售方开票当月；

② 销售方未抄税并且未记账，抄税是指报税前用 IC 卡或者 IC 卡和软盘抄取开票数据电文；

③ 购买方未认证或者认证结果为“纳税人识别号认证不符”“专用发票代码、号码认证不符”。

作废专用发票须在防伪税控系统中将相应的数据电文按“作废”处理，在纸质专用发票(含未打印的专用发票)各联次上注明“作废”字样，全联次留存。

(2) 一般纳税人取得专用发票后，发生销货退回、开票有误等情形但不符合作废条件的，或者因销货部分退回及发生销售折让的，购买方应向主管税务机关填报《开具红字增值税专用发票申请单》(以下简称《申请单》)。主管税务机关对一般纳税人填报的《申请单》进行审核后，出具《开具红字增值税专用发票通知单》(以下简称《通知单》)。

《申请单》一式两联：第一联由购买方留存；第二联由购买方主管税务机关留存。《通知单》一式三联：第一联由购买方主管税务机关留存；第二联由购买方送交销售方留存；第三联由购买方留存。

购买方必须暂依《通知单》所列增值税税额从当期进项税额中转出，未抵扣增值税进项税额的可列入当期进项税额，待取得销售方开具的红字专用发票后，与留存的《通知单》一并作为记账凭证。

销售方凭购买方提供的《通知单》开具红字专用发票，在防伪税控系统中以销项负数开具。

若因发生销货退回或者销售折让而开具红字专用发票，除按上述规定进行处理外，销售方还应在开具红字专用发票后将该笔业务的相应记账凭证复印件报送主管税务机关备案。

2.3　增值税的出口退税

2.3.1　出口货物退(免)税基本政策

出口货物退(免)税是国际上通行的税收规则。我国根据出口企业的不同形式和出口货物的不同种类，对出口货物分别采取免税并退税、免税不退税、不免税也不退税三种不同的

税收政策。

1. 出口免税并退税

出口免税是指对货物在出口销售环节不征增值税、消费税。出口退税是指对货物在出口前实际承担的税收负担,按规定的退税率计算后予以退还。

2. 出口免税不退税

出口免税与上述第1项含义相同,出口不退税是指适用这个政策的出口货物因在前一道生产、销售环节或进口环节是免税的,因此,出口时该货物的价格中本身就不含税,也无须退税。

3. 出口不免税也不退税

出口不免税是指对国家限制或禁止出口的某些货物的出口环节视同内销环节,照常征税。出口不退税是指对这些货物出口不退还出口前其所负担的税款。

2.3.2 出口货物退(免)税适用范围

我国现行出口货物退(免)税的货物范围主要是报关出口的增值税、消费税应税货物,一般须同时具备以下四个条件。

(1) 必须是属于增值税、消费税征税范围的货物。

(2) 必须是报关离境的货物。凡报关不离境的货物,不论出口企业以外汇结算还是以人民币结算,也不论企业在财务上作何处理,均不能视为出口货物予以退(免)税。

(3) 必须是在财务上作销售处理的货物。

(4) 必须是出口收汇并已核销的货物。

1. 出口免税并退税的适用范围

(1) 下列企业出口满足上述四个条件的货物,给予免税并退税。

① 生产企业自营出口或委托外贸企业代理出口的自产货物。

② 有出口经营权的外贸企业收购后直接出口或委托其他外贸企业代理出口的货物。

上述企业出口的货物如果属于税法列举规定的免税货物或限制、禁止出口的货物,则不给予免税并退税的优惠。

(2) 特定出口货物。在出口货物中,有一些不具备货物出口条件,但国家特准退还或免征其增值税、消费税的货物。这些货物主要有:

① 对外承包工程公司运出境外用于对外承包项目的货物;

② 对外承接修理修配业务的企业用于对外修理修配的货物;

③ 外轮供应公司、远洋运输供应公司销售给外轮、远洋国轮而收取外汇的货物;

④ 利用国际金融组织或外国政府贷款,采取国际招标方式,由国内企业中标销售的机电产品、建筑材料;

⑤ 企业在国内采购并运往境外作为在国外投资的货物;

⑥ 对外补偿贸易及易货贸易、小额贸易出口的货物;

⑦ 对港澳台地区贸易的货物等。

2. 出口免税但不退税的适用范围

(1) 下列企业出口的货物,给予免税,但不予退税。

① 属于生产企业的小规模纳税人自营出口或委托外贸企业代理出口的自产货物。

② 外贸企业从小规模纳税人购进并持普通发票的货物出口,免税但不予退税。

③ 外贸企业直接购进国家规定的免税货物(包括免税农产品)出口的,免税但不予退税。

上述企业出口的货物如属于税法列举规定的限制或禁止出口的货物,则不给予免税、退税的优惠。

(2) 下列出口货物,免税但不予退税:

① 来料加工复出口的货物;

② 避孕药品和用具、古旧图书;

③ 有出口卷烟权的企业出口国家出口卷烟计划内的卷烟;

④ 含黄金、铂金成分的货物,钻石及其制品;

⑤ 国家规定的其他免税货物,如农业生产者销售的自产农业产品等。

3. 出口不免税也不退税的适用范围

除经批准属于进料加工复出口贸易以外,下列出口货物不免税也不退税:

(1) 国家计划外出口的原油;

(2) 援外出口货物;

(3) 国家禁止出口的货物,包括天然牛黄、麝香、铜及铜基合金等。

2.3.3 出口货物退税率

出口货物的退税率是出口货物的实际退税额与退税计税依据的比例。现行出口货物的增值税退税率有5%、9%、11%、13%、14%和17%六档(自2008年11月1日起执行)。

2.3.4 出口退税的计算

1. "免、抵、退"税的计算方法——适用于生产企业

自2002年1月1日起,生产企业自营或委托外贸企业代理出口自产货物,除另有规定外,增值税一律实行免、抵、退税管理办法。其中,生产企业是指独立核算,经主管国税机关认定为增值税一般纳税人,并且具有实际生产能力的企业和企业集团。增值税小规模纳税人出口自产货物继续实行免征增值税办法。生产企业出口自产的属于应征消费税的产品,实行免征消费税办法。

实行免、抵、退税办法的"免"税,是指对生产企业出口的自产货物,免征本企业生产销售环节增值税。"抵"税是指生产企业出口自产货物所耗用的原材料、零部件、燃料、动力等所含应予退还的进项税额,抵顶内销货物的应纳税额。"退"税是指生产企业出口的自产货物在当月内应抵顶的进项税额大于应纳税额时,对未抵顶完的部分予以退税。

(1) 计算方法与计算公式

① 当期应纳税额的计算

当期应纳税额=当期内销货物的销项税额-(当期进项税额-当期免抵退税不得免征和抵扣税额)-上期留抵税额

其中:

当期免抵退税不得免征和抵扣税额=出口货物离岸价×外汇人民币牌价×(出口货物征税率-出口货物退税率)-免抵退税不得免征和抵扣税额抵减额

出口货物离岸价以出口发票计算的离岸价为准。出口发票不能如实反映实际离岸价的,企业必须按照实际离岸价向主管国税机关进行申报,同时主管税务机关有权依照相关法

规予以核定。

免抵退税不得免征和抵扣税额抵减额＝免税购进原材料价格×(出口货物征税率－出口货物退税率)

免税购进原材料，包括从国内购进免税原材料和进料加工免税进口料件，其中，进料加工免税进口料件的价格为组成计税价格。

进料加工免税进口料件的组成计税价格＝货物到岸价＋海关实征关税和消费税

如果当期没有免税购进原材料价格，前述公式中的免抵退税不得免征和抵扣税额抵减额，以及后面公式中的免抵退税额抵减额，就不用计算。

② 免抵退税额的计算

免抵退税额＝出口货物离岸价×外汇人民币牌价×出口货物退税率－免抵退税额抵减额

其中：

免抵退税额抵减额＝免税购进原材料价格×出口货物退税率

③ 当期应退税额和免抵税额的计算

如当期期末留抵税额≤当期免抵退税额，则：

当期应退税额＝当期期末留抵税额

当期免抵税额＝当期免抵退税额－当期应退税额

如当期期末留抵税额＞当期免抵退税额，则：

当期应退税额＝当期免抵退税额

当期免抵税额＝0

当期期末留抵税额根据当期《增值税纳税申报表》中"期末留抵税额"确定。

(2) 计算实例

【例 2-15】 某自营出口生产企业是增值税一般纳税人，出口货物的征税税率为 17%，退税率为 13%。2013 年 6 月的有关经济业务为：

① 当月购入原材料一批，取得的增值税专用发票注明的价款为 3 000 000 元，外购货物准予抵扣进项税额为 510 000 元；

② 本月内销货物不含税销售额 2 000 000 元，收款 2 340 000 元存入银行；

③ 本月出口货物销售额折合人民币 3 000 000 元。

④ 已知 5 月末留抵税款 40 000 元。

要求：请计算该企业 2013 年 6 月应缴纳的增值税税额。

【解答】 该企业 2013 年 6 月应缴纳的增值税税额分步计算如下：

① 当期免抵退税不得免征和抵扣税额＝3 000 000×(17%－13%)＝120 000(元)

② 当期应纳税额＝2 000 000×17%－(510 000－120 000)－40 000＝－90 000(元)

③ 免抵退税额＝3 000 000×13%＝390 000(元)

④ 如当期期末留抵税额≤当期免抵退税额，则：

当期应退税额＝当期期末留抵税额

当期应退税额＝90 000(元)

⑤ 因为：当期免抵税额＝当期免抵退税额－当期应退税额

故：当期免抵税额＝390 000－90 000＝30 000(元)

【例 2-16】 某自营出口生产企业是增值税一般纳税人，出口货物的征税税率为 17%，退税率为 13%。2013 年 8 月的有关经济业务为：

① 当月购入原材料一批，取得的增值税专用发票注明的价款为 4 000 000 元，外购货物准予抵扣进项税额为 680 000 元；

② 本月内销货物不含税销售额 1 000 000 元，收款 1 170 000 元存入银行；

③ 本月出口货物销售额折合人民币 3 000 000 元；

④ 已知 7 月末留抵税款 40 000 元。

要求：请计算该企业 2013 年 8 月应缴纳的增值税税额。

【解答】 该企业 2013 年 8 月应缴纳的增值税税额分步计算如下：

① 当期免抵退税不得免征和抵扣税额＝3 000 000×(17%－13%)＝120 000(元)

② 当期应纳税额＝1 000 000×17%－(680 000－120 000)－40 000＝－430 000(元)

③ 免抵退税额＝3 000 000×13%＝390 000(元)

④ 如当期期末留抵税额＞当期免抵退税额，则：

当期应退税额＝390 000(元)

⑤ 当期免抵税额＝0(万元)

⑥ 期末留抵结转下期继续抵扣税额＝430 000－390 000＝40 000(元)

2. "免退税"的计算方法—— 适用于外贸企业

外贸企业出口货物劳务增值税免退税，依下列公式计算：

(1) 外贸企业出口委托加工修理修配以外的货物

增值税应退税额＝增值税退(免)税计税依据×出口货物退税率

(2) 外贸企业出口委托加工修理修配货物

出口委托加工修理修配货物的增值税应退税额＝委托加工修理修配的增值税退(免)税计税依据×出口货物退税率

【例 2-17】 某进出口公司 2013 年 3 月出口美国平纹布 3 000 米，进货增值税专用发票列明单价 23 元/平方米，计税金额为 69 000 元，退税率 13%。

要求：请计算该进出口公司 2013 年 3 月的应退税额。

【解答】 应退税额＝69 000×13%＝8 970(元)

课外阅读

为什么要将征收营业税的行为改征增值税？[1]

增值税自 1954 年在法国开征以来，因其有效地解决了传统销售税的重复征税问题，迅速被世界其他国家采用。目前，已有 170 多个国家和地区开征了增值税，征税范围大多覆盖所有货物和劳务。我国于 1979 年开始引进增值税，最初仅在襄樊、上海、柳州等城市的机器机械等 5 类货物试行。1984 年国务院发布《中华人民共和国增值税条例(草案)》，在全国范围内对机器机械、汽车、钢材等 12 类货物征收增值税。

---

① http://blog.sina.com.cn/s/blog-66ed57360102e2sj.html。

1994 年税制改革,将增值税征收范围扩大到所有货物和加工修理修配劳务,对其他劳务、无形资产和不动产征收营业税。2009 年,为了鼓励投资,促进技术进步,在地区试点的基础上,全面实施增值税转型改革,将机器设备纳入增值税抵扣范围。

2010 年,党的十七届五中全会中首次提出,要加快财税体制改革,扩大增值税征收范围,同年,中央经济工作会议提出,2010 年要研究推进在一些生产性服务业领域扩大增值税征收范围改革试点。2012 年 1 月 1 日起,上海市率先开展营业税改征增值税改革试点。2012 年 7 月,经国务院批准,"营改增"试点范围由上海分批扩大至北京等 8 个省(直辖市),北京市应当于 2012 年 9 月 1 日完成新旧税制转换,江苏省、安徽省应当于 2012 年 10 月 1 日完成新旧税制转换,福建省、广东省应当于 2012 年 11 月 1 日完成新旧税制转换,天津市、浙江省、湖北省应当于 2012 年 12 月 1 日完成新旧税制转换。自 2013 年 8 也 1 日起,交通运输业和现代服务业在全国范围内"营改增"。

当前,我国正处于加快转变经济发展方式的攻坚时期,大力发展第三产业,尤其是现代服务业,对推进经济结构调整和提高国家综合实力具有重要意义。按照建立健全有利于科学发展的财税制度要求,将营业税改征增值税,有利于完善税制,消除重复征税;有利于社会专业化分工,促进三次产业融合;有利于降低企业税收成本,增强企业发展能力;有利于优化投资、消费和出口结构,促进国民经济健康协调发展。

本章小结

增值税是对在我国境内销售货物或者提供加工、修理修配劳务、提供应税服务(交通运输业、邮电通信业和部分现代服务业)以及进口货物的单位和个人,就其取得的货物或应税劳务的销售额,以及进口货物的金额计算税款,并实行税款抵扣制的一种流转税。实行增值税是对销售额中的增值额征税。按扣除项目的不同,增值税可以分为生产型增值税、收入型增值税和消费型增值税三种类型,我国现在实行的是消费型增值税。

《增值税暂行条例》将纳税人按其经营规模大小及会计核算健全与否划分为一般纳税人和小规模纳税人。一般纳税人销售货物或者提供应税劳务,应纳税额为当期销项税额减当期进项税额后的余额。销项税额是纳税人销售货物或者提供应税劳务,按照销售额或应税劳务收入和法定的适用税率计算,并向购买方收取的增值税额。进项税额是指纳税人购进货物或接受应税劳务所支付或负担的增值税额。在开具增值税专用发票的情况下,销售方收取的销项税额就是购买方支付的进项税额。小规模纳税人销售货物或者提供应税劳务不得使用专用发票,应纳税额的计算实行简易办法,按照销售额和规定的征收率计算应纳税额,不得抵扣进项税额。

增值税的申报与缴纳工作涉及确定增值税纳税义务发生时间、纳税期限和纳税地点。有关增值税专用发票的管理,需明确专用发票联次及票样、专用发票的领购使用范围、专用发票的开具范围、专用发票开具要求及开具时限等问题,并对税款认证抵扣和开具专用发票后发生退货或销售折让的处理进行了解。

增值税的出口退税涉及对出口退税基本政策的掌握，以及对出口货物退（免）税适用范围、出口货物退税率的了解，并且能够进行出口退税的计算。

营业税改征增值税的相关规定情况。

自测练习

一、学习思考

1. 增值税的征税范围包括哪些项目？
2. 如何划分小规模纳税人与一般纳税人？
3. 增值税的税率有几档？低税率适用哪些范围？
4. 什么是混合销售行为？发生混合销售如何进行税务处理？
5. 什么是兼营非应税劳务？发生兼营非应税劳务如何进行税务处理？
6. 准予从销项税额中抵扣的进项税额包括哪些项目？
7. 不得抵扣的进项税额包括哪些项目？
8. 出口货物退免税的基本政策有哪些？
9. 一般纳税人在哪些情形下不得开具增值税专用发票？
10. 增值税专用发票有哪些基本联次？各联次有何用途？
11. 营业税改征增值税的应税服务有哪些？

二、案例分析

2013 年 8 月 10 日，原告甲公司与被告乙公司签订协议一份，约定由原告甲公司向被告乙公司销售纺织品，付款方式第一批先发货，后付款；从第二批起每批由被告乙公司先付款，原告甲公司收款即发货。合同签订后，甲公司向乙公司提供价值 25 000 元的货物，乙公司收货后支付该批货款 25 000 元。之后原告甲公司认为其又向被告乙公司提供价值 28 600 元的货物，在被告乙公司收货后应付货款 28 600 元。因原告甲公司向被告乙公司索要第二批货物的货款未果，遂向人民法院起诉，请求判令被告乙公司给付货款 28 600 元。乙公司答辩称，乙公司至今未收到原告甲公司诉称的第二批货物，请求驳回原告甲公司的诉讼请求。

原告甲公司为支持其向被告乙公司供应了第二批货物的事实，提供增值税发票 1 张（销货单位记账联），证明第二批货物价税合计 28 600 元，并提供该公司自制未经对方盖章确认应收款 28 600 元的对账单 1 张。审理中经法院调查，被告乙公司已持增值税发票在国家税务局进行了纳税抵扣认证。

争议：被告乙公司将增值税发票到税务机关进行抵扣的行为能否证明已收到原告甲公司的第二批货物？一种意见认为，该行为足以证明被告乙公司已收到第二批货物，应当支付第二批货款。理由是：根据票据管理办法的相关规定，出具增值税发票的前提应是确已发生真实的交易行为，本案中原告甲公司为被告乙公司开出了发票，被告不仅收到原告提供的发票，且到税务机关进行报税抵扣认证，被告不能解释这一行为的合理性，故能够认定对第二批货物原告甲公司已履行供货义务，故原告甲公司诉请被告乙公司应支付货款 28 600 元的主张成立。另一种意见认为：被告乙公司的行为不能证明已收到原告甲公司的货款，原告举证不力，应驳回其诉讼请求。理由如下：增值税发票的出具及抵扣与交易行为是否真实并无直接、必然的因果关系，原告提交的对账联未经被告签字确定认，不能作为有效证据采信。原告开出发票及被告将发票到税务机关进行抵扣的行为不足以证明该公司已向乙公司交付了第二批货物,应驳回原告的请求。

要求:请查阅相关资料,了解相关案情及其处理,并谈谈自己的意见。

三、能力训练

1. 增值税一般纳税人应纳税额的计算

某服装厂为增值税一般纳税人,2013 年 11 月发生以下经济业务:

(1) 购进原材料一批,取得增值税专用发票注明价款 500 000 元,税款 85 000 元;

(2) 当月销售服装开出增值税专用发票 5 份,取得销售额 800 000 元,开出普通发票 2 份,取得销售收入 117 000 元;

(3) 设计并加工老年练功服 100 套,赠送给老年活动中心,每件练功服的生产成本 30 元。

要求:请根据上述资料,计算该服装厂 2013 年 11 月应缴纳的增值税税额。

2. 增值税一般纳税人应纳税额的计算

某化工厂为增值税一般纳税人,2013 年 2 月发生下列经济业务:

(1) 购买原材料一批,取得增值税专用发票注明税款 70 000 元,材料已验收入库,其中 20%用于本企业基建工程;

(2) 购买生产设备一台,取得增值税专用发票,注明价款 200 000 元,税款 34 000 元;

(3) 销售商品一批,取得不含税销售收入 600 000 元,收取包装物租金 9 360 元。

要求:请根据上述资料,计算该化工厂 2013 年 2 月应缴纳的增值税税额。

3. 增值税一般纳税人应纳税额的计算

某食品厂为增值税一般纳税人,主要经营各种中式点心。2013 年 5 月发生以下经济业务:

(1) 本月销售中式点心共取得不含税销售收入 200 000 元;

(2) 本月收回上月委托加工的食品一批,应支付加工费 4 000 元(不含税),加工食品已验收入库,并收到委托方开来的增值税专用发票,注明税款 680 元,款项已支付;

(3) 购进面粉一批,取得增值税专用发票注明价款 100 000 元,税款 13 000 元,支付运输费用 4 000 元,建设基金 100 元,取得运费发票;

(4) 因仓库管理不善,部分库存面粉霉烂,经盘点损失面粉 20 000 元。

要求:请根据上述资料,计算该食品厂 2013 年 5 月应缴纳的增值税税额。

4. 进口货物增值税应纳税额的计算

某进出口公司当月进口一批货物,海关审定的关税完税价格 600 000 元,关税 60 000 元,增值税税率为 17%。

要求:请根据上述资料,计算该公司进口货物应纳的增值税税额。

5. 增值税小规模纳税人应纳税额的计算

某生产企业为小规模纳税人,2013 年 11 月购进原材料一批,取得普通发票注明金额 23 400元,款项已支付,材料入库;销售货物一批,开出普通发票,取得销售额 104 000 元。

要求:请根据上述资料,计算该企业 2013 年 11 月应缴纳的增值税税额。

第3章 消费税法

学习目标

【知识目标】

1. 了解并掌握消费税的基本法律内容
2. 重点掌握消费税的计征管理
3. 了解消费税出口退(免)税

【能力目标】

1. 能够熟悉并把握我国消费税应纳税额的计征方法
2. 能够熟练把握我国现行的消费税的申报缴纳程序

3.1 消费税的基本法律

3.1.1 消费税的征税范围

议一议: 消费税法是指国家制定的用以调整消费税征收与缴纳之间权利与义务关系的法律规范。一般来说,消费税是对消费品和消费行为征收的一种税。在我国,消费税是指对在中国境内生产、委托加工和进口的应税消费品,就其销售额或销售数量在特定环节征收的一种税。现行消费税的基本规范是1993年12月13日国务院颁布的《中华人民共和国消费税暂行条例》(以下简称《消费税暂行条例》),并经2008年11月5日国务院第34次常务会议修订通过,自2009年1月1日起施行。

在我国境内生产、委托加工和进口《消费税暂行条例》规定的消费品为消费税的征收范围。

征收消费税的消费品包括烟、酒及酒精、化妆品、贵重首饰及珠宝玉石、鞭炮、焰火、成品油、汽车轮胎、小汽车、摩托车、高尔夫球及球具、高档手表、游艇、木制一次性筷子、实木地板等14个税目。税目是按照一定的标准和范围对课税对象进行划分从而确定的具体征税品种或项目,反映了征收的具体范围。

我国消费税的征税范围包括以下五个方面:(1) 过度消费会对人类健康、社会秩序、生态环境等方面造成危害的特殊消费品,如烟、酒、鞭炮、焰火、木制一次性筷子、实木地板等;(2) 奢侈品和非生活必需品,如贵重首饰、化妆品、高尔夫球及球具、高档手表等;(3) 高能耗及高档消费品,如小汽车、摩托车、游艇等;(4) 不可再生和替代的稀缺消费品,如汽油、柴油等油品;(5) 有一定财政意义的产品,如汽车轮胎。

议一议：增值税和消费税的征税范围有什么不同?

税法视野

宠物消费该征消费税吗?

如今的宠物真是宠上加宠,宠物用品越来越贵。这宠物消费是否也应收消费税呢?目前,对于宠物用品国家还没有征收消费税的规定。买宠物及宠物用品都属于宠物消费范围,而因为这类消费不属于生活必须消费,按照国家征收消费税的初衷,就应该征收消费税。税法里还没有关于对宠物消费征税的法条,因为征税的前提必然是订立相关的法律,而在开征宠物消费税后,根据不同的消费水平,制定不同等级的税率。

3.1.2 消费税的纳税人

消费税的纳税人是指在我国境内生产、委托加工和进口及销售应税消费品的单位和个人。

单位是指企业和行政单位、事业单位、军事单位、社会团体及其他单位。

个人是指个体工商户及其他个人。

在中华人民共和国境内是指生产、委托加工和进口属于应当征收消费税的消费品的起运地或所在地在境内。

3.1.3 消费税的税目和税率

1. 税目

我国现行消费税设置了14个税目、27个征税项目,具体包括烟、酒及酒精、化妆品、贵重首饰及珠宝玉石、鞭炮、焰火、成品油、汽车轮胎、小汽车、摩托车、高尔夫球及球具、高档手表、游艇、木制一次性筷子、实木地板等14个税目。

税法视野

世界各国消费税的特点

从世界各国消费税的实施情况来看,普遍体现以下四个特征。

第一,多数采用间接消费税。

消费税从性质看,可分为直接消费税和间接消费税。直接消费税是一种对个人消费支出征收的税,它实际属于所得税的性质。间接消费税是对消费物品征税,纳税人为经营和销售应税商品的人,其税收负担可以加于课税商品价格中,转移给消费者承担,是一种典型的间接税。目前,各国所开征的消费税均属于间接消费税。

第二,征税范围具有选择性。

根据各国征税范围的宽窄,可将消费税分为有限型、中间型、延伸型。有限型消费税的征税范围不宽,征税对象主要是传统的消费品,税目一般在 10～15 种,如英国,仅对酒精、烟草、烃油等征收消费税。中间型消费税范围较宽,除有限型消费税征税范围包括内容外,还包括奢侈消费品及一些服务行业。世界上有 30%左右国家采用这种形式。延伸型消费税已经接近于无选择的消费税,除了上述两类包括范围外,还将生产、生活资料列为消费税的征税对象,如韩国、意大利等。从实践上看,许多国家消费税征税范围逐步由有限型向中间型延伸。

第三,税率档次多,不统一。

由于消费税的征税对象的选择性和多样性,消费税的税率档次就不能同一般的增值税,对所有商品或劳务采用单一或少数几种税率。消费税税率的多样性保证了政府利用消费税调节消费多重目标的实现。各国消费税税率不尽相同,但其税率选择还有这样几个特点:(1) 人们基本消费品税率低,非必需品税率高,奢侈品、危害人们身体健康或违反社会公德的商品税率较高;(2) 国内生产销售的消费品较进口的同类消费品税率低一些;(3) 供不应求的消费品要比供过于求的消费品税率高一些。

第四,征收环节单一。

同一般商品税多环节的特点相比,消费税是一种单环节征税的商品税。世界各国对消费税征收环节只是生产或销售的某一环节,而不是每个环节征税。

2. 税率

消费税采用比例税率和定额税率两种形式,根据不同的税目或子目确定相应的税率或单位税额。实行比例税率的分为 13 个档次,最高的为 56%,最低的为 1%。定额税率共有 6 个档次,黄酒每吨 240 元,啤酒每吨 250 元或 220 元,无铅汽油每升 1.0 元,含铅汽油每升 1.4元,石脑油、溶剂油、润滑油每升 1.0 元,柴油、燃料油、航空煤油每升 0.8 元。消费税的具体税目、税率(税额)参见表 3-1。

表 3-1 消费税税率(税额)表

税 目		征收范围	计税单位	税率(税额)
一、烟	**1. 卷烟**			
	生产环节: (1) 甲类卷烟(每条不含税调拨价 70 元以上) (2) 乙类卷烟(每条不含税调拨价 70 元以下)			56%加 0.003 元/支 36%加 0.003 元/支
	批发环节:			5%
	2. 雪茄烟			36%
	3. 烟丝			30%

续表

税　目		征收范围	计税单位	税率(税额)
二、酒及酒精	1. 白酒	粮食白酒 薯类白酒		20%加0.5元/500克(或者500毫升)
	2. 黄酒		吨	240元
	3. 啤酒			
	(1) 每吨出厂价格(含包装物及包装物押金,不含增值税)在3 000元以上的;娱乐业和饮食业自制的每吨		吨	250元
	(2) 每吨出厂价格(含包装物及包装物押金,不含增值税)在3 000元以下的		吨	220元
	4. 其他酒	调味料酒不征收消费税		10%
	5. 酒精			5%
三、木制一次性筷子				5%
四、实木地板				5%
五、化妆品		包括成套化妆品		30%
六、高尔夫球及球具				10%
七、高档手表				20%
八、贵重首饰及珠宝玉石		包括各种金、银、珠宝首饰及珠宝玉石		10%(金银首饰减按5%征收)
九、鞭炮、焰火				15%
十、成品油	1. 汽油		升	1.0元(含铅汽油按1.4元)
	2. 柴油、燃料油、航空煤油		升	0.8元(2009年1月1日起执行)
	3. 石脑油、溶剂油、润滑油		升	1.0元(2009年1月1日起执行) 2009年1月1日至2010年12月31日,对国产的用作乙烯、芳烃类产品原料的石脑油免税
十一、汽车轮胎				3%(子午线轮胎免税)农用拖拉机、收割机和手扶拖拉机专用轮胎自2010年12月1日起免税
十二、游艇				10%

续表

税目		征收范围	计税单位	税率(税额)
十三、摩托车	**1. 气缸容量在250毫升(含)以下的**			3%
	2. 气缸容量在250毫升以上的			10%
十四、小汽车	**1. 乘用车**			
	(1) 气缸容量(排气量,下同)在1.0升(含)以下的			1% (2008年9月1日起执行)
	(2) 气缸容量在1.0升以上至1.5升(含)的			3%
	(3) 气缸容量在1.5升以上至2.0升(含)的			5%
	(4) 气缸容量在2.0升以上至2.5升(含)的			9%
	(5) 气缸容量在2.5升以上至3.0升(含)的			12%
	(6) 气缸容量在3.0升以上至4.0升(含)的			25% (2008年9月1日起执行)
	(7) 气缸容量在4.0升以上的			40% (2008年9月1日起执行)
	2. 中轻型商用客车			5%

问题解答

观察消费税哪些税目

采用了复合计税?为什么?

答:国家针对卷烟、白酒两个税目采用复合计税,这些税目的消费税相对要重一点,体现了国家调整产品结构,引导人们消费方向这一目的。因为这些消费品过度消费将会对人体造成伤害,所以,国家在税率的制定方面也体现了这一意图。

3.2 消费税的计征管理

3.2.1 自产自销应税消费品应纳税额的计算

按照现行消费税法的基本规定,自产自销应税消费品消费税应纳税额的计算分为从价定率、从量定额、从价定率和从量定额复合计算三类方法,具体计算方法如下。

1. 从价定率计算方法

在从价定率计算方法下,应纳税额的计算取决于应税消费品的销售额和适用税率两个因素,其基本计算公式为:

应纳税额＝应税消费品的销售额×适用税率

(1) 销售额的一般规定

纳税人对外销售其生产的应税消费品,应当以其销售额为依据计算纳税。这里的销售额包括向购货方收取的全部价款和价外费用,但不包括应向购货方收取的增值税税额。如果纳税人应税消费品的销售额中未扣除增值税税款或者因不得开具增值税专用发票而采取价税合并形式收取货款的,在计算消费税额时,应换算成不含增值税额之后再行计算,换算公式为:

应税消费税的销售额＝含增值税的销售额÷(1＋增值税税率或征收率)

这里所说的价外费用与增值税规定的价外费用相同(详见第2章增值税法相关内容)。

注意: 消费税的很多计税标准和增值税相似,其中提出价外费用问题,价外费用一般视同含税价格,在计算消费税时,一定要注意换算成不含税价格并入销售额计算消费税,在计算消费税时很容易忽视这点。

(2) 销售额的特殊规定

① 关于包装物及押金的税务处理。应税消费品连同包装销售的,无论包装是否单独计价,也不论在合计上如何核算,均应并入应税消费品的销售额中缴纳消费税。如果包装物不作价随同产品销售,而是收取押金,此项押金不应并入应税消费品的销售额中纳税。但对因逾期未收回的包装物不再退还的和已收取一年以上的押金的,应并入应税消费品的销售额,按照应税消费品的适用税率缴纳消费税,对既作价随同应税消费品销售,又另外收取押金的包装物的押金,凡纳税人在规定的期限内不予退还的,均应并入应税消费品的销售额,按照应税消费品的适用税率缴纳消费税。对酒类产品生产企业销售酒类产品(不包括啤酒、黄酒)而收取的包装物押金,无论押金是否返还及会计上如何核算,均应并入酒类产品销售额中征收消费税。对销售啤酒、黄酒收取的押金,按一般押金规定处理。

② 纳税人销售的应税消费品,如果是以外汇计算销售额的,应当按外汇牌价折合成人民币计算应纳税额。人民币折合率可以选择销售额发生的当天或者当月1日的人民币汇率中间价。纳税人应在事先确定采用何种折合率,确定后1年内不得变更。

③ 纳税人通过自设非独立核算门市部销售的自产应税消费品,应当按照门市部对外销售金额缴纳消费税。

④ 纳税人用于换取生产资料和消费资料、投资入股和抵偿债务等方面的应税消费品,应当以纳税人同类应税消费品的最高销售价格作为计税依据计算消费税。

⑤ 纳税人应税消费品的计税价格明显偏低并无正当理由的,由主管税务机关核定其计税价格。

应税消费品的计税价格的核定权限规定如下:

A. 卷烟、白酒和小汽车的计税价格由国家税务总局核定,送财政部备案;

B. 其他应税消费品的计税价格由省、自治区和直辖市国家税务局核定;

C. 进口的应税消费品的计税价格由海关核定。

【例3-1】 某实木地板生产企业为增值税一般纳税人,2013年1月15日向某大型建材商场销售实木地板一批,开具增值税发票,取得不含增值税销售额300 000元,增值税额51 000元;1月20日向某单位销售实木地板一批,开具普通发票取得含增值税销售额46 800元。

要求：请计算该实木地板生产企业 2013 年 1 月应缴纳的消费税税额。

【解答】 实木地板适用消费税税率为 5%

实木地板的应税销售额＝300 000＋46 800÷(1＋17%)＝340 000(元)

应缴纳的消费税税额＝340 000×5%＝17 000(元)

【例 3-2】 某摩托车生产企业为增值税一般纳税人，2013 年 6 月将生产的某型号摩托车 300 辆，以每辆出厂价 12 000 元(不含增值税)销售给自设非独立核算的门市部；门市部又以每辆 16 380 元(含增值税)销售给消费者。

要求：请计算该摩托车生产企业 2013 年 6 月应缴纳的消费税税额。

【解答】 根据国家有关规定，纳税人通过自设非独立核算门市部销售的自产应税消费品，应当按照门市部对外销售金额缴纳消费税。摩托车适用消费税税率 10%。

应缴纳的消费税税额＝16 380÷(1＋17%)×300×10%＝420 000(元)

【例 3-3】 某汽车制造厂以自产小汽车(1 600 毫升气缸容量)10 辆换取某钢厂生产的钢材 200 吨，每吨钢材 3 000 元。该厂生产的同一型号小汽车的销售价格分别为 95 000 元/辆、94 000 元/辆和 93 000 元/辆。

要求：请计算该汽车制造厂用于换取钢材的小汽车应缴纳的消费税税额(以上价格均不含增值税)。

【解答】 根据国家有关规定，纳税人用于换取生产资料和消费资料、投资入股和抵偿债务等方面的应税消费品，应当以纳税人同类应税消费品的最高销售价格作为计税依据计算消费税。小汽车适用的消费税税率为 5%。因此，该汽车制造厂用于换取钢材的小汽车应缴纳的消费税为：

应缴纳的消费税税额＝95 000×10×5%＝47 500(元)

【例 3-4】 某企业向外商销售化妆品一批，以美元结算，共收取 15 000 美元的销售收入，当月 1 日美元与人民币汇率(中间价)为 1∶7.00。已知化妆品的消费税税率为 30%。

要求：请计算该企业应缴纳的消费税税额。

【解答】 按人民币计算的销售额＝7×15 000＝105 000(元)

应缴纳的消费税税额＝105 000×30%＝31 500(元)

试一试：某摩托车生产企业以自产的摩托车 50 辆换取某钢厂生产的钢材 200 吨，每吨钢材 4 000 元。该厂生产同型号的摩托车含增值税销售价格分别为 15 000 元/辆、18 000 元/辆和 23 400 元/辆。请计算该摩托车生产企业用于换取钢材的摩托车应缴纳的消费税税额。

2. 从量定额计算法

在从量定额计算法下，应纳税额的计算取决于应税消费品的销售数量和单位税额两个因素，基本计算公式为：

应纳税额＝应税消费品的销售数量×单位税额

(1) 销售数量的确定

销售数量是指纳税人生产、委托加工和进口应税消费品的数量，具体规定为：

① 销售应税消费品的，为应税消费品的销售数量；

② 自产自用应税消费品的,为应税消费品的移送使用数量;

③ 委托加工应税消费品的,为纳税人收回的应税消费品数量;

④ 进口的应税消费品,为海关核定的应税消费品进口征税数量。

(2) 计量单位的换算标准

根据《消费税暂行条例》的规定,黄酒、啤酒是以吨为税额单位,汽油、柴油是以升为计量单位的。但是,考虑在实际的销售过程中,一些纳税人会把吨或升这两个单位计量混用,为了规范不同产品的计量单位,以准确计算应纳税额,吨与升两个计量单位的换算标准如下:

啤酒	1吨=988升	黄酒	1吨=962升		
石脑油	1吨=1 385升	柴油	1吨=1 176升		
润滑油	1吨=1 126升	溶剂油	1吨=1 282升		
航空煤油	1吨=1 246升	燃料油	1吨=1 015升	汽油	1吨=1 388升

【例3-5】 某啤酒厂2013年2月销售桶装啤酒1 000吨,每吨售价(不含增值税)3 500元,取得销售收入3 500 000元。啤酒的定额税率为每吨250元。

要求:请计算该啤酒厂2013年2月应缴纳的消费税税额。

【解答】 应缴纳的消费税税额=1 000×250=250 000(元)

【例3-6】 某进出口公司2013年3月进口柴油,海关为其核定的征税数量为500吨,柴油定额税率为每升0.8元(1吨=1 176升)。

要求:请计算该进出口公司2013年3月应缴纳的消费税税额。

【解答】 应缴纳的消费税税额=500×1 176×0.8=470 400(元)

3. 从价定率和从量定额复合计算方法

现行消费税的征税范围中,只有卷烟、白酒采用复合计算方法,计算公式为:

应纳税额=应税消费品销售额×比例税率+应税消费品销售数量×单位税额

【例3-7】 某酒厂为增值税一般纳税人,2013年2月销售白酒4 000斤,取得销售收入14 040元(含增值税),已知白酒的消费税定额税0.5元/斤,比例税率20%。

要求:请计算该酒厂2013年2月应缴纳的消费税税额。

【解答】 应缴纳的消费税税额=14 040÷(1+17%)×20%+4 000×0.5=4 400(元)

3.2.2 自产自用应税消费品应纳税额的计算

所谓自产自用,是指纳税人生产应税消费品后,不是用于直接对外销售,而是用于自己连续生产应税消费品或用于其他方面。

1. 自产自用应税消费品的税务处理

(1) 用于连续生产应税消费品,不缴纳消费税。

(2) 用于其他方面:① 生产非应税消费品;② 在建工程;③ 管理部门、非生产机构;④ 馈赠、赞助、集资、广告、样品、职工福利、奖励等方面,于移送使用时缴纳消费税。

2. 自产自用应税消费品销售额及税额的计算

纳税人自产自用的应税消费品,凡用于其他方面,应当纳税的,其销售额的核算顺序如下:

(1) 按照纳税人生产的当月同类消费品的销售价格计算纳税;

(2) 如果当月同类消费品各期销售价格高低不同,应按销售数量加权平均计算;

（3）如果销售价格明显偏低又无正当理由的、无销售价格的或当月无销售或者当月未完结，应按照同类消费品上月或最近月份的销售价格计算纳税；

（4）没有同类消费品销售价格的，按照组成计税价格计算纳税，计算公式是：

组成计税价格＝（成本＋利润）÷（1－消费税税率）

应纳税额＝组成计税价格×适用税率

实行复合计税办法计算纳税的：

组成计税价格＝（成本＋利润＋自产自用数量×定额税率）÷（1－比例税率）

上述公式中所说的“成本”，是指应税消费品的产品生产成本。

上述公式中所说的“利润”，是指根据应税消费品的全国平均成本利润率计算的利润。应税消费品全国平均成本利润率由国家税务总局确定。

自 2001 年 5 月、6 月起，分别对酒、烟采用从价与从量复合征收消费税的计税方法。由于从量计征以应税消费品的数量为计税依据，与应税消费品价格的高低没有关系，因此，计算应税消费品的组成计税价格时，暂不考虑从量计征的消费税税额。

1993 年 12 月 28 日与 2006 年 3 月，国家税务总局颁发的《消费税若干具体问题的规定》，确定应税消费品全国平均成本利润率参见表 3-2。

表 3-2　应税消费品全国平均成本利润率　（%）

货物名称	成本利润率	货物名称	成本利润率
1. 甲类卷烟	10	11. 贵重首饰、珠宝玉石	6
2. 乙类卷烟	5	12. 汽车轮胎	5
3. 雪茄烟	5	13. 摩托车	6
4. 烟丝	5	14. 高尔夫球及球具	10
5. 粮食白酒	10	15. 高档手表	20
6. 薯类白酒	5	16. 游艇	10
7. 其他酒	5	17. 木制一次性筷子	5
8. 酒精	5	18. 实木地板	5
9. 化妆品	5	19. 乘用车	8
10. 鞭炮、焰火	5	20. 中轻型商用客车	5

【例 3-8】 某化妆品公司将一批自产的化妆品用作职工福利，化妆品的成本 16 000 元，该化妆品无同类产品市场销售价格，已知其成本利润率为 5%，消费税税率为 30%。

要求：请计算该批化妆品应缴纳的消费税税额。

【解答】 组成计税价格＝（16 000＋16 000×5%）÷（1－30%）＝24 000（元）

应缴纳的消费税税额＝24 000×30%＝7 200（元）

议一议： 消费税从量定额征收与销售价格及组成计税价格有无关系？

消费税从量征收与售价或组价无关；增值税需组价时，组价公式中的成本利润率按增值税法中规定的 10%确定，组价中应含消费税税金。

【例 3-9】 某啤酒厂自产啤酒 10 吨，无偿提供给某啤酒节，已知每吨成本 1 000 元，无同类产品售价（税务机关核定的消费税单位税额为 220 元/吨）。

要求：计算该企业应缴纳的消费税和增值税税额。

【解答】 应缴纳的消费税税额＝10×220＝2 200(元)

应缴纳的增值税税额＝[10×1 000×(1＋10％)＋2 200]×17％＝2 244(元)

属于从价定率征收消费税的货物，上面组成计税价格成本公式中的成本利润率按消费税税法规定。

记一记：对复合计税办法征收消费税的应税消费品，由于从量计算的消费税与价格无关，计算应税消费品的组成计税价格时，不考虑从量计征的消费税税额。从价计算的消费税如需组价，成本利润率按消费税规定确定。

【例 3-10】 某酒厂以自产特制白酒 2 000 斤用于厂庆庆祝活动，每斤白酒成本 12 元，无同类产品售价。

要求：请计算该酒厂应缴纳的消费税和增值税税额。

【解答】 (1) 应缴纳的消费税税额

从量征收的消费税税额＝2 000×0.5＝1 000(元)

从价征收的消费税税额＝12×2 000×(1＋10％)÷(1－20％)×20％＝6 600(元)

(注：组价中不含从量征收的消费税)

应缴纳的消费税税额＝1 000＋6 600＝7 600(元)

(2) 应缴纳的增值税税额＝12×2 000×(1＋10％)÷(1－20％)×17％＝5 610(元)

由于从量计征以应税消费品的数量为计税依据，与应税消费品价格的高低没有关系，因此，计算应税消费品的组成计税价格时，暂不考虑从量计征的消费税税额。

试一试：某汽车厂为增值税一般纳税人，主要生产小汽车和小客车，小汽车不含税出厂价为 125 000 元，小客车不含税出厂价为 68 000 元。2013 年 5 月发生如下业务：本月销售小汽车 8 600 辆，将 2 辆小汽车移送本厂研究所作破坏性碰撞实验，3 辆作为广告样品；销售小客车 576 辆，将本厂生产的 10 辆小客车移送改装分厂，将其改装为救护车。请问：(假定小汽车税率为 9％，小客车的税率为 5％)该企业上述业务应缴纳的消费税税额为多少？

3.2.3 委托加工应税消费品应纳税额的计算

1. 委托加工应税消费品的确定

委托加工的应税消费品是指由委托方提供原料和主要材料，受托方只收取加工费和代垫部分辅助材料加工的应税消费品。

对于由受托方提供原材料生产的应税消费品或者受托方先将原材料卖给委托方，然后再接受加工的应税消费品，以及由受托方以委托方名义购买原材料生产的应税消费品，不论纳税人在财务上是否做销售处理，都不得作为委托加工应税消费品，而应当按照销售自制应税消费品缴纳消费税。

议一议：对于不符合委托加工应税消费品限定条件的应该如何处理？

税法规定了严格的处理方法，即不论纳税人在财务上是否做销售处理，都不得作为委托加工应税消费品，而应当按照销售自制应税消费品缴纳消费税。这种处理办法体现了税收管理的源泉控制原则，避免了应缴税款的流失。

2. 代收代缴税款的规定

(1) 受托方加工完毕向委托方交货时，由受托方代收代缴消费税。如果受托方是个体经营者，委托方须在收回加工应税消费品后向所在地主管税务机关缴纳消费税。

(2) 如果受托方没有代收代缴消费税，委托方应补交税款，补税的计税依据如下。

① 已直接销售的：按销售额计税。

② 未销售或不能直接销售的：按组成计税价格计税。

委托方将收回的应税消费品，以不高于受托方的计税价格出售的，为直接出售，不再缴纳消费税；委托方以高于受托方的计税价格出售的，不属于直接出售，需按规定申报缴纳消费税，在计税时准予扣除受托方已代收代缴的消费税。

3. 委托加工应税消费品组成计税价格的计算

受托方代收代缴消费税时，应按受托方当月同类应税消费品的销售价格计算纳税；没有同类价格的，按组成计税价格计算纳税。组价公式为：

组成计税价格＝(材料成本＋加工费)÷(1－消费税税率)

应纳税额＝组成计税价格×适用税率

实行复合计税办法计算纳税的：

组成计税价格＝(材料成本＋加工费＋委托加工数量×定额税率)÷(1－消费税税率)

材料成本是指委托方所提供加工材料的实际成本。委托加工应税消费品的纳税人，必须在委托加工合同上如实注明(或以其他方式提供)材料成本，凡未提供材料成本的，受托方所在地主管税务机关有权核定其材料成本。由此可以看出，税法对委托方提供原料和主要材料，并要以明确的方式如实提供材料成本，要求是很严格的，其目的就是为了防止假冒委托加工应税消费品或少报材料成本，从而逃避纳税的现象。

加工费是指受托方加工应税消费品向委托方收取的全部费用(包括代垫辅助材料的实际成本，不包括增值税税金)，这是税法对受托方的要求。受托方必须如实提供向委托方收取的全部费用，这样才能既保证组成计税价格及代收代缴消费税准确地计算出来，也使受托方按加工费正确计算其应纳税的增值税。

委托个人加工的应税消费品，由委托方收回后缴纳消费税。

【例 3-11】 甲酒厂为增值税一般纳税人，2013 年 7 月发生以下业务：

(1) 从农业生产者的手中收购粮食 30 吨，每吨收购价 2 000 元，共计支付收购价款 60 000 元；

(2) 甲酒厂将收购的粮食从收购地直接运往异地的乙酒厂生产加工白酒，白酒加工完毕，企业收回白酒 8 吨，取得乙酒厂开具防伪税控的增值税专用发票，注明加工费 25 000 元，代垫辅料价值 15 000 元，加工的白酒当地无同类产品市场价格；

(3) 本月内甲酒厂将收回的白酒批发售出 7 吨，每吨不含税销售额 16 000 元。

(4) 另外支付给运输单位的销货运输费用 12 000 元，取得普通发票。

要求：(1) 请计算乙酒厂应代收代缴的消费税税额；(2) 请计算甲酒厂应缴纳的消费税税额。

【解答】

(1) 乙酒厂：委托方提供的原材料成本为不含增值税的价格。

代收代缴的消费税的组成计税价格＝[60 000×(1－13%)＋(25 000＋15 000)]÷(1－20%)＝115 250(元)

应代收代缴的消费税税额＝115 250×20%＋8×2 000×0.5＝31 050(元)

(2) 甲酒厂：销售委托加工收回的白酒不交消费税。

委托方将委托加工的应税消费品收回后直接出售的，不再征收消费税；收回后用于连续生产应税消费品的，其已纳税款准予按当期投入生产的比例抵扣，但委托加工的已税酒和酒精生产的酒不能抵扣。

3.2.4 进口应税消费品应纳税额的计算

纳税人进口应税消费品，按组成计税价格和规定的税率计算应纳税额，计算公式如下。

1. 实行从价定率办法应纳税额的计算

组成计税价格＝(关税完税价格＋关税)÷(1－消费税税率)

应纳税额＝组成计税价格×消费税税率

【例 3-12】 某外贸公司 3 月从国外进口一批应税消费品，已知该批应税消费品的关税完税价格 1 800 000 元，按照规定应缴纳关税 360 000 元，假定进口的应税消费的消费税税率为 10%。

要求：请计算进口环节应缴纳的消费税税额。

【解答】 组成计税价格＝(1 800 000＋360 000)÷(1－10%)＝2 400 000(元)

应缴纳的消费税税额＝2 400 000×10%＝240 000(元)

上述公式中所称“关税完税价格”，是指海关核定的关税计税价格。

2. 实行从量定额办法应纳税额的计算

应纳税额＝应税消费品数量×消费税单位税额

3. 实行从价定率和从量定额复合征收办法应纳税额的计算

应纳税额＝组成计税价格×消费税税率＋应税消费品数量×消费税单位税额

进口环节消费税除国务院另有规定者外，一律不得给予减税、免税。

4. 进口卷烟应纳消费税的计算

(1) 为统一进口卷烟与国产卷烟的消费税政策，自 2004 年 3 月 1 日起，进口卷烟消费税适用比例税率按以下办法确定。

① 计算公式为：

每标准条进口卷烟(200 支)确定消费税适用比例税率的价格＝(关税完税价格＋关税＋消费税定额税)÷(1－消费税税率)

其中，关税完税价格和关税为每标准条的关税价格及关税税额；消费税定额税率为每标准条 0.6 元(依据现行消费税定额税率折算而成)；消费税税率固定为 30%。

② 每标准条进口卷烟确定消费税比例税率的价格≥70 元人民币的，使用比例税率为 56%；每标准条进口卷烟确定消费税适用比例税率的价格＜70 元人民币的，适用比例税率为 36%。

(2) 依据上述确定的消费税适用比例税率，计算进口卷烟消费税组成计税价格和应纳消费税税额。

① 计算公式为：

进口卷烟消费税组成计税价格＝(关税完税价格＋关税＋消费税定额税)÷(1－进口卷烟消费税适用比例税率)

② 应纳税额的计算与上述一般公式相同。

应纳消费税税额＝进口卷烟消费税组成计税价格×进口卷烟消费税适用比例税率＋消费税定额税

其中：消费税定额税＝海关核定的卷烟数量×消费税定额税率

消费税定额税率与国内相同，每标准箱为 50 000 支 150 元。

【例 3-13】 某烟草进出口公司从国外进口卷烟 80 000 条(每条 200 支)，支付买价 2 000 000元，支付到达我国海关前的运输费用 120 000 元、保险费用 80 000 元。关税完税价格 2 200 000 元。假定进口卷烟关税税率为 20%。

要求：请计算该烟草进出口公司进口卷烟应缴纳的消费税税额。

【解答】 (1) 进口卷烟应纳关税＝2 200 000×20%＝440 000(元)

(2) 进口卷烟消费税的计算：

① 定额消费税＝80 000×0.6＝48 000(元)

② 每标准条确定消费税适用比例税率价格＝(2 200 000＋440 000＋48 000)÷(1－30%)÷80 000＝48(元)

每条价格小于 70 元，所以适用 36%的税率

从价应纳消费税＝(2 200 000＋440 000＋48 000)÷(1－36%)×36%＝1 512 000(元)

应缴纳的消费税税额＝1 512 000＋48 000＝1 560 000(元)

试一试： 某化妆品生产企业为增值税一般纳税人，10 月上旬从国外进口一批散装化妆品，关税完税价格 1 500 000 元。本月内企业将进口的散装化妆品的 80%生产加工为成套化妆品 7 800 件，对外批发销售 6 000 件，取得不含税销售额 2 900 000 元；向消费者零售 800 件，取得含税销售额 514 800 元(化妆品的进口关税税率为 40%、消费税税率为 30%)。

要求：

(1) 请计算该企业在进口环节应缴纳的消费税、增值税税额；

(2) 请计算该企业国内生产销售环节应缴纳的增值税、消费税税额。

3.2.5　准予从消费税应纳税额中抵扣税款的计算

根据《财政部　国家税务总局关于调整和完善消费税政策的通知》(财税〔2006〕33 号)第 7 条规定的准予从消费税应纳税额中扣除原料已纳消费税税款的计算公式，按照不同行为分别规定如下。

1. 外购应税消费品连续生产应税消费品

由于某些应税消费品是用外购已缴纳消费税的应税消费品连续生产出来的，在对这些连续生产出来的应税消费品计算征税时，税法规定应按当期生产领用数量计算准予扣除外

购的应税消费品已纳的消费税税款。扣除范围包括：

(1) 外购已税烟丝生产的卷烟；

(2) 外购已税化妆品生产的化妆品；

(3) 外购已税珠宝玉石生产的贵重首饰及珠宝玉石；

(4) 外购已税鞭炮焰火生产的鞭炮焰火；

(5) 外购的已税石脑油、燃料油为原料生产的应税消费品；

(6) 外购已税润滑油为原料生产的润滑油；

(7) 外购已税汽油、柴油用于连续生产的甲醇汽油、生物柴油；

(8) 外购已税杆头、杆身和握把为原料生产的高尔夫球杆；

(9) 外购已税木制一次性筷子为原料生产的木制一次性筷子；

(10) 外购已税实木地板为原料生产的实木地板。

此类消费品的扣税方法如下。

① 实行从价定率办法计算应纳税额的公式

当期准予扣除外购应税消费品已纳税款＝当期准予扣除外购应税消费品买价×外购应税消费品适用税率

当期准予扣除外购应税消费品买价＝期初库存外购应税消费品买价＋当期购进的外购应税消费品买价－期末库存的外购应税消费品买价

【例 3-14】 某卷烟生产企业，某月初库存外购应税烟丝金额 400 000 元，当月又外购应税烟丝金额 1 000 000 元(不含增值税)，月末库存烟丝金额 200 000 元，其余被当月生产卷烟领用。

要求：请计算当月准予扣除的外购烟丝已纳的消费税款。

【解答】 (1) 烟丝适用的消费税税率为 30％

(2) 当月准予扣除的外购烟丝买价＝400 000＋1 000 000－200 000＝1 200 000(元)

(3) 当月准予扣除的外购烟丝已纳消费税税款＝1 200 000×30％＝360 000(元)

外购应税消费品买价为纳税人取得的增值税专用发票(含销货清单)注明的应税消费品的销售额(发票必须是 2006 年 4 月 1 日以后开具的，下同)。对自己不生产应税消费品，而只是购进后再销售应税消费品的工业企业，其销售的化妆品、鞭炮焰火和珠宝玉石等，凡不能构成最终消费品直接进入消费品市场，而需进一步生产加工的，应当征收消费税，同时允许扣除上述外购应税消费品的已纳税款。

注意： 纳税人用外购的已税珠宝玉石生产的改在零售环节征收消费税的金银首饰(镶嵌首饰)，在计税时一律不得扣除外购珠宝玉石的已纳税款。依据《国家税务总局关于进一步加强消费税纳税申报及税款抵扣管理的通知》(国税函〔2006〕769 号)，不论是从工业企业还是从商业企业购进应税消费品连续生产应税消费品，符合抵扣条件的，均准予扣除外购应税消费品已纳消费税税款。

② 实行从量定额办法计算应纳税额的公式

当期准予扣除的外购应税消费品已纳税款＝当期准予扣除外购应税消费品数量×外购

应税消费品单位税额

当期准予扣除外购应税消费品数量＝期初库存外购应税消费品数量＋当期购进外购应税消费品数量－期末库存外购应税消费品数量

2. 委托加工收回应税消费品连续生产应税消费品

纳税人委托加工的应税消费品因为已由受托方代收代缴消费税，如果委托方收回货物后用于连续生产应税消费品的，其已纳税款准予按照规定从连续生产的应税消费品应纳消费税税额中扣除，这种扣税方法与外购已税消费品连续生产应税消费品的扣税范围、扣税方法、扣税环节相似。

（1）扣税范围

① 以委托加工收回的已税烟丝为原料生产的卷烟；

② 以委托加工收回的已税化妆品为原料生产的化妆品；

③ 以委托加工收回的已税珠宝玉石为原料生产的贵重首饰及珠宝玉石；

④ 以委托加工收回的已税鞭炮、烟火为原料生产的鞭炮、焰火；

⑤ 以委托加工收回的已税石脑油、燃料油为原料生产的应税消费品；

⑥ 以委托加工收回的汽油、柴油用于连续生产的甲醇汽油、生物柴油；

⑦ 以委托加工收回的已税杆头、杆身和握把为原料生产的高尔夫球杆；

⑧ 以委托加工收回的已税木制一次性筷子为原料生产的木制一次性筷子；

⑨ 以委托加工收回的已税实木地板为原料生产的实木地板；

⑩ 以委托加工收回的已税润滑油为原料生产的润滑油。

（2）扣税方法公式

当期准予扣除的委托加工应税消费品已纳税款＝期初库存的委托加工应税消费品已纳税款＋当期收回的委托加工应税消费品已纳税款－期末库存的委托加工应税消费品已纳税款

（3）扣税环节

纳税人用委托加工收回的已税珠宝玉石生产的改在零售环节征收消费税的金银首饰，在计税时一律不得扣除委托加工收回的珠宝玉石的已纳消费税税款。

委托加工应税消费品已纳税款为代扣代收税款凭证注明的受托方代收代缴的消费税。

【例 3-15】 甲工厂委托乙工厂加工一批化妆品，甲工厂提供的化妆品原材料成本为 32 000元，乙工厂代垫辅助材料的成本为 2 000 元，收取加工费 8 000 元，受托的乙工厂没有同类消费品的销售价格。甲工厂将委托加工的已税化妆品用于连续生产成高级化妆品（最终产品），然后进行销售，取得不含增值税销售额 70 000 元，适用税率为 30%。

要求：（1）计算乙工厂应代收代缴的消费税税额；（2）计算甲工厂应缴纳的消费税税额。

【解答】 （1）组成计税价格＝(32 000＋2 000＋8 000)÷(1－30%)＝60 000(元)

应代收代缴的消费税税额＝60 000×30%＝18 000(元)

（2）应缴纳消费税税额(最终产品)＝70 000×30%＝21 000(元)

扣除委托加工原材料的已交消费税后，实际应缴纳的消费税为：

实际应缴纳的消费税税额＝21 000－18 000＝3 000(元)

问题解答

委托加工下列应税消费品
能不能抵扣已纳消费税?

答:委托加工消费税抵扣问题,一定要注意酒和酒精,由珠宝玉石加工的金银首饰不能抵扣已纳消费税。

例如:甲酒类生产企业为增值税一般纳税人,购进粮食 100 吨,取得收购凭证 1 张,注明金额 10 000 000 元,将粮食委托乙企业加工白酒 10 吨,乙企业开具增值税发票上注明加工费 1 000 000 元,税金 170 000 元,甲企业全部收回,乙企业未代收代缴消费税,甲将白酒收回后勾兑 20 吨品牌白酒并销售,取得不含税销售额 20 000 000 元,开具增值税专用发票。试计算甲企业实际应缴纳的消费税税额。

解答:委托加工白酒收回后生产白酒,其消费税不得抵扣,

应缴纳的消费税税额=[10 000 000×(1-13%)+1 000 000]÷(1-20%)×20%+10×20 000 000×0.5÷10 000+20 000 000×20%+20×20 000 000×0.5÷10 000=6 455 000(元)

3. 进口应税消费品

扣税方法为:

当期准予扣除的进口应税消费品已纳税款=期初库存的进口应税消费品已纳税款+当期进口应税消费品已纳税款-期末库存的进口应税消费品已纳税款

进口应税消费品已纳税款为《海关进口消费税专用缴款书》注明的进口环节消费税。

3.2.6 消费税的申报与缴纳

1. 纳税义务发生时间

消费税纳税义务发生时间是指纳税人发生消费税纳税行为,应当履行纳税义务的时间。消费税纳税义务发生时间,以货款结算方式或行为发生时间分别确定。

(1) 纳税人销售的应税消费品,其纳税义务发生时间为:

① 采取赊销和分期收款结算方式的,其纳税义务的发生时间,为纳税人销售合同规定的收款日期当天,书面合同没有约定收款日期或者无书面合同的,为发出应税消费品的当天;

② 采取预收货款结算方式的,其纳税义务的发生时间,为纳税人发出应税消费品当天;

③ 采取托收承付和委托银行收款方式销售的应税消费品,其纳税义务的发生时间,为纳税人发出应税消费品并办妥托收手续的当天;

④ 采取其他结算方式的,其纳税义务的发生时间,为纳税人收讫销售款或者取得索取销售款凭据的当天。

(2) 自产自用的应税消费品,其纳税义务的发生时间,为纳税人移送使用当天。

(3) 委托加工的应税消费品,其纳税义务的发生时间,为纳税人提货的当天。

(4) 进口的应税消费品,其纳税义务的发生时间,为纳税人报关进口的当天。

2. 纳税期限

按照《消费税暂行条例》的规定，消费税的纳税期限分别为 1 日、3 日、5 日、10 日、15 日、1 个月或者 1 个季度。由主管税务机关根据纳税人应纳税额的大小分别核定其具体的纳税期限；如果不能按照固定期限纳税的，则可以按次纳税。

纳税人以 1 个月或 1 个季度为一期纳税的，自期满之日起 15 日内申报纳税；以 1 日、3 日、5 日、10 日或者 15 日为一期纳税的，自期满之日起 5 日内预缴税款于次月 1 日起至 15 日内申报纳税并结清上月应纳税款。

纳税人进口应税消费品，应当自海关填发税款缴款书之日起 15 日内缴纳税款。

如果纳税人不能按照规定的纳税期限依法纳税，将按《税收征收管理法》的有关规定处理。

3. 纳税环节

消费税属于价内税，并实行单一环节征收，一般在应税消费品的生产、委托加工和进口环节缴纳，在以后的批发、零售等环节中，由于价款中已包含消费税，因此不必再缴纳消费税。

议一议：什么是价内税？价内税与价外税有什么区别？

(1) 一般规定

① 生产环节

纳税人生产的应税消费品，由生产者于销售时纳税。其中，生产者自产自用的应税消费品，用于本企业连续生产的不征税；用于其他方面的，于移送使用时纳税。

② 委托加工环节

委托加工的应税消费品，由受托方在向委托方交货时代收代缴消费税。委托加工的应税消费品收回后直接出售的，不再征收消费税。委托加工应税消费品收回后用于连续生产应税消费品的，按照最终生产的消费品需缴纳消费税，但是，对受托方代收代缴的消费税准予抵扣。

③ 进口环节

进口的应税消费品，由进口报关者于进口时纳税。

(2) 特殊规定

① 从 1995 年 1 月 1 日起，金银首饰由生产进口环节改为零售环节征税。

② 从 2002 年 1 月 1 日起，钻石及钻石饰品由生产、进口环节改为零售环节征税。

③ 自 2009 年 5 月 1 日起，除生产环节外，对卷烟批发环节加征一道从价税。

税法视野　**我国确定在产制环节征收消费税的意义**

国际上开征消费税的国家，消费税的征收多在零售环节，这一方面体现了这一税种重在调节消费的意图，另一方面较少占用生产经营者的周转资金，有助于减轻生产经营者的负担。而我国的消费税除金银首饰改在零售环节课税以外,其他应税消费品基本在产制环节课税。这样的规定主要是从方便征管的角度考虑的,因为在产制环节纳税人户数较少,征管对象明确,便于控制税源,降低征管成本。但是产制环节终究不是商品实现消费以前最后一个流转环节,在这个环节之后还存在着批发、零售等若干个流转环节,这在客观上为纳税人选择一定的方式节税提供了可能。纳税人可以采用分设独立核算的经销部、销售公司再以正常价格对外销售,由于消费税主要在产制环节征收,纳税人的税收负担会因此减轻许多。

4. 纳税地点

(1) 纳税人销售应税消费品,以及自产自用的应税消费品,除国家另有规定的外,应当向纳税人核算地主管税务机关申报纳税。

(2) 委托加工的应税消费品,由受托方所在地主管税务机关代收代缴消费税税款,个体经营者受托加工的应税消费品,纳税地点确定在委托方所在地,由委托方在收回应税消费品后向其所在地主管税务机关申报纳税。

(3) 进口的应税消费品,由进口人或者其代理人向报关地海关申报纳税。

(4) 出口的应税消费品办理退税后,发生退关或者国外退货进口时予以免税的,报关出口者必须及时向其所在地主管税务机关申报补缴已退的消费税税款。纳税人直接出口的应税消费品办理退税后,发生退关或国外退货进口时予以免税的,经所在地主管税务机关批准,可暂不办理补税,待其转为国内销售时,再向其主管税务机关申报补缴消费税。

(5) 纳税人到外县(市)销售或委托外县(市)代销自产应税消费品的,于应税消费品销售后,回纳税人核算地或所在地缴纳消费税。

(6) 纳税人的总机构与分支机构不在同一县(市)的,应分别向各自机构所在地的主管税务机关申报缴纳。但经财政部、国家税务总局或者授权的财政、税务机关批准,纳税人分支机构应纳消费税税款也可由总机构汇总向总机构所在地主管税务机关缴纳。

(7) 根据《国家税务总局关于印发〈消费税若干具体问题的规定〉的通知》(国税发〔1993〕156 号)的规定,对纳税人的总机构与分支机构不在同一省(自治区、直辖市)的,如需改由总机构汇总在总机构所在地纳税的,需经国家税务总局批准;对纳税人的总机构与分支机构在同一省(自治区、直辖市)内,而不在同一县(市)的,如需改由总机构汇总在总机构所在地纳税的,需经省、自治区、直辖市国家税务局批准。

(8) 纳税人销售的应税消费品,如因质量等原因由购买者退回时,经所在地主管税务机关审核批准后,可退还已征收的消费税税款,但不能自行直接抵减应纳税款。

5. 纳税申报

消费税纳税人应按有关规定及时办理纳税申报,并如实填写《消费税纳税申报表》。该申报表的内容及格式参见表 3-3。

表 3-3 消费税纳税申报表

填表日期： 年 月 日

纳税编码
纳税人识别号
纳税人名称： 地 址：
税款所属期： 年 月 日至 年 月 日 联系电话：

应税消费品名称	适用税目	应税销售额(数量)	适用税率(单位税额)	当期准予扣除外购应税消费品买价(数量)				外购应税消费品适用税率(数量)
				合计	期初库存外购应税消费品买价(数量)	当期购进外购应税消费品买价(数量)	期末库存外购应税消费品买价(数量)	
1	2	3	4	5=6+7−8	6	7	8	9
合计								

应纳消费税		当期准予扣除外购应税消费品已纳税款	当期准予扣除委托加工应税消费品已纳税款			
本期	累计		合计	期初库存委托加工应税消费品已纳税款	当期收回委托加工应税消费品已纳税款	期末库存委托加工应税消费品已纳税款
15=3×4−10 或 3×4−11 或 3×4−10−11	16	10=5×9 或 10=5×9(1−征减幅度)	11=12+13−14	12	13	14

已纳消费税		本期应补(退)税金额			
本期	累计	合计	上期结算税额	补交本年度欠税	补交以前年度欠税
17	18	19=15−26−27	20	21	22

截至上年底累计欠税额	本年度新增欠税额		减免税额	预缴税额	多缴税额
	本期	累计			
23	24	25	26=3×4×征减幅度	27	28

如纳税人填报，由纳税人填写以下各栏		如委托代理人填报，由代理人填写以下各栏				备注
会计主管： (签章)	纳税人 (公章)	代理人名称		代理人 (公章)		
		代理人地址				
		经办人		电话		

以下由税务机关填写			
收到申报表日期		接收人	

填表说明：

(1) 表中2栏“适用税目”必须按照《中华人民共和国消费税暂行条例》规定的税目填写。

(2) 第10栏，准予抵扣项目无减税优惠的按10=5×9的勾稽关系填报；准予抵扣项目有减税优惠的按10=5×9(1−减征幅度)的勾稽关系填报。目前准予抵扣且有减税优惠的项目为石脑油、润滑油，减征幅度为70%。

(3) 第26栏，全额免税的应税消费品按“26=3×4”填报，减征税款的应税消费品按“26=3×4×减征幅度”填报，目前有减税优惠的项目为石脑油、润滑油，润滑油、燃料油减征幅度为70%。

(4) 本表一式三份，区(分)局、计征局、纳税人各一份。

3.3 出口应税消费品退(免)税

3.3.1 出口应税消费品退(免)税的适用范围

1. 出口应税消费品退(免)消费税的政策规定

(1) 出口免税并退税。

(2) 出口免税但不退税。如对于出口的来料加工产品、军品以及军队系统企业出口的军需工厂生产或军需部门调拨的货物以及卷烟等,免征消费税,但不办理退税。

(3) 出口不免税也不退税。如禁止出口货物。

只有适用出口免税并退税政策时才会涉及计算应退消费税的问题。

注意: 生产企业直接出口应税消费品或委托外贸企业出口应税消费品,按规定直接予以免税的,可不计算应缴消费税。

外贸企业出口应税消费品,按规定计算(退)消费税。

2. 出口应税消费品退税的企业范围

(1) 有出口经营权的外贸、工贸企业。

(2) 特定出口退税企业,如对外承包工程公司、外轮供应公司等。

3. 出口应税消费品退税的范围

(1) 具备出口条件,给予退税的消费品。这类消费品必须具备四个条件:属于消费税征税范围的消费品;取得《税收(出口产品专用)缴款书》、增值税专用发票(税款抵扣联)、出口货物报关单(出口退税联)、出口收汇单证;必须报关离境;在财务上作出口销售处理。

(2) 不具备出口条件,也给予退税的消费品。如对外承包工程公司运出境外用于对外承包项目的消费品,外轮供应公司、远洋运输供应公司销售给外轮、远洋外轮的消费品等。

有些消费品虽具备出口条件,但不给予退税优惠,如禁止出口货物等。

注意: 除规定不退税的应税消费品外,对生产企业委托外贸企业代理出口的消费税应税消费品,一律免征消费税。

3.3.2 出口应税消费品的退税率

计算出口应税消费品应退消费税的税率或单位税额,依据《消费税暂行条例》所附《消费税税目税率(税额)表》执行。这是退(免)消费税与退(免)增值税的一个重要区别,具体规定如下:

(1) 当出口的货物是应税消费品时,其退还增值税要按规定的退税率计算,退还消费税则按该应税消费品所适用的消费税税率计算;

(2) 企业应将不同消费税税率的出口应税消费品分开核算和申报,凡划分不清适用税率的,一律从低适用税率计算应退消费税税额。

3.3.3 出口应税消费品退税的计算与管理

1. 出口应税消费品退税的计算

(1) 从价征收计算退税额

从价定率计征消费税的应税消费品，应依照外贸企业委托从工厂购进货物时，计算征收消费税的价格。对含增值税的购进金额应换算成不含增值税的金额，作为计算退税的依据，计算公式为：

不含增值税的购进金额＝含增值税的购进金额÷(1＋增值税税率或征收率)

应退消费税税款＝出口货物的工厂销售额(出口数额)×税率

(2) 从量征收计算退税额

从量定额计征消费税的应税消费品，应按货物购进和报关出口的数量计算应退消费税税款，计算公式为：

应退消费税税款＝出口数量×定额税率

(3) 复合征收计算退税额

复合计征消费税的应税消费品，应按货物购进和报关出口的数量以及外贸企业从工厂购进货物时征收消费税的价格计算应退消费税税款，计算公式为：

应退消费税税额＝出口货物的工厂销售额×税率＋出口数量×定额税率

2. 出口应税消费品退税的管理

出口发生货物退回的情况，外贸企业出口退回的，应向所在地税务机关补缴消费税，生产企业出口发生退货，应在内销时向所在地税务机关补缴消费税。

(1) 出口的应税消费品办理退(免)税后，发生退关或者国外退货的，报关出口者必须及时向其所在地主管税务机关申报补缴已退的消费税税款。

(2) 出口企业收购出口应税消费品的应退税额的计算，以《消费税税收(出口货物专用)缴款书》注明的税额为准。

(3) 出口企业在2006年3月31日前收购的出口应税消费品，并取得《消费税税收(出口货物专用)缴款书》的，在2006年4月1日以后出口的，仍可按原税日税率办理退税。具体执行时间以《消费税税收(出口货物专用)缴款书》开具日期为准(《关于调整和完善消费税政策的通知》财税〔2006〕33号)。

(4) 自2006年3月14日起，暂停税则号为27101110的车用汽油及航空汽油和税则号为27101120的石脑油的出口增值税退税政策(《财政部　国家税务总局关于暂停汽油、石脑油出口退税的通知》财税〔2006〕42号)。

议一议： 消费税和增值税出口退(免)税的区别与联系。

【例3-16】 某外贸企业从国外进口10 000套化妆品，关税完税价格为800 000元，关税为800 000元，当月售出3 000套，每套售价298元。该外贸企业又从国内一生产厂家(增值税一般纳税人)购进化妆品5 000套全部出口，每套工厂销售价60元(含增值税)，出口离岸价格为168元。

要求：请计算该外贸企业当月应缴、应退的消费税税额。

【解答】

(1) 该外贸企业进口应税消费品应缴纳的消费税税额:

组成计税价格=(800 000+800 000)÷(1 — 30%)=2 285 700(元)

应缴纳的消费税税额=2 285 700×30%=685 710(元)

(2) 外贸企业出口化妆品应退的消费税税额:

应退的消费税税额=60÷(1+17%)×5 000×30%=76 923.08(元)

课外阅读

民族化妆品牌濒临绝境[①]

纵观改革开放以来,国内市场上许多中国消费者耳熟能详的民族化妆品品牌如“美加净”“百雀羚”等在国际品牌的打压下市场迅速萎缩,许多本土品牌被外资收购之后被打入冷宫如“丁家宜”等。国内化妆品市场上国际品牌一统天下,几乎要把中国民族品牌逼入绝境。

不久前有消息称,财政部正在考虑将化妆品的税目分类界定为高档化妆品和一般化妆品,一般化妆品可能将不再征收消费税。消费税免征从一般意义上说,无疑对生产厂家、流通商和消费者是一大利好。

将消费税调整作为财税改革重点和方向,这透出积极信号,即当大众消费能级提升时,以往的高档消费品已变成一般的日用消费品,适时地将这些消费转性的商品移出消费税征收范围,是与时俱进财税政策的体现。但一般化妆品不征收消费税的具体效果还有待市场检验,因为化妆品这一商品有其市场特殊性。

第一,化妆品的生产成本一般只占市场零售价的10%~30%,大量的成本在流通中产生(一般占到30%~40%)如广告、卖场营业推广等营销费用,而消费税是在出厂价中顺加的,因此在一般化妆品的生产环节免征消费税其免税的“权重”分量是不够的。

第二,消费者的偏好可能对一般化妆品免征消费税并不买账。化妆品市场是一个细分市场,一般化妆品因不征收消费税尽管可使出厂价和零售价都下降,但并不等于实现消费者增加和销售量上升。中国消费者在化妆品方面目前还处在理性消费形成之中,追求高价的奢侈品、追求国际品牌是主流性的消费倾向。

第三,当中国加入到开放的国际旅游市场时,国外高档、中低档化妆品并不需要通过国际贸易的方式进入中国市场,只需要通过本国的零售市场就征服了中国消费者。从去国外旅游的中国游客的旅行箱中,从跨境电子商务的邮包中,从国际代购的业务中都可发现,国际奢侈品牌化妆品占了相当的部分,这几年又开始向性价比高的中低档化妆品延伸。而有些化妆品的制造国就是中国,只是顶着国际品牌而已。

① 顾国建:《民族化妆品牌濒临绝境》,2014年8月4日《环球时报》。

由此思量，目前对化妆品征收30%的消费税只限于彩妆类化妆品，而彩妆类高档的化妆品在国内市场上基本上是国际品牌和中外合资产品占主导地位，如果下半年能兑现彩妆类一般化妆品免征消费税，市场的效果可能更直接作用于国内化妆品制造商和品牌商，有利于民族品牌塑造。彩妆类化妆品若"以价划分高档与一般"，那么国内化妆品制造商和品牌商绝大部分都可进入一般化妆品消费税免征的行列。如果这次化妆品消费税调整更深的含义是这样的话，那就说明我们的财税政策更加注重于产业占比的调整和民族品牌的发展促进，而这对国内化妆品的制造商和品牌商来说是实实在在的支持。

本章小结

我国现行的消费税是1994年国家税制改革中新设置的一个税种。它是在对货物普遍征收增值税的基础上，选择少数消费品再征收一道消费税。其征收目的主要是合理调节消费品结构，正确引导消费，适当调节消费水平，以增加国家财政收入。

2006年4月1日，我国对消费税进行一次较大范围的调整，新增了木制一次性筷子、实木地板、游艇、高尔夫球及球具、高档手表、成品油6个税目，取消了护肤护发品税目，将汽油和柴油税目合并至成品油税目，对小汽车、酒、摩托车、汽车轮胎、化妆品税目税率进行了调整。至此，消费税共有14个税目，具体包括烟、酒及酒精、化妆品、贵重首饰及珠宝玉石、鞭炮、焰火、成品油、汽车轮胎、小汽车、摩托车、高尔夫球及球具、高档手表、游艇、木制一次性筷子、实木地板等。

消费税对不同税目实行有差别的比例税率和定额税率，消费税的计税依据分别采用从价定率、从量定额及复合计税三种计税方法。实行从价计税办法征税的应税消费品，计税依据为应税消费品的销售额。实行从量定额办法计税时，通常以每单位应税消费品的重量、容积或数量为计税依据。实行复合计税办法计税时，计税依据为前两种方法的混合。同时，还要注意把握从消费税应纳税额中准予抵扣税款的计算。

消费税的纳税环节包括生产环节、进口环节和零售环节。自2009年5月1日起，除生产环节外，对卷烟批发环节加征一道从价税。

消费税纳税义务发生时间一般为收讫销售额、取得索取销售款凭据或报关进口的当天。消费税的纳税地点一般为纳税人核算地主管税务机关缴纳。

消费税对出口货物分不同情况实行出口退税、出口免税和出口正常纳税。

自测练习

一、学习思考

1. 我国为什么要开征消费税？其征税范围包括哪些？
2. 消费税与增值税有什么区别和联系？
3. 自产自用应税消费品是如何进行税务处理的？

二、案例分析

1. 案例分析一

北京市某化工厂为增值税一般纳税人，其经营项目包括化妆品、护肤护发品、痱子粉、爽身粉等日常用品。2013 年 2 月，该化工厂向一小规模纳税人销售化妆品 200 000 元，痱子粉、爽身粉 50 000 元，护肤护发品 100 000 元，并开具普通发票，本月该厂各项进项税额为 30 000 元，月末该厂财务人员申报应缴纳的消费税税额＝200 000×30％＋50 000×17％＋100 000×17％＝85 500(元)，应缴纳的增值税税额＝(200 000＋50 000＋100 000)÷(1＋6％)×17％－30 000＝26 100(元)。该项销售业务共应纳税 111 600 元。本月该厂生产上述各产品成本为250 000元，由此企业本月经营亏损 11 600 元。

试分析该企业亏损的原因？要求计算该企业本月应缴纳的消费税、增值税税额各为多少？在计算纳税方面有哪些启示？

2. 案例分析二

根据税法的规定，纳税人自产自用的应税消费品，除用于连续生产应税消费品外，用于其他方面的，于移送使用时纳税。其他方面指用于生产非应税消费品、在建工程、管理部门、非生产机构、提供劳务以及用于馈赠、集资、赞助、广告、职工福利、奖励等方面。在税法上，用于这些方面应作为视同销售处理，缴纳消费税。在计算消费税时，计税销售额依次有三种选择：(1) 按纳税人当月生产的同类消费品的销售价格；(2) 当月同类消费品的销售价格的加权平均或上月或最近月份的销售价格；(3) 组成计税价格＝(成本＋利润)÷(1－消费税税率)。而这三种价格哪种对企业最有利呢？案例如下：

假设某摩托车生产企业 A 只生产一种摩托车。某月该企业将自产摩托车 100 辆赠送给摩托车拉力赛赛手使用，属于上述馈赠行为，应缴纳消费税。

方案一：假设 A 当月生产的摩托车的销售价格为 5 000 元/辆。

方案二：假设 A 当月按 5 000 元/辆销售 400 辆，按 5 500 元/辆销售 400 辆。

方案三：假设 A 生产摩托车的成本为 4 500 元/辆，成本利润率为 8％，消费税税率为 9％。

试分析以上三种方案 A 应缴纳的消费税税额分别是多少？比较税负轻重并分析企业采取哪些措施能够减轻税收负担？

3. 案例分析三

同创股份有限公司(以下简称同创公司)是一家生产各类卷烟的烟草公司。该公司的经营范围十分广泛，既生产甲、乙类卷烟，又生产雪茄烟。由于生产项目众多，同创公司无法自行生产各类卷烟所需的所有烟丝，因而与当地一家烟厂签订长期合同，由同创公司提供主要原材料，该烟厂代为加工烟丝。同时，同创公司也承接其他公司的委托加工项目加工烟丝。2013 年 1 月，同创公司发生如下委托加工业务：

(1) 委托烟厂加工一批雪茄烟烟丝，同创公司提供原材料 110 000 元，烟厂收取加工费 30 000 元；

(2) 承接一家外贸公司的委托加工烟丝项目，其他公司提供原材料 85 000 元，同创公司收取加工费 20 000 元，依同创公司销售同类烟丝的不含增值税价格计算该批烟丝的价值为 120 000 元。月末，公司就上述两项委托加工业务计算应缴纳的消费税税额为：

(110 000＋30 000)÷(1－30％)×30％＋(85 000＋20 000)÷(1－30％)×30％＝105 000(元)

试分析同创公司自行计算的消费税税额是否正确?

三、能力训练

1. 委托加工应税消费品的计算应用

某化妆品公司长期以来一直委托加工厂加工应税化妆品,收回后继续生产加工成应税化妆品销售。加工厂一直是以60元/千克的价格代收代缴消费税。2013年3月,该化妆品公司收回用当月外购的原材料委托加工好的化妆品3 000千克(外购材料和加工费均取得专用发票),月初库存为2 000千克,月末库存为1 000千克。当月销售继续生产的化妆品800箱,每箱售价600元。该化妆品公司月初进项税余额为零。

要求:试计算该化妆品公司当月应该申报缴纳的消费税税额(化妆品税率为30%,当月外购原材料和支付加工费取得增值税专用发票,税率为17%)。

2. 复合计税的应税消费品的计算应用

某酒厂为增值税一般纳税人,主要生产白酒和啤酒两种产品。2013年1月,该酒厂外购酒精100 000元,销售白酒100 000斤,价款2 000 000元;当月销售啤酒250吨,每吨售价为3 500元,收取啤酒包装物押金5 850元。

要求:请计算该酒厂2013年1月应缴纳的消费税税额。

3. 进口应税消费品的计算应用

某烟草进出口公司2013年9月进口卷烟300标准箱,进口完税价格2 800 000元。假定进口关税税率为60%,消费税固定税额为每标准箱150元,比例税率为30%。

要求:请计算该烟草进出口公司进口环节应缴纳的消费税税额。

第4章 营业税法

学习目标

【知识目标】

1. 理解并掌握营业税法的基本法律内容
2. 了解并掌握营业税应纳税额的计算方法
3. 掌握营业税法的优惠政策

【能力目标】

1. 能够准确计算营业税各种应税行为的应纳税额
2. 能够正确处理营业税的纳税申报事宜

4.1 营业税的基本法律

4.1.1 营业税的征税范围

记一记：营业税法是指国家制定用以调整营业税征收与缴纳之间权利与义务关系的法律规范。营业税是对在我国境内销售不动产、转让无形资产以及从事各种应税服务业的单位和个人，就其营业额计算征收的一种流转税。现行营业税的基本法律规范是2008年11月国务院颁布的《中华人民共和国营业税暂行条例》（以下简称《营业税暂行条例》），并于2009年1月1日起施行。为完善税收制度，2012年1月1日起我国在上海试点对交通运输业（不包括铁路运输）和部分现代服务业实施营业税改增值税改革试点，2012年12月已在10省推行，2013年8月1日已推广到全国试行。2013年12月4日国务院常务会议，决定从2014年1月1日起，将铁路运输和邮政服务业纳入营业税改征增值税试点，至此交通运输业已全部纳入"营改增"范围。财政部和国家税务总局于2014年4月30日印发《关于将电信业纳入营业税改征增值税试点的通知》，明确从2014年6月1日起，将电信业纳入"营改增"试点范围。

1. 一般规定

营业税的征税范围是指在我国境内有偿提供应税劳务、转让无形资产或者销售不动产的行为。

所谓应税劳务，是指应当征收营业税的劳务，具体包括：建筑业、金融保险业（有形动产的融资租赁自2013年8月1日起实行"营改增"）、邮电通讯业（2014年1月1日起，邮政业实行"营改增"）、文化体育业、娱乐业、服务业（2013年8月1日之后，仅生活服务业；加工、修理修配属于增值税的应税劳务，是营业税的非应税劳务）。

所谓境内，是指所提供的应税劳务发生在境内；所转让的无形资产（不含土地使用权）在境内；所转让或出租的无土地使用权的土地在境内；所销售或出租的不动产在境内；在境内提供保险劳务；境外单位或个人在境外向境内单位或个人提供的完全发生在境外的应税劳务，不属于在境内提供条例规定的劳务，不征营业税。

所谓应税行为，是指有偿提供（包括从受让方或购买方取得货币、货物或其他经济利益）应税劳务、有偿转让无形资产（自2013年8月1日起，转让专利或者非专利技术中的所有权或使用权的业务活动按照“研发和技术服务”征收增值税）或者销售不动产所有权的行为。单位或个体经营者聘用的员工为本单位或雇主提供的应税劳务，不属于营业税的征收范围。

税法视野　　**营业税的前身——牙税**

“牙税”是不是和牙齿有关的税收呢？当然不是。在唐代出现了一种专事说合买卖的中间人，称为牙侩或牙郎，即今天的经纪人，其经营场所叫做牙行，也就是今天的交易所。据考证，中介行业本应为“互”，众人做买卖，叫做“互市”，但古时“互”和“牙”两字的写法非常接近，久而久之，就误写为“牙”了。对这种中介行为征的税，自然叫“牙税”。到了清代，牙税已成为地方财政收入的一个重要税种。辛亥革命后，北洋政府和国民党政府继续征收牙税，但各省的税则很不一致。1941年，国民政府将牙税并入营业税征收，但由于当时地方政权割据，许多地方仍遵行旧制，直到全国解放，牙税才彻底成为历史。

2. 特殊规定

（1）营业税纳税人从事不同税率的应税项目，应分别核算，按各自税率计算营业税；未分别计算，从高适用税率。

（2）混合销售行为。一项销售行为如果既涉及营业税应税劳务又涉及货物的，为混合销售行为。从事货物的生产、批发或零售的企业、企业性单位及个体经营者的混合销售行为，视为销售货物，征收增值税，不征收营业税；其他单位和个人的混合销售行为，视为提供应税劳务，应当征收营业税。

以上所述的货物是指有形动产，包括电力、热力、气体在内。上述从事货物的生产、批发或零售的企业、企业性单位及个体经营者，包括以从事货物的生产、批发或零售为主，并兼营应税劳务的企业、企业性单位及个体经营者在内。

纳税人提供建筑业劳务的同时销售自产货物的混合销售行为，应当分别核算应税劳务的营业额和货物的销售额，其应税劳务的营业额缴纳营业税，货物销售额不缴纳营业税；未分别核算的，由主管税务机关核定其应税劳务的营业额。

纳税人的销售行为是否属于混合销售行为，由国家税务总局所属征收机关确定。

（3）兼营应税劳务与货物或非应税劳务行为。纳税人兼营应税劳务与货物或非应税劳务行为的，应分别核算应税劳务的营业额与货物或非应税劳务的销售额，分别申报纳税；不分别核算或者不能准确核算的，其应税劳务与货物或非应税劳务一并征收增值税，不征收营业税。如旅馆的餐饮和住宿收入应单独核算征收营业税,商品部的收入单独核算征收增值税。不分别核算或者不能准确核算的,由主管税务机关核定其应税营业额。

纳税人兼营的应税劳务是否应当一并征收增值税,由国家税务总局所属征收机关确定。纳税人兼营免税、减税项目的,应当单独核算免税、减税项目的营业额;未单独核算营业额的,不得免税、减税。

4.1.2 营业税的纳税人和扣缴义务人

1. 一般规定

营业税的纳税人为在中华人民共和国境内提供应税劳务、转让无形资产和销售不动产的单位和个人。

其中,单位是指企业和行政单位、事业单位、军事单位、社会团体及其他单位;个人是指个体工商户和其他有经营行为的中国公民和外国公民。

2. 特殊规定

(1) 单位以承包、承租、挂靠方式经营的,承包人、承租人、挂靠人(统称承包人)发生应税行为,承包人以发包人、出租人、被挂靠人(统称发包人)名义对外经营并由发包人承担相关法律责任的,以发包人为纳税人;否则以承包人为纳税人。

(2) 建筑安装业实行分包或转包的,分包人或转包者为纳税人。

(3) 金融保险业的纳税人包括:银行,包括人民银行、商业银行及政策性银行;信用合作社;证券公司;金融租赁公司、证券基金管理公司、财务公司、信托投资公司、证券投资基金;保险公司;其他经中国人民银行、中国证监会、中国保监会批准成立且经营金融保险业务的机构等。

3. 扣缴义务人

在现实生活中,有些具体情况难以确定纳税人,因此税法规定了扣缴义务人。营业税的扣缴义务人主要有以下几种:

(1) 委托金融机构发放贷款的,其应纳税款以受托发放贷款的金融机构为扣缴义务人;金融机构接受其他单位或个人的委托,为其办理委托金融机构业务时,如果将委托方的资金转给经办机构,由经办机构将资金贷给使用单位或个人,由最终将贷款发放给使用单位或个人并取得贷款利息的经办机构代扣委托方应纳的营业税;

(2) 建筑安装业务实行分包或者转包的,其应纳税款以总承包人为扣缴义务人;

(3) 境外单位或者个人在境内发生应税行为而在境内未设有机构的,其应纳税款以代理人为扣缴义务人;没有代理机构的,以受让者或购买者为扣缴义务人;

(4) 单位或个人进行演出,由他人售票的,其应纳税款以售票者为扣缴义务人,演出经纪人为个人的,其办理演出业务的应纳税款也以售票者为扣缴义务人;

(5) 分保险业务,其应纳税款以初保人为扣缴义务人;

(6) 非居民企业在中国境内发生营业税应税行为,在中国境内设立经营机构的,自行申报缴纳营业税。在境内未设立经营机构的,以代理人为扣缴义务人;没有代理人的,以安全方、劳务受让方或购买方为扣缴义务人;

(7) 财政部规定的其他扣缴义务人。

课外阅读

邮政欲征“份子钱”

2013年上半年有消息称,《邮政普遍服务基金征收使用管理暂行办法(征求意见稿)》已起草完毕,一旦实施,快递公司面临被拿走25%—40%利润。

对此,山东省邮政局相关负责人表示,邮政公司的信件业务目前“寄一封亏一封”,征收的基金拟交给第三方进行监管使用。而济南不少快递公司的负责人称,一旦征收“份子钱”,只能通过涨价应对,预计每件要涨三四毛。

济南中通快递负责人张健给记者算了一笔账,国内同城文件类快件每件收费7元左右。而每件快递成本由人工、分拣、运输等几项组成,其中,人工成本占总体运营成本的40%—50%,运输成本占25%,其中还包括保险、过路费、车辆折旧等。扣除这些成本因素,国内同城业务每件平均利润在3毛钱,国内异地业务每件平均利润在5毛钱,一旦按照同城每件1毛、国内异地每件2毛征收“份子钱”,等于被强行抽走了三成多纯利润。如此一来,企业只能通过涨价弥补这部分“损失”,考虑淘宝等电商件存在两成左右的退件、遗失和破损等情况,综合评估后,无论是同城还是异地,每件快件预计要涨三四毛。申通公司相关负责人当时也表示,申通每天约接收快件400万个,如果每件平均征收费用以0.2元计算,每年约有2个多亿被“抽走”,从整个行业来看,每年的费用在10多亿元。

面对即将征收的“份子钱”,包括宅急送、申通、TNT等中外快递企业日前均表示强烈反对。他们认为,一方面快递企业已经缴纳营业税,“份子钱”是在重复征税;另一方面,目前邮政普遍服务并没有向快递企业开放,快递企业为何要拿自己的利润补贴中国邮政集团。

公开数据显示,中国邮政并不“差钱”,其2011年净利润为209.36亿元,2012年净利润预计也在200亿元以上。相比之下,快递行业2012年净利润约为31亿—60亿元。

中国交通运输协会快运分会副秘书长刘建新也指出,虽然局部地区的邮政企业还有政策性亏损,但是通过内部平衡,实现了整体扭亏为盈,就无须再向社会征收普遍服务基金。

4.1.3 营业税的税目和税率

1. 税目

现行营业税按照行业、类别的不同分别设置了7个税目。

(1) 建筑业

建筑业是指建筑安装工程作业,包括建筑、安装、修缮、装饰、其他工程作业和管道煤气集资费(初装费)业务等六项内容。

(2) 金融保险业

金融保险业是指经营金融、保险的业务,同时还包含典当业务。

"营改增"之前,金融是指经营货币资金融通活动的业务,包括贷款、融资租赁、金融商品转让、金融经纪业、信托和其他金融业务。保险是指将通过契约形式集中起来的资金,用以补偿被保险人的经济利益的活动。自 2013 年 8 月 1 日起,融资租赁有形动产在全国范围内实行"营改增"试点。

对我国境内外资金融机构从事离岸银行业务,属于在我国境内提供应税劳务的,征收营业税。离岸银行业务是指银行吸收非居民的资金,服务于非居民的金融活动,包括:外汇存款、外汇贷款、同业外汇拆借、国际结算、发行大额可转让存款证、外汇担保、咨询、见证业务,国家外汇管理局批准的其他业务。

典当是金融业的一个种类,经营者为服务对象融通资金时,事先收取一定的抵押物品。征税范围为纳税人经营发放贷款所得的利息和其他名目的价款。

(3) 文化体育业

文化体育业是指经营文化、体育活动的业务,包括文化业和体育业。但是以租赁方式为文化活动、体育比赛提供场所,不按本税目征税,按服务业税目征税。有线电视台收取的初装费,按建筑业税目征税。

问题解答 **营业税法中的文化业、体育业的具体内容是什么?**

答:文化业是指经营文化活动的业务,"营改增"包括表演、播映、经营游览场所和各种展览、培训活动,举办文学、艺术、科技讲座,讲演,报告会,图书馆的图书和资料的借阅业务等。自 2013 年 8 月 1 日起,播映属于广播影视服务,在全国范围内实行"营改增"试点。体育业是指举办各种体育比赛和为体育比赛或体育活动提供场所的业务。

(4) 娱乐业

娱乐业是指为娱乐活动提供场所和服务的业务,包括经营歌厅、舞厅、卡拉 OK 歌舞厅、音乐茶座、台球室、高尔夫球场、保龄球馆、游艺场等娱乐场所,以及娱乐场所为顾客进行娱乐活动提供服务的业务。

注意: 娱乐场所为顾客提供饮食服务及其他各种服务不按服务业而按照娱乐业征税。

(5) 服务业

服务业是指利用设备、工具、场所、信息或技能为社会提供服务的业务。"营改增"以前,包括代理业、旅店业、旅游业、仓储业、租赁业、广告业和其他服务业。自 2013 年 8 月 1 日起,在全国范围内部分现代服务业改征增值税,其中包括研发和技术服务、信息技术服务、物流辅助服务、有形动产租赁服务、签证咨询服务、广播影视服务。

（6）转让无形资产

转让无形资产是指转让无形资产的所有权或使用权的行为，“营改增”以前，包括转让土地使用权、转让商标权、转让专利权、转让非专利技术、出租电影拷贝、转让著作权和转让商誉。自 2013 年 8 月 1 日起，在全国范围内，转让专利或者非专利技术中的所有权或所有权的业务活动按照“研发和技术服务”征收增值税，转让著作权，转让商誉、商标的业务活动，按“文化创意服务”征收增值税。

以无形资产投资入股，参与接受投资方的利润分配、共同承担投资风险的行为，不征收营业税。在投资后转让其股权的也不征收营业税。

（7）销售不动产

销售不动产是指有偿转让不动产所有权的行为，包括销售建筑物或构筑物和销售其他土地附着物。在销售不动产时连同不动产所占土地的使用权一并转让的行为，比照销售不动产征收营业税。

以不动产投资入股，参与接受投资方利润分配、共同承担投资风险的行为，不征营业税，在投资后转让其股权的也不征收营业税。

单位将不动产无偿赠与他人，视同销售不动产征收营业税，但对个人无偿赠送不动产的行为，不征营业税。

2. 税率

我国现行营业税实行行业差别比例税率，具体税率分为 3%、5%和 5%—20%三档（参见表 4-1）。

表 4-1　营业税税目、税率表

税　目	征收范围	税　率
一、建筑业	建筑、安装、修缮、装饰及其他工程作业、管道煤气集资费（初装费）业务	3%
二、金融保险业	金融、保险、典当	5%
三、文化体育业	表演、经营游览场所、其他文化业、体育	3%
四、娱乐业	歌厅、舞厅、卡拉 OK 歌舞厅、音乐茶座、台球、高尔夫球、保龄球、游艺、网吧	5%—20%①
五、服务业	代理业、旅店业、饮食业、旅游业、租赁业（仅限于不动产的经营性租赁）、其他服务业	5%②
六、转让无形资产	转让土地使用权、出租电影拷贝、转让自然资源使用权	5%
七、销售不动产	销售建筑物及其他土地附着物	5%③

注：① 自 2008 年 3 月起，对个人出租住房，不区分用途，在 3%税率的基础上，减半征收营业税。

② 自 2010 年 1 月 1 日起，个人将购买不足 5 年的非普通住房对外销售的，全额征收营业税；个人将购买超过 5 年（含 5 年）的非普通住房或者不足 5 年的普通住房对外销售的，按照其销售收入减去购买房屋的价款后的差额征收营业税；个人将购买超过 5 年（含 5 年）的普通住房对外销售的，免征营业税。

③ 自 2012 年 2 月 1 日起，转让无形资产税目下增加“转让自然资源使用权”子目。

④ 自 2011 年 10 月 1 日至 2014 年 9 月 30 日，对家政服务企业由员工制、家政服务员提供的家政服务取得的收入免征营业税。

4.2 营业税的计征管理

纳税人提供应税劳务、转让无形资产或者销售不动产,均按照营业额和规定的适用税率计算应纳税额,计算公式为:

应纳税额=应税营业额×税率

纳税人的应税营业额是指纳税人提供应税劳务、转让无形资产或者销售不动产而向对方收取的手续费、基金、集资费、代收款项、代垫款项及其他各种性质的价外费用。凡价外费用,无论会计制度规定如何核算,均应并入应税营业额中计算应纳税额。

4.2.1 提供应税劳务应纳税额的计算

1. 建筑业

(1) 计税依据

建筑业的计税依据为纳税人承包建筑、修缮、安装、装饰和其他工程作业取得的营业收入额,即建筑安装企业向建设单位收取的工程价款以及价外费用,具体规定参见表 4-2。

表 4-2 建筑业的具体计税依据

具体情况	计税依据
纳税人从事建筑业劳务(不含装饰劳务)的	工程所用原材料、设备及其他物资和动力的价款在内,但不包括建设方提供的设备价款
纳税人采取清包工形式提供的装饰劳务*	按其向客户实际收取的人工费、管理费和辅助材料费等收入(不包括客户自行采购的材料价款和设备价款)
纳税人从事安装工程作业,所安装的设备不作为安装工程产值	所取得的安装收入
纳税人从事安装工程作业,所安装的设备作为安装工程产值	所取得的安装收入+设备的价款
建筑业的总承包人将工程分包或转包给他人	以其取得的全部价款和价外费用扣除其支付给其他单位的分包款后的余额为计税营业额
纳税人自建自用的房屋	不征收营业税
纳税人(不包括个人自建自用住房销售)将自建的房屋对外销售	其自建行为应先按建筑业缴纳营业税,再按销售不动产缴纳营业税,其建筑业营业额由主管税务机关依法核定
实行招投标的建筑安装工程	其标底和报价的编制均应包括营业税,中标价格是计税营业额,中标价格以后调整的,以调整后的实际收入为计税营业额

* 清包工形式提供的装饰劳务是指工程所需的主要原材料和设备由客户自行采购,纳税人只向客户收取人工费、管理费及辅助材料费等费用的装饰劳务。

(2) 应纳税额的计算

【例 4-1】 某建筑公司具有主管部门批准的建筑企业资质,2013 年承包一项工程,签订建筑承包劳务价款为 90 000 000 元(其中安装的设备价款为 3 000 000 元),该公司将 15 000 000元的安装工程分包给另一建筑公司。工程竣工后,建设单位支付给该公司材料差价款 6 000 000 元,提前竣工奖 1 500 000 元。该建筑公司又将其中的材料差价款 2 000 000 元和提前竣工奖 500 000 元支付给分包企业。

要求：请计算该企业应缴纳的营业税税额。

【解答】 纳税人从事安装工程作业，如果所安装的设备不作为安装工程产值的，其计税营业额应扣除设备的价款。

应缴纳的营业税纳税额＝(工程价款－设备价款－分包价款)×适用税率

＝(90 000 000－3 000 000－15 000 000＋6 000 000＋1 500 000－2 000 000－500 000)×3％＝1 500 00(元)

代扣代缴的营业税税额＝(15 000 000＋2 000 000＋500 000)×3％＝525 000(元)

2. 金融保险业

(1) 计税依据

金融业的应税营业额具体包括贷款利息、金融商品转让收益以及从事金融经纪业和其他金融业务的手续费收入。保险业的应税营业额是指保险机构经营保险业务所取得的保费收入，具体规定如下。

① 贷款业务

贷款业务一律以纳税人发放贷款所取得的利息收入全额为营业额。中国人民银行对金融机构的贷款业务不征收营业税，但对企业或委托金融机构贷款的业务应当征收营业税。其他单位，不论是否为金融机构，只要发生将资金贷与他人使用的行为，均应视为发生贷款行为，按贷款业务征收营业税。

② 转贷业务

转贷业务以贷款利息减去借款利息后的余额为应税营业额。转贷业务是指金融机构将借入的资金贷与他人(包括直接将境外借入的外汇资金贷与国内企业)使用的业务。金融机构将吸收的单位或个人的存款或者自有资本贷与他人使用的业务，不属于转贷业务，应当划分清楚各自的营业额，按不同的计税依据计算营业税；未划分清楚各自营业额的，一律按贷款业务征税。

③ 金融商品转让业务

金融机构从事外汇、有价证券、期货买卖业务，应以卖出价减去买入价后的余额为应税营业额。非金融机构和个人买卖外汇、有价证券或期货，不征收营业税。

④ 融资租赁业务

经中国人民银行或对外经济贸易合作部批准经营融资租赁业务的单位所从事的融资租赁业务，应以租赁费减去设备价款后的余额为应税营业额。对于未经中国人民银行或原对外经济贸易合作部批准而经营融资租赁业务的单位所从事的融资租赁业务，不属于金融业，应按服务业中的租赁业务征税。

⑤ 保险业务

保险业务实行分保险的，以全部保费收入减去付给分包人的保费后的余额为初保业务的计税依据。

⑥ 其他金融业务

典当业的应税营业额为经营者取得的利息和其他各种费用，金融经纪业的应税营业额为金融机构从事金融经济业务所取得的手续费。

(2) 应纳税额的计算

【例 4-2】 某企业为其财产向甲保险公司购买保险，双方约定，企业以在保险公司的存款利息充抵保险费用，不再交纳保险费。2013 年 7 月初，企业在保险公司的存款为

2 000 000元,月末,企业在保险公司的存款为1 000 000元,假设人民银行公布的1年期存款利率为6%。

要求:请计算该保险公司2013年7月应缴纳的营业税税额。

【解答】 储金平均余额=(2 000 000+1 000 000)÷2=1 500 000(元)

月存款利率=6%÷12=0.5%

营业额=1 500 000×0.5%=7 500(元)

应缴纳的营业税税额=7 500×5%=375(元)

3. 文化体育业

(1) 计税依据

文化体育业的计税依据为从事文化体育业的单位和个人所取得的营业额。其中,单位和个人进行的演出业务,应以全部票价收入或者包场收入减去付给提供演出场所的单位、演出公司或者经纪人的费用后的余额为应税营业额。游览场所的营业额是指公园、动植物园及其他游览场所销售的门票收入,不包括这些场所从事的其他游艺活动或其他经营活动的收入。

(2) 应纳税额的计算

【例4-3】 某有线电视台2013年8月取得收入如下:有线电视节目收视费100 000元,"点歌台"栏目点歌费7 000元,广告播映费40 000元。

要求:请计算该电视台2013年8月应缴纳的营业税税额。

【解答】 按照营业税法的规定,广告播映业务按"广播影视服务"计征增值税,而不按营业税征税。

应缴纳的营业税税额=(100 000+7 000)×3%=3 210(元)

4. 娱乐业

(1) 计税依据

娱乐业的计税依据为经营娱乐业的营业收入,即纳税人向顾客收取的全部费用,包括门票费、台位费、点歌费、烟酒费和饮料费及经营娱乐业的其他各项收费。高尔夫俱乐部所收取的会员费收入、游览场所内的游艺活动收费等均应包括在娱乐业的应税营业额中。娱乐业的纳税人兼营营业税的其他税目的业务,应将娱乐业税目的营业额和其他税目的营业额进行分别核算,不能分别核算的,应从高适用税率。

(2) 应纳税额的计算

【例4-4】 某歌厅2013年7月取得门票收入60 000元,歌舞厅内出售饮料、烟、酒收入150 000元,收取献花费80 000元,卡拉OK点歌费200 000元。

要求:请计算该歌厅2013年7月应缴纳的营业税税额。

【解答】 娱乐业的计税依据为纳税人向顾客收取的全部费用,包括门票费、台位费、点歌费、烟酒费和饮料费及经营娱乐业的其他各项收费。

应缴纳的营业税税额=(60 000+150 000+80 000+200 000)×20%=98 000(元)

5. 服务业

(1) 计税依据

服务业的计税依据为纳税人经营各项服务业所取得的营业收入全额。其中,旅游企业组织旅游团在我国境内旅游的,以收取的旅游费减去替旅游者支付给其他单位的房费、餐费、交通费、门票费和其他代付费用后的余额为应税营业额。旅游企业组织旅游团到我国境外旅游，在境外该由其他旅游企业接团的，以全程运费减去付给接团企业的旅游费后的余额为应税营业额。

(2) 应纳税额的计算

【例 4-5】 某旅游公司组织 100 人到北京旅游，每人收取旅游费 5 000 元，由公司支付每人长城景点费 100 元，租车费 100 元，故宫门票费 60 元，其他住宿、餐饮费用 1 000 元。

要求：请计算该旅游公司应缴纳的营业税税额。

【解答】 应缴纳的营业税税额＝(5 000－100－100－60－1 000)×100×5%＝18 700(元)

6. 其他

(1) 兼营、混合销售行为应纳税额的计算举例

【例 4-6】 某美容中心兼营美容和化妆品销售业务，2013 年 6 月取得美容服务收入 30 000元，化妆品销售收入 4 500 元。经主管税务部门确定，该美容中心应分别缴纳营业税和增值税。

要求：请计算该美容中心 2013 年 6 月应缴纳的营业税和增值税税额。

【解答】 按税法规定，纳税人兼营应税劳务与货物或非应税劳务行为的，应分别核算应税劳务的营业额与货物或非应税劳务的销售额，分别申报纳税；不分别核算或者不能准确核算的，由主管税务机关核定其应税营业额。

应缴纳的营业税税额＝30 000×5%＝1 500(元)

应缴纳的增值税税额＝[4 500÷(1＋4%)]×4%＝173.08(元)

(2) 无营业额或营业额偏低时的税务调整

纳税人提供应税劳务、转让无形资产或者销售不动产的价格明显偏低且无正当理由的，或者纳税人将不动产无偿赠送他人无营业额的，主管税务机关按下列顺序核定其营业额：

按纳税人当月提供的同类应税劳务或者销售的同类不动产的平均价格核定；

按纳税人最近时期提供的同类应税劳务或者销售的同类不动产的平均价格核定；

按下列公式核定计税价格：

计税价格＝营业成本或工程成本×(1＋成本利润率)÷(1—营业税税率)

上述公式中的成本利润率，由省、自治区、直辖市人民政府所属税务机关确定。

(3) 以外汇结算营业额的税务调整

纳税人以外汇结算营业额的，应按外汇市场价格折合成人民币计算。人民币折合率可以选择发生的当天或当月 1 日的国家外汇牌价(原则上为中间价)。但金融保险企业以外汇结算营业额的，金融业按其收到外汇的当天或当季末中国人民银行公布的基准汇价折合营业额，保险业按其收到外汇的当天或当月月末中国人民银行公布的基准汇价折合营业额。纳税人选择何种折合率确定后，1 年内不得变更。

4.2.2　转让无形资产应纳税额的计算

1. 计税依据

转让无形资产的计税依据为转让无形资产所取得的转让额，包括受让方支付给转让方的全部货币和其他经济利益。转让方收取实物或其他经济利益时，由税务机关核定其货币

价值,据以作为计税依据。

议一议: 土地使用者转让、抵押或置换土地,但未办理该土地的使用权属证书,是否应对其征收营业税?

2. 应纳税额的计算

【例 4-7】 某企业将两年前购置的一块土地使用权转让,当初取得该土地使用权时支付金额 4200 000 元,转让时取得收入 4260 000 元,转让时发生相关费用 60 000 元。

要求:请计算该企业关于上述业务应缴纳的营业税税额。

【解答】 应缴纳的营业税税额=(4260 000－4200 000)×5%=3 000(元)

4.2.3 销售不动产应纳税额的计算

1. 计税依据

销售不动产的计税依据为纳税人销售不动产而向购买方收取的全部价款和价外费用。

2. 应纳税额的计算

【例 4-8】 某建筑安装公司自建一栋商住办公楼,已全部销售,取得销售额 15 000 000 元,建筑安装工程成本 10 000 000 元。当地税务机关规定的建筑工程成本利润率为 15%。

要求:请计算该建筑安装公司应缴纳的营业税税额。

【解答】 建筑安装企业的自建自用行为不征营业税,自建自售按"建筑业"和"销售不动产"各征一道营业税,其中,自建部分需按组成计税价格计税;销售房屋应按其实际取得的价款征税。

修建商住办公楼应缴纳的营业税税额=[10 000 000×(1＋15%)/(1—3%)]×3%=355 670(元)

销售商住办公楼应缴纳的营业税税额=15 000 000×5%=750 000(元)

该建筑安装公司应缴纳的营业税税额=355 670＋750 000=1 105 670(元)

试一试: 北京某宾馆 2013 年 11 月取得以下收入:(1) 经营住宿取得客房收入 2 000 000元;(2) 提供餐饮服务,取得餐饮收入 1 500 000 元;(3) 利用自有运输车队送顾客去机场取得价款共计 200 000 元;(4) 与他人联营经营舞厅取得固定利润 50 000 元,该宾馆与经营者签订联营协议:宾馆以场地投资入股,每月取得固定利润,不承担风险;(5) 宾馆附设超市销售商品取得含税收入 80 000 元。上述收入宾馆均能分别核算,涉及增值税计算的按小规模纳税人计税方法计算。

根据以上资料,回答以下问题:(1) 该宾馆当月按"服务业"申报营业税的营业额为(　)元;(2) 该宾馆与他人联营经营舞厅取得的利润应缴纳营业税(　)元;(3) 该宾馆当月应缴纳的营业税合计(　)元;(4) 该宾馆当月应缴纳增值税合计(　)元。

答案:(1) 宾馆经营的住宿收入、餐饮收入以及以场地投资与他人联营经营舞厅,收取固定利润,不担风险,均按服务业缴纳营业税。该宾馆当月按"服务业"申报营业税的营业额=2 000 000＋1 500 000＋50 000=3 550 000(元)。

(2) 以场地投资入股，不担风险，收取固定利润，按“服务业—租赁业”缴纳营业税，应缴纳的营业税税额＝50 000×5%＝2 500(元)。

(3) 该宾馆当月应缴纳的营业税税额＝2 000 000×5%＋1 500 000×5%＋2 500＝177 500(元)。

(4) 利用自有车队送顾客去机场，即为顾客提供客运服务，属于“营改增”征税范围，应征收增值税。该宾馆当月应缴纳的增值税税额＝(200 000＋80 000)÷(1＋3%)×3%≈8 200(元)。

4.2.4 营业税的起征点与减税免税

1. 起征点

对于经营营业税应税项目的个人，营业税规定了起征点。营业额达到或超过起征点，全额计算纳税，营业额低于起征点则免予征收营业税。税法规定的起征点如下：

按期纳税的起征点为月营业额 5 000～20 000 元，按次纳税的起征点为每次(日)营业额 300～500 元。

自 2013 年 8 月 1 日起，对营业税纳税人中月营业额不超过 2 万元的企业或非企业性单位，暂免征收营业税。

各省、自治区、直辖市人民政府所属地方税务机关可以在规定的幅度内，根据当地实际情况确定本地区适用的起征点，并报国家税务总局备案。

查一查：当地的营业税起征点是多少？

2. 免征规定

(1) 托儿所、幼儿园、养老院、残疾人福利机构提供的育养服务、婚介服务、殡葬服务。

(2) 残疾人员个人为社会提供的服务。

(3) 医院、诊所和其他医疗机构提供的医疗服务。

(4) 学校和其他教育机构提供的教育服务，学生勤工俭学提供的劳务。学校和其他教育机构是指普通学校以及经地、市级以上人民政府或者同级政府的教育行政部门批准成立、国家承认其学员学历的各类学校。

(5) 农业机耕、排灌、病虫害防治、植保、农牧保险以及相关技术培训业务、家禽、牲畜、水生动物的配种和疾病防治。

(6) 纪念馆、博物馆、文化馆、美术馆、展览馆、书画院、图书馆、文物保护单位举办文化活动的门票收入、宗教场所举办文化、宗教活动的门票收入。

(7) 廉租住房经营管理单位按照政府规定价格、向规定保障对象出租廉租住房的租金收入。

(8) 境内保险机构为出口货物提供的保险产品。

3. 营业税的其他免征规定

(1) 对单位和个人(包括外商投资企业、外商投资设立的研究开发中心、外国企业和外籍个人)从事技术转让、技术开发业务和与之相关的技术咨询、技术服务业务取得的收入，免征营业税。

(2) 将土地使用权转让给农业生产者用于农业生产,免征营业税。

(3) 工会疗养院(所)可视为“其他医疗机构”,免征营业税。

(4) 凡经中央及省级财政部门批准纳入预算管理或财政专户管理的行政事业性收费、基金,无论是由行政单位收取的,还是由事业单位收取的,均不征收营业税。

(5) 立法机关、司法机关、行政机关的收费,同时具备下列条件的,不征收营业税:一是国务院、省级人民政府或其所属财政、物价部门以正式文件允许收费,而且收费标准符合文件规定的;二是所收费用由立法机关、司法机关、行政机关自己直接收取的。

(6) 社会团体按财政部门或民政部门规定标准收取的会费,不征收营业税。社会团体是指在中华人民共和国境内,经国家社团主管部门批准成立的非营利性的协会、学会、联合会、研究会、基金会、联谊会、促进会、商会等民间群众社会组织。社会团体会费是指社会团体在国家法规、政策许可的范围内,依照社团章程的规定,收取的个人会员和团体会员的款额。各党派、共青团、工会、妇联、中科协、青联、台联、侨联收取的党费、会费,比照上述规定执行。

(7) 下岗职工从事社区居民服务业取得的营业收入,3 年内免征营业税。社区居民服务业是指在社区内主要为社区居民提供服务和方便的行业、活动,包括:家庭清洁卫生服务;初级卫生保健服务;婴幼儿看护和教育服务;残疾儿童教育训练和寄托服务;养老服务;病人看护和幼儿、学生接送服务(不包括出租车接送);避孕节育咨询;优生优育优教咨询等。

(8) 对从事学历教育的学校提供教育劳务取得的收入,学生勤工俭学提供劳务取得的收入,学校从事技术开发、技术转让业务和与之相关的技术咨询、技术服务业务取得的收入,托儿所、幼儿园提供养育服务取得的收入,免征营业税。

对政府举办的高等、中等和初等学校(不含下属单位)开办进修班、培训班取得的收入,收入全部归该学校所有的,免征营业税。

对政府举办的职业学校设立的主要为在校学生提供学习场所,并由学校出资自办、由学校负责经营管理、经营收入归学校所有的企业,对其从事《营业税暂行条例》“服务业”税目规定的服务项目(广告业、桑拿、按摩、氧吧等除外)取得的收入,免征营业税。

(9) 对住房公积金管理中心用住房公积金在指定的委托银行发放个人住房贷款取得的收入,免征营业税。

(10) 人民银行贷款业务免税。人民银行对金融机构的贷款业务,不征收营业税。

(11) 金融机构往来业务不征收营业税。

(12) 对金融机构的出纳长款收入,不征收营业税。

(13) 自 2004 年 1 月 1 日起,对证券投资基金(封闭式证券投资基金、开放式证券投资基金)管理人运用基金买卖股票、债券的差价收入,继续免征营业税。

(14) 保险公司开展的 1 年期以上返还性人身保险业务的保费收入免征营业税。返还性人身保险业务是指保期 1 年以上(包括 1 年期),到期返还本利的普通人寿保险、养老金保险、健康保险。

(15) 保险公司的摊回分保费用。

(16) 为了切实减轻个人买卖普通住宅的税收负担,积极启动住房二级市场,对个人购买并居住超过 1 年的普通住宅,销售时免征营业税;个人购买并居住不足 1 年的普通住宅,销售时营业税按销售价减去购入原价后的差额计征;个人自建自用住房,销售时免征营业税。对企业、行政事业单位按房改成本价、标准价出售住房的收入,暂免征收营业税。

(17) 对符合条件的国家大学科技园向孵化企业出租场地、房屋以及提供孵化服务的收入,免征营业税。

(18) 对按照国家规定的收费标准向学生收取的高校学生公寓住宿费收入,免征营业税。对高校学生食堂为高校师生提供餐饮服务取得的收入,免征营业税。

(19) 自 2009 年 1 月 1 日起,个人无偿赠与不动产、土地使用权,属于下列情形之一的,免征营业税:离婚财产分割;无偿赠与配偶、父母、子女、祖父母、外祖父母、孙子女、外孙子女、兄弟姐妹;无偿赠与对其承担直接抚养或者赡养义务的抚养人或者赡养人;房屋产权所有人死亡,依法取得房屋产权的法定继承人、遗嘱继承人或者受遗赠人。

(20) 自 2011 年 8 月 1 日起,对注册在天津东疆保税港区内的仓储、物流等服务企业从事货物运输、仓储、装卸搬运业务取得的收入免征营业税。

(21) 自 2011 年 12 月 1 日起,注册在福建省平潭综合实验区的企业从事离岸服务外包业务取得的收入免征营业税。

(22) 自 2011 年 10 月 1 日起,纳税人在资产重组过程中,通过合并、分立、出售、置换等方式,将全部或者部分实物资产以及与其相关联的债权、债务和劳动力一并转让给其他单位和个人的行为,不属于营业税征税范围,其中涉及的土地使用权转让,不征收营业税。

4.2.5　营业税的申报与缴纳

1. 纳税义务发生时间

营业税的纳税义务发生时间,为纳税人收讫营业收入款项或者取得索取营业收入款项凭据的当天,具体规定如下:

(1) 纳税人转让土地使用权或者销售不动产,采用预收款方式的,其纳税义务发生时间为收到预收款的当天;

(2) 纳税人提供建筑业或者租赁业劳务,采取预收款方式的,其纳税义务发生时间为收到预收款的当天;

(3) 纳税人将不动产无偿或者土地使用权赠送他人,其纳税义务发生时间为不动产所有权或土地使用权转移的当天。

2. 纳税期限

营业税的纳税期限分别限为 5 日、10 日、15 日、1 个月或者 1 个季度。纳税人的具体纳税期限,由主管税务机关根据纳税人应纳税额的大小分别核定;不能按照固定期限纳税的,可以按次纳税。银行、财务公司、信托投资公司、信用社、外国企业常驻代表机构的纳税期限为 1 个季度。

金融业(不包括典当业)的纳税期限为 1 个季度,自期满之日起 10 日内申报纳税,保险业的纳税期限为 1 个月。

纳税人以 1 个月或者 1 个季度为一期纳税的,自期满之日起 15 日内申报纳税;以 5 日、10 日或者 15 日为一期纳税的,自期满之日起 5 日内预缴税款,于次月 1 日起 15 日内申报纳税。

扣缴义务人的解缴税款期限,比照上述规定执行。

3. 纳税地点

营业税的纳税地点原则上采取属地征收的方法,就是纳税人在经营行为发生地缴纳应纳税款,具体规定如下。

(1) 纳税人提供应税劳务应当向其机构所在地或者居住地的主管税务机关申报纳税。但是,纳税人提供的建筑业劳务以及国务院财政、税务主管部门规定的其他应税劳务,应当向应税劳务发生地的主管税务机关申报纳税。

(2) 纳税人转让无形资产应当向其机构所在地或者居住地的主管税务机关申报纳税。但是,纳税人转让、出租土地使用权,应当向土地所在地的主管税务机关申报纳税。

(3) 纳税人销售、出租不动产,应当向不动产所在地主管税务机关申报纳税。

(4) 扣缴义务人应当向其机构所在地或者居住地的主管税务机关申报缴纳其扣缴的税款。

(5) 纳税人应当向应税劳务发生地、土地或者不动产所在地的主管税务机关申报纳税而自应当申报纳税之月起超过 6 个月没有申报纳税的,由其机构所在地或者居住地的主管税务机关补征税款。

4. 纳税申报

营业税纳税人应按主管税务机关核定的纳税期限,如实填写并报送《营业税纳税申报表》。该申报表的内容及格式参见表 4-3。

表 4-3 营业税纳税申报表

纳税人编码：

纳税人识别号：

填表日期　　年　月　日　　　　　　金额单位：元(列至角分)

纳税人名称								税款所属时期			
行次	经营项目	营业额					税率	本期			
		全部收入	不征税项目	减除项目	减免税项目	应税营业额		应纳税额	减免税额	预缴税额	应补(退)税额
1	2	3	4	5	6	7=3-4-5-6	8	9=7×8	10=6×8	11	12=9-11
合计											

如纳税人填报,由纳税人填写以下各栏		如委托代理人填报,由代理人填写以下各栏			备注
会计主管(签章)	纳税人(公章)	代理人名称		代理人(公章)	
		地址			
		经办人		电话	
以下由税务机关填写					
收到申报表日期		接收人			

填表说明：

本表适用于营业税纳税人填报。

(1)“全部收入”,系指纳税人的全部营业收入。

(2)“不征税项目”,系指税法规定的不属于营业税征收范围的营业额。

(3)“减除项目”,系指税法规定允许从营业收入中的扣除项目的营业额。

(4)“减免税项目”,系指税法规定的减免税项目的营业额。

(5) 本表一式三份,纳税人、区(分)局、计征局各一份。

课外阅读 **网店将征收5%营业税？疑似又一次“狼来了”**①

2013 年 6 月初，据《新闻晚报》报道，经历过多轮“狼来了”传闻的网店征税消息，再次迎来新进展。有多个渠道的传闻称，预计年内将向网店征收 5% 营业税。但记者上周末辗转联系上国家商务部电子商务司相关人士，对方表示对上述消息并不知情。

这个消息在众多中小网店主间引起了新一轮的抗议声。主流声音认为，大部分 C2C 个人网店的抗风险能力较弱，同时牵扯到大量的社会就业问题。一旦电商税开征，将极大削弱其利润空间，加大其生存压力。

“还是那句话，如果真要征税，很多小网店已经没有供货成本和渠道成本可以削减了，这笔钱还是会转嫁到消费者头上。”淘宝某 5 钻男装网店的创业者章盟(化名)表示。

有电商人士专门算了一笔账称，2012 年淘宝、天猫实现交易额突破万亿，以 5% 的额度粗略计算，淘宝上的小卖家一年下来将因此增加近 400 亿元的税收成本。

不过，虽然传闻四起，但国家商务部的相关人士上周末却向记者委婉回应称，他们暂时对电商征税的消息并不知情。有接近监管层的人士也质疑称，电商网店销售的主要是实体商品而非服务，按照营业税 5% 的税率尺度征收的可能性较低，此轮传言疑似又是“狼来了”。

本章小结

营业税在世界各国普遍开征，也是我国重要的一种地方税。我国现行营业税是对销售不动产、转让无形资产及从事各种应税服务业的单位和个人，就其营业额计算征收的一种流转税。与其他的流转税相比，营业税具有以下三个特点：征税范围以第三产业为主；按行业设计税目税率；以营业额全额为计税依据，计算简便，便于征管。

营业税的征税范围与增值税有互补性，即征收营业税的不征收增值税。对于某一种货物或劳务，要么征收增值税，要么征收营业税，两种税不能交叉征收。营业税应税劳务是加工修理修配劳务、交通运输业、邮政电信业和部分现代服务业服务(征增值税)以外的所有劳务，应税资产是有形动产(征增值税)以外的有形不动产和无形资产。营业税的纳税人为在中华人民共和国境内提供应税劳务、转让无形资产和销售不动产的单位和个人。现行营业税的税目按照行业、类别的不同分别设置 7 个税目，采用了 3%、5%、5%～20% 三种比例税率。营业税的计税依据为营业额、转让额和销售额，其计算公式为应纳税额＝营业额×税率。

另外，本章还介绍了营业税减免税、纳税义务发生时间、纳税期限、纳税地点等内容。

① http：//jn.city8.com/news/526498.html。

自测练习

一、学习思考

1. 对混合销售行为如何征收营业税?

2. 对从事建筑、修缮、装饰工程作业的计税依据如何确定?

3. 纳税人承接的工程跨省、自治区、直辖市的纳税地点如何确定?

4. 采用预收款结算方式的纳税时间如何确定?

二、案例分析

张先生有一套房子,在5年前已经办好房产证等相关手续。一年前,张先生开始打算出国,考虑出国后再处理这套房在国内国外来回跑比较很麻烦,所以他将房子过户给仍留在国内的妻子。现在张先生的妻子想卖掉这套房子,请问:张先生的妻子是否要缴纳营业税?

三、能力训练

1. 从事娱乐业的纳税人应缴纳营业税税额的计算

某歌厅2013年7月取得门票收入60 000元,歌舞厅内出售饮料、烟、酒收入150 000元,收取献花费80 000元,卡拉OK点歌费200 000元。

要求:请计算该歌舞厅2013年7月应缴纳的营业税税额。

2. 从事旅游服务业的纳税人应缴纳的营业税税额的计算

某旅行社2013年5月组织旅游团在境内旅游,取得旅游收入410 000元,其中为旅游者支付就餐费100 000元,住宿费100 000元,交通费50 000元,门票费用50 000元。另组织一旅游团去国外旅游,收取旅游费600 000元,在境内替旅游者支付各项费用100 000元,在境外改由其他的旅游公司接团,付给该旅游公司300 000元。

要求:请计算该旅行社和国外的旅游公司各应缴纳的营业税税额。

第5章 关税法

学习目标

【知识目标】

1. 理解并掌握关税的基本法律内容
2. 了解并掌握关税的相关要素及优惠政策
3. 了解关税的征收管理

【能力目标】

1. 能够利用相关资料计算关税的应纳税额
2. 能够正确处理我国现行的关税的纳税申报事宜

5.1 关税的基本法律

5.1.1 关税的征税范围

记一记：关税法是指国家制定的用以调整关税征收与缴纳之间权利与义务关系的法律规范。在我国，关税是对进出我国国境或关境的货物和物品征收的一种税。我国现行关税的基本法律规范以全国人民代表大会于2000年7月修正颁布的《海关法》为法律依据，以国务院于2003年11月发布的《进出口关税条例》及其组成部分《中华人民共和国海关进出口税则》(以下简称《海关进出口税则》)以及关税税则委员会2010年发布实施的《海关进出口税则》和《关于2010年关税实施方案的通知》等。

我国现行关税的征税范围包括以下两个方面。

1. 贸易性进出口的货物

贸易性进出口的货物具体指外贸进出口公司、工贸或农贸进出口公司，科技贸易进出口公司、大型商业集团以及其他经批准经营进出口的企业所进出口的商品或货物。

2. 非贸易性进出口的货物

非贸易性进出口的货物具体包括携带进境的物品、分离运输的行李、以邮递方式进境的物品、以其他方式进境的物品。

税法视野

关境与国境

国境是一个主权国家全面行使主权的领域，包括领土、领海、领空。关境又称税境或海关境域，是一个国家的关税法令完全实施的境域。在通常情况下，一个国家的关境与其国境是一致的。但在特殊情况下，有时关境大于国境，有时关境小于国境。由于我国的情况比较特殊，我们所讲的关税法其适用区域仅限于我国大陆海关所管辖的区域。

5.1.2 关税的纳税人

进口货物的收货人、出口货物的发货人、进出境物品的所有人是关税的纳税义务人。

进出口货物的收发人是依法取得对外贸易经营权，并进口或者出口货物的法人或者其他社会团体。进出境物品的所有人包括该物品的所有人和推定为所有人的人。一般情况下，对于携带进境的物品，推定其携带人为所有人；对分离运输的行李，推定相应的进出境旅客为所有人；对以邮递方式进境的物品，推定其收件人为所有人；以邮递或其他方式出境的物品，推定寄件人或托运人为所有人。

5.1.3 关税税则、税目、税率

1. 关税税则、税目

关税进出口税则是为了体现关税政策和便于货物监管，按商品分类目录编制，由国家公布的对进出关境货物征收关税时所适用税率的法规性规定，是《进出口关税条例》的组成部分。

税率表作为税则主体，包括税则商品分类目录和税率栏两大部分。税则商品分类目录是把种类繁多的商品加以综合，按照其不同特点分门别类简化成数量有限的商品类目，分别编号按序排列，称为税则号列。我国进出口关税税目税率根据实际需要一直在进行部分调整。自 2014 年 1 月 1 日起，我国 2014 年进出口税目总数由 8 238 个增至 8 277 个[①]。

2. 关税税率

关税税率是关税法的核心，根据国际惯例和我国的对外贸易政策，在实际执行过程中会不断进行调整。为兑现加入 WTO 的承诺，我国的关税税率水平不断降低，2013 年我国关税总水平为 9.8%[②]。

(1) 进口关税税率

进口关税设置最惠国税率、协定税率、特惠税率、普通税率、关税配额税率等税率。对进口货物在一定期限内可以实行暂定税率。目前，我国进口关税税率主要使用最惠国税率，并通过差别税率体现国家的经济、外贸政策。

---

① http://www.gov.cn/gzdt/2012-12/17/content_2292003.html。

② http://news.sina-com.cn/0/2013-08-21/07592800628.shtml。

税法视野

我国关税的进口税率

2001年12月11日，我国正式成为WTO第134个成员方，从2002年1月1日起开始履行为加入WTO而承诺的关税减让义务，并实行新的税则。新的进口税则设有最惠国税率、协定税率、特惠税率、普通税率、关税配额税率等税率。为落实加快实施自由贸易区战略方针，2014年依据我国与有关国家或地区签署的自由贸易协定或关税优惠协定，继续对原产于东盟各国、智利、巴基斯坦、新西兰、秘鲁、哥斯达黎加、韩国、印度、斯里兰卡、孟加拉等国家的部分进口产品实施协定税率，部分税率水平进一步降低。在内地与香港、澳门地区更紧密经贸关系安排框架下，对原产于港澳地区且已制定优惠原产地标准的产品实施零关税。根据海峡两岸经济合作框架协议，对原产于台湾地区的部分产品实施零关税。继续对原产于老挝、苏丹、也门等40个最不发达国家的部分产品实施特惠税率，并扩大对塞拉利昂、萨摩亚、坦桑尼亚、乍得和塞内加尔5个国家的特惠税率商品范围。

任何国家或者地区如果对其进口的原产于我国的货物征收歧视性关税或者给予其他歧视性待遇的，我国也对原产于该国家或者地区的进口货物征收报复性关税。

另外，由于特殊需要，我们还可以采用反倾销税与反补贴税、保障性关税等特别关税。

注意：最惠国税率、协定税率、特惠税率、普通税率、关税配额税率和报复性关税税率各有不同的适用对象，对同一对象只能采用一种税率，而采用哪种税率的关键是货物原产地的确定。

(2) 出口关税税率

我国出口税则为一栏税率，即出口税率。对于出口货物在一定期限以内也可以实行暂定税率。我国仅对少数资源性产品及易于竞相杀价、盲目出口、需要规范出口秩序的半制成品征收出口关税。为落实十八届三中全会关于建设生态文明的有关精神，保持宏观调控的连续性和稳定性，2014年我国继续以暂定税率的形式对煤炭、原油、化肥、铁合金等产品征收出口关税，其中，适当降低了化肥出口关税税率。为充分发挥关税推动产业结构调整的作用，根据国内产业发展和转型升级的变化情况，2014年光导纤维预制棒、多点喷射涡轮增压汽油机等部分商品将不再实施年度进口暂定税率，继续以暂定税率的形式对煤炭、原油、化肥、铁合金等“两高一资”产品征收出口关税。此外，自2013年金属硅、电解锰和金属镁关税取消之后，2014年3种产品仍执行零关税。①

(3) 税率的运用

根据我国《进出口关税条例》的规定，进出口货物应当依照税则规定的归类原则归入合适的税号，并按照适用的税率的征税。

---

① http://www.chinacom.com/28/20131217/2801_1596327.shtml。

查一查:目前我国现行各种进口商品关税实际执行税率的情况。

5.1.4 关税的减免

关税减免分为法定减免税、特定减免税和临时减免税。根据《海关法》的规定,除法定减免税外的其他减免税均由国务院决定。减征关税在我国加入WTO之前以税则规定的税率为基准,在加入WTO之后以最惠国税率或者普通税率为基准。

1. 法定减免税

法定减免税是税法中明确列出的减税或免税。符合税法规定可予减免税的进出口货物,纳税义务人无须提出申请,海关可按规定直接予以减免税。海关对法定减免税货物一般不进行后续管理。

我国《海关法》和《进出口关税条例》明确规定,下列货物、物品予以减免关税。

(1) 关税税额在人民币50元以下的一票货物,可免征关税。

(2) 无商业价值的广告品和货样,可免征关税。

(3) 外国政府、国际组织无偿赠送的物资,可免征关税。

(4) 进出境运输工具装载的途中必需的燃料、物料和饮食用品,可免征关税。

(5) 经海关核准暂时进境或者出境,并在6个月内复运出境或者进境的货样、展览品、施工机械、工程车辆、工程船舶、供安装设备时使用的仪器和工具、电视或者电影摄制器材、盛装货物的容器以及剧团服装道具,在货物收发货人向海关缴纳相当于税款的保证金或者提供担保后,可予暂时免税。

(6) 为境外厂商加工、装配成品和为制造外销产品而进口的原材料、辅料、零件、部件、配套件和包装物料,海关按照实际加工出口的成品数量免征进口关税;或者对进口料件先征进口关税,再按照实际加工出口的成品数量予以退税。

(7) 因故退还的中国出口货物,经海关审查属实,可予免征进口关税,但已征收的出口关税不予退还。

(8) 无代价抵偿货物,即进口货物在征税放行后,因发现货物残损或短少、品质不良等问题而由国外承运人、发货人或保险公司免费补偿或更换的同类货物,可以免税。但有残损或质量问题的原进口货物如未退运国外,其进口的无代价抵偿货物应照章征税。

2. 特定减免税

特定减免税也称政策性减免税。特定减免税货物一般有地区、企业和用途的限制,海关需要进行后续管理,也需要进行减免税统计。

(1) 科教用品

对科学研究机构和学校,不以盈利为目的,在合理数量范围内进口国内不能生产的科学研究和教学用品,直接用于科学研究或者教学的,免征进口关税和进口环节增值税、消费税。

(2) 残疾人专用品

对进口残疾人个人专用品,免征进口关税和进口环节增值、消费税;对康复、福利机构、假肢厂和荣誉军人康复医院进口国内不能生产的、残疾人专用品,免征进口关税和进口环节增值税。

(3) 扶贫、慈善性捐赠物资

对境外自然人、法人或者其他组织等境外捐赠人,无偿向经国务院主管部门依法批准成立的，以人道救助和发展扶贫、慈善事业为宗旨的社会团体以及国务院有关部门和各省、自治区、直辖市人民政府捐赠的，直接用于扶贫、慈善事业的物资，免征进口关税和进口环节增值税。

(4) 加工贸易产品

① 加工装配和补偿贸易

进境料件不予征税，准许在境内保税加工为成品后返销出口；进口外商的不作价的设备和作价设备，分别比照外商投资项目和国内投资项目的免税规定执行；剩余料件或增产的产品，经批准转内销时，价值在进口料件总值 2%以内，且总价值在 3 000 元以下的，可予免税。

② 进料加工

对专为加工出口商品而进口的料件，海关按实际加工复出口的数量，免征进口税；加工的成品出口，免征出口税，但内销料件及成品照章征税；对加工过程中产生的副产品、次品、边角料，海关根据其使用价值分析估价征税或者酌情减免税；剩余料件或增产的产品，经批准转内销时，价值在进口料件总值 2%以内，且总价值在 5 000 元以下的，可予免税。

(5) 边境贸易进口物资

边民通过互市贸易进口的商品，每人每日价值在 3 000 元以下的，免征进口关税和进口环节增值税。

边境小额贸易是指沿陆地边境线经国家批准对外开放的边境县(旗)、边境城市辖区内经批准有边境小额贸易经营权的企业，通过国家指定的陆地边境口岸，与毗邻国家边境地区的企业或其他贸易机构之间进行的贸易活动。边境小额贸易企业通过指定边境口岸进口原产于毗邻国家的商品，除烟、酒、化妆品以及国家规定必须照章征税的其他商品外的贸易活动，进口关税和进口环节增值税减半征收。

(6) 保税区进出口货物

保税区的主要关税优惠政策有：进口保税区使用的机器、设备、基建物资、生产用车辆，为加工出口产品进口的原材料、零部件、元器件、包装物料，供存储的转口货物以及在保税区内加工运输出境的产品免征进口关税和进口环节税。

保税区内企业进口专为生产加工出口产品所需的原材料、零部件、包装物料以及转口货物予以保税；从保税区运往境外的货物，一般免征出口关税。

(7) 出口加工区进出口货物

出口加工区的主要关税优惠政策有：从境外进入区内的生产性的基础设施建设项目所需的机器、设备和建设生产厂房、仓储设施所需的基建物资，区内企业生产所需的机器、设备、模具及其维修用零配件，区内企业和行政管理机构自用合理数量的办公用品，免征进口关税和进口环节税。

区内企业为加工出口产品所需的原材料、零部件、元器件、包装物料及消耗性材料，予以保税；对加工区运往区外的货物，海关按照对进口货物的有关规定办理报关手续，并按照制成品征税；对从区外进入加工区的货物视同出口，可按规定办理出口退税。

(8) 进口设备

从 1998 年 1 月 1 日起，对国家鼓励发展的国内投资项目和外商投资项目进口设备，在规定范围内免征进口关税和进口环节增值税。

(9) 特定行业或用途的减免税政策

为鼓励、支持部分行业或特定产品的发展,国家制定了部分特定行业或用途的减免税政策,这类政策一般对可减免税的商品列有具体清单。如为支持我国海洋和陆地上特定地区石油、天然气开采作业,对相关项目进口国内不能生产或性能不能满足要求的,直接用于开采作业的设备、仪器、零附件、专用工具,免征进口关税和进口环节增值税等。

3. 临时减免税

临时减免税是指以上法定减免税和特定减免税以外的其他减免税,即由国务院根据《海关法》对某个单位、某类商品、某个项目或某批进出口货物的特殊情况,给予特别照顾,一案一批、专文下达的减免税。一般有单位、品种、期限、金额或数量等限制,不能比照执行。

5.2 关税的计征管理

5.2.1 关税的计税依据

关税的计税依据是关税完税价格,它是由海关确定或估定的纳税义务人用以缴纳关税税款的进出口货物的价格。

1. 进口货物的完税价格的确定

(1) 一般进口货物的完税价格

① 以成交价格为基础的完税价格

进口货物的完税价格包括货物的货价、货物运抵我国境内输入地点起卸前的运输及其相关费用、保险费。

② 进口货物海关估价方法

进口货物的价格不符合成交价格条件或者成交价格不能确定的,海关应当依次以相同货物成交价格方法、类似货物成交价格方法、倒扣价格方法、计算价格方法及其他合理方法确定的价格为基础,估定完税价格。

(2) 特殊进口货物的完税价格

① 加工贸易进口料件及其制成品

加工贸易进口料件及其制成品需征税或内销补税的,海关按照一般进口货物的完税价格规定,审定完税价格。

② 保税区、出口加工区货物

从保税区或出口加工区销往区外,从保税仓库出库内销的进口货物(加工贸易进口料件及其制成品除外),以海关审定的价格估定完税价格。对经审核销售价格不能确定的,海关应当按照一般进口货物估价办法的规定,估定完税价格。

③ 运往境外修理的货物

运往境外修理的机械器具、运输工具或其他货物,出境时已向海关报明,并在海关规定期限内复运进境的,应当以海关审定的境外修理费和料件费为完税价格。

④ 运往境外加工的货物

运往境外加工的货物,出境时已向海关报明,并在海关规定期限内复运进境的,应当以海关审定的境外加工费和料件费以及该货物复运进境的运输及其相关费用、保险费估定完税价格。

⑤ 暂时进境货物

对于经海关批准的暂时进境的货物，应当按照一般进口货物估价办法的规定，估定完税价格。

⑥ 租赁方式进口的货物

租赁方式进口的货物中，以租金方式对外支付的租赁物品，在租赁期间以海关审定的租金作为完税价格；留购的租赁物品，以海关审定的留购价格作为完税价格；承租人申请一次性缴纳税款的，经海关同意，按照一般进口货物估价办法的规定估定完税价格。

⑦ 留购的进口货样等

对于境内留购的进口货样、展览品和广告陈列品，以海关审定的留购价格为完税价格。

⑧ 予以补税的减(免)税货物

减税或免税进口的货物需予补税时，应当以海关审定的该货物原进口时的价格，扣除折旧部分价值作为完税价格，计算公式如下：

完税价格＝海关审定的该货物原进口时的价格×[1－申请补税时实际已使用的时间(月)÷(监管年限×12)]

⑨ 以其他方式进口的货物。

以易货贸易、寄售、捐赠、赠送等方式进口的货物，应当按照一般进口货物估价办法的规定，估定完税价格。

2. 出口货物的完税价格的确定

(1) 以成交价格为基础的完税价格

出口货物的完税价格，由海关以该货物向境外销售的成交价格为基础审查确定，并应包括货物运至我国境内输出地点装卸前的运输及其相关费用、保险费，但其中包含的出口关税税额应当扣除。

出口货物的成交价格是指该货物出口销售到我国境外时买方向卖方实付或应付的价格。出口货物的成交价格中含有支付给境外的佣金的，如果单独列明，应当扣除。

(2) 出口货物海关估价方法

出口货物的成交价格不能确定时，完税价格由海关依次使用下列方法估定：

① 同时或大约同时向同一国家或地区出口相同货物的成交价格；

② 同时或大约同时向同一国家或地区出口类似货物的成交价格；

③ 根据境内生产相同或类似货物的成本、利润和一般费用、境内发生的运输费及其相关费用、保险费计算所得的价格；

④ 按照合理方法估定的价格。

出口货物的销售价格如果包括离境口岸至境外口岸的运输保险费的，该运费、保险费应当扣除。

3. 进出口货物的完税价格中的运输费及其相关费用、保险费的计算

(1) 以一般运输方式进口的货物

① 海运进口货物，计算至该货物运抵境内的卸货口岸；如果该货物卸货口岸是内河(江)，则计算至内河(江)口岸。

② 空运进口的货物，计算至该货物运抵境内第一口岸；如果该货物的目的地为境内的第一口岸外的其他口岸，则计算至目的地口岸。

③ 陆运进口的货物，计算至该货物运抵境内第一口岸；如果该货物的目的地为境内的

第一口岸外的其他口岸,则计算至目的地口岸。

④ 陆运、空运和海运进口货物的运费和保险费,应当按照实际支付的费用计算,如果进口货物的运费无法确定或未实际发生,海关应当按照该货物进口同期运输行业公布的运费率(额)计算运费,按照“货价加运费”二者总额的3‰,计算保险费。

(2) 以其他方式进口的货物

① 邮运的进口货物,应当以邮费计算运输费及其相关费用、保险费用。

② 以境外边境口岸价格条件成交的铁路或公路运输进口货物,海关应当按照货价的1%计算运输及其相关费用、保险费。

③ 作为进口货物的自驾进口的运输工具,海关在审定完税价格时,可以不另行计入运费。

5.2.2 关税的计算

1. 进口货物的关税的计算

进口货物的完税价格和税率确定以后就可以按以下公式计算进口货物的关税税额。

进口货物的关税=进口货物的完税价格×进口关税税率

【例5-1】 某外贸公司8月空运进口一批化妆品,实际成交价格(货价)500 000美元,未含境外起运地至境内口岸运费50 000美元,保险费无法确定(进口关税税率假定为20%,汇率1美元=8元人民币)。

要求:请计算该货物进口环节应缴纳的关税税额

【解答】 应缴纳的关税税额=[(500 000+50 000)×8+(500 000+50 000)×8×3‰]×20%=882 640(元)

【例5-2】 具有进出口经营权的某企业5月发生以下进口业务:

(1) 进口材料一批,进料成交价1 000 000元,发生境外运费30 000元,境外保险费4 000元,其他境外相关费用5 000元,材料的关税率为20%;

(2) 免税进口1台设备,设备价款600 000元,海关监管期4年,设备的关税税率为15%;

(3) 进口一批材料,进口完税价格500 000元,报关进口后发现其中20%部分有严重问题要求追偿,出口方同意再发相同货物价值的10%的货物补偿,原货物不再退回,进口方取得无代价抵偿物海关核定价格50 000元,该材料的关税税率为20%。

要求:根据上述资料,回答以下问题:

(1) 第一笔业务应缴纳的关税税额;

(2) 第二笔业务应缴纳的关税税额;

(3) 第三笔业务应缴纳的关税税额;

(4) 假如第二笔业务中免税项目使用18个月后国内转售,该企业转售应缴纳的关税税额。

【解答】

(1) 第一笔业务应缴纳的关税税额=(1 000 000+30 000+4 000+5 000)×20%=207 800(元)

(2) 第二笔业务属于暂时免税进口,不计算进口关税

(3) 由于有问题的货物未退回仍应征关税,进口材料应缴纳的关税税额=500 000×

20%+50 000×20%=110 000(元)

(4) 设备转让应缴纳的关税税额=600 000×[1−18÷(12×4)]×15%=56 250(元)

2. 出口货物的关税的计算

出口货物的完税价格和税率确定以后,就可以按以下公式计算出口货物的关税税额。

出口货物的关税=出口货物的完税价格×出口关税税率

5.2.3　关税的纳税申报与缴纳

1. 纳税义务发生时间

进口货物自运输工具申报进境,经海关批准的时间为纳税义务发生时间;出口货物在海外运抵海关监管区后装货,报关离境的时间为纳税义务发生时间。

2. 纳税期限

纳税义务人应当自海关填发税款缴款书之日起 15 日内,向指定银行缴纳税款。如关税期限的最后一日是周末或法定节假日,则关税缴纳期限顺延至周末或法定节假日过后的第一个工作日。否则,海关将按日加收应纳税款 0.5‰的滞纳金。

小案例

某进出口公司 2013 年 9 月 20 日从 A 国进口货物一批,成交价(离岸价)折合人民币 90 000 000 元(包括单独计价并经海关审查属实的货物进口装配调试费用 600 000 元,向境外采购代理人支付的买方佣金 500 000 元)。另支付运费 1 800 000 元,保险费 900 000 元。货物运抵我国口岸后,海关于 9 月 21 日批准入关并填发税款缴纳书,该公司于 10 月 15 日缴纳税款(关税税率 100%,“十一”假期从 1 日至 6 日)。请计算该公司应缴纳的关税和滞纳金。

关税纳税人因特殊情况不能按期缴纳税款的,经海关审核批准将纳税人的全部或部分应纳税款的缴纳期限予以延长,但最长不得超过 6 个月。

3. 纳税地点

为方便纳税人,经申请与海关同意,进(出)口货物的纳税人可以在设有海关的指运地(启运地)办理海关申报、纳税手续。

行邮税是行李和邮递物品进口税的简称,是海关对入境旅客行李物品和个人邮递物品征收的进口税。由于其中包括了进口环节的增值税和消费税,故也为对个人非贸易性入境物品征收的进口税和进口工商税收的总称。其课税对象包括入境旅客、运输工具、服务人员携带的应税行李物品、个人邮递物品、馈赠物品以及以其他方式入境的个人物品等。

5.2.4　行邮税

行邮税是行李和邮递物品进口税的简称,是海关对入境旅客行李物品和个人邮递物品征收的进口税。由于其中包含了进口环节的增值税和消费税,故也为对个人非贸易性入境物品征收的进口关税和进口工商税收的总称。行邮税的课税对象包括入境旅客、运输工具,服务人员携带的应税行李物品、个人邮递物品、馈赠物品以及以其他方式入境的个人物品等。

查一查：我国行邮税的征税对象、纳税人、税率以及征缴办法。

课外阅读

在汉代，关税属于通过税性质，包括内地关税和国境关税两种。内地关税是指对通过主要关卡的货物的征收，国境关税则是指同匈奴等民族通商贸易所征的税。

秦汉以前，设关的主要目的是检查行旅货物，以纠察违法行为。但是关卡之多，为各国商旅所不便。秦统一全国，为商业交往开通了道路。汉初，为了促进经济的恢复，"开关梁，弛山泽之禁"，使"富商大贾周流天下"，以沟通各地财货，活跃城乡经济。汉文帝时，把关也撤掉了。汉景帝四年(公元前153年)春，因吴、楚、赵、胶西、济南、淄川等七国联合发动叛乱，又复置诸关，但没有说明收税之责。武帝太初四年(公元前101年)才有明文记载，在武关设官收税，不过税率不高，所收的钱也不列入国家财政，仅供"关吏卒食"，所以财政意义不大。发展到东汉，关税日显重要，征收也较繁苛。延康元年(公元220年)，曹丕上台时下了一个诏文，指出关津加重征税，于商民不便，今后要减轻关津之税，恢复十一税率。可见，东汉末年，关税税率已超过10%。至于同匈奴设关贸易，主要是为维护民族关系，是否课税，如何课税，税率高低，有无优免等，史籍没有记载。

本章小结

《海关法》和《海关进出口税则》是我国税收法律体系的重要组成部分，是关税的基本法律依据，是征纳双方共同遵守的行为规范。

进出口关税的纳税人包括两种：一是经营进出口货物的收货人、发货人；二是进出境物品的所有人，包括该物品的所有人和推定为所有人的人。一般情况下，对于携带进境的物品，推定其携带人为所有人；对分离运输的行李，推定相应的进出境旅客为所有人；对以邮递方式进境的物品，推定其收件人为所有人；以邮递或其他方式出境的物品，推定寄件人或托运人为所有人。进出口关税的征税范围包括：(1) 贸易性进出口的货物，具体指外贸进出口公司、工贸或农贸进出口公司，科技贸易进出口公司、大型商业集团以及其他经批准经营进出口的企业所进出口的商品或货物；(2) 非贸易性进出口的货物，具体包括携带进境的物品、分离运输的行李、以邮递方式进境的物品、以其他方式进境的物品。

关税税率体现了进出口货物的税负负担。我国的关税税率分为进口关税税率、出口关税税率和特别关税。自2002年1月1日起，我国进口关税税率设有最惠国税率、协定税率、特惠税率、普通税率、关税配额税率等五类税率。我国出口税则为一栏税率，即出口税率。现在我国真正征收出口关税的商品只有20种，税率也较低。特别关税包括报复性关税、反倾销税与反补贴税、保障性关税。

关税税额计算的关键是确定完税价格。

自测练习

一、学习思考

1. 了解以下概念

关税　保护关税　普通关税　最惠国关税　特惠关税　反倾销税　反补贴税　报复性关税　关税完税价格

2. 为什么关税税率必须逐步下降?

3. 一般进口货物关税的完税价格是如何确定的?

4. 关税的征收管理与其他税的征收管理有什么不同?

二、案例分析

如果你从国外回国探亲,在国外共花费 1 000 美元买了 300 美元的名酒、300 美元的香烟、400 美元的瑞士金表作为探亲礼物,那么你应负担的税负是多少? 若带回的是 400 美元的包金首饰和 600 美元的金银戒指、项链,那么你所负担的税负又应该是多少?

三、能力训练

某商贸公司为增值税一般纳税人,并具有进出口经营权。2013 年 3 月发生相关经营业务如下:

(1) 从国外进口小轿车 1 辆,支付买价 400 000 元、相关费用 30 000 元,支付到达我国海关前的运输费用 40 000 元、保险费用 20 000 元;

(2) 将生产中使用的价值 500 000 元设备运往国外修理,出境时已向海关报明,支付给境外的修理费 50 000 元、料件费 10 0000 元,并在海关规定的期限内收回了设备;

(3) 从国外进口卷烟 80 000 条(每条 200 支),支付买价 2 000 000 元,支付到达我国海关前的运输费用 120 000 元、保险费用 80 000 元。

(注:进口关税税率均为 20%,小轿车消费税税率为 8%,单位金额为元。)

要求:

(1) 请计算进口小轿车、修理设备和进口卷烟应缴纳的关税税额;

(2) 请计算进口小轿车、卷烟应缴纳的消费税税额;

(3) 请计算进口小轿车、修理设备和进口卷烟应缴纳的增值税税额。

第6章 企业所得税法

学习目标

【知识目标】

1. 理解并掌握企业所得税的基本法律内容
2. 掌握企业所得税计税依据的确定及应纳税额的计算
3. 了解企业所得税资产的税务处理
4. 了解企业所得税特别纳税调整相关内容
5. 了解企业所得税的税收优惠政策

【能力目标】

1. 能够熟练把握企业所得税应纳税所得额的确定及应纳所得税额的计算
2. 能够正确处理企业所得税的纳税申报事宜

6.1 企业所得税的基本法律

6.1.1 企业所得税的纳税人

议一议：企业所得税法是指国家制定的用以调整企业所得税征收与缴纳之间权利与义务关系的法律规范。在我国，企业所得税是以企业取得的生产经营所得和其他所得为征税对象所征收的一种税。现行企业所得税的基本法律规范是2007年3月16日第十届全国人大第五次会议审议通过的《企业所得税法》及2007年11月28日国务院颁布的《中华人民共和国企业所得税法实施条例》(以下简称《企业所得税法实施条例》)，并于2008年1月1日起施行。

企业所得税的纳税人是指在中华人民共和国境内的企业和其他取得收入的组织(以下统称企业)。个人独资企业、合伙企业不是企业所得税的纳税人。

企业分为居民企业和非居民企业。

居民企业是指依法在中国境内成立，或者依照外国(地区)法律成立但实际管理机构在中国境内的企业。非居民企业是指依照外国(地区)法律成立且实际管理机构不在中国境内，但在中国境内设立机构、场所的，或者在中国境内未设立机构、场所，但有来源于中国境内所得的企业。

注意：

(1) 实际管理机构是指对企业的生产经营、人员、账务、财产等实施实质性全面管理和控制的机构。

（2）机构、场所是指在中国境内从事生产经营活动的机构、场所，具体包括：① 管理机构、营业机构、办事机构；② 工厂、农场、开采自然资源的场所；③ 提供劳务的场所；④ 从事建筑、安装、装配、修理、勘探等工程作业的场所；⑤ 其他从事生产经营活动的机构、场所。非居民企业委托营业代理人在中国境内从事生产经营活动的，包括委托单位或者个人经常代其签订合同，或者储存、交付货物等，该营业代理人视为非居民企业在中国境内设立的机构、场所。

（3）在中国境内成立的企业包括依照中国法律、行政法规在中国境内成立的企业、事业单位、社会团体以及其他取得收入的组织。依照外国（地区）法律成立的企业，包括依照外国（地区）法律成立的企业和其他取得收入的组织。

议一议：新《企业所得税法》关于纳税人资格的认定标准与原法相比有什么变化？

6.1.2 企业所得税的征税对象

居民企业应当就其来源于中国境内、境外的所得缴纳企业所得税。

非居民企业在中国境内设立机构、场所的，应当就其所设机构、场所取得的来源于中国境内的所得，以及发生在中国境外但与其所设机构、场所有实际联系的所得缴纳企业所得税。

非居民企业在中国境内未设立机构、场所的，或者虽设立机构、场所但取得的所得与其所设机构、场所没有实际联系的，应当就其来源于中国境内的所得缴纳企业所得税。

注意：实际联系是指非居民企业在中国境内设立的机构、场所拥有据以取得所得的股权、债权，以及拥有、管理、控制据以取得所得的财产等。

问题解答 “关于境内、境外的所得”该如何判断？

答：以上所称“来源于中国境内、境外的所得”按照以下原则加以确定：

（1）销售货物所得，按照交易活动发生地确定；

（2）提供劳务所得，按照劳务发生地确定；

（3）转让财产所得，不动产转让所得按照不动产所在地确定，动产转让所得按照转让动产的企业或者机构、场所所在地确定，权益性投资资产转让所得按照被投资企业所在地确定；

（4）股息、红利等权益性投资所得，按照分配所得的企业所在地确定；

（5）利息所得、租金所得、特许权使用费所得，按照负担、支付所得的企业或者机构、场所所在地确定，或者按照负担、支付所得的个人的住所地确定；

（6）其他所得，由国务院财政、税务主管部门确定。

6.1.3 企业所得税的税率

(1) 企业所得税的基本税率为25%。

税法视野 世界各国企业所得税的平均税率

据统计,全世界159个实行企业所得税的国家(地区)平均税率为28.6%,我国周边18个国家(地区)的平均税率为26.7%。25%的税率在国际上处于中等偏低的水平,有利于提高我国企业的竞争力和吸引外商投资。

(2) 对非居民企业在中国境内未设立机构、场所的,或者虽设立机构、场所但取得的所得与其所设机构、场所没有实际联系的,其来源于中国境内的所得适用20%的税率。

注意: 现暂减按10%的税率征收企业所得税。

(3) 对符合条件的小型微利企业,减按20%的税率征收企业所得税。

问题解答 小型微利企业应符合哪些条件?

答:所称符合条件的小型微利企业是指从事国家非限制和禁止行业,并符合下列条件之一的企业:

(1) 工业企业,年度应纳税所得额不超过30万元,从业人数不超过100人,资产总额不超过3 000万元;

(2) 其他企业,年度应纳税所得额不超过30万元,从业人数不超过80人,资产总额不超过1 000万元。

(4) 对国家需要重点扶持的高新技术企业,减按15%的税率征收企业所得税。

问题解答 国家重点扶持的高新技术企业应具备哪些条件?

答:国家需要重点扶持的高新技术企业是指拥有核心自主知识产权,并同时符合下列条件的企业:

(1) 产品(服务)属于《国家重点支持的高新技术领域》规定的范围;

(2) 研究开发费用占销售收入的比例不低于规定比例;

(3) 高新技术产品(服务)收入占企业总收入的比例不低于规定比例;

(4) 科技人员占企业职工总数的比例不低于规定比例;

(5) 高新技术企业认定管理办法规定的其他条件。

《国家重点支持的高新技术领域》和《高新技术企业认定管理办法》由国务院科技、财政、税务主管部门和国务院有关部门制定,报国务院批准后公布施行。

6.2 企业所得税的计征管理

6.2.1 应纳税所得额的确定

企业所得税的计税依据是应纳税所得额,即企业每一纳税年度的收入总额,减除不征税收入、免税收入、各项扣除以及允许弥补的以前年度亏损后的余额。

企业应纳税所得额的计算,以权责发生制为原则,属于当期的收入和费用,不论款项是否收付,均作为当期的收入和费用;不属于当期的收入和费用,即使款项已经在当期收付,均不作为当期的收入和费用。

1. 收入总额的确定

企业以货币形式和非货币形式从各种来源取得的收入为收入总额。

企业取得收入的货币形式包括现金、存款、应收账款、应收票据、准备持有至到期的债券投资以及债务的豁免等。

企业取得收入的非货币形式包括固定资产、生物资产、无形资产、股权投资、存货、不准备持有至到期的债券投资、劳务以及有关权益等。企业以非货币形式取得的收入,应当按照公允价值(即按照市场价格确定的价值)确定收入额。

(1) 基本收入

基本收入包括:销售货物收入;提供劳务收入;转让财产收入;股息、红利等权益性投资收益;利息收入;租金收入;特许权使用费收入;接受捐赠收入;其他收入。

销售货物收入是指企业销售商品、产品、原材料、包装物、低值易耗品以及其他存货取得的收入。

提供劳务收入是指企业从事建筑安装、修理修配、交通运输、仓储租赁、金融保险、邮电通信、咨询经纪、文化体育、科学研究、技术服务、教育培训、餐饮住宿、中介代理、卫生保健、社区服务、旅游、娱乐、加工以及其他劳务服务活动取得的收入。

转让财产收入是指企业转让固定资产、生物资产、无形资产、股权、债权等财产取得的收入。

股息、红利等权益性投资收益是指企业因权益性投资从被投资方取得的收入。股息、红利等权益性投资收益,除国务院财政、税务主管部门另有规定外,按照被投资方作出利润分配决定的日期确认收入的实现。

利息收入是指企业将资金提供他人使用但不构成权益性投资,或者因他人占用本企业资金取得的收入,包括存款利息、贷款利息、债券利息、欠款利息等收入。利息收入,按照合同约定的债务人应付利息的日期确认收入的实现。

租金收入是指企业提供固定资产、包装物或者其他有形资产的使用权取得的收入。租金收入,按照合同约定的承租人应付租金的日期确认收入的实现。

特许权使用费收入是指企业提供专利权、非专利技术、商标权、著作权以及其他特许权的使用权取得的收入。特许权使用费收入,按照合同约定的特许权使用人应付特许权使用费的日期确认收入的实现。

接受捐赠收入是指企业接受的来自其他企业、组织或者个人无偿给予的货币性资产、非货币性资产。接受捐赠收入,按照实际收到捐赠资产的日期确认收入的实现。

其他收入是指企业取得的除以上收入外的其他收入,包括企业资产溢余收入、逾期未退包装物押金收入、确实无法偿付的应付款项、已作坏账损失处理后又收回的应收款项、债务重组收入、补贴收入、违约金收入、汇兑收益等。

(2) 不征税收入

收入总额中的下列收入为不征税收入:财政拨款;依法收取并纳入财政管理的行政事业性收费;政府性基金;国务院规定的其他不征税收入。

财政拨款是指各级人民政府对纳入预算管理的事业单位、社会团体等组织拨付的财政资金,但国务院和国务院财政、税务主管部门另有规定的除外。

行政事业性收费是指依照法律法规等有关规定,按照国务院规定程序批准,在实施社会公共管理,以及在向公民、法人或者其他组织提供特定公共服务过程中,向特定对象收取并纳入财政管理的费用。

政府性基金是指企业依照法律、行政法规等有关规定,代政府收取的具有专项用途的财政资金。

国务院规定的其他不征税收入是指企业取得的,由国务院财政、税务主管部门规定专项用途并经国务院批准的财政性资金。

(3) 免税收入

收入总额中的下列收入为免税收入:国债利息收入;符合条件的居民企业之间的股息、红利等权益性投资收益;在中国境内设立机构、场所的非居民企业从居民企业取得与该机构、场所有实际联系的股息、红利等权益性投资收益;符合条件的非营利组织的收入。

国债利息收入是指企业持有国务院财政部门发行的国债取得的利息收入。

符合条件的居民企业之间的股息、红利等权益性投资收益是指居民企业直接投资于其他居民企业取得的投资收益,不包括连续持有居民企业公开发行并上市流通的股票不足12个月取得的投资收益。

符合条件的非营利组织的收入一般不包括非营利组织从事营利性活动取得的收入。

问题解答　　非营利组织应具备哪些条件?

答:非营利组织是指同时符合下列条件的组织:

(1) 依法履行非营利组织登记手续;

(2) 从事公益性或者非营利性活动;

(3) 取得的收入除用于与该组织有关的、合理的支出外，全部用于登记核定或者章程规定的公益性或者非营利性事业；

(4) 财产及其孳息不用于分配；

(5) 按照登记核定或者章程规定，该组织注销后的剩余财产用于公益性或者非营利性目的，或者由登记管理机关转赠给与该组织性质、宗旨相同的组织，并向社会公告；

(6) 投入人对投入该组织的财产不保留或者享有任何财产权利；

(7) 工作人员工资福利开支控制在规定的比例内，不变相分配该组织的财产。

(4) 有关收入的其他规定

企业的下列生产经营业务可以分期确认收入的实现：以分期收款方式销售货物的，按照合同约定的收款日期确认收入的实现；企业受托加工制造大型机械设备、船舶、飞机，以及从事建筑、安装、装配工程业务或者提供其他劳务等，持续时间超过 12 个月的，按照纳税年度内完工进度或者完成的工作量确认收入的实现。

采取产品分成方式取得收入的，按照企业分得产品的日期确认收入的实现，其收入额按照产品的公允价值确定。

企业发生非货币性资产交换，以及将货物、财产、劳务用于捐赠、偿债、赞助、集资、广告、样品、职工福利或者利润分配等用途的，应当视同销售货物、转让财产或者提供劳务，但国务院财政、税务主管部门另有规定的除外。

对企业减免或返还的流转税的处理(含即征即退、先征后退)：除国务院、财政部、国家税务总局规定有指定用途的以外，都应并入企业利润，照章征收企业所得税。对直接减免和即征即退的，应并入企业当年利润征收所得税；对先征收后返还和先征后退的，应并入企业实际收到退税或返还年度的企业利润征收所得税。

对企业接受捐赠资产的税务处理：企业接受捐赠的货币性资产，须并入当期的应纳税所得，依法计算缴纳企业所得税；企业接受捐赠的非货币性资产，须按接受捐赠时的资产的入账价值确认捐赠收入，并入当期应纳税所得，依法计算缴纳企业所得税。企业取得的捐赠收入金额，占应纳税所得 50%及以上的，可以在不超过 5 年的期间均匀计入各年度的应纳税所得。

对企业采取折扣销售方式的，如销售额与折扣额在同一张发票上，按折扣后的销售额计入收入；折扣额另开发票的，则不得从销售额中减除折扣额。

企业收取的包装物押金，凡逾期未返还买方的，应确认为收入，依法计征企业所得税。

企业在建工程发生的试运行收入，应并入总收入予以征税，而不能直接冲减在建工程成本。

企业取得的国家财政性补贴和其他补贴收入，除国务院、财政部、国家税务总局规定不计入损益外，应一律并入实际收到该补贴收入年度的应纳税所得额予以征税。

2. 准予扣除项目的一般规定

企业实际发生的与取得收入有关的、合理的支出，包括成本、费用、税金、损失和其他支出，准予在计算应纳税所得额时扣除。

(1) 成本是指企业在生产经营活动中发生的销售成本、销货成本、业务支出以及其他耗费。

(2) 费用是指企业在生产经营活动中发生的销售费用、管理费用和财务费用,已经计入成本的有关费用除外。

(3) 税金是指企业发生的除企业所得税和允许抵扣的增值税以外的各项税金及其附加。

(4) 损失是指企业在生产经营活动中发生的固定资产和存货的盘亏、毁损、报废损失,转让财产损失,呆账损失,坏账损失,自然灾害等不可抗力因素造成的损失以及其他损失。企业发生的损失,减除责任人赔偿和保险赔款后的余额,依照国务院财政、税务主管部门的规定扣除。企业已经作为损失处理的资产,在以后纳税年度又全部收回或者部分收回时,应当计入当期收入。

(5) 其他支出是指除成本、费用、税金、损失外,企业在生产经营活动中发生的与生产经营活动有关的、合理的支出。

注意:

(1) 所称"有关的支出"是指与取得收入直接相关的支出。合理的支出是指符合生产经营活动常规,应当计入当期损益或者有关资产成本的必要和正常的支出。

(2) 企业发生的支出应当区分收益性支出和资本性支出。收益性支出在发生当期直接扣除。资本性支出应当分期扣除或者计入有关资产成本,不得在发生当期直接扣除。

(3) 企业的不征税收入用于支出所形成的费用或者财产,不得扣除或者计算对应的折旧、摊销扣除。

(4) 除另有规定外,企业实际发生的成本、费用、税金、损失和其他支出,不得重复扣除。

(5) 企业在纳税年度内应计未计扣除项目,包括各类应计未计费用、应提未提折旧等,不得转移到以后年度补扣。

3. 允许扣除项目的范围和标准

(1) 借款利息

企业在生产经营活动中发生的合理的不需要资本化的借款费用,准予扣除。

企业为购置、建造固定资产、无形资产和经过12个月以上的建造才能达到预定可销售状态的存货发生借款的,在有关资产购置、建造期间发生的合理的借款费用,应当作为资本性支出计入有关资产的成本,并按规定扣除。

企业在生产经营活动中发生的下列利息支出,准予扣除:

① 非金融企业向金融企业借款的利息支出、金融企业的各项存款利息支出和同业拆借利息支出、企业经批准发行债券的利息支出;

② 非金融企业向非金融企业借款的利息支出,不超过按照金融企业同期同类贷款利率计算的数额的部分。

(2) 工资、薪金

工资、薪金是指企业每一纳税年度支付给在本企业任职或者受雇的员工的所有现金形式或者非现金形式的劳动报酬，包括基本工资、奖金、津贴、补贴、年终加薪、加班工资，以及与员工任职或者受雇有关的其他支出。

企业发生的合理的工资、薪金支出，准予扣除。

注意： 企业安置残疾人员所支付的工资可在据实扣除的基础上，再加计 100%的扣除（残疾人员的范围适用《中华人民共和国残疾人保障法》的有关规定）。

查一查： 新《企业所得税法》实施前后工资、薪金支出税前扣除规定的差异。

（3）"三项"经费

"三项"经费主要包括职工福利费、工会经费和职工教育经费。

企业发生的职工福利费支出，不超过工资、薪金总额 14%的部分，准予扣除。

企业拨缴的工会经费，不超过工资、薪金总额 2%的部分，准予扣除。

企业发生的职工教育经费支出，除国务院财政、税务主管部门另有规定外，不超过工资、薪金总额 2.5%的部分，准予扣除；超过部分，准予在以后纳税年度结转扣除。

（4）公益性捐赠

企业发生的公益性捐赠支出，在年度利润总额 12%以内的部分，准予在计算应纳税所得额时扣除。

注意：

（1）公益性捐赠是指企业通过公益性社会团体或者县级以上人民政府及其部门，用于《中华人民共和国公益事业捐赠法》规定的公益事业的捐赠。

（2）年度利润总额是指企业依照国家统一会计制度的规定计算的年度会计利润。

（3）公益、救济性捐赠的计算及调整

公益、救济性捐赠扣除限额＝年度利润总额×12%

查一查： 新旧《企业所得税法》关于公益性捐赠税前扣除标准的变化。

问题解答　"公益性社会团体"应符合哪些条件？

答：公益性社会团体是指同时符合下列条件的基金会、慈善组织等社会团体：

（1）依法登记，具有法人资格；

（2）以发展公益事业为宗旨，且不以盈利为目的；

（3）全部资产及其增值为该法人所有；

（4）收益和营运结余主要用于符合该法人设立目的的事业；

(5) 终止后的剩余财产不归属任何个人或者营利组织；

(6) 不经营与其设立目的无关的业务；

(7) 有健全的财务会计制度；

(8) 捐赠者不以任何形式参与社会团体财产的分配；

(9) 国务院财政、税务主管部门会同国务院民政部门等登记管理部门规定的其他条件。

【例 6-1】 某企业 2013 年度利润总额为 18 000 000 元，当年度有一笔通过希望工程基金会捐赠的款项 1 000 000 元已在营业外支出中列支。

要求：请按新税法的规定确认该捐赠事项是否需要作纳税调整。

【解答】 公益性捐赠扣除标准＝18 000 000×12％＝2 160 000(元)

企业实际捐赠额＝1 000 000 元

企业实际发生的捐赠额未超过当年度公益性捐赠扣除限额，故不需作纳税调整。

注意：公益性捐赠扣除限额是纳税人当期实际发生的公益性捐赠和公益性捐赠扣除标准二者中较小者。即纳税人当期实际发生的公益性捐赠小于扣除标准的，扣除额为实际捐赠额；如纳税人当期实际发生的公益性捐赠额大于扣除标准的，扣除额为扣除标准额。

(5) 业务招待费

企业发生的与生产经营活动有关的业务招待费支出，按照发生额的 60％扣除，但最高不得超过当年销售(营业)收入净额的 5‰。

注意：收入净额是纳税人从事生产、经营活动取得的收入扣除销售折扣、销货退回等各项支出后的收入额，包括主营业务收入、其他业务收入及视同销售收入。

【例 6-2】 某企业年度销售收入净额为 15 000 000 元，该企业当年实际发生的业务招待费为 100 000 元。

要求：请计算该企业当年允许在税前列支的业务招待费数额。

【解答】 企业发生的与生产经营活动有关的业务招待费支出，按照发生额的 60％扣除，即

100 000×60％＝60 000(元)

按照企业年度销售收入净额可以扣除 5‰，即

15 000 000×5‰＝75 000(元)

二者之间取较低者，故该企业当年允许在税前列支的业务招待费数额为 60 000 元。

税法视野 **国际上有关国家对企业招待费税前扣除的做法**

业务招待是正常的商业做法，但商业招待又不可避免包括个人消费的成分，在许多情况下，无法将商业招待与个人消费区分开。因此，国际上许多国家采取对企业业务招待费支出在税前"打折"扣除的做法，比如意大利，业务招待费的30%属于商业招待可在税前扣除，加拿大为80%，美国、新西兰为50%。借鉴国际做法，结合原税法按销售收入的一定比例限制扣除的经验，同时考虑业务招待费管理难度大，坚持从严控制的要求，《企业所得税法实施条例》规定，将企业发生的与生产经营活动有关的业务招待费，按照发生额的60%扣除，且扣除总额全年最高不得超过当年销售(营业)收入的5‰。

查一查：新《企业所得税法》实施前后业务招待费税前扣除规定的差异。

(6) 新产品、新技术、新工艺研究开发费用

企业为开发新技术、新产品、新工艺发生的研究开发费用允许在税前加计扣除，其加计扣除额直接抵减当年度应纳税所得额。具体扣除规定如下：未形成无形资产直接计入当期损益的，在按照规定据实扣除的基础上，按照研究开发费用的50%加计扣除；形成无形资产的，按照无形资产成本的150%摊销。

(7) 广告费和业务宣传费

企业发生的符合条件的广告费和业务宣传费支出，除另有规定外，不超过当年销售(营业)收入15%的部分，准予扣除；超过部分，准予在以后纳税年度结转扣除。

注意：广告性支出须符合下列条件：(1) 通过经工商部门批准的专门机构制作的；(2) 已实际支付费用，并取得相应的发票；(3) 通过一定的媒体传播。

查一查：新旧《企业所得税法》关于广告费和业务宣传费税前扣除规定的差异。

(8) 其他费用扣除规定

① 各类社会保险基金和统筹基金

企业依照国务院有关主管部门或者省级人民政府规定的范围和标准为职工缴纳的基本养老保险费、基本医疗保险费、失业保险费、工伤保险费、生育保险费等基本社会保险费和住房公积金，准予扣除；企业为投资者或者职工支付的补充养老保险费、补充医疗保险费，在国务院财政、税务主管部门规定的范围和标准内，准予扣除。

② 保险费用

企业参加财产保险，按照规定缴纳的保险费准予扣除；企业依照国家有关规定为特殊工种职工支付的人身安全保险费准予扣除；除另有规定外，一般情况下企业为投资者或者职工支付的商业保险费，不得扣除。

③ 固定资产租赁费

企业根据生产经营活动的需要租入固定资产支付的租赁费,按照以下方法扣除:

以经营租赁方式租入固定资产发生的租赁费支出,按照租赁期限均匀扣除;

以融资租赁方式租入固定资产发生的租赁费支出,按照规定构成融资租入固定资产价值的部分应当提取折旧费用,分期扣除。

④ 汇兑损失

企业在货币交易中,以及纳税年度终了时将人民币以外的货币性资产、负债按照期末即期人民币汇率中间价折算为人民币时产生的汇兑损失,除已经计入有关资产成本以及与向所有者进行利润分配相关的部分外,准予扣除。

⑤ 劳动保护支出

企业发生的合理的劳动保护支出,准予扣除。

⑥ 环保专项基金

企业依照法律、行政法规有关规定提取的用于环境保护、生态恢复等方面的专项资金,准予扣除。上述专项资金提取后改变用途的,不得扣除。

注意: 在计算应纳税所得额时,企业财务、会计处理办法与税收法律、行政法规的规定不一致的,应当依照税收法律、行政法规的规定计算。

4. 不准予扣除的项目

在计算应纳税所得额时,下列项目不得从收入总额中扣除:

(1) 向投资者支付的股息、红利等权益性投资收益款项;

(2) 企业所得税税款;

(3) 税收滞纳金;

(4) 罚金、罚款和被没收财物的损失;

(5) 非公益性捐赠以及超过规定标准的公益性捐赠支出;

(6) 赞助支出(即企业发生的与生产经营活动无关的各种非广告性质支出);

(7) 未经核定的准备金支出(即不符合国务院财政、税务主管部门规定的各项资产减值准备、风险准备等准备金支出);

(8) 企业之间支付的管理费、企业内营业机构之间支付的租金和特许权使用费,以及非银行企业内营业机构之间支付的利息;

(9) 与取得收入无关的其他支出。

议一议: 税法和相关会计制度在扣除项目的规定上有哪些差异?

5. 亏损弥补

根据税法的规定,企业纳税年度发生的亏损,准予向以后年度结转,用以后年度的所得弥补,但结转年限最长不得超过5年。

注意: 亏损是指企业依照税法规定将每一纳税年度的收入总额减除不征税收入、免税收入和各项扣除后小于零的数额。

从亏损年度后的第一年算起，连续5年内不论是盈利或亏损，都作为实际弥补年限计算。5年内未弥补完的亏损，从第6年起应从企业税后利润或盈余公积金中弥补。

对于在5年亏损弥补期间的某一年度或某几个年度当年实际经营又发生亏损的，应分别以各亏损年度后的第一年算起，连续5年弥补各自的亏损。

【例6-3】 某企业8年间经税务机关审定的应纳税所得额情况如下表，假如企业一直执行5年亏损弥补规定，则企业的亏损弥补情况如何？

年 度	1	2	3	4	5	6	7	8
应纳税所得额	−30	−80	20	20	−60	−50	40	−20

【解答】 依据税法的规定，亏损弥补期为连续5年。因此，第1年亏损从第2年开始到第6年为弥补，第2年亏损从第3年开始到第7年为弥补，没有弥补完的部分不能再继续税前弥补。第5年的亏损从第6年开始弥补，第6年的亏损从第7年开始弥补。

注意：

（1）亏损弥补期为连续的5年。这里的亏损不是企业财务报表中反映的亏损额，而是企业财务报表中的亏损额经主管税务机关按税法规定核实调整后的金额。

（2）亏损弥补顺序是先亏先补。

（3）企业境外业务之间的盈亏可以相互弥补，但企业境内外之间的盈亏不得相互弥补。

6. 非居民企业纳税人应纳税所得额的确定

非居民企业在中国境内未设立机构、场所的，或者虽设立机构、场所但取得的所得与其所设机构、场所没有实际联系的，应当就其来源于中国境内的所得按照下列方法计算其应纳税所得额：

（1）股息、红利等权益性投资收益和利息、租金、特许权使用费所得，以收入全额为应纳税所得额；

（2）转让财产所得，以收入全额减除财产净值后的余额为应纳税所得额；

（3）其他所得参照前两项规定的方法计算应纳税所得额。

6.2.2 资产的税务处理

资产是企业生存和发展的重要基础，资产的计价和折旧又是影响企业应纳税所得额的重要项目。纳入税务处理范围的企业资产包括固定资产、生物资产、无形资产、长期待摊费用、投资资产、存货等。

企业的各项资产均应以历史成本为计税基础。

注意： 历史成本是指企业取得该项资产时实际发生的支出。

企业持有各项资产期间资产增值或者减值，除国务院财政、税务主管部门规定可以确认损益外，不得调整该资产的计税基础。

1. 固定资产的税务处理

固定资产是指企业为生产产品、提供劳务、出租或者经营管理而持有的、使用时间超过12个月的非货币性资产,包括房屋、建筑物、机器、机械、运输工具以及其他与生产经营活动有关的设备、器具、工具等。

(1) 固定资产的计税基础

固定资产按照以下方法确定计税基础:

① 外购的固定资产,以购买价款和支付的相关税费以及直接归属于使该资产达到预定用途发生的其他支出为计税基础;

② 自行建造的固定资产,以竣工结算前发生的支出为计税基础;

③ 融资租入的固定资产,以租赁合同约定的付款总额和承租人在签订租赁合同过程中发生的相关费用为计税基础,租赁合同未约定付款总额的,以该资产的公允价值和承租人在签订租赁合同过程中发生的相关费用为计税基础;

④ 盘盈的固定资产,以同类固定资产的重置完全价值为计税基础;

⑤ 通过捐赠、投资、非货币性资产交换、债务重组等方式取得的固定资产,以该资产的公允价值和支付的相关税费为计税基础;

⑥ 改建的固定资产,除《企业所得税法》第十三条第一项和第二项规定的支出外,以改建过程中发生的改建支出增加计税基础。

(2) 固定资产的折旧

在计算应纳税所得额时,企业按照规定计算的固定资产折旧准予扣除。

① 固定资产的折旧范围

下列固定资产不得计算折旧扣除:

A. 房屋、建筑物以外未投入使用的固定资产;

B. 以经营租赁方式租入的固定资产;

C. 以融资租赁方式租出的固定资产;

D. 已足额提取折旧仍继续使用的固定资产;

E. 与经营活动无关的固定资产;

F. 单独估价作为固定资产入账的土地;

G. 其他不得计算折旧扣除的固定资产。

② 提取折旧的依据和方法

固定资产计提折旧的方法原则上应采取直线法。

企业应当自固定资产投入使用月份的次月起计算折旧。停止使用的固定资产,应当自停止使用月份的次月起停止计算折旧。

企业应当根据固定资产的性质和使用情况,合理确定固定资产的预计净残值。固定资产的预计净残值一经确定,不得变更。

固定资产计算折旧的最低年限规定如下:房屋、建筑物为20年;飞机、火车、轮船、机器、机械和其他生产设备为10年;与生产经营活动有关的器具、工具、家具等为5年;飞机、火车、轮船以外的运输工具为4年;电子设备为3年。

税法视野 我国固定资产折旧的有关政策

根据国务院《实施〈国家中长期科学和技术发展规划纲要(2006—2020 年)〉的若干配套政策》的规定,允许企业加速研究开发仪器设备折旧。企业用于研究开发的仪器和设备,单位价值在 30 万元以下的,可一次或分次摊入管理费,其中达到固定资产标准的应单独管理,但不提取折旧;单位价值在 30 万元以上的,可采取适当缩短固定资产折旧年限或加速折旧的政策。

2. 无形资产的税务处理

无形资产是指企业为生产产品、提供劳务、出租或者经营管理而持有的、没有实物形态的非货币性长期资产,包括专利权、商标权、著作权、土地使用权、非专利技术、商誉等。

除企业合并外,商誉不得作价入账。

(1) 无形资产的计税基础

无形资产按照取得时的实际成本计价,具体规定如下:

① 外购的无形资产,以购买价款和支付的相关税费以及直接归属于使该资产达到预定用途发生的其他支出为计税基础;

② 自行开发的无形资产,以开发过程中该资产符合资本化条件后至达到预定用途前发生的支出为计税基础;

③ 通过捐赠、投资、非货币性资产交换、债务重组等方式取得的无形资产,以该资产的公允价值和支付的相关税费为计税基础。

(2) 无形资产的摊销

在计算应纳税所得额时,企业按照规定计算的无形资产摊销费用,准予扣除。

问题解答 哪些无形资产不得在税前扣除费用摊销额?

答:下列无形资产不得计算摊销费用扣除:

(1) 自行开发的支出已在计算应纳税所得额时扣除的无形资产;

(2) 自创商誉;

(3) 与经营活动无关的无形资产;

(4) 其他不得计算摊销费用扣除的无形资产。

无形资产应当采取直线法摊销费用,且摊销年限不得低于 10 年。

作为投资或者受让的无形资产,有关法律规定或者合同约定了使用年限的,可以按照规定或者约定的使用年限分期摊销。

外购商誉的支出,在企业整体转让或者清算时,准予扣除。

3. 生产性生物资产的税务处理

生产性生物资产是指企业为生产农产品、提供劳务或者出租等而持有的生物资产,包括经济林、薪炭林、产畜和役畜等。

(1) 生产性生物资产的计税基础

① 外购的生产性生物资产,以购买价款和支付的相关税费为计税基础。

② 通过捐赠、投资、非货币性资产交换、债务重组等方式取得的生产性生物资产,以该资产的公允价值和支付的相关税费为计税基础。

(2) 折旧依据和方法

生产性生物资产按照直线法计算的折旧,准予扣除。

企业应当自生产性生物资产投入使用月份的次月起计算折旧。停止使用的生产性生物资产,应当自停止使用月份的次月起停止计算折旧。

企业应当根据生产性生物资产的性质和使用情况,合理确定生产性生物资产的预计净残值。生产性生物资产的预计净残值一经确定,不得变更。

生产性生物资产的最低折旧年限规定如下:林木类生产性生物资产为10年;畜类生产性生物资产为3年。

4. 长期待摊费用的税务处理

长期待摊费用是指不能全部计入当年损益,应当在以后年度内分期摊销的各项费用。

(1) 长期待摊费用的范围

在计算应纳税所得额时,企业发生的下列支出应作为长期待摊费用按照规定摊销扣除:

① 已足额提取折旧的固定资产的改建支出;

② 租入固定资产的改建支出;

③ 固定资产的大修理支出;

④ 其他应当作为长期待摊费用的支出。

注意:

(1) 固定资产的改建支出是指改变房屋或者建筑物结构、延长使用年限等发生的支出。

(2) 固定资产的大修理支出是指同时符合下列条件的支出:修理支出达到取得固定资产时的计税基础50%以上;修理后固定资产的使用年限延长2年以上。

(2) 长期待摊费用的摊销

长期待摊费用一般亦采用直线法进行摊销处理。摊销年限规定如下:

① 已足额提取折旧的固定资产的改建支出按照固定资产预计尚可使用年限分期摊销;

② 租入固定资产的改建支出按照合同约定的剩余租赁期限分期摊销;

③ 固定资产的大修理支出按照固定资产尚可使用年限分期摊销;

④ 其他应当作为长期待摊费用的支出自支出发生月份的次月起,分期摊销,摊销年限不得低于3年。

注意:改建的固定资产延长使用年限的,除以上第一条、第二条规定外,应当适当延长折旧年限。

5. 其他资产的税务处理

(1) 投资资产的税务处理

投资资产是指企业对外进行权益性投资和债权性投资形成的资产。

企业对外投资期间,投资资产的成本在计算应纳税所得额时不得扣除;企业在转让或者处置投资资产时,投资资产的成本准予扣除。

问题解答 **投资资产如何确定成本?**

答:投资资产按照以下方法确定成本:

(1) 通过支付现金方式取得的投资资产,以购买价款为成本;

(2) 通过支付现金以外的方式取得的投资资产,以该资产的公允价值和支付的相关税费为成本。

(2) 存货的税务处理

存货是指企业持有以备出售的产品或者商品、处在生产过程中的在产品、在生产或者提供劳务过程中耗用的材料和物料等。

企业使用或者销售存货,按照规定计算的存货成本,准予在计算应纳税所得额时扣除。企业使用或者销售的存货的成本计算方法,可以在先进先出法、加权平均法、个别计价法中选用一种。计价方法一经选用,不得随意变更。

问题解答 **存货如何确定成本?**

答:存货按照以下方法确定成本:

(1) 通过支付现金方式取得的存货,以购买价款和支付的相关税费为成本;

(2) 通过支付现金以外的方式取得的存货,以该存货的公允价值和支付的相关税费为成本;

(3) 生产性生物资产收获的农产品,以产出或者采收过程中发生的材料费、人工费和分摊的间接费用等必要支出为成本。

(3) 转让资产的税务处理

企业转让资产,该项资产的净值在计算应纳税所得额时准予扣除。

注意:资产净值是指有关资产、财产的计税基础减除已经按照规定扣除的折旧、折耗、摊销、准备金等后的余额。

除国务院财政、税务主管部门另有规定外,企业在重组过程中,应当在交易发生时确认有关资产的转让所得或者损失,相关资产应当按照交易价格重新确定计税基础。

6.2.3 应纳税额的计算

1. 一般计算方法

应纳税额的计算公式为:

应纳税额=应纳税所得额×适用税率-减免税额-抵免税额

注意: 减免税额和抵免税额是指依照《企业所得税法》和国务院的税收优惠规定减征、免征和抵免的应纳税额。

2. 核定征收的情形

为了加强对企业所得税的征收管理,对部分中小企业(属居民企业纳税人)采取核定征收的办法,计算应纳所得税额。

记一记: 核定征收企业所得税的范围:

(1) 依照法律、行政法规的规定可以不设置账簿的;

(2) 依照法律、行政法规的规定应当设置但未设置账簿的;

(3) 擅自销毁账簿或者拒不提供纳税资料的;

(4) 虽设置账簿,但账目混乱或者成本资料、收入凭证、费用凭证残缺不全,难以查账的;

(5) 发生纳税义务,未按照规定的期限办理纳税申报,经税务机关责令限期申报,逾期仍不申报的;

(6) 申报的计税依据明显偏低,又无正当理由的。

税务机关应根据纳税人的具体情况,对核定征收企业所得税的纳税人,通过核定应税所得率或者核定应纳所得税额确定其纳税义务。

具有下列情形之一的,核定其应税所得率:

(1) 能正确核算(查实)收入总额,但不能正确核算(查实)成本费用总额的;

(2) 能正确核算(查实)成本费用总额,但不能正确核算(查实)收入总额的;

(3) 通过合理方法,能计算和推定纳税人收入总额或成本费用总额的。

纳税人不属于以上情形的,核定其应纳所得税额。

(1) 定额征收

即税务机关按照一定的标准、程序和方法,直接核定纳税人年度应纳企业所得税税额,由纳税人按规定进行申报的纳税方法。

税务机关可采用下列方法核定征收企业所得税:

① 参照当地同类行业或者类似行业中经营规模和收入水平相近的纳税人的税负水平核定;

② 按照应税收入额或成本费用支出额定率核定;

③ 按照耗用的原材料、燃料、动力等推算或测算核定;

④ 按照其他的合理方法核定。采用上述三项所列一种方法不足以正确核定应纳税所

得额或应纳税额的，可以同时采用两种以上的方法核定。采用两种以上方法测算的应纳税额不一致时，可按测算的应纳税额从高核定。

（2）核定应税所得率征收

即税务机关按照一定的标准、程序和方法，预先核定纳税人的应税所得率，由纳税人根据纳税年度内的收入总额或成本费用等项目的实际发生额，按预先核定的应税所得率计算缴纳企业所得税的办法。

实行核定应税所得率征收办法时，应纳税额的计算公式为：

应纳所得税额＝应税所得额×适用税率

应纳税所得额＝收入总额×应税所得率

或　　＝成本费用支出额÷(1－应税所得率)×应税所得率

注意：应税所得率按表 6-1 规定的幅度标准确定。

表 6-1　各行业的应税所得率　（%）

行　业	应税所得率
农、林、牧、渔业	3～10
制造业	5～15
批发和零售贸易业	4～15
交通运输业	7～15
建筑业	8～20
饮食业	8～25
娱乐业	15～30
其他行业	10～30

3. 境外所得已纳税额的抵免

（1）直接抵免

企业取得的下列所得已在境外缴纳的所得税税额，可以从其当期应纳税额中抵免，抵免限额为该项所得依法计算的应纳税额；超过抵免限额的部分，可以在以后 5 个年度内，用每年度抵免限额抵免当年应抵税额后的余额进行抵补。

① 居民企业来源于中国境外的应税所得。

② 非居民企业在中国境内设立机构、场所，取得发生在中国境外但与该机构、场所有实际联系的应税所得。

注意：

（1）“已在境外缴纳的所得税税额”是指企业来源于中国境外的所得依照中国境外税收法律以及相关规定应当缴纳并已经实际缴纳的企业所得税性质的税款。

（2）“5 个年度”是指从企业取得的来源于中国境外的所得，已经在中国境外缴纳的企业所得税性质的税额超过抵免限额的当年的次年起连续 5 个纳税年度。

我国实行的是限额抵免办法。抵免限额是指企业来源于中国境外的所得依照税法规定计算的应纳税额。除国务院财政、税务主管部门另有规定外，该抵免限额应当分国（地区）不分项计算，计算公式如下：

抵免限额＝中国境内、境外所得依法计算的应纳税总额×来源于某国（地区）的应纳税所得额÷中国境内、境外应纳税所得总额

在确定纳税人当年实际应纳税款时，若纳税人在境外各国（地区）已缴纳的所得税税款小于或等于抵免限额，则按境外实际已缴纳税款抵免；纳税人在境外各国（地区）已缴纳的所得税税款大于抵免限额，则按抵免限额抵免（其超过部分，当年不能抵免，但可以在不超过5年的期限内，用以后年度税款抵免限额的余额补抵）。

【例6-4】 某企业2013年境内所得为7 200 000元，同期从境外取得所得2 800 000元，境外实际缴纳所得税600 000元。

要求：请计算该企业2013年应缴纳的所得税税额。

【解答】 所得税抵免限额＝(7 200 000＋2 800 000)×25％×2 800 000÷(7 200 000＋2 800 000)＝700 000(元)

境外实际缴纳所得税600 000元＜抵免限额700 000元，应按实抵免，即抵免600 000元。

应缴纳的所得税税额＝(7 200 000＋2 800 000)×25％－600 000＝1 900 000(元)

注意：

(1) 在确定实际抵免额时，是按二者之中较小的抵免；

(2) 抵免的是税额而不是应纳税所得额。

【例6-5】 仍以例6-4为例，假定该企业境外实际缴纳所得税1 000 000元，其他条件不变。

要求：请计算该企业本年度应缴纳的所得税税额。

【解答】 所得税抵免限额＝(7 200 000＋2 800 000)×25％×2 800 000÷(7 200 000＋2 800 000)＝700 000(元)

境外实际缴纳所得税1 000 000元＞抵免限额700 000元，应按抵免限额抵免，即抵免700 000元

应缴纳的所得税税额＝(7 200 000＋2 800 000)×25％－700 000＝1 800 000(元)

想一想： 尚未抵完的300 000元，应如何处理？

(2) 间接抵免

居民企业从其直接或者间接控制的外国企业分得的来源于中国境外的股息、红利等权益性投资收益，外国企业在境外实际缴纳的所得税税额中属于该项所得负担的部分，可以作为该居民企业的可抵免境外所得税税额，在上述规定的抵免限额内抵免。

注意：

(1) 所谓直接控制，是指居民企业直接持有外国企业20％以上股份。所谓间接控制，是指居民企业以间接持股方式持有外国企业20％以上股份。

(2) 企业依法抵免企业所得税税额时，应当提供中国境外税务机关出具的税款所属年度的有关纳税凭证。

税法视野　　**有关间接抵免的国际惯例**

实行间接抵免，有利于我国居民企业“走出去”，提高国际竞争力。从国际惯例看，实行间接抵免一般都要求以居民企业对外国公司有实质性股权参与为前提。美国、加拿大、英国、澳大利亚、墨西哥等国规定，本国公司直接或间接拥有外国公司10%以上有表决权的股票的，实行间接抵免；日本、西班牙规定的比例为25%以上。我国税法中首次引入间接抵免办法，并参考其他国家的做法，将持股比例限制为20%以上。

6.2.4　企业所得税的税收优惠

税法视野　　**两税合并税收优惠政策调整的主要原则及内容**

两税合并时税收优惠政策调整的主要原则：促进技术创新和科技进步，鼓励国家重点扶持的公共基础设施建设，鼓励农业发展及环境保护与节能节水，支持安全生产，统筹区域发展，促进公益事业和照顾弱势群体等，有效发挥税收优惠政策的导向作用，进一步促进国民经济全面、协调、可持续发展和社会全面进步，有利于构建和谐社会。

两税合并时税收优惠政策调整的主要内容：以产业倾斜为主、地区倾斜为辅，产业政策与地区政策相结合；减少区域性优惠，缩小区域性税负差距；区域性优惠政策由沿海向西部地区转移；税收优惠的形式由单一的直接减免税改为减计收入、加速折旧、加计扣除、降低税率、税额减免和税收抵免等多种方式。

(1) 国家对重点扶持和鼓励发展的产业和项目，给予企业所得税优惠。

(2) 企业从事农、林、牧、渔业项目的税收优惠，具体规定如下。

① 企业从事下列项目的所得，免征企业所得税：

A. 蔬菜、谷物、薯类、油料、豆类、棉花、麻类、糖料、水果、坚果的种植；

B. 农作物新品种的选育；

C. 中药材的种植；

D. 林木的培育和种植；

E. 牲畜、家禽的饲养；

F. 林产品的采集；

G. 灌溉、农产品初加工、兽医、农技推广、农机作业和维修等农、林、牧、渔服务业项目；

H. 远洋捕捞。

② 企业从事下列项目的所得,减半征收企业所得税:

A. 花卉、茶以及其他饮料作物和香料作物的种植;

B. 海水养殖、内陆养殖。

注意: 企业从事国家限制和禁止发展的项目,不得享受国家对重点扶持和鼓励发展的产业和项目规定的企业所得税优惠。

(3) 企业从事国家重点扶持的公共基础设施项目的投资经营的所得,自项目取得第一笔生产经营收入所属纳税年度起,第1年至第3年免征企业所得税,第4年至第6年减半征收企业所得税。

注意: 所称国家重点扶持的公共基础设施项目,是指《公共基础设施项目企业所得税优惠目录》规定的港口码头、机场、铁路、公路、城市公共交通、电力、水利等项目。

(4) 企业从事符合条件的环境保护、节能节水项目的所得,自项目取得第一笔生产经营收入所属纳税年度起,第一年至第3年免征企业所得税,第4年至第6年减半征收企业所得税。

记一记: 所称符合条件的环境保护、节能节水项目,包括公共污水处理、公共垃圾处理、沼气综合开发利用、节能减排技术改造、海水淡化等。项目的具体条件和范围由国务院财政、税务主管部门和国务院有关部门制定,报国务院批准后施行。

注意: 对企业依照3、4两条规定享受减免税优惠的项目,在减免税期限内转让的,受让方自受让之日起,可以在剩余期限内享受规定的减免税优惠;减免税期限届满后转让的,受让方不得就该项目重复享受减免税优惠。

(5) 在一个纳税年度内,居民企业技术转让所得不超过500万元的部分,免征企业所得税;超过500万元的部分,减半征收企业所得税。

(6) 对非居民企业取得的下列所得可免征企业所得税:

① 外国政府向中国政府提供贷款取得的利息所得;

② 国际金融组织向中国政府和居民企业提供优惠贷款取得的利息所得;

③ 经国务院批准的其他所得。

(7) 创业投资企业采取股权投资方式投资于未上市的中小高新技术企业2年以上的,可以按照其投资额的70%在股权持有满2年的当年抵扣该创业投资企业的应纳税所得额;当年不足抵扣的,可以在以后纳税年度结转抵扣。

(8) 企业的固定资产由于技术进步等原因,确需加速折旧的,可以缩短折旧年限或者采取加速折旧的方法。

记一记：可以采取缩短折旧年限或者加速折旧方法的固定资产包括：
(1) 由于技术进步，产品更新换代较快的固定资产；
(2) 常年处于强震动、高腐蚀状态的固定资产。

注意：采取缩短折旧年限方法的固定资产，最低折旧年限不得低于法定折旧年限的60%；采取加速折旧方法的固定资产，可以采取双倍余额递减法或者年数总和法。

(9) 企业以《资源综合利用企业所得税优惠目录》规定的资源作为主要原材料，生产国家非限制和禁止并符合国家和行业相关标准的产品取得的收入，减按90%计入收入总额。

注意：所称原材料占生产产品材料的比例不得低于《资源综合利用企业所得税优惠目录》规定的标准。

(10) 企业购置并实际使用《环境保护专用设备企业所得税优惠目录》《节能节水专用设备企业所得税优惠目录》和《安全生产专用设备企业所得税优惠目录》规定的环境保护、节能节水、安全生产等专用设备的，该专用设备的投资额的10%可以从企业当年的应纳税额中抵免；当年不足抵免的，可以在以后5个纳税年度结转抵免。

注意：享受上述规定的企业所得税优惠的企业，应当实际购置并自身实际投入使用上述规定的专用设备；企业购置上述专用设备在5年内转让、出租的，应当停止享受企业所得税优惠，并补缴已经抵免的企业所得税税款。

(11) 民族自治地方的自治机关对本民族自治地方的企业应缴纳的企业所得税中属于地方分享的部分，可以决定减征或者免征。自治州、自治县决定减征或者免征的，须报省、自治区、直辖市人民政府批准。对民族自治地方内从事国家限制和禁止行业的企业，不得减征或者免征企业所得税。

(12) 根据国民经济和社会发展的需要，或者由于突发事件等原因对企业经营活动产生重大影响的，国务院可以制定企业所得税专项优惠政策，报全国人民代表大会常务委员会备案。

注意：企业同时从事适用不同企业所得税待遇的项目的，其优惠项目应当单独计算所得，并合理分摊企业的期间费用；没有单独计算的，不得享受企业所得税优惠。

(13) 关于新旧税法更替的过渡措施：对已经批准设立的企业依照当时的税收法律、行政法规规定享受低税率优惠的，按照国务院的规定，可以在新法施行后5年内，逐步过渡到新法规定的税率；享受定期减免税优惠的，可以在新法施行后继续享受到期满为止，但因未获利而尚未享受优惠的，优惠期限从新法施行年度起计算。

法律设置的发展对外经济合作和技术交流的特定地区内，以及国务院已规定执行上述地区特殊政策的地区内新设立的国家需要重点扶持的高新技术企业,可以享受过渡性税收优惠。国家已确定的其他鼓励类企业,可以按照国务院的规定享受减免税优惠。

6.2.5 特别纳税调整

1.关联企业与业务往来

记一记: 关联方是指与企业有下列关联关系之一的企业、其他组织或者个人:
(1) 在资金、经营、购销等方面存在直接或者间接的控制关系;
(2) 直接或者间接地同为第三者控制;
(3) 在利益上具有相关联的其他关系。

(1) 独立交易原则

独立交易原则是指没有关联关系的交易各方,按照公平成交价格和营业常规进行业务往来遵循的原则。

企业与其关联方之间的业务往来,不符合独立交易原则而减少企业或者其关联方应纳税收入或者所得额的,税务机关有权按照合理方法调整。

问题解答 以上所称"合理方法"具体包括哪些?

答:以上所称"合理方法"具体包括:

(1) 可比非受控价格法,是指按照没有关联关系的交易各方进行相同或者类似业务往来的价格进行定价的方法;

(2) 再销售价格法,是指按照从关联方购进商品再销售给没有关联关系的交易方的价格,减除相同或者类似业务的销售毛利进行定价的方法;

(3) 成本加成法,是指按照成本加合理的费用和利润进行定价的方法;

(4) 交易净利润法,是指按照没有关联关系的交易各方进行相同或者类似业务往来取得的净利润水平确定利润的方法;

(5) 利润分割法,是指将企业与其关联方的合并利润或者亏损在各方之间采用合理标准进行分配的方法;

(6) 其他符合独立交易原则的方法。

(2) 成本分摊协议

企业与其关联方共同开发、受让无形资产,或者共同提供、接受劳务发生的成本,在计算应纳税所得额时应当按照独立交易原则达成成本分摊协议。

企业与其关联方分摊成本时,应当按照成本与预期收益相配比的原则进行分摊,并在税务机关规定的期限内,按照税务机关的要求报送有关资料。企业与其关联方分摊成本时违反上述规定的,其自行分摊的成本不得在计算应纳税所得额时扣除。

2. 预约定价安排

预约定价安排是指企业就其未来年度关联交易的定价原则和计算方法，向税务机关提出申请，与税务机关按照独立交易原则协商、确认后达成的协议。

企业可以向税务机关提出与其关联方之间业务往来的定价原则和计算方法，税务机关与企业协商、确认后，达成预约定价安排。

3. 关联业务往来报告与核定征收

企业向税务机关报送年度企业所得税纳税申报表时，应当就其与关联方之间的业务往来，附送年度关联业务往来报告表。

税务机关在进行关联业务调查时，企业及其关联方，以及与关联业务调查有关的其他企业，应当按照规定提供相关资料。企业不提供与其关联方之间业务往来资料或者提供虚假、不完整的资料，未能真实反映其关联业务往来情况的，税务机关有权依法核定其应纳税所得额，并可以采用下列方法进行核定：

(1) 参照同类或者类似企业的利润率水平核定；

(2) 按照企业成本加合理的费用和利润的方法核定；

(3) 按照关联企业集团整体利润的合理比例核定；

(4) 按照其他合理方法核定。

企业对税务机关按照上述规定的方法核定的应纳税所得额有异议的，应当提供相关证据，经税务机关认定后，调整核定的应纳税所得额。

问题解答　**企业及其关联方以及与关联业务调查有关的其他企业应提供的相关资料包括哪些？**

答：应提供的相关资料包括：

(1) 与关联业务往来有关的价格、费用的制定标准、计算方法和说明等同期资料；

(2) 关联业务往来所涉及的财产、财产使用权、劳务等的再销售(转让)价格或者最终销售(转让)价格的相关资料；

(3) 与关联业务调查有关的其他企业应当提供的与被调查企业可比的产品价格、定价方式以及利润水平等资料；

(4) 其他与关联业务往来有关的资料。

4. 避税港与受控外国公司

由居民企业，或者由居民企业和中国居民控制的设立在实际税负明显低于我国基准税率(25%)水平 50%的国家(地区)的企业，并非由于合理的经营需要而对利润不作分配或者减少分配的，上述利润中应归属于该居民企业的部分，应当计入该居民企业的当期收入。

注意:

(1) 中国居民是指根据《个人所得税法》的规定,就其从中国境内、境外取得的所得在中国缴纳个人所得税的个人。

(2) “控制”包括:

① 居民企业或者中国居民直接或者间接单一持有外国企业10%以上有表决权股份,且由其共同持有该外国企业50%以上股份;

② 居民企业,或者居民企业和中国居民持股比例没有达到第1项规定的标准,但在股份、资金、经营、购销等方面对该外国企业构成实质控制。

5. 资本弱化条款

企业从其关联方接受的债权性投资与权益性投资的比例超过规定标准而发生的利息支出,不得在计算应纳税所得额时扣除。

注意:

(1) 债权性投资是指企业直接或者间接从关联方获得的,需要偿还本金和支付利息或者需要以其他具有支付利息性质的方式予以补偿的融资。企业间接从关联方获得的债权性投资包括:① 关联方通过无关联第三方提供的债权性投资;② 无关联第三方提供的,由关联方担保且负有连带责任的债权性投资;③ 其他间接从关联方获得的具有负债实质的债权性投资。

(2) 权益性投资是指企业接受的不需要偿还本金和支付利息,投资人对企业净资产拥有所有权的投资。

6. 一般反避税条款

企业实施其他不具有合理商业目的的安排而减少其应纳税收入或者所得额的,税务机关有权按照合理方法调整。

注意: 所谓不具有合理商业目的,是指以减少、免除或者推迟缴纳税款为主要目的。

7. 纳税调整后的法律责任

税务机关根据税收法律、行政法规的规定,对企业作出特别纳税调整的,应当补征税款,并应对补征的税款,自税款所属纳税年度的次年6月1日起至补缴税款之日止的期间,按日加收利息,且加收的利息不得在计算应纳税所得额时扣除。

注意:

(1) 上述利息应当按照税款所属纳税年度中国人民银行公布的与补税期间同期的人民币贷款基准利率加5个百分点计算;企业依法提供有关资料的,可以只按上述规定的人民币贷款基准利率计算利息。

(2) 企业与其关联方之间的业务往来不符合独立交易原则,或者企业实施其他不具有合理商业目的的安排的,税务机关有权在该业务发生的纳税年度起10年内进行纳税调整。

6.2.6　企业所得税的申报与缴纳

1. 汇算清缴制度

企业所得税实行按年计算，分月或分季预缴，年终汇算清缴，多退少补的缴纳办法。

注意：企业分月或者分季预缴企业所得税时，应当按照月度或者季度的实际利润额预缴；按照月度或者季度的实际利润额预缴有困难的，可以按照上一纳税年度应纳税所得额的月度或者季度平均额预缴，或者按照经税务机关认可的其他方法预缴。预缴方法一经确定，该纳税年度内不得随意变更。

(1) 按月或按季预缴所得税的计算

预缴所得税的计算公式为：

应交所得税额＝月度或季度实际应税所得额×25%

或　　＝上年度应税所得额×1÷12(或 1/4)×25%

(2) 年终汇算清缴所得税的计算

计算公式为：

全年应交所得税额＝全年实际应税所得额×25%

多退少补所得税额＝全年应交所得税额—月或季已预缴所得税额

【例 6-6】　某企业 2012 年全年的应纳税所得额为 2 400 000 元，2013 年经税务机关同意按照前一纳税年度应纳税所得额的 1/12 预缴当年所得税。2013 年全年调整后的应纳税所得额为 3 000 000 元。

要求：请计算该企业每月预缴的所得税税额以及年终汇算清缴时补缴的所得税。

【解答】　该企业应缴税额分步计算如下：

2013 年全年每月预缴所得税应纳税额＝2 400 000÷12×25%＝50 000(元)

2013 年实际预缴所得税税额＝50 000×12＝600 000(元)

2013 年全年应缴纳所得税税额＝3 000 000×25%＝750 000(元)

年终汇算清缴时应补缴税额＝750 000－600 000＝150 000(元)

企业应当自月份或者季度终了之日起 15 日内，向税务机关报送《预缴企业所得税纳税申报表》，预缴税款，并于年度终了之日起 5 个月内，向税务机关报送《年度企业所得税纳税申报表》，并汇算清缴，结清应缴应退税款。企业在报送《企业所得税年度纳税申报表》时，应当按照规定附送财务会计报告和其他有关资料。

注意：企业在纳税年度内无论盈利或者亏损，都应当依照法定期限，向税务机关报送《预缴企业所得税纳税申报表》《企业所得税年度纳税申报表》、财务会计报告和税务机关规定应当报送的其他有关资料。

企业在年度中间终止经营活动的，应当自实际经营终止之日起 60 日内，向税务机关办理当期企业所得税汇算清缴。企业应当在办理注销登记前，就其清算所得向税务机关申报并依法缴纳企业所得税。

注意：清算所得是指企业的全部资产可变现价值或者交易价格减除资产净值、清算费用以及相关税费等后的余额。

《企业所得税年度纳税申报表》的内容及格式参见表 6-2。

企业缴纳的企业所得税应以人民币计算。所得以人民币以外的货币计算的，应当折合成人民币计算并缴纳税款。

表 6-2 企业所得税年度纳税申报表(A 类)

税款所属期间：　　年　月　日至　　年　月　日

纳税人名称：

纳税人识别号：□□□□□□□□□□□□□□□　　金额单位：元(列至角分)

类别	行次	项目	金额
利润总额计算	1	一、营业收入(填附表一)	
	2	减：营业成本(填附表二)	
	3	营业税金及附加	
	4	销售费用(填附表二)	
	5	管理费用(填附表二)	
	6	财务费用(填附表二)	
	7	资产减值损失	
	8	加：公允价值变动收益	
	9	投资收益	
	10	二、营业利润	
	11	加：营业外收入(填附表一)	
	12	减：营业外支出(填附表二)	
	13	三、利润总额(10＋11－12)	
应纳税所得额计算	14	加：纳税调整增加额(填附表三)	
	15	减：纳税调整减少额(填附表三)	
	16	其中：不征税收入	
	17	免税收入	
	18	减计收入	
	19	减、免税项目所得	
	20	加计扣除	
	21	抵扣应纳税所得额	
	22	加：境外应税所得弥补境内亏损	
	23	纳税调整后所得(13＋14－15＋22)	
	24	减：弥补以前年度亏损(填附表四)	
	25	应纳税所得额(23－24)	

续表

类别	行次	项目	金额
应纳税额计算	26	税率(25%)	
	27	应纳所得税额(25×26)	
	28	减：减免所得税额(填附表五)	
	29	减：抵免所得税额(填附表五)	
	30	应纳税额(27－28－29)	
	31	加：境外所得应纳所得税额(填附表六)	
	32	减：境外所得抵免所得税额(填附表六)	
	33	实际应纳所得税额(30＋31－32)	
	34	减：本年累计实际已预缴的所得税额	
	35	其中：汇总纳税的总机构分摊预缴的税额	
	36	汇总纳税的总机构财政调库预缴的税额	
	37	汇总纳税的总机构所属分支机构分摊的预缴税额	
	38	合并纳税(母子体制)成员企业就地预缴比例	
	39	合并纳税企业就地预缴的所得税额	
	40	本年应补(退)的所得税额(33－34)	
附列资料	41	以前年度多缴的所得税额在本年抵减额	
	42	以前年度应缴未缴在本年入库所得税额	

纳税人公章：	代理申报中介机构公章：	主管税务机关受理专用章：
经办人： 申报日期：　年　月　日	经办人及执业证件号码： 代理申报日期：　年　月　日	受理人： 受理日期：　年　月　日

注意：企业所得以人民币以外的货币计算的，在预缴企业所得税时应当按照月度或者季度最后一日的人民币汇率中间价，折合成人民币计算应纳税所得额。年度终了汇算清缴时，对已经按照月度或者季度预缴税款的，不再重新折合计算，只就该纳税年度内未缴纳企业所得税的部分，按照纳税年度最后一日的人民币汇率中间价，折合成人民币计算应纳税所得额。

经税务机关检查确认，企业少计或者多计前款规定的所得的，应当按照检查确认补税或者退税时的上一个月最后一日的人民币汇率中间价，将少计或者多计的所得折合成人民币计算应纳税所得额，再计算应补缴或者应退的税款。

2. 源泉扣缴制度

源泉扣缴是企业所得税的一种征收方式，是指以所得支付人为扣缴义务人，在每次向纳税人支付应税所得款项时，代为扣缴税款的做法。

例如，一家中国企业向一家美国企业购买一项技术，当谈判成功后，美国企业要输出此技术给中国企业，中国企业就得支付特许权使用费，依中国税法规定同时也是国际通用规则，当中国企业支付此笔款项的同时要扣缴美国企业应缴的企业所得税。

税法规定对非居民企业在中国境内未设立机构、场所的，或者虽设立机构、场所但取得的所得与其所设机构、场所没有实际联系的，其来源于中国境内的所得应缴纳的所得税，实行源泉扣缴，以支付人为扣缴义务人。税款由扣缴义务人在每次支付或者到期应支付时，从支付或者到期应支付的款项中扣缴。对非居民企业在中国境内取得工程作业和劳务所得应缴纳的所得税，税务机关可以指定工程价款或者劳务费的支付人为扣缴义务人。

问题解答 **哪些情形下可以指定扣缴义务人?**

答:可以指定扣缴义务人的情形具体包括:

(1) 预计工程作业或者提供劳务期限不足一个纳税年度,且有证据表明不履行纳税义务的;

(2) 没有办理税务登记或者临时税务登记,且未委托中国境内的代理人履行纳税义务的;

(3) 未按照规定期限办理企业所得税纳税申报或者预缴申报的。

上述规定的扣缴义务人,由县级以上税务机关指定,并同时告知扣缴义务人所扣税款的计算依据、计算方法、扣缴期限和扣缴方式。

对应当扣缴的所得税,扣缴义务人未依法扣缴或者无法履行扣缴义务的,由纳税人在所得发生地缴纳。纳税人未依法缴纳的,税务机关可以从该纳税人在中国境内其他收入项目的支付人应付的款项中,追缴该纳税人的应纳税款。在追缴该纳税人应纳税款时,税务机关应当将追缴理由、追缴数额、缴纳期限和缴纳方式等告知该纳税人。

注意:所称“支付人”是指依照有关法律规定或者合同约定对非居民企业直接负有支付相关款项义务的单位或者个人。

扣缴义务人每次代扣的税款,应当自代扣之日起 7 日内缴入国库,并向所在地的税务机关报送扣缴企业所得税报告表。

3. 纳税年度

企业所得税按纳税年度计算。纳税年度自公历 1 月 1 日起至 12 月 31 日止。

企业在一个纳税年度中间开业或者终止经营活动,使该纳税年度的实际经营期不足 12 个月的,应当以其实际经营期为一个纳税年度。

企业依法清算时,应当以清算期间作为一个纳税年度。

4. 纳税地点

居民企业以企业登记注册地为纳税地点,但登记注册地在境外的,以实际管理机构所在地为纳税地点,一般不得合并缴纳企业所得税;居民企业在中国境内设立不具有法人资格的营业机构的,应当汇总计算并缴纳企业所得税。

非居民企业在中国境内设立机构、场所的,对其所设机构、场所取得的来源于中国境内的所得,以及发生在中国境外但与其所设机构、场所有实际联系的所得,以机构、场所所在地为纳税地点;非居民企业在中国境内设立两个或者两个以上机构、场所的,经税务机关审核批准,可以选择由其主要机构、场所汇总缴纳企业所得税;非居民企业在中国境内未设立机构、场所的,或者虽设立机构、场所但取得的所得与其所设机构、场所没有实际联系的,其来源于中国境内的所得,以扣缴义务人所在地为纳税地点。

注意：

（1）所称“主要机构、场所”应当同时符合下列条件：

① 对其他各机构、场所的生产经营活动负有监督管理责任；

② 设有完整的账簿、凭证，能够准确反映各机构、场所的收入、成本、费用和盈亏情况。

（2）非居民企业经批准汇总缴纳企业所得税后，需要增设、合并、迁移、关闭机构、场所或者停止机构、场所业务的，应当事先由负责汇总申报缴纳企业所得税的主要机构、场所向其所在地税务机关报告；需要变更汇总缴纳企业所得税的主要机构、场所的，依照前款规定办理。

课外阅读

对企业“预收税”是竭泽而渔[1]

2013年一季度全国税收收入完成2.7万亿元，同比增长6.0%，低于同期GDP 7.7%的增速，也比税收年度增收目标8%低。不过，有多年基层征收经验的税务系统官员对记者表示，地方到年末时，超额完成年度征收目标，应问题不大（2013年5月12日《21世纪经济报道》）。

基层税务部门所谓超额完成全年征收目标问题不大，主要是说税务部门的“弹性征管空间”较大，在税收好年景里，企业可以少预缴一些；在不太好的年景里，企业多预缴一些。

从表面上来说，由于企业缴纳的税额一定，所以税款提前交还是滞后交，对企业影响不大，因此这种变通的做法也没有什么质疑的地方。其实，如果这么想，那是大错特错。

首先，企业流动性资金是非常紧张的，税款提前交纳则对企业来说就挤占了企业的流动性资金，如果这个企业流动性资金来源于银行贷款，那么就会多付利息，企业经营成本增加。同时，税款预交的前提是来年的会计年度里也能实现相应的税款让税务部门抵消，如果来年的会计年度里，企业没有实现预交的那么多税款，那么预交就是向企业摊派税款，让企业多负担税款，对于企业经营成本增加是非常明显的。

其次，每一个税种都有规定的纳税义务时间，这个纳税义务时间与企业的经营活动紧密相关。比如，增值税就是经营活动完成的次月15日内缴纳，企业所得税是年度后的5个月内缴纳。现在税务部门让企业提前交纳税款，就是没有遵守纳税义务发生的时间，存在程序违法等情况。税务部门作为执法部门，不能带头遵守税法规定，履行征税程序，那么怎么要求企业依法纳税，让企业遵守税法规定呢？

① http://hlj.rednet.cn/c/2013/05/15/3005780.htm。

再次,税务部门预收税款的实际上是竭泽而渔。我们知道,税收收入越是下降的时候,说明企业的经营状况非常糟糕,企业是纳税的主体,如果企业的经营状况越来越糟糕,也就越没用税收课征。正是从这个意义上来说,当税收收入处在下降的局势时,税务部门就必须注重涵养税源,该给企业减免的税收一定要减免,要把企业的税收负担降下来,让企业轻装上阵经营共度危机,为后来税收的大幅度增长奠定基础。现在,税务部门如果没有这种长远看法和涵养税源的意识,在税收收入下降的情况下,给企业增加压力,让企业多交税款,无疑就是竭泽而渔、"杀鸡取卵"式的税收征管方式,对于企业的发展和税收可持续增长是极为不利的举措。

最后,税务部门预征税款也扰乱市场秩序,给国家宏观调控政策决策带来不利影响。如果税务部门为了完成年度一定的任务指标,让企业预缴税款,而且这种预缴税款是很隐蔽的情况下发生的,宏观调控部门没有注意到这一情况,那么在一年一度的宏观经济调控政策定调决策的时候,就会误认为是企业的经营情况好转,相应的财政政策和货币政策制定就会按照企业经营情况好转作出,但实际情况是企业的经营情况更糟,因此作出了与企业经营需求相反的货币政策,宏观调控政策无法按照市场经济的需求发挥。另外,税务部门通过企业预交的形式完成年度收入任务,那么政府在做国民经济和社会发展预算的时候,会根据预交带来的财政收入基数作出来年预算安排,但是来年由于预交,在经济没有大的好转的情况下,税务部门不可能年年靠预交完成政府预算的财政收入税额,那么这样势必就会形成财政收入更大的压力,一旦无法按照预交循环模式完成税收收入任务,就导致政府收支失衡,这对经济的可持续发展也是极不利的举措。

本章小结

在中华人民共和国境内的企业和其他取得收入的组织为企业所得税的纳税人,其中,企业依注册地标准和实际管理机构所在地标准划分为居民企业和非居民企业,分别承担无限和有限的纳税义务。

企业所得税的基本税率为25%,另有针对小型微利企业和高新技术企业的优惠税率。

企业每一纳税年度的收入总额,减除不征税收入、免税收入、各项扣除以及允许弥补的以前年度亏损后的余额为企业所得税的应纳税所得额。其中,关于捐赠支出、业务招待费、广告费和业务宣传费等项目,《企业所得税法》及其实施细则均有限制性的税前扣除规定。

企业的应纳税所得额乘以适用税率,减除按规定应减免和抵免的税额后的余额为应纳税额。企业取得的特定所得已在境外缴纳的所得税税额,可以从其当期应纳税额中依法抵免。

国家对重点扶持和鼓励发展的产业和项目给予企业所得税优惠。

企业与其关联方之间的业务往来应遵循独立交易原则。税法分别制定了针对关联企业转移定价、资本弱化、避税港避税等行为的纳税调整事项。

企业所得税采取分月或者分季预缴办法,并应当自年度终了之日起5个月内,向税务机关报送《企业所得税年度纳税申报表》,汇算清缴,结清应缴应退税款。企业在报送《年度企业所得税纳税申报表》时，应当按照规定附送财务会计报告和其他有关资料。

自测练习

一、学习思考

1. 试比较新《企业所得税法》实施前后的主要差异。
2. 居民企业和非居民企业的划分标准是什么，二者的纳税义务有什么不同？
3. 为什么要在新《企业所得税法》中增加有关特别纳税调整的内容？

二、案例分析

2014 年年初，某国有企业向税务机关报送 2013 年《企业所得税纳税申报表》，其中，2013 年实现企业产品销售收入 10 000 000 元，扣除成本、费用、税金后，利润总额为 −100 000 元，应纳税所得额为 −100 000 元。税务机关在对该企业进行查账稽核时发现以下几项涉税问题：

1. 企业当年实际在“管理费用”中列支的业务招待费为 120 000 元；
2. 企业在“营业外支出”中列支非公益性捐赠 20 000 元，另有向关联企业的赞助支出10 000 元。
3. 企业当年度因违反国家有关排污规定被处罚款 5 000 元；
4. “财务费用”账户中利息支出金额 100 000 元，其中 70 000 元为本企业发生的年利率为 14%的向非金融机构借款的利息支出（银行同类同期贷款利率假定为 10%）；
5. “投资收益”明细账中，列有国库券利息收入 2 000 元；
6. 企业当年为开发新产品实际发生技术开发费用 20 000 元，企业在进行纳税申报时未作调整。

要求：请计算该企业 2013 年应缴纳的所得税税额（假定该企业符合小型微利企业的条件）。

三、能力训练

某企业 2012 年全年的应纳税所得额 3 600 000 元，2013 年经税务机关同意按照前一纳税年度应纳税所得额的 1/12 预缴当年所得税。2013 年全年调整后的应纳税所得额为 4 000 000 元。

要求：请计算该企业每月预缴的所得税税额以及年终汇算清缴时补缴的所得税税额。

第7章 个人所得税法

学习目标

【知识目标】

1. 理解并掌握个人所得税的基本法律规定
2. 理解并掌握个人所得税的概念
3. 了解个人所得税的征收管理

【能力目标】

1. 能够熟悉并把握我国个人所得税应纳税额的计算方法
2. 能够熟悉并把握我国个人所得税的计征管理
3. 能够正确处理我国个人所得税的纳税申报事宜

7.1 个人所得税的基本法律

7.1.1 个人所得税的纳税人

记一记：个人所得税法是指国家制定的用以调整个人所得税征收与缴纳之间权利与义务关系的法律规范。个人所得税是以个人(自然人)取得的各项应税所得为对象征收的一种税。在我国,个人所得税是对中国境内有住所,或者无住所而在境内居住满1年的个人,就其来源于中国境内、境外的所得,以及在中国境内无住所又不居住,或者无住所而在境内居住不满1年的个人,就其来源于中国境内的所得征收的一种税。

现行个人所得税的基本法律规范包括:在1993年10月31日第八届全国人大第4次会议通过的,于1994年1月1日起施行的《个人所得税法》;在2005年10月27日第十届人大常委会第18次会议第3次修订通过并于2006年1月1日起施行的《个人所得税法》;以及2008年2月18日温家宝总理签署国务院令公布,自2008年3月1日起施行的《国务院关于修改〈中华人民共和国个人所得税法实施条例〉的决定》;2011年7月1日第十届全国人大常委会第21次会议再次针对《个人所得税法》作出修改,并自2011年9月1日起实施新的个税办法。

我国个人所得税的纳税义务人是指中国公民、个体工商业户以及在中国有所得的外籍人员(包括无国籍人员)和香港、澳门、台湾同胞。按照住所和居住时间两个标准,个人所得税的纳税义务人可分为居民纳税人和非居民纳税人两类。个人独资企业和合伙企业投资者也是个人所得税的纳税人。

1. 居民纳税人

居民纳税人是指在中国境内有住所,或者无住所而在中国境内居住满1年的个人,居民纳税义务人负有无限纳税义务。

所谓在中国境内有住所的个人，是指因户籍、家庭、经济利益关系而在中国境内习惯性居住的个人。这里所说的习惯性居住，是判定纳税人是居民或非居民的一个法律意义上的标准，不是指实际居住地或在某一个特定时期内的居住地。如因学习、工作、探亲、旅游等而在中国境外居住，在其原因消除以后，必须回到中国境内居住的个人，则中国即为该纳税人的习惯性居住地。

所谓在中国境内居住满 1 年，是指在一个纳税年度内，在中国境内居住满 365 天。在计算居住天数时，对临时离境应视同在华居住，不扣减其在华居住的天数。这里所说的“临时离境”是指在一个纳税年度内，一次离境不超过 30 日或累计不超过 90 日。同时，我国现行《个人所得税法》本着从宽、从简的原则，对在中国境内无住所，但居住满 1 年而未超过 5 年的个人，其来源于中国境外的所得，经主管税务机关批准，可以只就中国境内公司、企业以及其他经济组织或者个人支付的部分缴纳个人所得税；个人在中国境内居住满 5 年后，从第 6 年起的以后年度中凡在境内居住满 1 年的，应当就其来源于中国境外的全部所得缴纳个人所得税。这里的“个人在中国境内居住满 5 年”，是指个人在中国境内连续居住满 5 年，即在连续 5 年中的每一纳税年度内均居住满 1 年。

税法视野　**居民纳税人判定标准的国际惯例**

一国政府在行使税收管辖权之前，首先要明确纳税人是否属于本国居民。在国际惯例上，确定为本国居民的标准主要有三个：一是法律标准，即凡是本国的公民和有居留证明的外国侨民都属于本国居民，其他属于非居民；二是户籍标准（住所标准），即凡是在一国拥有永久性住所或习惯性住所的跨国自然人（包括该国公民和外国人）都是该国居民，没在该国拥有住所的人则为非居民；三是时间标准，即在本国居住或停留超过（或达到）一定时间的跨国自然人（包括该国公民和外国人）为本国居民，没有达到居住时间的为非居民。

2. 非居民纳税人

非居民纳税人是指习惯性居住地不在中国境内，而且不在中国境内居住或者一个纳税年度内在中国境内居住不满 1 年的个人，非居民纳税人承担有限纳税义务。

非居民纳税人负有限纳税义务，应就其来源于中国境内的所得，向中国缴纳个人所得税。在现实生活中，非居民纳税人实际上是在一个纳税年度中，没有在中国境内居住，或者在中国境内居住不满 1 年的外籍人员或香港、澳门、台湾同胞。

对于在中国境内无住所而在一个纳税年度内在中国境内连续或累计工作不超过 90 日（或者在税收协定规定的期间内，在中国境内连续或累计居住不超过 183 日）的个人，由中国境外雇主支付并且不是由该雇主设在中国境内机构负担的工资、薪金所得，免缴个人所得税，仅就其实际在中国境内工作期间由中国境内企业或个人雇主支付或由中国境内机构负担的工资、薪金所得纳税。对于在中国境内无住所，但在一个纳税年度中在中国境内连续或累计工作超过 90 日（或在税收协定规定的期间内，在中国境内连续或累计居住超过 183 日）

但不满1年的个人,其实际在中国境内工作期间取得的由中国境内企业或个人雇主支付和由境外企业或个人雇主支付的工资、薪金所得,均应缴纳个人所得税。至于个人在中国境外工作期间取得的工资、薪金所得,除担任中国境内企业董事或高层管理人员,并在境外履行职务而由境内企业支付董事费或工资、薪金所得之外,不缴纳个人所得税。

自2004年7月1日起,对境内居住的天数和境内实际工作期间以以下规定为准:对在中国境内无住所而在境内工作的个人,对其入境、离境、往返或多次往返境内外的当日,均按一天计算其在华实际逗留天数;对在中国境内、境外同时担任职务或仅在境外机构任职的境内无住所个人,对其入境、离境、往返或多次往返境内外的当日,均按半天计算其在华实际工作天数。

记一记: 个人所得税居民纳税人和非居民纳税人的判定标准与纳税义务。

纳税人分类 \ 内容	判定标准	纳税义务
居民纳税人	1. 在中国境内有住所的个人 2. 在中国境内无住所,但在中国境内居住满1年(即公历1月1日起至12月31日止)的个人	负无限纳税义务,就其来源于中国境内、境外的所得,向中国缴纳个人所得税
非居民纳税人	1. 在中国境内无住所且不居住的个人 2. 在中国境内无住所且居住不满1年的个人	负有限纳税义务,仅就其来源于中国境内的所得,向中国缴纳个人所得税

7.1.2 个人所得税的征税对象

1. 工资、薪金所得

工资、薪金所得指个人因任职或者受雇而取得的工资、薪金、奖金、年终加薪、劳动分红、津贴、补贴以及与任职或受雇有关的其他所得。

一般来说,工资、薪金所得属于非独立个人劳动所得。所谓非独立个人劳动,是指个人所从事的由他人指定、安排并接受管理的劳动、工作或服务于公司、工厂、行政、事业单位。通常情况下,把直接从事生产、经营或服务的劳动者的收入称为工资,而将从事社会公职或管理活动的劳动者的收入称为薪金。

除工资、薪金以外,奖金、年终加薪、劳动分红、津贴、补贴也属于工资范畴。根据我国目前个人收入的构成情况,对于一些不属于工资、薪金性质的补贴、津贴或者不属于纳税人本人工资、薪金所得项目的收入,不予征税。这些项目包括:独生子女津贴;执行公务员工资制度,未纳入基本工资总额的补贴、津贴差额和家属成员的副食品补贴;托儿补助费;差旅费津贴、误餐补助(单位以误餐的名义发放的补助除外)。其中,误餐补助是指按照财政部规定,个人因公在城区、郊区工作,不能在工作单位或返回就餐的,根据实际误餐顿数,按规定的标准领取的误餐费。

查一查: 在计算个人所得税时,工资、薪金所得中一般不包括哪些项目?

2. 个体工商户的生产经营所得

(1) 个体工商户从事工业、手工业、建筑业、交通运输业、商业、饮食业、服务业、修理业以及其他行业生产经营取得的所得。

(2) 个人经政府批准，取得执照，从事办学、医疗咨询及其他有偿服务的所得，私人诊所的医生、医师、律师及会计师的独立活动。

(3) 其他个人从事个体工商业生产、经营取得的所得。

(4) 上述个体工商户和个人取得的与生产经营有关的各项应税所得。

(5) 个人独资企业和合伙企业的个人投资者以企业资金为本人家庭、成员及其相关人员支付与企业生产经营无关的消费性支出及购买汽车、住房等财产性支出视为企业对个人投资者利润分配，并入投资者个人的生产经营所得，依照“个体工商户的生产经营所得”项目计征个人所得税。

3. 对企事业单位的承包、承租经营所得

对企事业单位的承包、承租经营所得是指个人承包、承租经营以及转包、转租取得的所得，包括个人按月或者按次取得的工资、薪金性质的所得。个人对企事业单位的承包、承租经营形式大体可分为以下两类。

(1) 个人对企事业单位承包、承租经营后，工商登记改为个体工商户的，应按个体户的经营所得项目征收个人所得税，不再征收企业所得税。

(2) 个人对企事业单位承包、承租经营后，工商登记仍为企业的，不管其分配方式如何，均应先按规定征收企业所得税，然后对承包、承租经营者按合同规定取得的所得，依法缴纳个人所得税，具体为：

① 承包、承租人对经营成果不拥有所有权，仅按合同或协议取得一定所得的，其所得应按工资、薪金所得项目征税；

② 承包、承租人按合同规定只向发包方、出租方交纳一定费用后，企业经营成果归承包、承租人所有的，其取得的所得，按企事业单位承包经营、承租经营所得项目征收个人所得税。

4. 劳务报酬所得

劳务报酬所得是指个人从事设计、装潢、安装、制图、化验、测试、医疗、法律、会计、咨询、讲学、新闻、广播、翻译、审稿、书画、雕刻、影视、录音、录像、演出、表演、广告、展览、技术服务、介绍服务、经济服务、代办服务及其他劳务报酬的所得。

个人担任董事职务所取得的董事费收入，按劳务报酬所得征税。

问题解答　**工资、薪金与劳务报酬有什么不同？**

答：是否存在雇佣与被雇佣的关系，是判断一种收入是属于劳务报酬所得，还是属于工资、薪金所得的重要标准。劳务报酬所得是个人独立从事某种技艺，独立提供某种劳务而取得的所得，工资、薪金所得则是个人从事非独立劳动，从所在单位领取的报酬。后者存在雇佣与被雇佣的关系，而前者则不存在这种关系。

5. 稿酬所得

稿酬所得是指个人因其作品以图书、报刊形式出版、发行而取得的所得。作者去世后，财产继承人取得的遗作稿酬，亦应征收个人所得税。

根据国税函〔2002〕146号文件，对报刊、杂志、出版等单位的职员在本单位的刊物上发表作品、出版图书取得的所得规定如下：任职、受雇于报纸杂志等单位的记者、编辑等专业人员，因在本单位的报刊、杂志上发表作品取得的所得，属于因任职、受雇而取得的所得，应与其当月工资收入合并，按工资、薪金所得项目征收个人所得税。

6. 特许权使用费所得

特许权使用费所得是指个人提供专利权、商标权、著作权、非专利技术以及其他特许的使用权取得的所得。

提供著作权的使用权取得的所得，不包括稿酬的所得，对于作者将自己的文字作品手稿原件或复印件公开拍卖取得的所得，应按特许权使用费所得征收个人所得税。

7. 利息、股息、红利所得

利息、股息、红利所得是指个人拥有债券、股权而取得的利息、股息、红利所得。

8. 财产租赁所得

财产租赁所得是指个人出租建筑物、土地使用权、机器设备、车船以及其他财产取得的所得。

9. 财产转让所得

财产转让所得是指个人转让有价证券、股权、建筑物、土地使用权、机器设备、车船以及其他财产取得的所得。

10. 偶然所得

偶然所得指得奖、中奖、中彩以及其他性质的所得。其中，得奖是指参加各种有奖竞赛活动，取得名次获得的奖金；中奖、中彩是指参加各种有奖活动，如有奖销售、有奖储蓄或购买彩票，经过规定程序，抽中、摇中号码而取得的奖金。

11. 经国务院财政部门批准的其他所得

7.1.3 个人所得税的税率

我国个人所得税采用分类所得税制，对不同的所得项目分别确定不同的适用税率和不同的税率形式。采用的税率形式分别为比例税率和超额累进税率。适用的税率具体规定如下。

(1) 工资、薪金所得，适用7级超额累进税率，税率为5%～45%(参见表7-1)。

表7-1 个人所得税税率表(工资、薪金所得适用)

级 数	全月应纳税所得额	税率(%)	速算扣除数
1	不超过1 500元的部分	3	0
2	超过1 500～4 500元的部分	10	105
3	超过4 500～9 000元的部分	20	555
4	超过9 000～35 000元的部分	25	1 005
5	超过35 000～55 000元的部分	30	2 755
6	超过55 000～80 000元的部分	35	5 505
7	超过80 000元的部分	45	13 505

(2) 个体工商户的生产经营所得和对企事业单位的承包经营、承租经营所得以及个人独资企业和合伙企业的生产经营所得，适用 5%～35%的 5 级超额累进税率(参见表 7-2)。

表 7-2　个人所得税税率表

(个体工商户的生产经营所得和对企事业单位的承包经营、承租经营所得适用)

级　数	全年应纳税所得额	税率(%)	速算扣除数
1	不超过 15 000 元的部分	5	0
2	超过 15 000 元～30 000 元的部分	10	750
3	超过 30 000 元～60 000 元的部分	20	3 750
4	超过 60 000 元～100 000 元的部分	30	9 750
5	超过 100 000 元的部分	35	14 750

(3) 稿酬所得，适用比例税率，税率为 20%，并按应纳税额减征 30%，故实际税率为 14%。

(4) 劳务报酬所得，适用比例税率，税率为 20%。

对劳务报酬所得一次收入奇高的，可以实行加成征收。所谓劳务报酬所得一次收入奇高，是指个人一次取得劳务报酬，其应纳税所得额超过 20 000 元。对应纳税所得额超过 20 000～50 000 元的部分，依照税法规定计算应纳税额后再按照应纳税额加征五成。因此，劳务报酬所得实际上适用 20%、30%、40%的 3 级超额累进税率(参见表 7-3)。

表 7-3　个人所得税税率表

(劳务报酬所得适用)

级　数	应纳税所得额	税率(%)	速算扣除数
1	不超过 20 000 元的部分	20	0
2	超过 20 000 元～50 000 元的部分	30	2 000
3	超过 50 000 元的部分	40	7 000

(5) 特许权使用费所得，利息、股息、红利所得，财产租赁所得，财产转让所得，偶然所得和其他所得，适用比例税率，税率为 20%(注：从 2007 年 8 月 15 日起，居民储蓄存款利息所得的个人所得税率下调为 5%。国务院决定从 2008 年 10 月 9 日起对储蓄存款利息所得暂免征收个人所得税)。

问题解答

目前在个人的所得中，

哪些所得实行超额累进税率，哪些实行比例税率？

答：工资、薪金所得，个体工商户的生产经营所得和对企事业单位的承包经营、承租经营所得以及劳务报酬所得实行超额累进税率。

稿酬所得，特许权使用费所得，利息、股息、红利所得，财产租赁所得，财产转让所得，偶然所得和其他所得，适用比例税率。

7.1.4 个人所得税的税收优惠

1. 免税项目

(1) 省级人民政府、国务院部委和中国人民解放军军以上单位,以及外国组织、国际组织颁发的科学、教育、技术、文化、卫生、体育、环保等方面的奖金。

(2) 国债利息和国家发行的金融债券利息。其中,国债利息是指个人持有的中华人民共和国财政部发行的债券而取得的利息;国家发行的金融债券利息是指个人持有经国务院批准发行的金融债券而取得利息。

(3) 按照国家统一规定发给的补贴、津贴。这里指按照国务院规定发给的政府特殊津贴和国务院规定免纳个人所得税的补贴、津贴。发给中国科学院资深院士和中国工程院资深院士每人每年1万元的资深院士津贴免征个人所得税。

(4) 福利费、抚恤金、救济金。其中,福利费是指根据国家有关规定,从企事业单位、国家机关、社会团体提留的福利费或工会经费中支付给个人的生活补助费;抚恤金又称抚恤费,是由国家或有关单位依照有关规定发放给死者家属或伤残职工的费用;救济金是指国家民政部门支付给个人的生活困难补助费。

(5) 保险赔款。

(6) 军人的转业费、复员费。

(7) 按照国家统一规定发给干部、职工的安家费、退职费、退休工资、离休工资、离休生活补助费。

对离休、退休干部和职工利用一技之长和经验再就业取得的工资、薪金所得,应区别于免税的退休工资、离休工资和离休生活补助费,依法征收个人所得税。此外,离退休人员取得除免税的离退休工资、离休生活补助费以外的其他各项所得,也应依法缴纳个人所得税。实行内部退养的个人,在其办理内部退养手续后至法定离退休年龄之间从原任职单位取得的工资、薪金,不属于离退休工资,须按工资、薪金所得项目缴纳个人所得税。

(8) 依照我国有关法律规定应予免税的各国驻华使馆、领事馆的外交代表、领事官员和其他人员的所得。

(9) 中国政府参加的国际公约、签订的协议中规定免税的所得。

(10) 企业和个人按规定比例提取并交付的住房公积金、医疗保险金、基本养老保险金和失业保险基金(以下简称"三保一金"),免征个人所得税;个人领取"三保一金"免征个人所得税;按规定比例交付的"三保一金"存入银行个人账户所取得的利息收入,免征个人所得税。

(11) 乡镇以上政府或县以上政府主管部门批准成立的见义勇为基金会或者类似组织,奖励见义勇为者的奖金或奖品,经主管税务机关批准,免征个人所得税。

(12) 经国务院财政部门批准免税的所得。

2. 减税项目

(1) 残疾、孤老人员和烈属的所得。

(2) 因严重自然灾害造成重大损失的。

(3) 因其他经国务院财政部门批准减免的项目。

上述减免项目的减征幅度和期限,由省、自治区、直辖市人民政府规定。

3. 暂免征税项目

(1) 根据世界银行专项贷款协议,由世界银行直接派来我国工作的外国专家。

(2) 联合国组织直接派来我国工作的专家。

(3) 为联合国援助项目来华工作的专家。

(4) 援助国派来我国,专为该国无偿援助项目工作的专家。

(5) 根据两国政府签订文化交流项目,来华工作2年以内的文教专家,其工资、薪金所得由该国负担的。

(6) 根据我国大专院校国际交流项目,来华工作2年以内的文教专家,其工资、薪金所得由该国负担的。

(7) 通过民间科研协定来华工作的专家,其工资、薪金所得由该国政府机构负担的。

4. 其他税收优惠

(1) 外籍个人以非现金形式或实报实销形式取得的住房补贴、伙食补贴、搬迁费、洗衣费。

(2) 外籍个人按合理标准取得的境内外出差补贴。

(3) 外籍个人取得的探亲费、语言训练费、子女教育费等,经当地税务机关审核批准为合理的部分。

(4) 外籍个人从外商企业取得的股息、红利所得。

(5) 个人举报、协查各种违法犯罪行为而获得的奖金。

(6) 个人办理代扣代缴税款手续,按规定取得扣缴手续费。

(7) 个人转让自用达5年以上,并且是唯一的家庭生活用房取得的所得。

(8) 对个人购买福利彩票、体育彩票,一次中奖收入在1万元以下的(含1万元)暂免征收个人所得税,超过1万元的全额征收个人所得税。

(9) 达到离退休年龄,但却因工作需要,适当延长离退休年龄的高级专家(指享受国家发放的政府特殊津贴的专家、学者),其在延长离退休期间的工资、薪金所得,视同离退休工资免征个人所得税。

(10) 对个人转让上市公司股票的所得,暂免征收个人所得税。

7.2　个人所得税的计征管理

7.2.1　个人所得税应纳税额的计算

1. 工资、薪金所得应纳税额的计算

(1) 应纳税所得额的确定

个人所得税的计税依据是纳税人取得的应纳税所得额。应纳税所得额是个人取得的各项应税所得减去税法规定的扣除项目或扣除金额之后的余额。正确计算应纳税所得额是依法征收个人所得税的基础和前提。

纳税人取得的应纳税所得包括现金、实物和有价证券。所得为实物的,应当按照取得实物的凭证上所注明的价格,计算应纳税所得额;无凭证的实物或者凭证上所注明的价格明显偏低的,由主管税务机关参照当地的市场,核定应纳税所得额;所得为有价证券的,由主管税务机关根据票面价格和市场价格核定应纳税所得额。

工资、薪金所得每月收入额减除3 500元费用(自2011年9月1日开始)后的余额为应纳税所得额,但是对在中国境内无住所而在中国境内取得工资、薪金所得的纳税人和在中国境内有住所而在中国境外取得工资、薪金所得的纳税人,税法根据其收入水平,确定附加减除费用。

附加减除费用的标准和适用范围:

① 附加减除费用的标准是4 800元。

② 附加减除费用的适用范围包括:在中国境内的外商投资外国企业中工作的外籍人员;应聘在中国境内的企业、事业单位、社会团体、国家机关中工作的外籍专家;在中国境内有住所而在中国境外任职或者受雇取得工资、薪金所得的个人;财政部确定的其他人员。

其计算公式为:

应纳税所得额=月工资、薪金收入-3 500(或4 800)

(2) 应纳税额的计算

工资薪金所得适用9级超额累进税率,按月收入定额扣除3 500元或4 800元后的余额为应纳税所得额,计算公式为:

应纳税额=应纳税所得额×税率-速算扣除数

【例7-1】 某中国公民2013年10月取得工资收入6 800元。

要求:试计算该中国公民当月应缴纳的个人所得税税额。

【解答】 应缴纳的个人所得税税额=(6 800-3 500)×10%-105=225(元)

2. 个体工商户生产、经营所得应纳税额的计算

(1) 应纳税所得额的确定

对实行查账征收的个体工商户,其应纳税所得额为每一纳税年度的收入总额,减除成本费用以及损失后的余额,计算公式为:

应纳税所得额=收入总额-(成本+费用+损失+准予扣除的税金)

① 收入总额

个体工商户的收入总额是指个体工商户从事生产经营以及与生产经营有关的活动所取得的各项收入,包括商品销售收入、营运收入、劳务服务收入、工程价款收入、财产出租收入或转让收入、利息收入、其他收入和营业外收入。

② 准予扣除的项目

A. 成本、费用

成本、费用是指个体工商户从事生产经营所发生的各项直接费用和间接费用。其中,直接费用是指在生产经营活动中所发生的材料费、人工费及制造费用;间接费用是为组织生产和管理活动所发生的管理费用、销售费用和财务费用。

B. 损失

损失是指个体工商户在生产经营过程中发生的各项营业外支出,包括固定资产盘亏、报废、毁损和出售的净损失。

C. 税金

税金是指个体工商户按规定缴纳的消费税、营业税、城建税、资源税、土地使用税、土地增值税、房产税、车船税、印花税、耕地占用税,以及教育费附加等。

③ 准予在所得税前列支的其他项目及列支标准

A. 个体工商户在生产经营过程中的借款利息,未超过中国人民银行规定的同类、同期贷款利率计算的数额部分,准予扣除。

B. 个体工商户发生的与生产经营有关的财产保险、运输保险以及从业人员的养老、医

疗保险及其他保险费用支出，按国家有关规定的标准计算扣除。

C. 个体工商户发生的与生产经营有关的修理费，可以据实扣除。

D. 个体工商户按规定缴纳的工商管理费、个体劳动者协会会费、摊位费，按实际发生数扣除。

E. 个体工商户发生的与生产经营所得有关的业务招待费，由其提供合法的凭证或单据，经主管税务机关审核后，按照实际发生的60%扣除，但是最高不超过销售收入的5‰。

F. 个体工商户将其所得通过中国境内的社会团体、国家机关向教育和其他社会公益事业以及遭受严重自然灾害地区、贫困地区的捐赠，捐赠额不超过其应纳税所得额30%的部分可以据实扣除。纳税人直接给受益人的捐赠不得扣除。

G. 个体工商户的年度经营亏损，经主管税务机关审核批准后，允许用下一年度的经营所得弥补。下一年度所得不足弥补的，允许逐年连续弥补，但最长不得超过5年。

H. 个体工商户在生产经营过程中发生的与家庭生活混用的费用，由主管税务机关核定分摊比例，属于生产经营过程中发生的费用准予扣除。

④ 不得在税前列支的项目

不得在税前列支的项目包括：资本性支出；被没收的财物、支付的罚款；缴纳的个人所得税、税收滞纳金、罚款；各种赞助支出；自然灾害或意外事故损失有赔偿的部分；业主的工资支出；分配给投资者的股利。

注意：根据财政部、国家税务总局《关于调整个体工商户业主 个人独资企业和合伙企业自然人投资者个人所得税费用扣除标准的通知》(财税〔2011〕62号)的规定，自2011年9月1日起，对个体工商户业主、个人独资企业和合伙企业投资者的生产经营所得依法计征个人所得税时，个体工商户业主、个人独资企业和合伙企业投资者本人的费用扣除标准统一确定为42 000元/年(3 500元/月)。

(2) 应纳税额的计算

个体工商户的生产经营所得适用5级超额累进税率，其计算公式为：

应纳税额＝应纳税所得额×税率－速算扣除数

由于个体工商户生产、经营所得的应纳税额实行按年计算、分月或分季预缴、年终汇算清缴、多退少补的方法。因此，在实际工作中，需要分别计算按月(季)预缴税款和年终汇算清缴税款，计算公式为：

本月应预缴税额＝本月累计应纳税所得额×适用税率－速算扣除数－上月累计已预缴税额

上述公式中的税率是指与计算应纳税额的月份累计应纳税所得额对应的税率。

全年应纳税额＝应纳税所得额×税率－速算扣除数

应补(退)税额＝全年应纳税额－全年累计已预缴税额

【例7-2】 某市大华酒家系个体经营户，2013年12月取得营业额120 000元，购进菜、肉、蛋、面粉等原料费60 000元，缴纳电、水、煤气、房租等费用15 000元，缴纳其他税费6 600元。当月支付给4名雇工工资2 000元，1—11月累计应纳税所得额55 600元，1—11月累计已预缴的个人所得税14 397.5元。

要求：试计算大华酒家2013年12月应缴纳的所得税税额。

【解答】 12 月应缴纳的所得税税额分步计算如下：

12 月大华酒家应纳税所得额＝120 000 － 60 000 － 15 000 － 6 600 － 2 000 － 3 500＝32 900(元)

大华酒家全年累计应纳税所得额＝55 600＋32 900＝88 500(元)

12 月应缴纳的所得税税额＝88 500×30%－ 9 750 － 14 397.5＝2 402.5(元)

3. 对企事业单位承包、承租经营所得应纳税额的计算

(1) 应纳税所得额的确定

对企事业单位承包经营、承租经营所得是以每一纳税年度的收入总额，减除必要费用后的余额为应纳税所得额。其中，收入总额是指纳税人按照承包经营、承租经营合同规定分得的经营利润和工资、薪金性质的所得，计算公式为：

应纳税所得额＝个人承包、承租经营收入总额－每月 3 500 元

(2) 应纳税额的计算

对企事业单位承包经营、承租经营所得适用 5 级超额累进税率，计算公式为：

应纳税额＝应纳税所得额×税率－速算扣除数

【例 7-3】 范某 2013 年承包某商店，期限为 1 年，取得承包所得 47 000 元，此外还领取工资 1 500 元/月。

要求：请计算范某应缴纳的个人所得税税额。

【解答】 应纳税所得额＝(47 000＋12×1 500)－8×2 000—3 500×4＝35 000(元)

应缴纳的个人所得税税额＝35 000×20%－ 3 750＝3 250(元)

实行承包、承租经营所得的纳税人，应以每一纳税年度的承包、承租经营所得计算纳税。纳税人在一个纳税年度内分次取得承包、承租经营所得的，应在每次取得承包、承租经营所得后预缴税款，年终汇算清缴，多退少补。如果纳税人的承包、承租期在一个纳税年度内，经营不足 12 个月的，应以其实际承包、承租经营的期限为一个纳税年度计算纳税，计算公式为：

应纳税所得额＝该年度承包、承租经营收入额－(3 500×该年度实际承包、承租经营月份数)

应纳税额＝应纳税所得额×税率－速算扣除数

【例 7-4】 2013 年 10 月 1 日，张某与某企业签订承包合同经营招待所，承包期为 10 个月，取得承包经营收入 150 000 元，准予扣除的有关支出 102 000 元。

要求：请计算张某应缴纳的个人所得税税额。

【解答】 承包经营所得＝150 000 － 102 000＝48 000(元)

应纳税所得额＝48 000 － 2 000×8—3500×2＝25 000(元)

应缴纳的个人所得税税额＝25 000×10%－ 750＝1 750(元)

4. 劳务报酬所得应纳税额的计算

(1) 应纳税所得额的确定

劳务报酬所得是以个人每次取得收入，定额或定率减除规定费用后的余额为应纳税所得额。4 000 元以上的，减除 20%的费用，其余额为应纳税所得额。

① 每次收入不超过 4 000 元的，应纳税所得额的计算公式为：

应纳税所得额＝每次收入－800

② 每次收入超过 4 000 元的，应纳税所得额的计算公式为：

应纳税所得额＝每次收入×(1－20％)

劳务报酬所得不具有固定性，不便于按月计算。所以，规定凡属于一次性收入的，以取得该项收入为一次，按次确定应纳税所得额；凡属于同一项目连续性收入的，以 1 个月内取得的收入为一次，据此确定应纳税所得额。

(2) 应纳税额的计算

劳务报酬所得适用 20％的比例税率，当一次应纳税所得额畸高的，则加成征收。因此，劳务报酬所得实际适用 3 级超额累进税率，计算公式如下：

应纳税额＝应纳税所得额×适用税率－速算扣除数

【例 7-5】 赵某 2013 年 12 月参加一次演出，取得劳务报酬 60 000 元。

要求：请计算赵某应缴纳的个人所得税税额。

【解答】 应纳税所得额＝60 000×(1－20％)＝48 000(元)

应缴纳的个人所得税税额＝48 000×30％－2 000＝12 400(元)

问题解答　**工资、薪金所得，个体工商户的生产经营所得，以及劳动报酬所得等“三种”所得均实行超额累进税率，但在计算个人所得税时有什么本质上的区别？**

答：“三种所得”的征税基数即应纳税所得额的确定不同。其中，工资、薪金所得＝月工资－ 3 500(或 4 800)；个体户生产经营所得＝全年收入－成本、费用、税金及损失；

劳务报酬所得为：

(1) 每次收入不超过 4 000 元的，应纳税所得额＝每次收入－ 800；

(2) 每次收入超过 4 000 元的应纳税所得额＝每次收入×(1 － 20％)。

5. 稿酬所得应纳税额的计算

(1) 应纳税所得额的确定

稿酬所得以每次取得的收入，定额或定率减除规定的费用后的余额为应纳税所得额。每次收入不超过 4 000 元的，定额减除费用 800 元；每次收入超过 4 000 元的，定率减除费用 20％，计算公式为：

应纳税所得额＝每次收入－ 800

或　＝每次收入×(1 － 20％)

所谓每次取得收入，是指以每次出版、发表作品取得收入为一次，确定应纳税所得额，有关具体规定如下。

① 个人每次以图书、报刊方式出版、发表同一作品，无论出版单位是预付还是分笔支付稿酬，或者加印该作品后再付稿酬，均应合并为一次征税。

② 在两处或两处以上出版、发表或再版同一作品而取得的稿酬，则可分别按各处所得或再版所得分次计征。

③ 个人的同一作品在报刊上连载，应合并连载所得为一次。连载之后又出书取得稿酬

的,或先出书后连载取得稿酬的,应视同再版稿酬分次征税。

④ 作者去世后,对取得其遗作稿酬的个人,按稿酬所得征税。

单位的记者、编辑人员在本单位报刊、杂志上发表作品取得的稿酬,应与工薪合并征税。

(2) 应纳税额的计算

稿酬所得适用20%的比例税率,并按规定对应纳税额减征30%,即实际税率14%。

应纳税额=应纳税所得额×适用税率

实际应缴税额=应纳税额×(1-30%)

【例7-6】 某工程师2013年10月因其编著的教材出版,获得稿酬所得9 000元,2013年12月又加印得到稿酬4 000元。

请问:该工程师所得稿酬的应纳税额为多少?

【解答】 应纳税额=(9 000+4 000)×(1-20%)×14%=1 456(元)

注意:在实际中是先后取得,分两次计税:

第一次应纳税额=9 000×(1-20%)×14%=1 008(元)

第二次应纳税额=(9 000+4 000)×(1-20%)×14%-1 008=448(元)

6. 特许权使用费所得应纳税额的计算

(1) 应纳税所得额计算的确定

特许权使用费所得以个人每次取得的收入,定额或定率减除规定的费用后的余额为应纳税所得额。每次收入不超过4 000元的,定额减除费用800元;每次收入超过4 000元的,定率减除费用20%。

(2) 应纳税额的计算

其计算公式如下:

应纳税额=应纳税所得额×20%

7. 财产租赁所得应纳税额的计算

(1) 应纳税所得额的确定

财产租赁所得以每次取得的收入为一次(1个月),定额或定率减除规定的费用后的余额为应纳税所得额。每次收入不超过4 000元的,定额减除费用800元;每次收入超过4 000元的,定率减除费用20%。

在确定财产租赁的应纳税所得额时,纳税人在出租财产的过程中缴纳的税金和教育费附加,可持完税凭证,从其财产租赁收入中扣除。准予扣除的项目除了规定费用和有关税、费外,还准予扣除能够提供有效凭证,证明由纳税人负担的该出租财产实际开支的修缮费用。

每次收入不超过4 000元的,计算公式为:

应纳税所得额=每次收入额-准予扣除项目-修缮费用(800为限)-800

每次收入超过4 000元的,计算公式为:

应纳税所得额=[每次收入额-准予扣除的项目-修缮费用(800元为限)]×(1-20%)

(2) 应纳税额的计算

财产租赁所得使用20%的比例税率。但对个人出租的居民住房取得的所得,自2001年起暂按 10%的税率征税，计算公式为：

应纳税额＝应纳税所得额×适用税率(20%)

问题解答　**在计算个人所得税时，劳务报酬所得、稿酬所得、财产租赁所得、特许权使用费所得有什么特点？**

答：以上“四种所得”的征税基数即应纳税所得额的确定相同，即：

(1) 每次收入不超过 4 000 元的

应纳税所得额＝每次收入－800

(2) 每次收入超过 4 000 元的

应纳税所得额＝每次收入×(1－20%)

【例 7-7】 王先生有一商铺，2013 年 1 月他将商铺出租，扣除有关税费后(不含以下修理费用)，全年取得租金净收入 36 000 元。2013 年 7 月，王先生对出租商铺维修花费了 4 800 元。

要求：请计算王先生 2013 年度的租赁所得应缴纳的个人所得税税额。

【解答】 允许扣除的修缮费用，以每次 800 元为限，王先生发生的维修费 4 800 元，可以在 7～12 月平均扣除。

应缴纳的个人所得税税额＝(36 000÷12－800)×20%×6＋(36 000÷12－800－800)×20%×6＝4 320(元)

8. 财产转让所得应纳税额的计算

(1) 应纳税所得额的确定

财产转让所得以个人每次转让财产取得收入额减除财产原值和相关税、费后的余额为应纳税所得额。其中，每次是指一件财产的所有权一次转让取得的收入为一次。

财产原值是指：有价证券为买入价以及买入时按照规定交纳的有关费用；建筑物为建造费或者购进价格以及其他有关费用；土地使用权为取得土地使用权所支付的金额、开发土地的费用以及其他有关费用；机器设备、车船，为购进价格、运输费、安装费以及其他有关费用；其他财产参照以上方法确定。另外，纳税人未提供完整、准确的财产原值凭证，不能正确计算财产原值的，由主管税务机关核定其财产原值。

合理费用是指卖出财产时按规定支付的有关费用。

(2) 应纳税额的计算

其计算公式为：

应纳税所得额＝每次收入额－财产原值－合理税费

应纳税额＝应纳税所得额×适用税率(20%)

【例 7-8】 李某本期购入债券 1 000 份，每份买入价为 10 元，支付购进买入债券的税费共计 150 元。本期李某将买入的债券一次卖出 600 份，每份卖出价 12 元，支付卖出债券的税费 110 元。

要求：请计算李某应缴纳的个人所得税税额。

【解答】 应扣除的买价及税费=(1 000×10+150)/1 000×600+110=6 200(元)

应缴纳的个人所得税税额=(600×12-6 200)×20%=200(元)

9. 利息、股息、红利和偶然所得应纳税额的计算

利息、股息、红利所得,偶然所得,以个人每次取得的收入额为应纳税所得额,不得从收入中扣除任何费用,计算公式为:

应纳税额=应纳税所得额(每次收入)×适用税率

其中:

(1) 存款利息,从 1999 年 11 月 1 日起,恢复征收个人所得税,税率现已降为 5%。

(2) 对个人投资者从上市公司取得的股息红利所得,自 2005 年 6 月 13 日起暂减按 50%计征所得税。

(3) 对证券投资基金从上市公司分配取得的股息红利所得,扣缴义务人在代扣代缴个人所得税时,减按 50%计算应纳税额。

【例 7-9】 某公民购买体彩中奖 5 000 000 元,则体彩中心应代扣代缴的个人所得税为多少?

【解答】 应缴纳的个人所得税税额=5 000 000×20%=1 000 000(元)

如何正确、合理地确定和计算应纳税所得额及应纳所得税额是一个比较复杂的问题,除了上述 9 种应税项目的计税方法以外,税法还针对计税过程中涉及的一些带有普遍性的问题和特殊问题,规定了专门的计税方法。

议一议:在计算个人所得税时,"每次收入"是如何界定的。

10. 个人所得税的特殊计税方法

在计算工资、薪金所得应纳税额时,遇到下列情况应进行不同的处理。

(1) 纳税人一次取得数月奖金或年终加薪、劳动分红的计税

纳税人取得数月奖金、年终加薪或劳动分红,可单独作为一个月工资、薪金所得计算纳税,并按以下计税办法,由扣缴义务人代扣代缴。

① 先将当月取得的数月奖金,除以 12 个月,按其商数确定适用税率和速算扣除数。

如果在发放年终一次性奖金的当月,雇员当月工资、薪金所得低于税法规定的费用扣除额,应将全年一次性奖金减除"雇员当月工资、薪金所得与费用扣除额的差额"后的余额,按上述办法确定全年一次性奖金的适用税率和速算扣除数。

② 将雇员当月内取得的全年一次性奖金,按上述第一条确定的适用税率和速算扣除数计算征税。

若雇员当月工资、薪金所得高于或等于税法规定的费用扣除额的,适用公式为:

应纳税额=雇员当月取得全年一次性奖金×适用税率-速算扣除数

若雇员当月工资、薪金所得低于税法规定的费用扣除额的,适用公式为:

应纳税额=[雇员当月取得全年一次性奖金-(工资-3 500)]×税率-速算扣除数

【例 7-10】 李某 2013 年度 12 月取得工资 4 800 元,除当月工资外,一次领取全年 12 个月的奖金 12 000 元。

要求:试计算李某 2013 年 12 月应缴纳的个人所得税税额。

【解答】 工资应纳税额=(4 800-3 500)×3%=39(元)

全年奖金应纳税额＝12 000×3％＝360(元)

应缴纳的个人所得税税额＝39＋360＝399(元)

(2) 不满一个月的工资计税

在中国境内无住所的个人，凡居住不满1个月的，均按全月工薪所得为计税依据计算实际应纳税额，计算公式为：

应纳税额＝(当月工资薪金应纳税所得额×适用税率－速算扣除数)×当月实际在中国境内的天数/当月天数

【例7-11】 日本某公司派其雇员小村来吉林某企业安装、调试电器生产线，小村于2013年9月1日来华，在华居住20天，期间从中国境内取得工资5 800元。

要求：试计算小村2013年9月应缴纳的个人所得税税额。

【解答】 应缴纳的个人所得税税额＝[(5 800/20×30－4 800)×10％－105]×20/30＝190(元)

(3) 雇用单位和派遣单位分别支付工资、薪金的费用扣除

在外商投资企业、外国企业和外国驻华机构工作的中方人员取得的工资、薪金收入，凡是由雇用单位和派遣单位分别支付的，支付单位应按税法规定代扣代缴个人所得税，纳税人应以每月全部工资薪金收入减除规定费用后的余额为应纳税所得额。

【例7-12】 王某在某机关担任翻译工作，月薪2 000元，2013年11月他被派往一合资企业担任公关部经理，月薪10 000元。

要求：请计算王某2013年11月应缴纳的个人所得税税额。

【解答】 应缴纳的个人所得税税额＝(10 000＋ 2 000－3500)×20％－555＝1 145(元)

注意： 为了有利于征管，在实际工作中，采取由支付者中的一方减除费用的方法，即只由雇用单位在支付工资薪金时，按税法规定减除费用，计算扣缴税款；派遣单位支付工资薪金不再减除费用，以支付全额直接确定税率，计算缴纳个人所得税。最后再汇总纳税。因代扣税款是分项所得纳税，汇总纳税是按总额纳税，计税依据大小不等，从而适用税率不同，因此，汇总时往往要补税。

因此，在例7-12中，王某在实际操作过程中：

某机关应扣税款＝2 000×10％－105＝95(元)

合资企业应扣税款＝(10 000－3500)×20％－555＝745(元)

王某应补税款＝1 145－(95＋ 745)＝305(元)

(4) 雇主为雇员负担税款

在现实中，有的雇主常常为纳税人负担税款，即支付给纳税人的报酬为不含税的净所得，其税款由雇主代为缴纳，此时应将纳税人的不含税收入换算为含税收入，先计算应纳税所得额，然后再据以计算应纳税额。此时，可以分为以下三种情况。

① 雇主全额为雇员负担税款，应将雇员取得的工薪所得换算成应纳税所得后，计算单位或个人应代付的税款，计算公式为：

应纳税所得额＝(不含税收入额－费用扣除标准－速算扣除数)÷(1－税率)

应纳税额＝应纳税所得额×税率－速算扣除数

注意：应纳税所得额计算公式中的税率是指不含税所得按不含税级距对应的税率；应纳税额计算公式中的税率是指含税级距对应的税率。

【例 7-13】 某公司为雇员甲代付个人所得税，2013 年 10 月支付给甲工资 6 000 元。

要求：请计算该公司为雇员甲代付的个人所得税税额。

【解答】 应纳税所得额＝(6 000－3 500－105)÷(1－10%)＝2 661.11(元)

代付税款＝2 661.11×10%－105＝161.11(元)

② 雇主为雇员以定额负担方式负担部分税款的，应将雇员取得的工薪所得换算成应纳税所得后，计算征收个人所得税，其计算公式为：

应纳税所得额＝雇员工资＋雇主代付税款－费用扣除标准

应纳税额＝应纳税所得额×税率－速算扣除数

【例 7-14】 某公司 2013 年 11 月支付其雇员 A 工资 4 000 元，并为其定额负担 100 元的税款。

要求：请计算雇员 A2013 年 11 月应缴纳的个人所得税税额。

【解答】 应纳税所得额＝4 000＋100－3500＝600(元)

应缴纳的个人所得税税额＝600×3%＝18(元)

③ 雇主为雇员负担一定比例的税款，即定率负担，应将“不含税收入额”替换为“未含雇主负担的税款的收入额”，同时将速算扣除数和税率两项分别乘以上述的“负担比例”，按此调整后的公式，以其未含雇主负担税款的收入额换算成应纳税所得额并计算应纳税款，计算公式为：

应纳税所得额＝(未含雇主负担税款的收入－费用扣除标准－速算扣除数×负担比例)/(1－税率×负担比例)

应纳税额＝应纳税所得额×税率－速算扣除数

【例 7-15】 某外商企业雇员(外国居民)2013 年 10 月工资收入为 12 000 元，雇主支付其工资 30%的税款。

要求：计算该纳税人当月应缴纳的个人所得税税额。

【解答】 应纳税所得额＝(12 000－4 800－555×30%)÷(1－20%×30%)＝7 482.4(元)

应缴纳的个人所得税税额＝7 482.4×20%－555＝941.48(元)

议一议：代扣税款与代付税款有什么区别？

(5) 公益救济性的捐赠

① 个人将其所得通过中国境内的社会团体、国家机关向教育事业和其他社会公益以及遭受严重自然灾害地区、贫困地区的捐赠，其捐赠额未超过其申报的应纳税所得额 30%的部分，可以从其应纳税所得额中扣除，超过部分不得扣除。

② 个人通过非盈利的社会团体和国家机关向红十字事业的捐赠，在计算缴纳个人所得税时，准予在税前的所得额中全额扣除。

③ 自2001年7月1日起，个人通过非盈利的社会团体和国家机关向农村义务教育的捐赠，在计算缴纳个人所得税时，准予在税前的所得额中全额扣除。

④ 个人通过非盈利的社会团体和国家机关对公益性青少年活动场所的捐赠，在计算缴纳个人所得税时，准予在税前的所得额中全额扣除。

公益救济性的捐赠的计算公式为：

捐赠扣除限额＝应纳税所得额×30％

允许扣除的捐赠额＝不超过捐赠限额的实际捐赠额

应纳税额＝(应纳税所得额－允许扣除的捐赠额)×适用税率－速算扣除数

【例7-16】 某歌星参加一次演唱会，取得出场费收入80 000元，他将其中的30 000元通过民政局捐给了敬老院。

要求：请计算该歌星应缴纳的个人所得税税额。

【解答】 未扣除捐赠的应纳税所得额＝80 000×(1－20％)＝64 000(元)

捐赠的扣除限额＝64 000×30％＝19 200(元)

该歌星应缴纳的个人所得税税额＝(64 000－19 200)×30％－2 000＝11 440(元)

(6) 境外缴纳税款的抵免

在中国境内有住所或无住所但在中国境内居住满1年的纳税人，从中国境内和境外取得的所得，都应按照我国税法规定缴纳个人所得税。但纳税人的境外所得一般均已在境外缴纳或负担了该国的所得税额。为了避免国际上对同一所得的重复征税，税法规定，纳税人从中国境外取得的所得，准予其在应纳税额中扣除已在境外缴纳的个人所得税额，但扣除额不得超过该纳税人境外所得依照个人所得税法规定计算的应纳税额。

境外缴纳税款的抵免的具体规定及计税方法如下。

① 实缴境外税款

已经在境外缴纳的税款是指纳税人从中国境外取得的所得，依照该所得来源国家或者地区的法律应当缴纳并且实际已经缴纳的税额。

② 抵免限额

准予抵免的实缴境外税款最多不能超过境外所得按我国税法计算的抵免限额。我国个人所得税的抵免限额采取分国限额法。即分别来自不同国家或者地区和不同应税项目的应纳税所得，依照我国税法规定的费用减除标准和适用税率计算的抵免限额。对于同一国家或地区的不同应税项目，以其各项的抵免限额之和作为来自该国或该地区所得的抵免限额，计算公式为：

来自某国或地区的抵免限额＝$\sum$(来自某国或地区的某一应税项目的所得－费用减除标准)×适用税率－速算扣除数

上述公式中的“费用减除标准”和“适用税率”均指我国《个人所得税法》及其实施条例规定的有关费用减除标准和适用税率。不同的应税项目减除不同的费用标准，计算出的单项抵免限额相加后，求得来自一国或地区所得的抵免限额，即分国的抵免限额。分国抵免限额不能相加。

③ 允许抵免额

允许在纳税人应纳我国个人所得税税额中扣除的税额，即允许抵免额要分国确定，也就是在计算出的来自一国或地区所得的抵免限额与实缴该国或地区的税款之间相比较，以数额较小者作为允许抵免额。

④ 超限额与不足限额结转

纳税人在中国境外一个国家或者地区实际已经缴纳的个人所得税额，低于按规定计算出的该国家或者地区扣除限额的，应当在中国缴纳差额部分的税款；超过该国家或者地区扣除限额的，其超过部分不得在本年度的应纳税额中扣除，但可以在以后纳税年度的该国家或者地区扣除限额的余额中补扣，补扣期限最长不超过 5 年。

⑤ 申请抵免

境外缴纳税款的抵免必须由纳税人提出申请，并提供境外税务机关填发的完税凭证原件。

⑥ 应纳税额的计算

在计算出抵免限额和确定了允许抵免额后，便可对缴税人的境外所得计算应纳税额，计算公式为：

应纳税额＝∑[(来自某国或地区的某一应税项目的所得－费用减除标准)×适用税率－速算扣除数]－允许抵免额

【例 7-17】 某纳税人在同一纳税年度里从 A、B 两国取得应税收入。其中，在 A 国一公司任职，年工资收入为 60 000 元，提供一项专利技术，收入为 30 000 元，两项收入已在 A 国纳税 5 200 元；在 B 国出版著作获稿酬 15 000 元，已纳税 1 720 元。

要求：请计算王某在该年度应该在中国补缴的税款。

【解答】 A 国已纳税款的扣减：

工资全年应纳税额＝[(60 000/12－4 800)×3%－0]×12＝72(元)

特许权使用费应纳税额＝30 000×(1－20%)×20%＝4 800(元)

应纳税额＝72＋ 4 800＝4 972(元)，因其已纳税额 5 200 元，所以不用补税。

B 国已纳税额的扣减＝15 000×(1－20%)×14%＝1 680(元)，因其已纳税 1 720 元，所以不用补税。

(7) 两人以上共同取得同一项所得

两人或两人以上共同取得同一项所得的，可以对每个人取得的所得分别减除费用，各自计算应纳税款，即实行“先分、后扣、再税”的办法。

【例 7-18】 某高校 5 位教师共同出版了一本 50 万字的教材，共得稿酬 21 000 元，其中主编的主编费为 1 000 元，其余 5 人平分。

要求：试计算每位老师的应纳税税额。

【解答】 主编的应纳税税额＝(1 000＋ 4 000)×(1－20%)×14%＝560(元)

其他人的应纳税税额＝(4 000－800)×14%＝448(元)

(8) 一人兼有多项应税所得

纳税人兼有两项或两项以上应税所得时，除按税法的规定应同项合并计税的以外，其他所得项目应按项分别计税。税法规定应同项合并计税的应税所得有工资、薪金所得，个体工商户的生产经营所得，对企事业单位的承包经营所得等。纳税人兼有不同项目劳务报酬所得时，应分别减除费用，计算缴纳个人所得税。

【例 7-19】 某教授 12 月从单位领取工资 2 000 元，应邀讲学取得酬金 2 000 元，通过中介转让一项技术 50 000 元，支付中介费 2 000 元，出版一部专著获稿酬 4 500 元，国家科委寄科技发明奖 5 000 元，取得银行存款利息 400 元，购买国库券到期取得利息 200 元，中奖所得

1 000 元。

要求：试计算该教授 12 月应缴纳的个人所得税税额。

【解答】 工薪纳税 0 元

讲学所得应纳税税额＝(2 000－800)×20％＝240(元)

转让所得应纳税税额＝[50 000－2 000]×20％＝9 600(元)

稿酬所得应纳税税额＝4 500×(1－20％)×14％＝504(元)

利息应纳税税额＝400×5％＝20(元)

中奖应纳税税额＝1 000×20％＝200(元)

本月共纳税税额＝240＋ 9 600＋ 504＋ 20＋ 200＝10 564(元)

问题解答

在计算个人所得税时，

利息、股息、红利和偶然所得有什么共性？

答：以上“四种所得”的征税基数即应纳税所得额的确定相同，均为每次收入。

(9) 个人独资企业和合伙企业的所得

根据国务院的规定，从 2000 年 1 月 1 日起，个人独资企业和合伙企业不再征收企业所得税，只对投资者个人取得的生产经营所得征收个人所得税。

个人独资企业和合伙企业是指依照《中华人民共和国个人独资企业法》和《中华人民共和国合伙企业法》登记成立的个人独资企业、合伙企业；依照《中华人民共和国私营企业暂行条例》登记成立的独资、合伙性质的私营企业；依照《中华人民共和国律师法》登记成立的合伙制律师事务所；经政府有关部门依法成立的负无限责任和无限连带责任的其他个人独资、合伙性质的机构或组织。

个人独资企业以投资者为纳税义务人，合伙企业以每一个合伙人为纳税义务人。

① 查账征收

凡实行查账征税办法的，其税率比照“个体工商户的生产、经营所得”应税项目，适用 5％～35％的 5 级超额累进税率，计算征收个人所得税。实行核定应税所得率征收方式的，先按照应税所得率计算其应纳税所得额，再按其应纳税所得额的大小，适用 5％～35％的 5 级超额累进税率，计算征收个人所得税。

投资者兴办两个或两个以上的企业，年度终了时，应汇总从所有企业取得的应纳税所得额，据此确定适用税率计算缴纳个人所得税。

应纳税所得额是指每一纳税年度的收入总额减除成本、费用以及损失后的余额。

收入总额是指企业从事生产经营以及与生产经营有关的活动所取得的各项收入，包括商品销售收入、营运收入、劳务服务收入、工程价款收入、财产出租或转让收入、利息收入、其他业务收入和营业外收入。

扣除项目比照《个体工商户个人所得税计税办法》的规定确定，但下列项目的扣除依照以下规定执行。

A. 投资者的费用扣除标准，由各省、自治区、直辖市地方税务局参照《个人所得税法》

“工资、薪金所得”项目的费用扣除标准确定。投资者的工资不得在税前直接扣除，但可按规定的标准扣除。从2011年9月1日起，投资者费用扣除标准每月为3 500元。

投资者兴办两个或两个以上企业的，其费用扣除标准由投资者选择在其中一个企业的生产经营所得中扣除。

本条规定的意义是：投资者的工资、薪金收入不再按照工资、薪金的规定单独征税，而是将其并入生产、经营所得一并计算，但可按照工资、薪金征税的规定计算扣除相应的费用。

B. 个人独资企业和合伙企业向其从业人员实际支付的合理的工资、薪金支出，允许在税前据实扣除。

C. 投资者及其家庭发生的生活费用不允许在税前扣除。投资者及其家庭发生的生活费用与企业生产经营费用混合在一起，并且难以划分的，全部视为投资者及其家庭发生的生活费用，不允许在税前扣除。

D. 企业生产经营和投资者及其家庭生活共用的固定资产，难以划分的，由主管税务机关根据企业的生产经营类型、规模的具体情况，核定准予在税前扣除的折旧费用的数额或比例。

E. 企业实际发生的工会经费、职工福利费、职工教育经费分别在其计税工资总额的2%、14%、2.5%的标准内据实扣除。

F. 根据京财税〔2008〕1488号的规定，自2008年1月1日起，个人独资企业和合伙企业每一纳税年度发生的广告费和业务宣传费用不超过当年销售（营业）收入15%的部分，可据实扣除；超过部分，准予在以后纳税年度结转扣除。

G. 个人独资企业和合伙企业每一纳税年度发生的与其生产经营业务直接相关的业务招待费支出，按照发生额的60%扣除，但最高不得超过当年销售（营业）收入的5‰。

H. 计提的各种准备金不得扣除。

I. 企业与其关联企业之间的业务往来，应当按照独立企业之间的业务往来收取或者支付价款、费用。不按照独立企业之间的业务往来收取或者支付价款、费用，从而减少其应纳税所得额的，主管税务机关有权进行合理调整。

投资者兴办两个或两个以上企业，并且企业性质全部是独资的，年度终了，汇总其投资兴办的所有企业的经营所得作为应纳税所得额，以此确定适用税率计算出全年经营所得的应纳税额，再根据每个企业的经营所得占所有企业经营所得的比例，分别计算出每个企业的应纳税额和应补缴税额，计算公式如下：

$$\text{应纳税所得额} = \sum \text{各个企业的经营所得}$$

$$\text{应纳税额} = \text{应纳税所得额} \times \text{税率} - \text{速算扣除数}$$

$$\text{本企业应纳税额} = \text{应纳税额} \times \text{本企业的经营所得} \div \sum \text{各个企业的经营所得}$$

$$\text{本企业应补缴的税额} = \text{本企业应纳税额} - \text{本企业预缴的税款}$$

个人独资企业的投资者以全部生产经营所得为应纳税所得额。合伙企业的投资者按照合伙企业的全部生产经营所得和合伙协议约定的分配比例确定应纳税所得额，合伙协议没有约定分配比例的，以全部生产经营所得和合伙人数量平均计算每个投资者的应纳税所得额。

② 核定征收

有下列情形之一的，主管税务机关应采取核定征收方式征收个人所得税：企业依照国家有关规定应当设置但未设置账簿的；企业虽设置账簿，但账目混乱或者成本资料、收入凭证、费用凭证残缺不全，难以查账的；纳税人发生纳税义务，未按照规定的期限办理纳税申报，经税务机关责令限期申报，逾期仍未申报的。

核定征收方式，包括定额征收、核定应税所得率征收以及其他征收方式，计算公式为：

应纳所得税额＝应纳税所得额×适用税率

应纳税所得额＝收入总额×应税所得率

或　　＝成本费用支出额÷（1－应税所得率）×应税所得率

7.2.2 个人所得税的征收方法

1. 代扣代缴

代扣代缴也叫源泉扣缴税款法，是指按税法规定负有扣缴税款义务的单位或个人，在向个人支付应纳税所得时，应计算应纳税额，从其所得中扣除并缴入国库，同时向税务机关报送扣缴个人所得税报表的一种纳税方法。

从2006年1月1日起，扣缴义务人必须依法履行个人所得税全员全额扣缴申报义务，即扣缴义务人向个人支付应税所得时，不论其是否属于本单位人员、支付的应税所得是否达到纳税标准，扣缴义务人都应当在代扣税款的次月内，向主管税务机关报送其支付应税所得个人的基本信息、支付所得项目、扣缴税款数额以及其他相关涉税信息。

（1）应代扣代缴税款的适用范围

扣缴义务人向个人支付应税所得时，应代扣代缴个人所得税的应税项目有：工资、薪金所得；对企事业单位的承包、承租经营所得；劳务报酬所得；稿酬所得；特许权使用费所得；利息、股息、红利所得；财产租赁所得；财产转让所得；偶然所得；经国务院财政部门确定征税的其他所得。

（2）扣缴义务人的法定义务

扣缴义务人的法定义务主要包括以下内容。

扣缴义务人在向个人支付应纳税所得（包括现金、实物和有价证券）时，不论纳税人是否属于本单位的人员，均应代扣代缴其应纳的个人所得税税款。扣缴义务人依法履行代扣代缴义务时，纳税人不得拒绝。纳税人拒绝的，扣缴义务人应及时报告税务机关处理，并暂时停止支付其应税所得。

扣缴义务人在扣缴税款时，必须向纳税人开具税务机关统一印制的代扣代收税款凭证，并详细注明纳税人姓名、工作单位、家庭住址和身份证或护照号码（无上述证件的，可用其他能有效证明身份的证件）等个人情况。对工资、薪金所得和股息、利息、红利所得等，因纳税人众多，不便一一开具代扣代收税款凭证的，经主管税务机关同意，可不开具代扣代收税款凭证，但应通过一定的形式告知纳税人已扣缴税款。纳税人为持有完税依据而向扣缴义务人索取代扣代收税款凭证的，扣缴义务人不得拒绝。扣缴义务人向纳税义务人提供非正式扣税凭证的，纳税人可以拒收。

扣缴义务人应设立代扣代缴税款账簿，正确反映个人所得税的扣缴情况，并如实填写《扣缴个人所得税报告表》及其他有关资料。扣缴义务人每月扣缴的税款，应当在次月7日内缴入国库，并向主管税务机关报送《扣缴个人所得税报告表》、代扣代收税款凭证和包括每一纳税人姓名、单位、职务、税款等内容的支付个人收入明细表，以及税务机关要求报送的其他有关资料。扣缴义务人违反以上规定不报送或者报送虚假纳税资料的，一经查实，其未在支付个人收入明细表中反映的向个人支付的税款，在计算扣缴义务人应纳税所得额时，不得作为成本费用扣除。

(3) 扣缴义务人的法律责任

扣缴义务人的法律责任以 2001 年 5 月 1 日为界,具体内容如下。

属于 2001 年 5 月 1 日前发生的应税行为,如果纳税人拒绝履行纳税义务,扣缴义务人应当及时报告税务机关处理,并暂时停止支付其应纳税所得额。否则,纳税人应缴纳的税款由扣缴义务人补缴。同时,扣缴义务人还要承担应扣未扣、应收未收的税款应缴纳的滞纳金或罚款。扣缴义务人应补缴的税款按下列公式计算:

$$应纳税所得额=(支付的收入额-费用扣除标准-速算扣除数)\div(1-税率)$$

$$应纳税额=应纳税所得额\times适用税率-速算扣除数$$

属于 2001 年 5 月 1 日后发生的应税行为,按照新的《税收征收管理法》进行处理:扣缴义务人应扣未扣、应收未收税款的,由税务机关向纳税人追缴税款,对扣缴义务人处应扣未扣、应收未收税款 50%以上 3 倍以下的罚款;纳税人、扣缴义务人逃避、拒绝或者以其他方式阻挠税务机关检查的,由税务机关责令改正,可以处 1 万元以下的罚款;情节严重的,处 1 万元以上 5 万元以下的罚款。

扣缴义务人的法人代表(或单位主要负责人)、财会部门的负责人及具体办理代扣代缴税款的有关人员,共同对依法履行代扣代缴义务负法律责任。根据税法的规定,扣缴义务人有偷税或者抗税行为的,除依法追缴税款,处以罚款(罚金)外,情节严重的,还应追究直接责任人的刑事责任。

(4) 代扣代缴税款的手续费

税务机关应根据扣缴义务人所扣缴的税款,付给其 2%的手续费,由扣缴义务人用于代扣代缴费用开支和奖励代扣代缴工作做得较好的办税人员。

(5) 代扣代缴的报送

扣缴义务人每月所扣缴的税款,应当在次月 7 日内缴入国库,并向税务机关报送报表,报告表和明细表参见表 7-4 和表 7-5。

表 7-4 扣缴个人所得税报告表

扣缴义务人编码:□□□□□□□□□□□□□□□□□□□□□□

扣缴义务人名称(公章): 金额单位:元(列至角分)

序号	纳税人姓名	身份证照类型	身份证照号码	国籍	所得项目	所得期间	收入额	免税收入额	允许扣除的税费	费用扣除标准	准予扣除的捐赠额	应纳税所得额	税率(%)	速算扣除数	应扣税额	已扣税额	备注
1	2	3	4	5	6	7	8	9	10	11	12	13	14	15	16	17	18
合计						—		—	—		—	—					

扣缴义务人声明	我声明:此扣缴报告表是根据国家税收法律、法规的规定填报的,我确定它是真实的、可靠的、完整的。 声明人签字:
会计主管签字: 负责人签字:	扣缴单位(或法定代表人)(签章):
受理人(签章): 受理日期: 年 月 日	受理税务机关(章):

填表日期: 年 月 日

国家税务总局监

本表一式二份,一份扣缴义务人留存,一份报主管税务机关。

表 7-5　支付个人收入明细表

扣缴义务人编码：

扣缴义务人名称(公章)：　　　　金额单位：元(列至角分)

姓　名	身份证照类型及号码	收　入　额						备　注
		合　计	工资薪金所得	承包、承租所得	劳务报酬所得	利息、股息、红利所得	其他各项所得	
1	2	3	4	5	6	7	8	9
合计								

所属期：　　年　月　日至　　年　月　日　　　　填制表日期：　　年　月　日

制表人：　　　　审核人：

本表一式二份，一份扣缴义务人留存，一份报主管税务机关。

2. 自行申报

自行申报纳税是纳税人自行在税法规定的期限内，向税务机关申报取得的应税所得项目和数额，如实填写个人所得税纳税申报表，并按照税法规定计算应纳税额，据此缴纳个人所得税的一种方法。

根据税法的规定，凡有下列情形之一的，纳税人必须自行向税务机关申报所得并缴纳税款：

(1) 个人所得超过国务院规定数额的(从 2006 年 1 月 1 日起当年取得所得 12 万元以上者)；

(2) 从两处或两处以上取得的工资、薪金所得的；

(3) 从中国境外取得所得的；

(4) 取得的应纳税所得，没有扣缴义务人的；

(5) 分笔取得属于一次劳务报酬所得、稿酬所得、特许权使用费所得和财产租赁所得；

(6) 取得应纳税所得，扣缴义务人未按规定扣缴税款的；

(7) 投资者兴办两个或两个以上企业的，向企业实际经营管理所在地主管税务机关办理年度纳税申报时，应附注从其他企业取得的年度应纳税所得额；其中含有合伙企业的，应报送汇总从所有企业取得的所得情况的《合伙企业投资者个人所得税汇总申报表》，同时附送所有企业的年度会计决算报表和当年度已缴个人所得税纳税凭证；

(8) 税务主管部门规定必须自行申报纳税的。

其中，年所得 12 万元以上纳税人的《个人所得税纳税申报表》参见表 7-6；《个人独资企业和合伙企业投资者个人所得税申报表》参见表 7-7；《合伙企业投资者个人所得税汇总申报表》参见表 7-8。

表 7-6　个人所得税纳税申报表

(适用于年所得 12 万元以上的纳税人申报)

INDIVIDUAL INCOME TAX RETURN

(For individuals with an annual income of over 120,000 RMB Yuan)

纳税人识别号：　　　　　　　　　　　　　　　　纳税人名称(签字或盖章)：

Taxpayer's ID number　　　　　　　　　　　　　Taxpayer's name (signature/stamp)

税款所属期：　　　填表日期：　年　月　日　　　金额单位：元(列至角分)

Income year　　　Date of filing：date　month　year　　Monetary unit：RMB Yuan

纳税人姓名 Taxpayer's name		国籍 Nationality		身份证照类型 ID Type		身份证照号码 ID number	
抵华日期 Date of arrival in China		职业 Profession		任职、受雇单位 Employer		经常居住地 Place of residence	
中国境内有效联系地址 Address in China				邮编 Post code		联系电话 Tel. number	

所得项目 Categories of income	年所得额 Annual Income			应纳税额 Tax payable	已缴(扣)税额 Tax pre-paid and withheld	抵扣税额 Foreign tax credit	应补(退)税额 Tax owed or overpaid
	境内 Income from within China	境外 Income from outside China	合计 Total				
1. 工资、薪金所得 Wages and salaries							
2. 个体工商户的生产、经营所得 Income from production or business operation conducted by self-employed industrial and commercial households							
3. 对企事业单位的承包经营、承租经营所得 Income from contracted or leased operation of enterprises or social service providers partly or wholly funded by state assets							
4. 劳务报酬所得 Remuneration for providing services							
5. 稿酬所得 Author's remuneration							
6. 特许权使用费所得 Royalties							
7. 利息、股息、红利所得 Interest, dividends and bonuses							
8. 财产租赁所得 Income from lease of property							

续表

9. 财产转让所得 Income from transfer of property							
10. 偶然所得 Incidental income							
11. 其他所得 other income							
合计 Total							

我声明，此纳税申报表是根据《中华人民共和国个人所得税法》的规定填报的，我确信它是真实的、可靠的、完整的。
Under penalties of perjury, I declare that this return has been filed according to the provisions of THE INDIVIDUAL INCOME TAX LAW OF THE PEOPLE'S REPUBLIC OF CHINA, and to the best of my knowledge and belief, the information provided is true, correct and complete.

纳税人(签字)
Taxpayer's signature

代理人名称：(Firm's name) 经办人(签章)(Preparer's signature)：
代理人(公章)(Firm's stamp)： 联系电话 (Phone number)：

受理人：(Responsibletaxofficer) 受理时间： 年 月 日 (Time：Date/Month/Year) 受理申报机关：(Responsible tax office)

表 7-7 个人独资企业和合伙企业投资者个人所得税申报表

纳税人编码： 申报期： 年 月 日至 年 月 日 金额单位：元

投资者姓名		投资者身份证号码			
企业名称		企业税务登记号		企业电话	
企业地址		行业类别		企业银行账号	

项 目	行 次	本期数	累计数	补充资料
一、收入总额	1			1. 年平均职工人数 ______人 2. 工资总额 ______元 3. 从其他企业取得的生产经营所得
减：成本	2			
费用、税金	3			
营业外支出	4			
二、企业利润总额	5			
三、纳税调整增加额	6			
1. 超过规定标准扣除的项目	7			
(1) 从业人员工资支出	8			(1)（分配比例 %） (2)（分配比例 %） (3)（分配比例 %） (4)（分配比例 %）
(2) 职工福利费	9			
(3) 职工教育经费	10			
(4) 工会经费	11			
(5) 利息支出	12			
(6) 广告费	13			
(7) 业务招待费	14			
(8) 教育和公益事业捐赠	15			
(9) 提取折旧费	16			
(10) 无形资产摊销	17			
(11) 其他	18			

续表

2. 不允许扣除的项目	19			
(1) 资本性支出	20			
(2) 无形资产受让、开发支出	21			填表人签字：________
(3) 违法经费罚款和被没收财物损失	22			
(4) 税收滞纳金、罚金、罚款	23			
(5) 灾害事故损失赔偿	24			纳税人签字：________
(6) 非教育和公益事业捐赠	25			
(7) 各种赞助支出	26			
(8) 计提的各种准备金	27			填表人签字：________
(9) 投资者的工资	28			
(10) 与收入无关的支出	29			纳税人签字：________
3. 应税收益项目	30			
(1) 少计应税收益	31			
(2) 未计应税收益	32			
四、纳税调整减少额	33			
1. 弥补亏损	34			(本栏目由税务机关填写)
2. 国库券利息收入	35			收到日期：
3. 投资者标准费用扣除额	36			接受人：
4. 其他	37			审核日期：
五、经纳税调整后的生产经营所得	38			
六、应纳税所得税额(分配比例%)	39			
七、适用税率	40			
八、应纳所得税额	41			审核记录：
减：减、免税所得额	42			
九、应缴入库所得税额	43			主管税务机关盖章
加：期初未缴所得税额	44			年 月 日
减：实际已缴所得税额	45			主管税务官员签字：
十、期末应补(退)所得税额	46			

表 7-8 合伙企业投资者个人所得税汇总申报表

纳税人编码： 申报期： 年 月 日至 年 月 日 金额单位：元

投资者姓名		投资者身份证号码	
投资者经常居住地址		投资者电话	
项 目	行 次	数 额	补充资料
一、应汇总申报的应纳税所得额	1		填表人签字：________
1.	2		纳税人签字：________
2.	3		填表人签字：________
3.	4		纳税人签字：________
4.	5		
5.	6		(本栏目由税务机关填写)
6.	7		
二、适用税率	8		收到日期：
三、应纳所得税额	9		接受人：
减：减、免所得税额	10		审核日期：
四、应缴入库所得税额	11		审核记录：
加：期初未缴所得税额	12		主管税务机关盖章 年 月 日
减：实际已缴纳所得税额	13		主管税务官员签字：
五、期末应补(退)所得税额	14		

个人所得税的申报纳税方式主要有三种，即由本人直接申报纳税、委托他人代为申报纳税，以及采用邮寄方式在规定的申报期内申报纳税。其中，采用邮寄方式申报纳税的，以寄出地的邮戳日期为实际申报日期。

7.2.3 个人所得税的申报与缴纳

1. 纳税期限

除特殊情况外，自行申报纳税人每月应纳的税款，都应当在次月15日前缴入国库，并向税务机关报送纳税申报表，具体规定如下：

(1) 工资、薪金所得的应纳税款，按月计征，由纳税人在次月15日内缴入国库，并向税务机关报送个人所得税的纳税申报表。采掘业、远洋运输业、远洋捕捞业等特定行业的纳税人，其工资、薪金所得应纳的税款，考虑其工作的特殊性，可以按年计算、分月预缴，自年度终了之日起30日内，合计全年工资，再按12个月平均并计算实际应纳的税款，多退少补。

(2) 劳务报酬、稿酬、特许权使用费、利息、股息、红利、财产租赁、财产转让所得和偶然所得等，按次计征。取得所得的纳税人应当在次月15日内将应纳税款缴入国库，并向税务机关报送个人所得税的纳税申报表。

(3) 年所得12万元以上的纳税义务人，在年度终了后3个月内到主管税务机关办理纳税申报。

(4) 账册健全的个体工商户的生产经营所得应纳的税款，按年计算，分月预缴，由纳税义务人在次月7日内预缴，年度终了后3个月内汇算清缴，多退少补；账册不健全的个体工商户的生产经营所得应纳的税款，由各地税务机关依据《税收征收管理法》及其实施细则的有关规定，自行确定征收方式。

(5) 对企事业单位的承包、承租经营所得应纳的税款，按年计算，由纳税义务人在年度终了后30日内缴入国库，并向税务机关报送纳税申报表。纳税义务人在1年内分次取得承包经营、承租经营所得的，应当在取得每次所得后的7日内预缴，年度终了后3月内汇算清缴，多退少补。

(6) 从中国境外取得所得的纳税义务人，其来源于中国境外的应纳税所得，若在境外以纳税年度计算缴纳个人所得税的，应在所得来源国的纳税年度终了、结清税款后的30日内，向中国主管税务机关申报纳税，并应当在年度终了后30日内将应纳的税款缴入国库，且向税务机关报送纳税申报表；若在取得境外所得时结清税款的，或者在境外按所得来源国税法规定免予缴纳个人所得税的，应当在次年1月1日起30日内，向税务机关申报纳税。

(7) 个人独资企业和合伙企业投资者应纳的个人所得税款，按年计算，分月或分季预缴，由投资者在每月或者每季度终了后7日内预缴，年度终了后3个月内汇算清缴，多退少补；个人独资企业和合伙企业在年度中间合并、分立、终止时，投资者应当在停止生产经营之日起60日内，向主管税务机关办理当期个人所得税汇算清缴。在纳税年度的中间开业，或者由于合并、关闭等原因，该纳税年度的实际经营期不足12个月的，应当以其实际经营期为一个纳税年度。

2. 纳税地点

自行申报纳税地点一般应为收入来源地的税务机关。

(1) 纳税人从两处或两处以上取得工资、薪金所得的,可选择并固定一地税务机关申报纳税。

(2) 从境外取得所得的,应向境内户籍所在地或经常居住地税务机关申报纳税。

(3) 个体工商户向实际经营所在地主管税务机关申报。纳税人要求变更申报纳税地点的,须经原主管税务机关备案。

(4) 年所得12万元以上的纳税人申报地点如下:在中国境内有任职、受雇单位的,向任职、受雇单位所在地主管税务机关申报;在中国境内有两处或两处以上任职、受雇的,选择并固定向其中一处单位所在地主管税务机关申报;在中国境内无任职、受雇单位,年所得项目中有个体工商户的生产经营所得或者对企事业单位的承包经营、承租经营所得的,向其中一处实际经营所在地主管税务机关申报;在中国境内无任职、受雇单位,年所得项目中无生产经营所得的,向户籍所在地主管税务机关申报。

(5) 对在中国境内几地工作或提供劳务的临时来华人员,应以税法所规定的申报纳税日期为准,在某一地区达到申报纳税的日期,即应在该地申报纳税。但为了方便纳税,也可准予个人提出申请,经批准后固定在一地申报纳税。对由在华企业或办事机构发放工资、薪金的外籍纳税人,由在华企业或办事机构集中向当地税务机关申报纳税。

课外阅读

国外个人所得税制度介绍

1. 美国:财政来源主要是富人纳税

美国是根据个人收入情况逐步提高税率,从而以此来减少低收入者的负担和控制高收入者的收入过快增长。最基本的原则是多收入多交税,收入低的先交税后退税。美国个税征收具有两个特点。一是美国缴纳个人所得税不仅考虑个人的收入,而且十分重视家庭其他成员尤其是儿童的数量情况。二是高收入者是美国个人所得税纳税的主体。美国政府每年巨大的财政来源主要是占人口少数的富人交纳的,而不是占纳税总人数绝大部分的普通工薪阶层交纳的。

2. 新加坡:个税税率最低的国家之一

新加坡是个人所得税税率最低的国家之一,其实行的是13级超额累进税率,也就是以前一年的收入扣除适当项目后,以累计式征税。每年的4月15日之前,所有应纳税者必须将前一年的各项收入如实填入税务申报登记表中,并及时上报国内税务局。新加坡的税制是按收入来源地征税的。新加坡目前的税率为0%~22%。须纳税的项目包括在新加坡赚取的收入,以及在新加坡收到的海外收入。属非居民的个人在新加坡所收到的海外收入不需要在新加坡缴税。

3. 日本:不断降低个税负担

日本政府战后一直努力减轻国民的税务负担,不仅相继提高了免税额的起点,而且还不断大幅降低最高税率和减少税率档次,从而减轻了广大国民特别是高收入者的负担,增加了国民的消费能力和投资能力,对经济发展起到了促进作用。日本的《所得税法》规定,对于日本境内的居住者而言,除了固定的工资收入之外,稿费、投资分红、受赠、继承、土地和房屋的出租等所有收入都必须纳税。日本政府还建立了一整套严格而科学、完善的税负征收、稽查制度和稽查队伍，对偷税漏税者严惩不贷，而绝大多数国民都具有依法纳税的意识和自觉性。

4. 澳大利亚：完善的个税征收制度

澳大利亚是联邦制国家，个人所得税由联邦政府征收。经过多年的发展，澳大利亚的所得税征收制度已经比较完善，有很多经验可供借鉴。从 2005 年 7 月 1 日起，年收入在6 001～21 600 澳元的税率从 17％降至 15％；税率 42％的起征点从 58 001 澳元提高到63 001澳元；47％的起征点从 70 001 澳元提高到 95 001 澳元。从 2006 年 7 月 1 日起，42％的起征点将提高到 70 001 澳元；47％的起征点将提高到 125 001 澳元。

5. 法国：高收入者多交税

法国的法律规定，凡是家庭或主要居住地点在法国(即在法国连续居住 6 个月)和在法国进行主要职业活动或在法国有主要经济利益的人，不论其是否为法国籍，均须就其收入(包括在法收入和国外收入)申报个人所得税。年收入在 4 191 欧元以下者无须缴纳个人所得税；年收入在 4 192～ 8 242 欧元税率为 7.05％；8 243～ 14 506 欧元税率为 19.74％；14 507～ 23 489 欧元税率为 29.14％；23 490～ 38 218 欧元税率为 38.54％；38 219～ 47 134 欧元税率为 43.94％；年收入超过 47 131 欧元税率为 49.58％。

6. 德国：逐年减轻居民的税收负担

根据德国法律的规定，所有在德国的常驻居民、在德国的非常驻但收入来源是德国的外国居民，都要缴纳个人所得税。所得税因个人收入多少缴纳的比例不等，收入越多的，缴税比例越高，而且个人所得税的比例每年都要调整。单是个人所得税中的工资税就占德国财政收入的 1/3。德国个人所得税的缴纳比例呈下降趋势。1998 年，个人所得税的比率最高为个人收入的 53％，但到 2005 年，个人收入所得税的最高比率已经下降到 42％，而最低个人收入所得税的比率也已经从 1998 年的 25.9％下降到 2005 年的 15％。

本章小结

本章主要阐述了个人所得税的纳税人、征收范围和税率等基本知识，比较系统阐述了个人所得税的计算方法。

个人所得税的纳税义务人分为居民纳税人和非居民纳税人。个人所得税的征税范围广泛，共有 11 项个人所得需缴纳个人所得税。税率采用比例税率和超额累进税率两种形式，并采用分项定率、分项扣除、分项征收的办法。

个人所得税应纳税额的计算，首先要求正确计算应纳税所得额，然后按照适用的税率计算应纳税额。个人所得税的纳税办法主要有自行申报和代扣代缴申报两种。如何正确地确定有关“次”的规定，判定纳税人身份、减免税优惠、不同税目费用的扣除标准、境外所得已纳税款的抵扣等为计算应纳税额的重点和难点。

自测练习

一、学习思考

1. 居民纳税人和非居民纳税人在纳税时有什么不同?

2. 在个人所得税中,哪些所得运用超额累进税率,哪些所得运用比例税率,计算公式有什么不同?

3. 代扣个人所得税和代付个人所得税在计税上有什么不同?

二、案例分析

某外籍专家来我国境内工作2年以上,此人2013年某月取得来源A国的一项股息收入45 000元以及一项稿酬收入30 000元,总计缴纳A国税款10 000元;另又从B国取得月工资9 750元,已在B国扣除个人所得税1 125元(以上金额均为人民币)。该专家申报应缴个人所得税时,计算如下:

45 000×20%+30 000×(1－20%)×20%×(1－30%)+(9 750－4 800)×20%－555－10 000－1 125=1 670(元)

(1) 请你指出以上计算的错误之处。

(2) 请你正确地计算该外籍专家当月应缴纳的个人所得税税额。

三、能力训练

某大学教授2013年10月的收入情况如下:

(1) 工资收入5 800元;

(2) 学校发全年奖金9 600元;

(3) 取得建筑工程设计费30 000元;

(4) 取得教育储蓄存款利息600元,单位集资利息5 000元。

要求:请按上述条件计算该教授2013年10月实际应缴纳的个人所得税税额。

第8章 资源类税法

学习目标

【知识目标】

1. 了解并掌握资源类税法的基本法律内容
2. 理解并掌握资源类税法各税种应纳税额的计算

【能力目标】

1. 能够熟悉并把握我国现行资源类税法的征收管理
2. 能够正确处理资源类税法各税种的纳税申报事宜

8.1 资源税法

8.1.1 资源税的基本内容

记一记： 资源税法是指国家制定的用以调整资源税征收与缴纳之间权利与义务关系的法律规范。资源税是对在我国境内开采应税矿产品以及生产盐的单位和个人，就其原料产品的资源的绝对收益或相对收益征收的一种税。现行资源税的基本法律规范，是2011年9月21日国务院第173次常务会议通过的，自2011年11月1日起施行的《中华人民共和国资源税暂行条例》以及于2014年10月经国务院批准，财政部、国家税务总局颁布自2014年12月1日起在全国范围内实施的《关于实施煤炭资源税改革的通知》。

1. 征税范围

现行资源税的征税范围是在中国境内开采的应税矿产品和生产盐两大类，具体包括：

(1) 原油，是指开采的天然原油，不包括人造原油；

(2) 天然气，是指专门开采的或与原油同时开采的天然气，不包括煤矿伴生的天然气；

(3) 煤炭，包括原煤和以未税原煤加工的洗选煤(以下简称洗选煤)；

(4) 其他非金属矿原矿，是指上述所列产品和井矿盐以外的非金属矿原矿；

(5) 黑色金属原矿和有色金属矿原矿，是指纳税义务人开采后自用或销售的，用于直接入炉冶炼或作为主产品先入选精矿，制造人工矿，再入炉冶炼的金属矿原矿。

(6) 盐，包括固体盐和液体盐，固体盐是指海盐原盐、湖盐原盐和井矿盐；液体盐俗称卤水，指氯化钠含量达到一定浓度的溶液，是用于生产碱和其他产品的原料。

税法视野 **美国和加拿大等国对资源征税情况**

美国政府对矿藏、天然气和石油开采征收资源枯竭税，迄今过半的州征收此税。加拿大政府为了保护石油这种稀缺资源，自 1975 年起便对机动车用油课税，并对重型卡车课征能源储存税。另外，美国、加拿大和澳大利亚等国资源税的立法权是由各州立法机关行使，使得资源丰富的地方由此取得了大量的资源税收入。

2. 纳税人和扣缴义务人

资源税的纳税义务人是指在中华人民共和国境内开采应税矿产品或者生产盐的单位和个人。

资源税的纳税义务人具体包括国有企业、集体企业、私有企业、股份制企业、外商投资企业、外国企业及外籍人员、其他企业和行政单位、事业单位、军事单位、社会团体、其他单位。个人是指个体经营者及其他个人。其他单位和其他个人包括外商投资企业、外国企业及外籍人员。

按照 2011 年 9 月 21 日国务院第 173 次常务会议通过的《国务院关于修改〈中华人民共和国对外合作开采陆上石油资源条例〉的决定》，中外合作开采陆上石油资源的企业依法缴纳资源税，不再缴纳矿区使用费。但是，该决定施行前已依法订立的中外合作开采陆上石油资源的合同，在已约定的合同有效期内，继续依照当时国家有关规定缴纳矿区使用费，不缴纳资源税；合同期满后，依法缴纳资源税。

收购未税矿产品的单位为资源税的扣缴义务人，规定具体包括独立矿山、联合企业和其他收购未税矿产品的单位。之所以将收购未税矿产品的单位定为资源税的扣缴义务人，主要是针对应税矿产品零星分散、不定期开采，因而税务机关难以进行有效控管的情况。独立矿山是指只采矿或者只采矿和选矿，独立核算、自负盈亏的单位，其生产的原矿和精矿主要用于对外销售。联合企业是指采矿、选矿、冶炼（或加工）连续生产的企业，或采矿、冶炼（或加工）连续生产的企业，其采矿单位一般是该企业的二级或二级以下核算单位。

目前，资源税代扣代缴的适用范围是指收购的除原油、天然气、煤炭以外的资源税未税矿产品。

3. 税率

资源税实行差别比例税率和定额税率。在《资源税税目税额幅度表》规定的税率幅度内，根据纳税人所开采或者生产应税产品的资源品位、开采条件等情况，由财政部商国务院有关部门确定；财政部未列举名称且未确定具体适用税率的其他非金属矿原矿和有色金属矿原矿，由省、自治区、直辖市人民政府根据实际情况确定，报财政部和国家税务总局备案。税额幅度参见表 8-1。

表 8-1　资源税税目税额幅度表

税　目	税额幅度
一、原油	销售额的 5%—10%
二、天然气	销售额的 5%—10%
三、煤炭	销售额的 2%—10%
四、其他非金属矿原矿	
普通非金属矿原矿	0.5—20 元/吨(或立方米)
贵重非金属矿原矿	0.5—20 元/千克(或克拉)
五、黑色矿金属矿原矿	2—30 元/吨
六、有色矿金属矿原矿	
稀土矿	0.4—60 元/吨
其他有色金属矿原矿	0.4—30 元/吨
七、盐	
固体盐	10—60 元/吨
液体盐	2—10 元/吨

资源税纳税义务人具体适用的税额，由财政部和国务院有关部门根据纳税义务人的资源状况，在规定的税额幅度内确定，按《资源税税目税额明细表》执行。

纳税义务人开采或者生产不同税目应税产品的，应分别核算不同税目应税产品的课税数量，未分别核算或者不能准确提供不同税目应税产品的课税数量的，从高适用税额。

纳税义务人在开采主矿产品的过程中伴采的其他应税矿产品，凡未单独规定适用税额的，一律按主矿产品或视同主矿产品税目征收资源税。

扣缴义务人按以下规定执行税额标准：(1) 独立矿山、联合企业收购与本单位矿种相同的未税矿产品，按照本单位相同矿种应税产品的单位税额，依据收购数量代扣代缴资源税；(2) 独立矿山、联合企业收购与本单位矿种不同的未税矿产品，以及其他收购单位收购的未税矿产品，按照收购地相应矿种规定的单位税额，依据收购数量代扣代缴资源税；(3) 收购地没有相同品种矿产品的，按收购地主管税务机关核定的单位税额，依据收购数量代扣代缴资源税；(4) 其他收购单位收购未税矿产品，按主管税务机关核定的税额(率)，依据收购数量代扣代缴资源税。

4. 税收优惠政策

纳税人有下列情形之一者，可以减征或者免征资源税。

(1) 开采原油过程中用于加热、修井的原油，免税。

(2) 纳税人开采或者生产应税产品过程中，因意外事故或者自然灾害等原因遭受重大损失的，由省、自治区、直辖市人民政府酌情决定减税或者免税。

(3) 在新疆开采原油、天然气缴纳资源税的纳税人，有下列情形之一的，免征或者减征资源税：油田范围内运输稠油过程中用于加热的原油、天然气，免征资源税；稠油、高凝油和高含硫天然气资源税减征 40%；三次采油资源税减征 30%。

(4) 低丰度油气田资源税暂减征 20%；深水油气田资源税减征 30%。

(5) 对衰竭期煤矿开采的煤炭，资源税减征 30%。

(6) 对充填开采置换出来的煤炭，资源税减征 50%。

(7) 北方海盐资源税暂减按每吨 15 元征收；南方海盐、湖盐、井矿盐资源税暂减按每吨 10 元征收；液体盐资源税暂减按每吨 2 元征收。

(8) 国务院规定的其他减税、免税项目。

纳税义务人的减税、免税项目,应当单独核算课税数量;未单独核算或者不能准确提供数量的,不予减税或免税。

8.1.2 资源税的计算

1. 销售额的确定

纳税人开采或者生产应税产品,自用于自己连续生产应税产品的,不缴纳资源税;自用于其他方面的,视同销售,按照规定缴纳资源税。

(1) 销售额的一般规定

销售额为纳税人销售应税产品向购买方收取的全部价款和价外费用,但不包括应向购货方收取的增值税税额。价外费用主要包括价外向购买方收取的手续费、补贴、基金、集资费、返还利润、奖励费、违约金、滞纳金、延期付款利息、赔偿金、代收款项、代垫款项、包装费、包装物租金、储备费、优质费、运输装卸费和其他各种性质的价外收费。但下列项目不包括在内:

① 同时符合以下条件的代垫运输费用:承运部门的运输费用发票开具给购买方的;纳税人将该项发票转交给购买方的。

② 同时符合以下条件代为收取的政府性基金或行政事业性收费:由国务院或财政部批准设立的政府性基金,由国务院或省级人民政府及其财政、价格主管部门批准设立的行政事业性收费;收取时开具省级以上财政部门印制的财政票据;所收款项全额上缴财政。

(2) 关于应税煤炭销售额的确定

应税煤炭销售额依照《中华人民共和国资源税暂行条例实施细则》(以下简称《资源税暂行条例实施细则》)第五条和《关于实施煤炭资源税改革的通知》的有关规定确定。

① 纳税人开采原煤直接对外销售的,以原煤销售额作为应税煤炭销售额计算缴纳资源税。原煤销售额不含从坑口到车站、码头等的运输费用。

② 纳税人将其开采的原煤,自用于连续生产洗选煤的,在原煤移送使用环节不缴纳资源税;自用于其他方面的,视同销售原煤,依照《资源税暂行条例实施细则》第七条和《关于实施煤炭资源税改革的通知》的有关规定确定销售额,计算缴纳资源税。

③ 纳税人将其开采的原煤加工为洗选煤销售的,以洗选煤销售额乘以折算率作为应税煤炭销售额计算缴纳资源税。洗选煤销售额包括洗选副产品的销售额,不包括洗选煤从洗选煤厂到车站、码头等的运输费用。

2. 课税数量的确定

(1) 确定资源税课税数量的基本方法

① 纳税义务人开采或者生产应税产品销售的,以销售数量为课税数量。

② 纳税义务人开采或者生产应税产品自用的,以移送时的自用数量为课税数量。自产自用包括生产自用和非生产自用。

(2) 特殊情况课税数量的确定方法

在实际的生产经营活动中,有些情况是比较特殊的,因此,有些情况的课税数量采用如下方法。

① 纳税义务人不能准确提供应税产品销售数量或者移送使用数量的,以应税产品的产量或者主管税务机关确定的折算比换算成的数量为课税数量。

② 原油中的稠油、高凝油与稀油划分不清或者不容易划分的,一律以原油的数量为课税数量。

③ 金属和非金属矿产品原矿，因无法提供移送使用量而采取折算比换算课税数量的金属矿产品和非金属矿产品，将其精矿按选矿比折算成原矿数量作为课税数量，计算公式为：

选矿比＝基期耗用原矿数量÷ 基期精矿数量

④ 纳税义务人以自产的液体盐加工成固体盐，按固体盐征税，以加工的固体盐的销售数量为课税数量。纳税义务人以外购的液体盐加工成固体盐，其加工的固体盐所耗用的液体盐的已纳税额准予抵扣。

小案例

某盐场用外购的液体盐生产固体盐，本月销售固体盐 1 200 吨，月初，外购液体盐库存5 000吨，本月购进液体盐 600 吨，月末，外购液体盐库存 400 吨。若固体盐单位税额为 50 元/吨，液体盐单位税额为 8 元/吨。

请问：该盐场本月应缴纳的资源税税额为多少？

分析：资源税法规定“纳税义务人以外购的液体盐加工成固体盐，其加工的固体盐所耗用的液体盐的已纳税额准予抵扣。”因此，该盐场本月应缴纳的资源税税额＝1 200×50－(5 000＋600－400)×8＝18 400(元)。

议一议：在计算资源税、增值税、消费税应纳税额时，外购货物已负担的税金抵扣方法有何不同？

3. 应纳税额的计算

资源税的应纳税额，其计算公式为：

从价定率应纳税额＝销售额×比例税率

从量定额应纳税额＝课税数量×单位税额

代扣代缴应纳税额＝收购未税矿产品的数量×适用的单位税额

【例 8-1】 某大理石开采企业 2013 年 2 月销售大理石 1 000 立方米，自用 50 立方米，其适用的单位税额为 3 元/立方米。

要求：请计算该企业 2013 年 2 月应缴纳的资源税税额。

【解答】 纳税义务人开采或生产应税产品销售的，以销售量为课税量。纳税义务人开采或生产自用的，以自用量为课税量。

应缴纳的资源税税额＝(1 000＋50)×3＝3 150(元)

【例 8-2】 某铜矿山 2013 年 10 月销售铜矿石原矿 10 000 吨，移送入选精矿 2 000 吨，选矿比为 20%，该矿山铜矿属于 5 等，按规定适用的单位税额为每吨 1.2 元。

要求：请根据上述资料计算该单位应缴纳的资源税税额。

【解答】 金属和非金属矿产品原矿，因无法准确掌握纳税义务人移送使用原矿数量的，可将其精矿税额按选矿比折算成原矿数量，以此作为课税依据。

应缴纳的资源税税额＝10 000×1.2＋2 000÷20%×1.2＝24 000(元)

【例 8-3】 某油田2013年10月开采原油90 000吨,其中销售60 000吨,用于自办油厂加工10 000吨,用于加热、修井10 000吨,待销售10 000吨;另外,本月销售本油田中旬开采的一批原油、稠油和稀油共计20 000吨,但无法正确划分出原油、稠油和稀油的数量。当月在采油过程中还回收伴生天然气5 000千立方米,销售3 000千立方米,自用1 000千立方米。

要求:请计算该油田2013年10月应缴纳的资源税税额(原油单位税额为10元/吨,稠油单位税额、稀油为单位税额9元/吨,天然气单位税额为8元/千立方米)。

【解答】 其中,用于加热、修井的10 000吨免税;无法划分出原油、稠油和稀油的数量,按原油税额征税。

应缴纳的资源税税额=(60 000+ 10 000+ 20 000)×10+ (3 000+ 1 000)×8=932 000(元)

【例 8-4】 某盐场生产固体盐销售。2013年4月,盐场发生下列各项购销业务:

(1) 购进已税液体盐1 500吨,其中,600吨用于对外销售,其余用于继续加工生产成固体盐;

(2) 进口500吨固体盐,完税价格500 000元,已纳关税30 000元;

(3) 销售当月生产的全部固体盐1 200吨;

(4) 自己使用进口固体盐50吨;

(5) 转销进口固体盐400吨,取得销售收入530 000元;

(6) 盐场月初外购液体盐库存5 000吨,月末外购液体盐库存400吨;

(7) 主管税务机关核定固体盐单位税额为50元/吨,液体盐单位税额为8元/吨。

要求:请计算该盐场2013年4月应缴纳的资源税税额。

【解答】 其中,进口500吨固体盐,销售外购的液体盐600吨,自己使用进口固体盐50吨,转销进口固体盐400吨均不征税;销售外购的液体盐600吨的已纳资源税不得抵扣。

应缴纳的资源税税额=1 200×50-[(1 500- 600)+ (5 000- 400)]×8=16 000(元)

8.1.3 资源税的申报与缴纳

1. 纳税义务发生时间

(1) 纳税义务人自产自销应税产品纳税义务发生时间

纳税义务人自产自销应税产品,其纳税义务发生时间为收讫销售款或者取得索取销售款凭据的当天,具体内容如下。

① 纳税义务人采取除分期收款和预收货款外的其他结算方式销售应税产品,其纳税义务发生时间为收讫货款或者取得索取贷款凭证的当天。

② 纳税义务人采取分期收款结算方式销售应税产品,其纳税义务发生时间为销售合同规定的收款日当天。

③ 纳税义务人采取预收货款结算方式销售应税产品,其纳税义务发生时间为发出商品的当天。

(2) 纳税义务人自产自用应税产品纳税义务发生时间

纳税义务人自产自用应税产品,其纳税义务发生时间为移送使用应税产品的当天。

(3) 扣缴义务人代扣代缴税款义务发生时间

扣缴义务人代扣代缴税款义务发生时间,为支付首笔货款或者开具应支付货款凭据的当天。

2. 纳税期限

资源税的纳税期限为1日、3日、5日、10日、15日或者1个月，纳税义务人的纳税期限由主管税务机关根据实际情况具体核定。不能按固定期限计算纳税的，可以按次计算纳税。以1个月为一期纳税的，自期满之日起10日内申报纳税；以1日、3日、5日、10日和15日为一期纳税的，自期满之日起5日内预缴税款，于次月10日内申报纳税。

3. 纳税地点

(1) 资源税的纳税地点为应税产品的开采地(或者生产所在地)。

(2) 对跨省开采资源税应税产品的单位，其下属单位与核算单位不在同一省、自治区、直辖市的，对其开采的应税矿产品，在开采地(或者生产地)纳税，其应纳税款由独立核算、自负盈亏的单位按照开采地(或者生产地)的实际销售量(或者自用量)及适用的税额计算划拨。

(3) 纳税义务人在本省、自治区、直辖市范围内开采或者生产应税产品，其纳税地点需要调整的，由省、自治区、直辖市税务机关决定。

(4) 扣缴义务人代扣代缴的资源税，应当向收购地主管税务机关缴纳。

4. 纳税申报

资源税的纳税人，应按主管税务机关核定的纳税期限，如实填写并报送《资源税纳税申报表》，该申报表的内容及格式参见表8-2。

表8-2 资源税纳税申报表

纳税人识别号 | | | | | | | | | | | | | | | | | | | | |

纳税人名称：(公章)

税款所属期限：自 年 月 日至 年 月 日

填表日期： 年 月 日

金额单位：元(列至角分)

<table>
<tr><td colspan="2">产品名称</td><td>课税单位</td><td>课税数量</td><td>单位税额</td><td>本期应纳税额</td><td>本期已纳税额</td><td>本期应补(退)税额</td><td rowspan="2">备　注</td></tr>
<tr><td colspan="2">1</td><td>2</td><td>3</td><td>4</td><td>5=3×4</td><td>6</td><td>7=5-6</td></tr>
<tr><td rowspan="6">应纳税项目</td><td></td><td></td><td></td><td></td><td></td><td></td><td></td><td></td></tr>
<tr><td></td><td></td><td></td><td></td><td></td><td></td><td></td><td></td></tr>
<tr><td></td><td></td><td></td><td></td><td></td><td></td><td></td><td></td></tr>
<tr><td></td><td></td><td></td><td></td><td></td><td></td><td></td><td></td></tr>
<tr><td></td><td></td><td></td><td></td><td></td><td></td><td></td><td></td></tr>
<tr><td></td><td></td><td></td><td></td><td></td><td></td><td></td><td></td></tr>
<tr><td rowspan="6">减免税项目</td><td></td><td></td><td></td><td></td><td></td><td></td><td></td><td></td></tr>
<tr><td></td><td></td><td></td><td></td><td></td><td></td><td></td><td></td></tr>
<tr><td></td><td></td><td></td><td></td><td></td><td></td><td></td><td></td></tr>
<tr><td></td><td></td><td></td><td></td><td></td><td></td><td></td><td></td></tr>
<tr><td></td><td></td><td></td><td></td><td></td><td></td><td></td><td></td></tr>
<tr><td></td><td></td><td></td><td></td><td></td><td></td><td></td><td></td></tr>
</table>

<table>
<tr><td rowspan="6">纳税人或代理人声明：
此纳税申报表是根据国家税收法律的规定填报的，我确信它是真实的、可靠的、完整的。
声明人：
(法定代表人签字或盖章)
(公章)</td><td colspan="6">如纳税人填报，由纳税人填写以下各栏</td></tr>
<tr><td>经办人(签章)</td><td></td><td>会计主管(签章)</td><td></td><td>法定代表人(签章)</td><td></td></tr>
<tr><td colspan="6">如委托代理人填报，由代理人填写以下各栏</td></tr>
<tr><td>代理人名称</td><td colspan="2"></td><td colspan="3" rowspan="3">代理人(公章)</td></tr>
<tr><td>经办人(签章)</td><td colspan="2"></td></tr>
<tr><td>联系电话</td><td colspan="2"></td></tr>
<tr><td colspan="7">以下由税务机关填写</td></tr>
<tr><td>受理人</td><td></td><td>受理日期</td><td></td><td>受理税务机关(签章)</td><td colspan="2"></td></tr>
</table>

8.2　城镇土地使用税法

8.2.1　城镇土地使用税的基本内容

记一记： 城镇土地使用税法是指国家制定的用以调整城镇土地使用税征收与缴纳之间权利与义务关系的法律规范。城镇土地使用税是指国家对在城市、县城、建制镇和工矿区范围内使用土地的单位和个人，按其实际占用的土地面积分等定额征收的一种税。现行城镇土地使用税的基本规范是2006年12月31日国务院修改、1988年颁布的《中华人民共和国城镇土地使用税暂行条例》(以下简称《城镇土地使用税暂行条例》)，并于2007年1月1日起对国内企业、单位和个人开征。

1. 征税范围

城镇土地使用税的征税范围包括城市、县城、建制镇、工矿区内的国家所有和集体所有的土地。

(1) 城市是指经国务院批准设立的市，包括市区和郊区。

(2) 县城是指县人民政府所在地的城镇。

(3) 建制镇是指经省、自治区、直辖市人民政府批准设立的建制镇，其征税范围为镇人民政府所在地。

(4) 矿区是指工商业比较发达，人口比较集中，符合国务院规定的建制镇标准并经省、自治区、直辖市人民政府批准的大中型工矿企业所在地。

对城市、县城、建制镇和工矿区的具体征税范围的确定，权限下放给省、自治区、直辖市人民政府具体划定。

建立在城市、县城、建制镇和工矿区以外的工矿企业不需缴纳城镇土地使用税。

2. 纳税人

城镇土地使用税的纳税义务人是指承担缴纳城镇土地使用税义务的所有单位和个人，具体包括：

(1) 拥有土地使用权的单位和个人；

(2) 拥有土地使用权的单位和个人不在土地所在地的，其土地的代管人或实际使用人为纳税义务人；

(3) 土地使用权属未确定或权属纠纷未解决的，其实际使用人为纳税义务人；

(4) 土地使用权共有的，共有各方都是纳税义务人，由共有各方分别纳税。

问题解答　外商投资企业是否需要交纳土地使用税?

答：自2007年1月1日起对外商投资企业、外国企业征收城镇土地使用税。将外商投资企业和外国企业纳入城镇土地使用税的征收范围，是国家加强土地管理的重要举措，有利于发挥税收的经济杠杆作用，引导各类企业合理、节约利用土地，保护土地资源，公平税收负担。各地对各类企业包括外商投资企业和外国企业均应要求交纳土地使用税。

3. 适用税额

城镇土地使用税采用定额税率，即采用有幅度的差别税额，按大、中、小城市和县城、建制镇、工矿区分别规定每平方米土地使用税年应纳税额(参见表 8-3)。

表 8-3　城镇土地使用税税额表

级　别	人口(人)	每平方米税额(元)
大城市	50 万以上	1.5～30
中等城市	20 万～50 万	1.2～24
小城市	20 万以下	0.9～18
县城、建制镇、工矿区		0.6～12

注：(1) 各省、自治区、直辖市人民政府，应当在表 8-3 所列税额幅度内，根据市政建设状况、经济繁荣程度等条件，确定所辖地区的适用税额幅度。经济落后地区土地使用税的适用税额标准可以适当降低，但降低额不得超过上述规定最低税额的 30%。经济发达地区土地使用税的适用税额标准可以适当提高，但须报经财政部批准。

(2) 市、县人民政府应当根据实际情况，将本地区土地划分为若干等级，在省、自治区、直辖市人民政府确定的税额幅度内，制定相应的适用税额标准，报省、自治区、直辖市人民政府批准执行。

4. 减免税优惠

(1) 全国统一免税规定

下列土地可以免缴城镇土地使用税：

① 国家机关、人民团体、军队自用的土地；

② 由财政部门拨付事业费的单位自用的土地；

③ 宗教寺庙、公园、名胜古迹自用的土地；

④ 市政街道、广场、绿化地带等公共用地；

⑤ 直接用于农、林、牧、渔业的生产用地；

⑥ 经批准开山填海整治的土地和改造的废弃土地，从使用的月份起免缴城镇土地使用税 5～10 年；

⑦ 从 2008 年起，对廉租住房、经济适用住房建设用地以及廉租住房经营管理单位按照政府规定价格、向规定保障对象出租的廉租住房用地，免征城镇土地使用税；

⑧ 对个人出租住房，不区分用途，免征城镇土地使用税；

⑨ 对非营利性医疗机构自用的土地，免征城镇土地使用税；对营利性医疗机构自其取得执业登记之日起 3 年内自用的土地免征城镇土地使用税，3 年免税期满后恢复征税。

⑩ 由财政部另行规定免税的能源、交通、水利设施用地和其他用地。

(2) 各地酌情减免的规定

下列土地由省、自治区、直辖市地方税务局确定减免城镇土地使用税：

① 个人所有的居住房屋及院落用地；

② 房产管理部门在房屋调整改革前经营出租居民住房用地；

③ 免税单位职工家属的宿舍用地；

④ 民政部门举办的安置残疾人占一定比例的福利工厂用地；

⑤ 集体和个人举办的各类学校、医院、托儿所、幼儿园用地；

除上述规定外，纳税人缴纳城镇土地使用税确有困难的需要定期减免的，由省、自治区、直辖市地方税务局审核后，报国家税务总局批准。

8.2.2 城镇土地使用税的计算

城镇土地使用税以纳税义务人实际占用的土地面积为计税依据。纳税义务人实际占用的土地面积按下列办法确定：

(1) 凡由省、自治区、直辖市人民政府确定的单位组织测定土地面积的，以测定的面积为准；

(2) 尚未组织测量，但纳税义务人持有政府部门核发的土地使用证书的，以证书确定的土地面积为准；

(3) 尚未核发土地使用证书的，应由纳税义务人据实申报土地面积，据以纳税，待核发土地使用证书以后再作调整。

土地面积的组织测量工作由省、自治区、直辖市人民政府根据实际情况确定。

城镇土地使用税的计算，按照规定的税额计算：

城镇土地使用税全年应纳税额＝实际占用应税土地面积(平方米)×适用税额

【例 8-5】 某城市的一家公司，实际占地 23 000 平方米。由于经营规模扩大，2014 年年初该公司又受让了一块尚未办理土地使用证的土地 3 000 平方米，公司按其当年开发使用的 2 000 平方米土地面积进行申报纳税，以上土地均适用 4 元/平方米的城镇土地使用税税率。

要求：试计算该公司 2014 年应缴纳的城镇土地使用税税额。

【解答】 该公司占地使用的总面积＝23 000＋ 2 000＝25 000(平方米)

应缴纳的城镇土地使用税税额＝25 000×4＝100 000(元)

问题解答

如果买下写字楼的一层，城镇土地使用税如何计算?

答：城镇土地使用税的计税依据是纳税人实际占用的土地面积，以土地使用证书上确定的土地面积为计税依据；对于使用共有使用权面积上的多层建筑，房地产权证上没有标注土地使用权面积的，按其建筑面积占建筑总面积的比例计征城镇土地使用税。

8.2.3 城镇土地使用税的申报与缴纳

1. 纳税期限

城镇土地使用税实行按年计算、分期缴纳的征收办法，具体纳税期限由省、自治区、直辖市人民政府根据实际情况确定。

新征用的土地，依照下列规定缴纳土地使用税：征用的耕地，自批准之日起满 1 年开始缴纳城镇土地使用税；征用的非耕地，自批准之日次月起缴纳城镇土地使用税。

2. 纳税地点

城镇土地使用税应当向土地所在地的税务机关申报纳税。纳税人使用的土地不属于同一省、自治区、直辖市的，由纳税人分别向土地所在地的税务机关缴纳土地使用税；在同一省、自治区、直辖市管辖范围内的，纳税人跨地区使用的土地，其纳税地点由各省、自治区、直辖市地方税务局确定。

3. 纳税申报

城镇土地使用税的纳税人应按照《城镇土地使用税暂行条例》的有关规定及时办理纳税申报，并如实填写《城镇土地使用税纳税申报表》(参见表 8-4)。

表 8-4 城镇土地使用税纳税申报表

企业名称(盖章)： 金额单位：元

等级	土地坐落地点	用途	面积合计(m^2)	证件号	应征税土地			免税土地		税务机关审核
					面积(m^2)	每平方米年税额	季度税额	面积(m^2)	免税额	
										税务机关受理申报日期 年 月 日
总占地面积(m^2)										审核人：(签章)

负责人： 制表人： 填报日期： 年 月 日

8.3 耕地占用税法

8.3.1 耕地占用税的基本内容

记一记：耕地占用税法是指国家制定的用以调整耕地占用税征收与缴纳之间权利与义务关系的法律规范。在我国，耕地占用税是以占用耕地行为为征税对象，向占用耕地建房和从事非农业建设的单位和个人征收的一种税。现行耕地占用税的基本法律规范是 2008 年 1 月 1 日国务院实施的《中华人民共和国耕地占用税暂行条例》。

1. 征税范围

耕地占用税的征税范围为一切用于建房或从事非农业建设占用国家和集体的耕地。所谓耕地,是指种植农作物的土地,具体是指田地、菜地、园地、鱼塘及其他农业用地。此外,土地被占用前 3 年内曾用于种植农作物的,也应视为耕地。

2. 纳税人

耕地占用税的纳税人为占用耕地建房或从事非农业建设的单位和个人。所称单位,包括国有企业、集体企业、私营企业、股份制企业、外商投资企业、外国企业以及其他企业和事业单位、社会团体、国家机关、部队以及其他单位。所称个人,包括个体工商户以及其他个人。

经申请批准占用耕地的,纳税人为农用地建设用地人;农用地建设用地人不明确的,纳税人为用地申请人。未经批准占用耕地的,纳税人为实际用地人。

3. 税率

耕地占用税实行地区差别定额税率,以县为单位,按人均耕地面积的多少确定每平方米耕地的适用税额。中央统一规定单位幅度税额,各地区适用税额由各省、自治区、直辖市人民政府在中央统一规定的幅度内核定。耕地占用税税率参见表 8-5 和表 8-6。

表 8-5 耕地占用税税率

级 次	地区(以县为单位)	税额(元/每平方米)
1	人均耕地在 1 亩(含 1 亩)以下的	10～50
2	人均耕地在 1～2 亩(含 2 亩)的	8～40
3	人均耕地在 2～3 亩(含 3 亩)的	6～30
4	人均耕地在 3 亩以上的	5～25

表 8-6 各省、自治区、直辖市耕地占用税平均税额表

地 区	每平方米平均税额(元)
上海	45
北京	40
天津	35
江苏、浙江、福建、广东	30
辽宁、湖北、湖南	25
河北、安徽、江西、山东、河南、重庆、四川	22.5
广西、海南、贵州、云南、陕西	20
山西、吉林、黑龙江	17.5
内蒙古、西藏、甘肃、青海、宁夏、新疆	12.5

耕地占用税税率规定了各地区的基本税额幅度,各地可按下列情况进行调整。

(1) 农村居民占用耕地新建住宅,按上述规定税额的一半征收;农村烈士家属、残疾军人、鳏寡孤独以及革命老根据地、少数民族聚居区和边远贫困山区生活困难的农村居民,在规定用地标准以内新建住宅缴纳耕地占用税确有困难的,经所在地乡(镇)人民政府审核,报经县级人民政府批准后,可以免征或者减征耕地占用税。

(2) 经济特区、经济技术开发区和经济发达、人均耕地特别少的地区,适用税额可以适当提高,但最高不得超过上述规定税额的 50%。

(3) 对单位和个人获准征用或占用耕地超过 2 年不使用的,按规定税额加征两成以下耕地占用税。

问题解答

私自占用耕地，
是否也应当缴纳耕地占用税？

答：只要占用耕地建房或者从事非农业建设的行为，均应缴纳耕地占用税。无论是获准占用耕地，还是私自占用耕地，只要有占用耕地的行为，就为耕地占用税的纳税义务人。

4. 减免税规定

（1）下列情形之一免征耕地占用税。

① 军事设施占用耕地。免税的军事设施的具体范围包括：地上、地下的军事指挥、作战工程；军用机场、港口、码头；营区、训练场、试验场；军用洞库、仓库；军用通信、侦察、导航、观测台站和测量、导航、助航标志；军用公路、铁路专用线，军用通信、输电线路，军用输油、输水管道；其他直接用于军事用途的设施。

② 学校、幼儿园、养老院、医院占用耕地。以上免税的学校、幼儿园、养老院、医院是指县级以上人民政府教育、卫生行政部门批准成立的学校、幼儿园、养老院、医院占用耕地。

（2）铁路线路、公路线路、飞机场跑道、停机坪、港口、航道占用耕地，减按 2 元/平方米的税额征收耕地占用税。

专用公路和城区内机动车道占用耕地的，按照当地适用税额缴纳耕地占用税。

（3）占用林地、牧草地、农田水利用地、养殖水面以及渔业水域滩涂等其他农用地建房或者从事非农业建设的，适用税额可以适当低于当地占用耕地的适用税额，具体适用税额按照各省、自治区、直辖市人民政府的规定执行。

建设直接为农业生产服务的生产设施占用上述规定的农用地的，不征收耕地占用税。

8.3.2 耕地占用税的计算

耕地占用税以占用耕地的面积为计税依据，计税单位是平方米，应纳税额的计算公式为：

应纳耕地占用税税额＝实际占用耕地面积×适用税额

【例 8-6】 某企业经批准占用市郊区 30 000 平方米耕地用于建设新厂房。

要求：请计算该企业应缴纳的耕地占用税税额（耕地所在地适用税率为 35 元/平方米）。

【解答】 应缴纳的耕地占用税税额＝30 000×35＝1 050 000（元）

8.3.3 耕地占用税的申报与缴纳

1. 纳税期限

耕地占用税按“先缴税后用地”的原则一次性征收。

2. 纳税地点

耕地占用税由地方税务机关负责征收。

3. 纳税申报

纳税人在获准征用或占用耕地之日起 30 日内，持县以上土地管理部门的批准文件，向征收机关申报纳税；纳税人未在期限内申报纳税的，从滞纳之日起，按日加收应纳税款 0.5‰

的滞纳金。纳税人须如实填写《耕地占用税纳税申报表》(参见表 8-7),并据以申报纳税及结清上月税款。

表 8-7 耕地占用税纳税申报表

申报编码: 填报时间: 年 月 日 单位:平方米、元

纳税人	名　称						
	证件号码			联系电话			
	地　址			邮政编码			
	开户银行			经济性质			
	账　号			项目类别			
项目名称							
项目用途							
批准机关				纳税期限			
占地类型				批准日期			
批件信息							
被征(占)地的乡镇村							
占地位置							
申请用地面积							
其中非法占地							
计缴税额							
以下部分由纳税人填写							
纳税人签章		法人代表签章		经办人签章			
备　注							
以下部分由征收机关填写							
征收机关收到日期		接收人		审核日期		审核员	
审核记录				征收机关盖章			

8.4 土地增值税法

8.4.1 土地增值税的基本内容

记一记:土地增值税法是指国家制定的用以调整土地增值税征收与缴纳之间权利与义务关系的法律规范。在我国,土地增值税是对转让国有土地使用权、地上建筑物及其附着物并取得收入的单位和个人,就其取得的增值额征收的一种税。现行土地增值税的基本法律规范是国务院于 1993 年 12 月 31 日颁布的《中华人民共和国土地增值税暂行条例》(以下简称《土地增值税暂行条例》)以及财政部于 1995 年 1 月 27 日发布施行的《中华人民共和国土地增值税暂行条例实施细则》。

1. 征税范围

凡转让国有土地使用权、地上建筑物及附着物(以下简称房地产)并取得收入的,都属于土地增值税的征税范围。

(1) 土地增值税征税范围的原则规定

凡属于土地增值税征税范围的不动产,必须同时符合以下三个条件。

① 必须是国有土地使用权及其地上建筑物和附着物。国有土地是指按国家法律规定属于国家所有的土地。城市的土地属于国家，农村和郊区的土地除法律规定属于国家的以外属于集体所有。

② 必须是国有土地使用权及其地上建筑物和附着物的转让行为。只有当国有土地使用权、地上建筑物及其附着物发生产权转让时，才纳入土地增值税的征税范围。

国有土地使用权出让或国有土地使用权、房屋产权出租的，均不属于土地增值税的征税范围。所谓国有土地使用权出让，是指国家以土地所有者的身份将土地使用权在一定年限内让与土地使用者，并由土地使用者向国家支付土地使用权出让金的行为。国有土地使用权的出让，属于土地一级市场；而国有土地使用权转让是指土地使用者通过受让国有土地使用权后，再转让土地使用权的行为，属于二级交易市场。此外，国有土地使用权、房屋产权出租，因为未发生产权转让行为，所以也不属于土地增值税的征税范围。

③ 必须是有偿转让国有土地使用权及其地上建筑物和附着物的转让行为。土地增值税的征税范围不包括房地产的权属虽转让但未取得收入的行为。如房地产的继承，尽管房地产的权属发生了变更，但转让房地产权属者并未取得收入，因此不征收土地增值税。

（2）若干具体情况是否征收土地增值税的确定

① 以出售方式转让国有土地使用权、地上建筑物及附着物的，因同时符合上述三个标准，所以属于土地增值税的征税范围。

② 以继承、赠与方式转让房地产的，只发生房地产产权转让，没有因为权属转让而取得相应的收入，不纳入征税范围。

注意： 土地增值税只对有偿转让的房地产征税，对继承、赠与等方式无偿转让的房地产，则不予征税。

③ 房地产的出租。虽取得收入，但没有发生产权转让，不属于土地增值税的征税范围。

④ 房地产的抵押。在抵押期间不征收土地增值税，待抵押期满后，视该房地产是否转移占有来确定是否征收土地增值税，对于以房地产抵债而发生权属转让的，应列入征税范围。

⑤ 房地产的交换。单位之间换房，有收入且发生了产权转移属于征税范围；但对个人之间互换自有居住用房地产的，经当地税务机关核实，可以免征。

⑥ 以房地产投资、联营。一方以房地产作价入股进行投资或作为联营条件的，暂免征收，对投资、联营企业将上述房地产再转让的，应征收土地增值税。

注意： 对于投资给房地产公司或是房地产公司建造后用于投资的都不能免征土地增值税。

⑦ 合作建房。建成后按比例分房自用的，暂免征税；建成后转让的，应征收土地增值税。

⑧ 企业兼并转让房地产暂免征税。在企业兼并中对被兼并企业将房地产转让到兼并中的，不纳税；房地产的重估增值不属于征税范围。

⑨ 房地产的代建房行为。对于房地产开发公司而言，虽然取得了收入，但没有发生房地产权属的转移，其收入属于劳务收入，不属于土地增值税的征税范围。

⑩ 房地产的重新评估。国有企业在清产核资时,对房地产价值进行重新评估而使其升值,因没有发生房地产权属转移,也未取得收入,不属于土地增值税的征税范围。

⑪ 因国家收回国有土地使用权、征用地上建筑物及其附着物而使房地产权属发生转移的,原权属所有人因发生了房地产权属转移,也取得了收入,应属于土地增值税的征税范围,但可以免征土地增值税。

2. 纳税人

土地增值税的纳税义务人为转让国有土地使用权、地上的建筑物及其附着物并取得收入的单位和个人。

按照规定,所称的单位是指各类企业单位(包括外商投资企业和外国企业)、事业单位、国家机关和社会团体及其他组织;所称的个人包括个体经营者。

由此看来,土地增值税的纳税义务人的范围十分广泛。只要是产生了应纳税行为,不论其行为主体是法人还是自然人,不论经济性质,不论内资企业与外资企业,不论中国公民与外籍个人,都是土地增值税的纳税义务人。

3. 计税依据

土地增值税的计税依据是纳税义务人转让房地产所取得的增值额。即纳税义务人转让房地产所取得的收入减除规定的扣除项目金额后的余额,其计算公式为:

增值额＝转让房地产取得的应税收入－法定扣除项目金额

(1) 转让房地产取得的应税收入的确定

纳税义务人转让房地产取得的应税收入包括转让房地产的全部价款及有关的经济收益。从收入的形式来看,包括货币收入、实物收入和其他收入。

(2) 扣除项目的确定

准予纳税义务人从转让收入额中减除的扣除项目包括以下几项。

① 取得土地使用权所支付的金额

取得土地使用权所支付的金额包括:纳税义务人为取得土地使用权所支付的地价款;纳税义务人在取得土地使用权时按国家统一规定缴纳的有关费用,即按国家统一规定缴纳的有关登记、过户手续费。

② 房地产开发成本

房地产开发成本是指纳税义务人房地产开发项目实际发生的成本,包括土地征用及拆迁补偿费、前期工程费、基础设施费、公共配套设施费、开发间接费用。

③ 房地产开发费用

房地产开发费用是指与房地产开发项目有关的销售费用、管理费用和财务费用。

纳税义务人能够按转让房地产项目计算分摊利息支出,并能提供金融机构贷款证明的,允许扣除的房地产开发费用为:

利息＋(取得土地使用权所支付的金额＋房地产开发成本)×5%以内

纳税义务人不能按转让房地产项目计算分摊利息支出或不能提供金融机构贷款证明的,其允许扣除的房地产开发费用为:

(取得土地使用权所支付的金额＋房地产开发成本)×10%以内

上述利息支出允许按实扣除,但最高不能超过按商业银行同类同期贷款利率计算的金额。此外,财政部、国家税务总局还就扣除项目中利息支出的计算问题作了两点专门规定:一是利息的上浮幅度按国家的有关规定执行,超过上浮幅度的部分不允许扣除;二是对于超过贷款期限的利息部分和加罚的利息不允许扣除。

④ 旧房及建筑物的评估价格

这是指在转让已使用的房屋及建筑物时，由政府批准设立的房地产评估机构评定的重置成本价乘以成新度折扣率后的价格，即：

评估价格=重置成本价×成新度折扣率

评估价格须经当地税务机关确认。

所谓重置成本价，是指对旧房及建筑物，按转让时的建材价格及人工费用计算，建造同样面积、同样层次、同样结构、同样标准的新房及建筑物所需花费的成本费用。所谓成新度折扣率，是指按旧房或建筑物的新旧程度作一定折扣的比率。

例如，某企业转让一座旧仓库，该仓库已使用了 10 年，10 年前的造价为 50 000 元。现经房地产评估机构评估，这座仓库现在的重置成本价为 300 000 元，五成新。则这座仓库的评估价格为 150 000 元(300 000×50%)。这一评估价格须经当地税务机关确认后才能作为扣除项目。

⑤ 与转让房地产有关的税金及其附加

与转让房地产有关的税金是指在转让房地产时缴纳的营业税、城市维护建设税、印花税。因转让房地产交纳的教育费附加，也可视同税金予以扣除。

注意： 房地产开发企业按照《施工、房地产开发企业财务制度》有关规定，其在转让时缴纳的印花税应列入管理费用中，故在此不允许扣除。其他纳税义务人缴纳的印花税允许在此扣除。

⑥ 加计扣除金额

从事房地产开发的纳税义务人，可按取得土地使用权所支付的金额和房地产开发成本两项金额之和，加计 20%扣除。

4. 税率

土地增值税以增值率为累进依据，实行 4 级超额累进税率。所谓增值率，就是增值额占扣除项目金额的比例。土地增值税税率表参见表 8-8。

表 8-8 土地增值税税率表

级 次	增值额与扣除项目金额的比率	税率(%)	速算扣除系数(%)
1	不超过 50%的部分	30	0
2	50%～100%的部分	40	5
3	100%～200%的部分	50	15
4	超过 200%的部分	60	35

8.4.2 土地增值税的计算

根据《土地增值税暂行条例》的规定，土地增值税按照纳税义务人转让房地产所取得的土地增值额和规定的税率计算征收，计算公式为：

应纳土地增值税税额=∑(每级距的土地增值额×适用税率)

或　　　　　　　　=增值额×适用税率—扣除项目金额×速算扣除系数

即计算土地增值税税额，可按土地增值额乘以适用的税率减去扣除项目金额乘以速算扣除系数的简便方法计算,具体公式如下。

(1) 土地增值额未超过扣除项目金额 50%,计算公式为:

土地增值税税额=增值额×30%

(2) 土地增值额超过扣除项目金额 50%,未超过 100%,计算公式为:

土地增值税税额=增值额×40%—扣除项目金额×5%

(3) 土地增值额超过扣除项目金额 100%,未超过 200%,计算公式为:

土地增值税税额=增值额×50%—扣除项目金额×15%

(4) 土地增值额超过扣除项目金额 200%,计算公式为:

土地增值税税额=增值额×60%—扣除项目金额×35%

=增值额×适用税率—扣除项目金额×速算扣除系数

1. 房地产开发企业土地增值税应纳税额的计算

【例 8-7】 2014 年 1 月 31 日,某房地产开发公司转让写字楼一幢,共取得转让收入 50 000 000元,公司即按税法规定缴纳了有关税金(营业税税率为 5%,城建税等其他税金 250 000 元)。已知该公司未取得土地使用权而支付的地价款和按国家统一规定缴纳的有关费用为 5 000 000 元;投入的房地产开发成本为 15 000 000 元;房地产开发费用中的利息支出为 1 200 000 元(能够按转让项目计算并提供金融机构证明),比按工商银行同类同期贷款利率计算的利息多出 100 000 元。另已知该公司所在地政府规定的其他房地产开发费用的计算扣除比例为 5%。

要求:请计算该公司转让此楼应缴纳的土地增值税税额。

【解答】 该公司转让此楼应缴纳的土地增值税税额分步计算如下:

首先,确定转让房地产的转让收入为 50 000 000 元。

其次,确定转让房地产的扣除项目金额如下:

(1) 取得土地使用权所支付的金额=5 000 000 元;

(2) 房地产开发成本=15 000 000 元;

(3) 房地产开发费用=(1 200 000—100 000)+(5 000 000+15 000 000)×5%=2 100 000(元);

(4) 与转让房地产有关的税金=50 000 000×5%+250 000=2 750 000(元);

(5) 从事房地产开发的加计扣除=(5 000 000+15 000 000)×20%=4 000 000(元);

(6) 因此,转让房地产的扣除项目金额=5 000 000+15 000 000+2 100 000+2 750 000+4 000 000=28 850 000(元)。

再次,计算转让房地产的增值额=50 000 000—28 850 000=21 150 000(元),增值率=21 150 000÷28 850 000×100%=73.3%。

最后,计算应缴纳的土地增值税税额=21 150 000×40%—28 850 000×5%=7 017 500(元)。

2. 非房地产开发企业或个人转让旧房及建筑物应纳土地增值税的计算

【例 8-8】 2013 年 10 月,某公司(非房地产开发企业)转让办公楼一幢,取得转让收入 100 000 000 元,公司按国家税法规定缴纳了营业税、城建税、教育费附加、印花税。已知该单位为取得土地使用权而支付的地价款和按国家统一规定缴纳的有关费用为 20 000 000 元;投入的办公楼开发成本为 30 000 000 元;办公楼开发费用中利息支出为 500 000 元(能够按转让项目计算并提供金融机构证明),但其中有 5 000 000 元属加罚的利息。另知该单位所在地政府规定的其他房地产开发费用的计算扣除比例为 5%。

要求：请计算该单位应缴纳的土地增值税税额。

【解答】 该单位应缴纳的土地增值税税额分步计算如下：

首先，确定转让办公楼的转让收入为 100 000 000 元。

其次，确定转让办公楼的扣除项目金额如下：

(1) 取得土地使用权支付的地价及有关费用＝20 000 000(元)；

(2) 办公楼的开发成本＝30 000 000(元)；

(3) 办公楼的开发费用＝(5 000 000－500 000)＋(20 000 000＋30 000 000)×5%＝7 000 000(元)；

(4) 与转让办公楼有关的税金＝100 000 000×5%＋100 000 000×5%×(7%＋3%)＋100 000 000×5%＝10 050 000(元)；

(5) 因此，扣除项目金额＝20 000 000＋30 000 000＋7 000 000＋10 050 000＝67 050 000(元)。

再次，计算转让办公楼的增值额＝100 000 000—67 050 000＝32 950 000(元)，增值率＝32 950 000÷67 050 000×100%＝49%。

最后，计算应纳土地增值税税额＝32 950 000×30%＝98 850 000(元)

8.4.3　土地增值税的税收优惠

1. 建造普通标准住宅的税收优惠

纳税义务人建造普通标准住宅出售，增值额未超过扣除项目金额 20%的，免征土地增值税；增值额超过扣除项目金额 20%的，应就其全部增值额按规定计税。

对于纳税义务人既建普通标准住宅又搞其他房地产开发的，应分别核算增值额。不分别核算或不能准确核算增值额的，其建造的普通标准住宅不能适用这一免税规定。

问题解答　**普通标准住宅与豪华住宅有何区别？**

答：2005 年 6 月 1 日起，普通标准住宅应同时满足：(1) 住宅小区建筑容积率在 1.0 以上；(2) 单套建筑面积在 120 平方米以下；(3) 实际成交价格低于同级别土地上住房平均价格 1.2 倍以下。不能同时满足以上条件的即为豪华住宅。

2. 国家征用、收回的房地产的税收优惠

因国家建设需要依法征用、收回的房地产，免征土地增值税。具体是指因城市实施规划、国家建设的需要而被政府批准征用的房地产或收回的土地使用权。因城市实施规划、国家建设的需要而搬迁，由纳税义务人自行转让原房地产的，比照有关规定免征土地增值税。

3. 个人转让房地产税收优惠

个人因工作调动或改善居住条件而转让原自用住房，经向税务机关申报核准，凡居住满 5 年或 5 年以上的，免征土地增值税；居住满 3 年未满 5 年的，减半征收土地增值税；居住未满 3 年的,按规定计征土地增值税。

4. 其他规定

从 2008 年 3 月起,企事业单位、社会团体以及其他组织转让旧房作为廉租住房、经济适用住房房源且增值额未超过扣除项目金额 20%的,免征土地增值税。

8.4.4 土地增值税的申报与缴纳

1. 申报程序

(1) 土地增值税的纳税义务人应在转让房地产合同签订后的 7 日内,向房地产所在地主管税务机关办理纳税申报,并向税务机关提交房屋及建筑物产权、土地使用权证书,土地转让、房产买卖合同、房地产评估报告及其他与转让房地产有关的资料。纳税义务人因经常发生房地产转让而难以在每次转让后申报的,经税务机关审核同意后,可以定期进行纳税申报,具体期限由税务机关根据情况确定。

(2) 纳税义务人在项目全部竣工结算前转让房地产取得的收入可以预征土地增值税,具体办法由各省、自治区、直辖市地方税务局根据当地情况制定。对于纳税义务人预售房地产所取得的收入,凡当地税务机关规定预征土地增值税的,纳税义务人应当到主管税务机关办理纳税申报,并按规定比例预缴,待办理决算后,多退少补;凡当地税务机关规定不预征土地增值税的,也应在取得收入时先到税务机关登记或备案。

问题解答　　**未预缴土地增值税是偷税吗?**

答:没有按照规定申报缴纳预缴税款,不认定为偷税行为。既然是预缴,在清算之前并不能真实地反映纳税人实际应该缴纳的税款,当然也不能造成不缴或者少缴税款的后果。因此,预缴税款从性质上属于纳税人按照税务部门规定核定纳税人应缴纳的税款。

2. 纳税地点

土地增值税的纳税义务人应向房地产所在地主管税务机关办理纳税申报,并在税务机关核定的期限内缴纳土地增值税。所说的"房地产所在地",是指房地产的坐落地。纳税义务人转让的房地产坐落在两个或两个以上地区的,应按房地产所在地分别申报纳税。

在实际工作中,纳税地点的确定又可分为以下两种情况。

(1) 纳税义务人是法人的,当转让的房地产坐落地与其机构所在地或经营所在地一致时,则在办理税务登记的原管辖税务机关申报即可;当转让的房地产坐落地与其机构所在地或经营所在地不一致时,则应在房地产坐落地税务机关申报纳税。

(2) 纳税义务人是自然人的,当转让的房地产坐落地与其居住所在地一致时,则在住所所在地税务机关申报纳税;当转让的房地产坐落地与其居住所在地不一致时,则在办理过户手续所在地税务机关申报纳税。

3. 纳税申报

土地增值税纳税人应按主管税务机关核定的纳税期限,如实填写并报送《土地增值税纳税申报表》。该申报表的内容及格式参见表 8-9 和表 8-10。

表 8-9 土地增值税纳税申报表(一)

(从事房地产开发的纳税人适用)

税款所属时间: 年 月 日 填表日期 年 月 日 金额单位:元(人民币)

<table>
<tr><td>纳税人名称</td><td></td><td>纳税人地址</td><td></td><td>联系人、电话</td><td></td></tr>
<tr><td>经济类型</td><td></td><td>行业</td><td></td><td>直接主管部门</td><td></td></tr>
<tr><td>开户银行</td><td></td><td>账号</td><td></td><td>邮政编码</td><td></td></tr>
<tr><td>项目名称</td><td colspan="2"></td><td colspan="2">项目详细坐落地址</td><td></td></tr>
</table>

<table>
<tr><td colspan="2">项目</td><td>行次</td><td>纳税人申报金额</td><td rowspan="12">携带资料:
1. 当期财务会计报表(损益表、主要开发产品(工程)销售明细表、在建开发项目成本表、已完工开发项目成本表)装修标准等资料;
2. 银行贷款利息结算通知单;
3. 转让房地产有关资料(商品房购销合同副本、项目工程合同结算单等);
4. 其他。</td></tr>
<tr><td colspan="2">一、转让房地产收入总额 1=2+3</td><td>1</td><td></td></tr>
<tr><td rowspan="2">其中</td><td>转让土地收入</td><td>2</td><td></td></tr>
<tr><td>转让地上建筑物及其附着物收入</td><td>3</td><td></td></tr>
<tr><td colspan="2">二、扣除项目金额合计 4=5+6+13+16+20+21</td><td>4</td><td></td></tr>
<tr><td colspan="2">1. 取得土地使用权所支付的金额</td><td>5</td><td></td></tr>
<tr><td colspan="2">2. 房地产开发成本 6=7+8+9+10+11+12</td><td>6</td><td></td></tr>
<tr><td rowspan="6">其中</td><td>土地征用及拆迁补偿费</td><td>7</td><td></td></tr>
<tr><td>前期工程费</td><td>8</td><td></td></tr>
<tr><td>建筑安装工程费</td><td>9</td><td></td></tr>
<tr><td>基础设施费</td><td>10</td><td></td></tr>
<tr><td>公共配套设施费</td><td>11</td><td></td></tr>
<tr><td>开发间接费用</td><td>12</td><td></td><td>备注:由纳税人填写本表未尽事宜</td></tr>
<tr><td colspan="2">3. 房地产开发费用 13=14+15</td><td>13</td><td></td><td rowspan="21">备注:由纳税人填写本表未尽事宜</td></tr>
<tr><td rowspan="2">其中</td><td>利息支出</td><td>14</td><td></td></tr>
<tr><td>其他房地产开发费用</td><td>15</td><td></td></tr>
<tr><td colspan="2">4. 与转让房地产有关的税金 16=17+18+19</td><td>16</td><td></td></tr>
<tr><td rowspan="3">其中</td><td>营业税</td><td>17</td><td></td></tr>
<tr><td>城市维护建设税</td><td>18</td><td></td></tr>
<tr><td>教育费附加</td><td>19</td><td></td></tr>
<tr><td colspan="2">5. 财政部规定的加计 20%扣除数 20=(5+6)×20%</td><td>20</td><td></td></tr>
<tr><td colspan="2">6. 财政部规定的其他扣除项目金额</td><td>21</td><td></td></tr>
<tr><td colspan="2">三、增值额 22=1 — 4</td><td>22</td><td></td></tr>
<tr><td colspan="2">四、增值额与扣除项目金额之比(%)23=22÷4</td><td>23</td><td></td></tr>
<tr><td colspan="2">五、适用税率(%)</td><td>24</td><td></td></tr>
<tr><td colspan="2">六、速算扣除系数(%)</td><td>25</td><td></td></tr>
<tr><td colspan="2">七、预收房地产价款</td><td>26</td><td></td></tr>
<tr><td colspan="2">八、预征比例(%)</td><td>27</td><td></td></tr>
<tr><td colspan="2">九、应缴土地增值税税额 28=22×24 — 4×25 (或 26×27)</td><td>28</td><td></td></tr>
<tr><td colspan="2">十、已缴土地增值税税额</td><td>29</td><td></td></tr>
<tr><td colspan="2">十一、本期实际缴纳土地增值税金额</td><td>30</td><td></td></tr>
<tr><td colspan="2">十二、应补(退)土地增值税税额 31=28 — 29 — 30</td><td>31</td><td></td></tr>
<tr><td>十三、项目竣工清算应补(退)土地增值税税额</td><td>32=28 — 29</td><td>32</td><td></td></tr>
<tr><td colspan="2">如纳税人填报,由纳税人填写以下各栏</td><td colspan="3">如委托代理人填报,由代理人填写以下各栏</td></tr>
</table>

续表

<table>
<tr><td rowspan="3">会计主管
(签章)</td><td rowspan="3">经办人
(签章)</td><td rowspan="3">纳税人
(签章)</td><td>代理人名称</td><td colspan="2"></td><td rowspan="2">代理人
(签章)</td></tr>
<tr><td>地址</td><td colspan="2"></td></tr>
<tr><td>经办人</td><td></td><td>电话</td><td></td></tr>
<tr><td colspan="7">以下由税务机关填写</td></tr>
<tr><td colspan="7">税务机关审核意见：</td></tr>
<tr><td>收到申报表日期</td><td></td><td>接收人</td><td></td><td>审核人(签章)</td><td colspan="2"></td></tr>
</table>

表 8-10 土地增值税纳税申报表(二)

(非从事房地产开发的纳税人适用)

填表日期：　年　月　日　　金额单位：人民币元　　面积单位：平方米

<table>
<tr><td>企业编码</td><td colspan="2"></td><td>税务登记号</td><td colspan="2"></td></tr>
<tr><td>纳税人名称</td><td colspan="2"></td><td>税款所属时期</td><td colspan="2"></td></tr>
<tr><td>办税员证号</td><td></td><td>办税员</td><td></td><td>电话</td><td></td></tr>
<tr><td colspan="2">项目</td><td>行次</td><td colspan="3">金额</td></tr>
<tr><td colspan="2">一、转让房地产收入总额</td><td>1=2+3</td><td colspan="3"></td></tr>
<tr><td rowspan="2">其中</td><td>货币收入</td><td>2</td><td colspan="3"></td></tr>
<tr><td>实物收入及其他收入</td><td>3</td><td colspan="3"></td></tr>
<tr><td colspan="2">二、扣除项目金额合计</td><td>4=5+6+9</td><td colspan="3"></td></tr>
<tr><td colspan="2">1. 取得土地使用权所支付的金额</td><td>5</td><td colspan="3"></td></tr>
<tr><td colspan="2">2. 旧房及建筑物的评估价格</td><td>6=7×8</td><td colspan="3"></td></tr>
<tr><td rowspan="2">其中</td><td>旧房及建筑物的重置成本价</td><td>7</td><td colspan="3"></td></tr>
<tr><td>成新度折扣率</td><td>8</td><td colspan="3"></td></tr>
<tr><td colspan="2">3. 与转让房地产有关的税金等</td><td>9>10+11+12+13</td><td colspan="3"></td></tr>
<tr><td rowspan="4">其中</td><td>营业税</td><td>10</td><td colspan="3"></td></tr>
<tr><td>城市维护建设税</td><td>11</td><td colspan="3"></td></tr>
<tr><td>印花税</td><td>12</td><td colspan="3"></td></tr>
<tr><td>教育费附加</td><td>13</td><td colspan="3"></td></tr>
<tr><td colspan="2">三、增值额</td><td>14=1−4</td><td colspan="3"></td></tr>
<tr><td colspan="2">四、增值额与扣除项目金额之比</td><td>15=14÷4</td><td colspan="3"></td></tr>
<tr><td colspan="2">五、适用税率(%)</td><td>16</td><td colspan="3"></td></tr>
<tr><td colspan="2">六、速算扣除系数(%)</td><td>17</td><td colspan="3"></td></tr>
<tr><td colspan="2">七、应缴土地增值税税额</td><td>18=14×16−4×17</td><td colspan="3"></td></tr>
<tr><td colspan="6"></td></tr>
</table>

<table>
<tr><td colspan="3" rowspan="2">如纳税人填报，由纳税人填写以下各栏</td><td colspan="4">委托代理人填报，由代理人填写以下各栏</td><td rowspan="3">备注</td></tr>
<tr><td>代理人名称</td><td colspan="2"></td><td rowspan="2">代理人
(签章)</td></tr>
<tr><td rowspan="2">会计主管
(签章)</td><td rowspan="2">经办人
(签章)</td><td rowspan="2">纳税人
(签章)</td><td>代理人地址</td><td colspan="2"></td></tr>
<tr><td>经办人</td><td></td><td>电话</td><td colspan="2"></td></tr>
<tr><td colspan="8">以下由税务机关填写</td></tr>
<tr><td>收到申报表日期</td><td colspan="3">年　月　日</td><td>接收人</td><td colspan="3"></td></tr>
</table>

课外阅读

国外资源税简介

国外资源税分为三种，即产出型资源税、利润型资源税和财产型资源税。

一、产出型资源税

这是以加工过的矿石或未经加工的原矿为课税对象，采取从量定额征收或者从价定率征收。产出型资源税的典型代表是跨州税。在美国、加拿大、澳大利亚等联邦制国家，由于各州拥有自主的税收立法权。自然资源丰富的州通过立法规定，本州的自然资源在输往其他州时，通过从量征收跨州税，达到最大可能地分享自然资源租值。跨州税的纳税人虽然是在本州从事矿山开采的居民或企业，但其负税人却是资源的消费者。由于自然资源在各州的分布极不均衡，因此，跨州税的收取使某些州凭借自然资源的禀赋优势，聚集了大量的税收收入。我国现行资源税属于从量定额征收的产品税，但它与西方的跨州税并不完全相同，最重要的是，我国的地方政府不享有自然资源的所有权和资源税的立法权。

二、利润型资源税

利润型资源税是以开采企业的盈利为课税对象，对亏损企业不征税。与产出型资源税相比，这种税既考虑了开采企业的运营成本，也考虑了资源耗减因素。对利润率低的小型矿山企业没有歧视，意味着更为公平的税收原则。但为保持税收公平合理性，会相应增加税务管理的成本。

三、财产型资源税

财产型资源税是以矿产这种财富作为课税对象，按该财富的价值征收，实际上是一种从价税。受矿产财富在未来价格、成本和矿床地理特征等不确定因素的影响，矿产价值很难衡量，而且当地的税收估价员通常缺乏评价这些参数的素质培训。

本章小结

本章主要介绍了资源类税法，税种包括资源税、城镇土地使用税、耕地占用税和土地增值税。

资源税是指在中华人民共和国境内开采应税矿产品以及生产盐的单位和个人，就其原料产品的资源的绝对收益或相对收益征收的一种税。资源税的纳税人是指在中华人民共和国境内开采应税矿产品或者生产盐的单位和个人。征税对象是在中国境内开采的矿产品和生产的盐两大类。现行征收资源税的矿产品主要包括原油、天然气、煤炭、其他非金属矿原矿、黑色金属原矿和有色金属矿原矿。盐包括固体盐和液体盐。资源税实行从价定率和从量定额征收。资源税的应纳税额，按应税产品的课税数量和法定税额计算，计算公式为：

从价定率应纳税额＝销售额×比例税率

从量定额应纳税额＝课税数量×单位税额

代扣代缴应纳税额＝收购未税矿产品的数量×适用的单位税额

城镇土地使用税是指国家对在城市、县城、建制镇和工矿区范围内使用土地的单位和个人，按其实际占用的土地面积分等定额征收的一种税。城镇土地使用税的征税范围包括城市、县城、建制镇、工矿区内的国家所有和集体所有的土地。城镇土地使用税的纳税人是指承担缴纳城镇土地使用税义务的所有单位和个人。城镇土地使用税采用定额税率,即采用有幅度的差别税额,按大、中、小城市和县城、建制镇、工矿区分别规定每平方米土地使用税年应纳税额。

耕地占用税是对占用耕地建房和从事非农业建设的单位和个人征收的一种税。耕地占用税的纳税人为占用耕地建房或从事非农业建设的单位和个人,包括外商投资企业和外国企业。耕地占用税以占用耕地的面积为计税依据。

土地增值税是对转让国有土地使用权、地上建筑物及其附着物并取得收入的单位和个人,就其取得的增值额征收的一种税。凡属于土地增值税征税范围的不动产,必须同时符合以下三个条件:(1) 必须是国有土地使用权及其地上建筑物和附着物;(2) 必须是国有土地使用权及其地上建筑物和附着物的转让行为;(3) 必须是有偿转让国有土地使用权及其地上建筑物和附着物的转让行为。土地增值税的纳税义务人为转让国有土地使用权、地上的建筑物及其附着物并取得收入的单位和个人。土地增值税的计算,按照纳税义务人转让房地产所取得的土地增值额和规定的税率计算征收,计算公式为:

$$应纳土地增值税税额=\sum(每级距的土地增值额\times适用税率)$$

或
$$应纳税额=增值额\times适用税率-扣除项目金额\times速算扣除系数$$

自测练习

一、学习思考

1. 我国现行资源税的征税范围有哪些?
2. 城镇土地使用税的减税、免税是怎样规定的?
3. 转让新开发房地产的扣除项目金额应如何确定?
4. 简述耕地占用税的优惠政策。

二、案例分析

山西省某煤矿以生产煤炭、原煤为主,同时也小规模生产洗煤和选煤,某月该煤矿发生如下业务:

(1) 外销原煤 5 000 吨,销售价为 600 元/吨;

(2) 销售原煤 2 000 吨,售价为 550 元/吨;

(3) 销售本月生产的选煤 100 吨,选煤回收率为 70%,售价 1 200 元/吨;

(4) 移送加工煤制品用原煤 1 500 吨;

(5) 用本月生产的 80 吨选煤支付发电厂电费。

当月煤矿购进原材料及辅助材料准予抵扣的进项税额为 250 000 元。

假设山西省原煤资源税税率为 8%,月底煤矿计算应纳的资源税和增值税如下:

应税煤炭销售额=5 000×600+2 000×550+100×1 200+1 500×600+80×600=5 168 000(元)

应缴纳的资源税税额=5 168 000×8%=413 440(元)

增值税销项税额=(5 000×600+2 000×550+100×1 200+80×1 200+1 500×550)×17%=873 970(元)

应缴纳的增值税税额=873 970−250 000=623 970(元)

要求：请分析案例中资源税的计算是否正确。

三、能力训练

1. 某铜矿用铜矿原矿入选铜精矿 10 000 吨，入选铜精矿时移送使用的铜矿原矿无法精确掌握，选矿比为 25%，该铜矿资源等级为四等，单位税额为每吨 1.3 元。

要求：请计算该矿山应缴纳的资源税税额。

2. 某油田 2014 年 1 月生产原油 100 万吨(单位税额 8 元/吨)，其中销售 70 万吨，用于加热、修井的原油为 100 000 吨，当月单独开采天然气 50 000 万立方米，另外在采油过程中回收并销售伴生天然气 2 000 万立方米(单位税额 8 元/千立方米)。

要求：计算该油田 2014 年 1 月应缴纳的资源税税额。

3. 某煤矿为增值税一般纳税人，2014 年 3 月生产经营情况如下：

(1) 开采原煤 200 万吨，在采煤过程中生产天然气 25 000 千立方米；

(2) 销售原煤 180 万吨；

(3) 销售天然气 2 000 千立方米；

(4) 本矿职工食堂、浴室领用本矿开采的原煤 5 000 吨；

(提示：资源税税率：原煤为 8%；天然气为 5%)

要求：计算该煤矿 2014 年 3 月应缴纳的资源税税额。

4. 某单位转让房地产收入为 500 万元，取得土地使用权所支付的金额为 100 万元，经确认的开发土地成本、费用和新建房及配套设施的成本费用 150 万元，与转让房地产有关的税金 130 000 元。

要求：请计算该单位应缴纳的土地增值税税额。

第9章 财产类税法

学习目标

【知识目标】

1. 了解并掌握财产税法的基本法律内容
2. 理解并掌握财产税各税种应纳税额的计算

【能力目标】

1. 能够熟悉并把握我国现行财产税法各税种的征收管理
2. 能够正确处理财产类税法各税种的纳税申报事宜

9.1 房产税法

9.1.1 房产税的基本内容

记一记：房产税法是指国家制定的用以调整房产税征收与缴纳之间权利与义务关系的法律规范。在我国房产税是以房屋为征税对象，按照房屋的计税余值或租金收入为计税依据，向产权所有人征收的一种财产税。现行房产税的基本法律依据是1986年9月15日国务院发布的《中华人民共和国房产税暂行条例》，从1986年10月1日开始实施。

1. 征税范围

房产税在下列地区开征：

(1) 城市，指经国务院批准建制的市；

(2) 县城，指县人民政府所在地的县城区；

(3) 建制镇，指经省级人民政府批准建立的建制镇；

(4) 工矿区，指工商业比较发达，人口比较集中，符合国务院规定的建制镇标准但尚未设立建制镇的大中型工矿企业所在地。

房产税的征税对象是房产。所谓房产，是指有屋面和围护结构，能够遮风避雨，可供人们在其中生产、学习、工作、娱乐、居住或储藏物资的场所。独立于房屋的建筑物如围墙、暖房、水塔、烟囱、室外游泳池等不属于房产。但室内游泳池属于房产。

2. 纳税人

房产税的纳税义务人是房屋产权所有人，具体包括：

(1) 产权属于国家所有的，由经营管理单位纳税；产权属于集体和个人所有的，由集体单位和个人纳税；

(2) 产权出典的，由承典人纳税；

(3) 产权所有人、承典人不在房屋所在地的,由房产代管人或者使用人纳税;

(4) 产权未确定及租典纠纷未解决的,亦由房产代管人或者使用人纳税。

自 2009 年 1 月 1 日起,外商投资企业和外国企业也是房产税的纳税人。

3. 计税依据

(1) 对经营自用的房屋,以房产的计税余值为计税依据。

所谓计税余值,是指依照税法规定按房产原值一次减除 10%～30%的损耗价值以后的余额。其中,房产原值是指纳税人按照会计制度规定,在账簿“固定资产”科目中记载的房屋原价。

房产原值应包括与房屋不可分割的各种附属设备或一般不单独计算价值的配套设施。

纳税人对原有房屋进行改建、扩建的,要相应增加房屋的原值。

在确定计税余值时,房屋原值的具体减除比例,由省、自治区、直辖市人民政府在税法规定的减除幅度内自行确定。

(2) 对于出租的房屋,以租金收入为计税依据。

(3) 特殊情况下的处理办法。

① 对投资联营的房产,在计征房产税时应予以区别对待。共担风险的,按房产余值作为计税依据,计征房产税;对收取固定收入,应由出租方按租金收入计缴房产税。

② 对融资租赁房屋的情况,在计征房产税时应以房产余值计算征收,租赁期内房产税的纳税人,由当地税务机关根据实际情况确定。

③ 新建房屋交付使用时,如中央空调设备已计算在房产原值之中,则房产原值应包括中央空调设备;旧房安装空调设备,一般都作单项固定资产入账,不应计入房产原值。

4. 税率

房产税实行比例税率。

(1) 按房产余值计征的,年税率为 1.2%;对于个人出租普通居民住房,按照每月租金收入的 4%征收房产税;对于个人出租的非普通居民住房,按照每月租金收入的 12%征收房产税。对企事业单位、社会团体以及其他组织按市场价格向个人出租用于居住的住房,减按 4%的税率征收房产税。

(2) 按房产的租金收入计征的,税率为 12%。

9.1.2　房产税的计算

房产税分为从价和从租两种计算缴纳形式。

1. 从价计征应纳税额的计算

从价计税的,依照房屋原值一次减除 10%～30%后的余值计算缴纳,计算公式为:

$$房产税应纳税额=房产原值\times(1-扣除比例)\times1.2\%$$

2. 从租计征应纳税额的计算

从租计征是依照房屋的租金收入计算缴纳,计算公式为:

$$房产税应纳税额=租金收入\times12\%$$

【例 9-1】 2014 年 1 月 1 日某企业的经营用房产原值为 40 000 000 元,4 月 1 日将其中原值为 10 000 000 元的房产出租,月租金 60 000,按照当地的规定允许扣除原值 30%后计税。

要求:请计算 2014 年该企业应缴纳的房产税税额。

【解答】 2014 年该企业应缴纳的房产税税额分步计算如下:

1—3 月应缴纳的房产税税额＝40 000 000×(1－30％)×1.2％×3÷12＝84 000(元)

4—12 月从价计征部分应缴纳的房产税税额＝(40 000 000－10 000 000)×(1－30％)×1.2％×9÷12＝189 000(元)

4—12 月从租计征部分应缴纳的房产税税额＝60 000×9×12％＝64 800(元)

因此,该企业全年应缴纳的房产税额＝84 000＋189 000＋64 800＝337 800(元)

9.1.3 房产税的税收优惠

1. 一般优惠政策

下列情况下,免征或减征房产税:

(1) 国家机关、人民团体、军队自用的房产免征房产税,但上述免税单位的出租房产不属于免税范围;

(2) 由国家财政部门拨付事业经费的单位自用的房产免征房产税,但如学校的工厂、商店、招待所等应照章纳税;

(3) 宗教寺庙、公园、名胜古迹自用的房产免征房产税,但经营用的房产不属于免税范围;

(4) 个人所有非营业用的房产免征房产税,但个人拥有的营业用房或出租的房产应照章纳税;

(5) 对行使国家行政管理职能的中国人民银行总行所属分支机构自用的房产,免征房产税。

2. 特批优惠政策

经财政部批准免税的其他房产主要包括以下情况。

(1) 企业及企业主管部门所属的学校、医院、疗养院、托儿所、幼儿园自用的房产,比照由国家财政部门拨付事业经费的单位自用的房产,免征房产税,如与企业或企业主管部门的房产划分不清的,应照章征收房产税。

(2) 企业的房产在破产期间免征房产税。

(3) 凡在基建工地为基建服务的各种工棚、材料棚、休息棚和办公室、食堂、茶炉房、汽车房等临时房屋,不论是施工企业自行建造或基建单位投资建造,在施工期间,免征房产税。但基建工程结束后,施工企业将这种临时性房屋交还或者估价转让给基建单位的,应当从基建单位接收的次月起,依照规定征收房产税。

(4) 对毁损不堪使用的房屋或危险房屋,经有关部门鉴定,可免征房产税。

(5) 纳税单位与免税单位共同使用的房屋,应划分清楚,按规定分别确定征免房产税;如划不清楚的一律征收房产税。

(6) 自 2004 年 7 月 1 日起,纳税人因为房屋大修导致连续停用半年以上的,在房屋大修理期间免征房产税,免征税额由纳税人在申报缴纳房产税时自行计算扣除,并在申报表附表或备注栏中作相应说明。

(7) 房地产开发企业开发的商品房在出售前,不征收房产税。但对出售前房地产开发企业已使用或者出租、出借的商品房应按照规定征收房产税。

(8) 对按政府规定价格出租的公有住房和廉租住房,包括企业和自收自支事业单位向职工出租的单位自有住房;房管部门向居民出租的公有住房;落实私房政策中带户发还产权并以政府规定租金标准向居民出租的私有住房等,暂免征收房产税。

(9) 老年服务机构自用的房产免税。

(10) 对非营利性医疗机构自用的房产，免征房产税；对营利性医疗机构自其取得执业登记之日起 3 年内自用的房产免征房产税，3 年免税期满后恢复征税。

(11) 自 2000 年 1 月 1 日起对高校后勤实体，免征房产税和城镇土地使用税。

(12) 对为高校学生提供住宿服务并按高教系统收费标准收取租金的学生公寓，免征房产税。

问题解答　　**地下建筑物是否征收房产税？**

答：自 2006 年 1 月 1 日起，在城市、县城、建制镇征收范围内的具备房屋功能的地下建筑包括与房屋相连的地下建筑、地下人防设施等按规定征收房产税。

1. 对自用的地下房产建筑按以下方式计税：

工业用途房产，按房产原价的 50%～60% 作为应税房产原值；

商业和其他用途房产，按房产原价的 70%～80% 作为应税房产原值，计算应纳房产税时在应税房产原值基础上减除 30% 以后再按 1.2% 缴纳房产税；

对于与地上房屋相连的地下建筑，如地下室、地下停车场、商场的地下部分等应与地上房屋视为一个整体按照地上房屋的有关规定计算征收房产税。

2. 出租的地下建筑，按照出租地上房屋建筑的有关规定计算房产税。

9.1.4　房产税的申报与缴纳

1. 纳税义务发生时间

(1) 将原有房产用于生产经营的，从生产经营之月起计征房产税。

(2) 纳税人自建的房屋，自建成之日的次月起征收房产税。

(3) 纳税人委托施工企业建设的房屋，从办理验收手续之日的次月起征收房产税。对于纳税人在办理验收手续前已使用或出租、出借的新建房屋，应按规定征收房产税。

(4) 购置新建商品房，自房屋交付使用的次月起计征房产税。

(5) 购置存量房，自办理房屋权属转移、变更登记手续，房地产权属登记机关签发房屋权属证书的次月起计征房产税。

(6) 出租、出借房产，自交付出租、出借房产的次月起计征房产税。

(7) 房地产开发企业自用、出租、出借本企业建造的商品房，自房屋使用或交付的次月起计征房产税。

2. 纳税期限

房产税按年征收，分期缴纳。纳税期限由省、自治区、直辖市人民政府规定。

3. 纳税地点

房产税由房产所在地的税务机关征收。

4. 纳税申报

房产税纳税人应按主管税务机关核定的纳税期限，如实填写并报送《房产税纳税申报表》。该申报表的内容及格式参见表 9-1。

表 9-1 房产税纳税申报表

填表日期：　　年　月　日

地税纳税代码 □□□□□□□□□□□□□□□

税务登记证号：　　　　　　　　　　　　　　　　金额单位：人民币(列至角分)

<table>
<tr><td colspan="2">纳税人名称</td><td colspan="5"></td><td>税款所属时期</td><td colspan="2"></td></tr>
<tr><td colspan="5">坐落地点</td><td colspan="2">建筑面积</td><td colspan="3">房屋结构</td></tr>
<tr><td colspan="5"></td><td colspan="2"></td><td colspan="3"></td></tr>
<tr><td colspan="5"></td><td colspan="2"></td><td colspan="3"></td></tr>
<tr><td colspan="5"></td><td colspan="2"></td><td colspan="3"></td></tr>
<tr><td colspan="2">房产原值</td><td rowspan="2">扣除率
30%</td><td colspan="2">计税依据</td><td colspan="2">税率</td><td rowspan="2">年应纳税额</td><td rowspan="2">缴纳
次数</td><td rowspan="2">本期
应纳税额</td></tr>
<tr><td>自用</td><td>出租</td><td>房产余值</td><td>租金收入</td><td>自用</td><td>出租</td></tr>
<tr><td>1</td><td>2</td><td>3</td><td>4=1×3</td><td>5</td><td>6</td><td>7</td><td>8=4×6+5×7</td><td>9</td><td>10=8÷9</td></tr>
<tr><td></td><td></td><td></td><td></td><td></td><td></td><td></td><td></td><td></td><td></td></tr>
<tr><td></td><td></td><td></td><td></td><td></td><td></td><td></td><td></td><td></td><td></td></tr>
<tr><td></td><td></td><td></td><td></td><td></td><td></td><td></td><td></td><td></td><td></td></tr>
<tr><td colspan="3">合计</td><td></td><td></td><td></td><td></td><td></td><td></td><td></td></tr>
<tr><td colspan="5">如纳税人填报，由纳税人填写以下各栏</td><td colspan="5">如委托代理人填报，由代理人填写以下各栏</td></tr>
<tr><td colspan="2" rowspan="3">会计主管
(签章)</td><td colspan="2" rowspan="3">办税人员
(签章)</td><td rowspan="3">纳税人
(签章)</td><td colspan="2">代理人名称</td><td colspan="3">(签章)</td></tr>
<tr><td colspan="2">代理人地址</td><td colspan="3"></td></tr>
<tr><td colspan="2">经办人</td><td></td><td>电话</td><td></td></tr>
<tr><td colspan="10">以下由税务机关填写</td></tr>
<tr><td colspan="3">收到申报表日期</td><td colspan="4"></td><td>接收人</td><td colspan="2"></td></tr>
<tr><td colspan="3">完税日期</td><td colspan="4"></td><td>完税凭证号码</td><td colspan="2"></td></tr>
</table>

注：(1) 本表一式三份，两份报主管税务机关，一份由纳税人留存。

(2) 房屋结构分钢筋混凝土结构、砖木结构两种。

税法视野

中国现行房地产税制概况

中国现行房地产税收体系按征税环节分类，可以分为在房地产流通阶段征税和在房地产保有阶段征税两种。

在房地产流通阶段的税制构成又可以有以下三种分类。

(1) 购置房地产应缴纳的税种，主要包括契税和印花税；

(2) 出售房地产应缴纳的税种，主要包括营业税、印花税、企业所得税和个人所得税，另外还包括按缴纳的营业税税额计征的城市维护建设税(和教育费附加)；

(3) 出租房地产应纳缴的税种，主要包括营业税、房产税、城镇土地使用税、印花税、企业所得税、个人所得税和城市维护建设税(及教育费附加)。

在房地产保有阶段设置的税种主要有房产税、城镇土地使用税、耕地占用税和城市房地产税(及土地使用费)。

9.2 车船税法

9.2.1 车船税的基本内容

记一记:车船税法是指国家制定的用以调整车船税征收与缴纳之间权利与义务关系的法律规范。车船税是指国家对行驶于境内公共道路的车辆和航行于境内河流、湖泊或者领海的船舶依法征收的一种税。现行车船税的基本法律依据是 2011 年 2 月 25 日十一届全国人大常委会第 19 次会议表决通过了《中华人民共和国车船税法》(以下简称《车船税法》),于 2012 年 1 月 1 日起施行。

1. 征税对象

车船税的征税对象是在我国境内属于《车船税税目税额表》规定的车辆、船舶。

车辆是指乘用车、商用车、挂车、其他车辆和摩托车。其中,乘用车是指主要用于载运乘客及其随身行李或临时物品的汽车,包括驾驶员座位在内最多不超过 9 个座位。乘用车涵盖了轿车、微型客车以及不超过 9 座的轻型客车。商用车包括核定载客人数 9 人以上的客车(包括电车)和货车。货车包括半挂牵引车、三轮汽车和低速载货汽车等。其他车辆包括专用作业车和轮式专用机械车,但不包括拖拉机。

船舶包括机动船舶、非机动驳船、拖船和游艇。机动船是指依靠燃料等能源作为动力运行的船舶,如客轮、货船、气垫船等。拖船是指专门用于拖(推)动运输船舶的专业作业船舶。

2. 纳税人

车船税的纳税人是车辆、船舶的所有人或管理人,即在我国境内拥有车船的单位和个人。单位是指行政机关、事业单位、社会团体以及中外各类企业。个人是指我国境内的居民和外籍个人。应税车船的所有人或者管理人未缴纳车船税的,应由使用人代缴。

3. 适用税率

车船税实行幅度定额税率(参见表 9-2)。

表 9-2 车船税税目税额表

税目		计税单位	年基准税额	备注
乘用车〔按发动机汽缸容量(排气量)分档〕	1.0 升(含)以下的	每辆	60—360 元	核定载客人数 9 人(含)以下
	1.0 升以上至 1.6 升(含)的		300—540 元	
	1.6 升以上至 2.0 升(含)的		360—660 元	
	2.0 升以上至 2.5 升(含)的		660—1 200 元	
	2.5 升以上至 3.0 升(含)的		1 200—2 400 元	
	3.0 升以上至 4.0 升(含)的		2 400—3 600 元	
	4.0 升以上的		3 600—5 400 元	

续表

税目		计税单位	年基准税额	备注
商用车	客车	每辆	480—1 440 元	核定载客人数 9 人以上,包括电车
	货车	整备质量每吨	16—120 元	包括半挂牵引车、三轮汽车和低速载货汽车等
挂车		整备质量每吨	按照货车税额的 50%计算	
其他车辆	专用作业车	整备质量每吨	16—120 元	不包括拖拉机
	轮式专用机械车		16—120 元	
摩托车		每辆	36—180 元	
船舶	机动船舶	净吨位每吨	3—6 元	拖船、非机动驳船分别按照机动船舶税额的 50%计算
	游艇	艇身长度每米	600—2 000 元	

4. 计税依据

车船税以规定的应税车船为征税对象,按照车船的种类和性能,其计税标准分别为排气量、辆、自重吨位、净吨位和长度,实行从量计征。

(1) 乘用车,以排气量为计税依据,按排气量大小分档计征。

(2) 客车、摩托车,以"辆"为计税依据。

(3) 载货汽车、挂车、专用作业车和轮式专用机械车,以"自重吨位"为计税依据。

(4) 机动船舶,以"净吨位"为计税依据。为了体现车船税的调节功能,将船舶中的游艇单列,明确按长度征税,并将税额幅度确定为每米 600—2 000 元。

净吨位是指额定(或称预定)转运货物的船舱(或车厢)所占用的空间容积。机动船的净吨位一般是额定装运货物和载运旅客的船舶所占用的容积,即船舶各个部位的总容积,扣除按税法规定的非营业用所占容积,包括驾驶室、轮机间、业务办公室、船员生活用房等容积后的容积。

9.2.2 车船税的计算

车船税的基本计算公式为:

车船税应纳税额=计税依据×适用税率

根据车船税计税依据和基本计算公式,各类车船税应纳税额计算公式分别如下:

载客汽车、摩托车应纳税额=车辆数×适用单位税额

载货汽车、挂车、专用作业车和轮式专用机械车应纳税额=自重吨位数×适用单位税额

机动船舶应纳税额=净吨位×适用单位税额

拖船和非机动驳船应纳税额=净吨位×适用单位税额×50%

游艇应纳税额=长度×适用单位税额

【例 9-2】 某公司拥有载货汽车 8 辆,每辆自重 5 吨;客车 4 辆;机动船 2 艘,每艘净吨位 500 吨,拖船 1 艘,净吨位 10 吨;货车年税额 120 元/吨,客车年数额 450 元/辆,机动船年税额 4 元/吨,拖船年税额 3 元/吨。

要求：试计算该公司纳税年度应缴纳的车船税税额。

【解答】 该公司纳税年度应缴纳的车船税税额分步计算如下：

载货汽车应纳税额＝8×5×120＝4 800(元)

客车应纳税额＝4×450＝1 800(元)

机动船应纳税额＝2×500×4＝4 000(元)

拖船应纳税额＝1×10×3×50％＝15(元)

因此，该公司应缴纳的车船税总额＝4 800＋1 800＋4 000＋15＝10 615(元)

9.2.3 车船税的税收优惠

下列车船免征车船税：

(1) 捕捞、养殖渔船；

(2) 军队、武装警察部队专用的车船；

(3) 警用车船；

(4) 依照法律规定应当予以免税的外国驻华使领馆、国际组织驻华代表机构及其有关人员的车船；

(5) 自 2008 年 1 月 1 日起，对 2009 年哈尔滨第 24 届世界大学生冬季运动会、2010 年广州第 16 届亚洲运动会、2011 年深圳第 26 届世界大学生夏季运动会等三项国际综合运动会的组委会免征车船税。

此外，根据《车船税法》的规定，对节约能源、使用新能源的车船可以减征或者免征车船税；对受严重自然灾害影响纳税困难以及有其他特殊原因确需减税、免税的，可以减征或者免征车船税。具体办法由国务院规定，并报全国人民代表大会常务委员会备案。

省、自治区、直辖市人民政府根据当地的实际情况，可以对公共交通车船，农村居民拥有并主要在农村地区使用的摩托车、三轮汽车和低速载货汽车定期减征或者免征车船税。

9.2.4 车船税的申报与缴纳

1. 纳税期限

车船税的纳税义务发生时间，为车船管理部门核发的车船登记证书或者行驶证书所记载日期的当月。纳税人未按照规定到车船管理部门办理应税车船登记手续的，以车船购置发票所载开具时间的当月作为车船税的纳税义务发生时间。对未办理车船登记手续且无法提供车船购置发票的，由主管地方税务机关核定纳税义务发生时间。

购置的新车船，购置当年的应纳税额自纳税义务发生的当月起按月计算，计算公式为：

应纳税额＝(年应纳税额/12)×应纳税月份数

在一个纳税年度内，已完税的车船被盗抢、报废、灭失的，纳税人可以凭有关管理机关出具的证明和完税证明，向纳税所在地的主管地方税务机关申请退还自被盗抢、报废、灭失月份起至该纳税年度终了期间的税款。已办理退税的被盗抢车船，失而复得的，纳税人应当从公安机关出具相关证明的当月起计算缴纳车船税。

2. 纳税申报与缴纳

车船税按年申报缴纳。具体申报纳税期限由省、自治区、直辖市人民政府确定。车船的所有人或者管理人未缴纳车船税的，使用人应当代为缴纳车船税。

从事机动车第三者责任强制保险业务的保险机构为机动车车船税的扣缴义务人,应当在收取保险费时依法代收车船税,并出具代收税款凭证。机动车车船税的扣缴义务人依法代收代缴车船税时,纳税人不得拒绝。已完税或者按照规定符合减免车船税的车辆,纳税人在购买机动车交通事故责任强制保险时,应当向扣缴义务人提供地方税务机关出具的本年度车船税的完税凭证或者减免税证明。不能提供完税凭证或者减免税证明的,应当在购买保险时按照当地的车船税税额标准计算缴纳车船税。纳税人对扣缴义务人代收代缴税款有异议的,可以向纳税所在地的主管地方税务机关提出。

公安、交通运输、农业、渔业等车船登记管理部门、船舶检验机构和车船税扣缴义务人的行业主管部门应当在提供车船有关信息等方面,协助税务机关加强车船税的征收管理。车辆所有人或者管理人在申请办理车辆相关登记、定期检验手续时,应当向公安机关交通管理部门提交依法纳税或者免税证明。公安机关交通管理部门核查后办理相关手续。

纳税人应当向主管地方税务机关和扣缴义务人提供车船的相关信息。拒绝提供的,按照《税收征收管理法》的有关规定处理。

车船税纳税人应按主管税务机关核定的纳税期限,如实填写并报送《车船税纳税申报表》。该申报表的内容及格式参见表 9-3。

表 9-3 车船税纳税申报表

纳税人识别号 □□□□□□□□□□□□□□□□□□□□

纳税人名称:(公章)

税款所属期限:自 年 月 日至 年 月 日

填表日期: 年 月 日 金额单位:元

车船类别		计税单位	税额标准	数量	吨位	本期应纳税额	本期已缴税额	本期应补(退)税额
载客汽车	乘坐人数大于或等于 20 人	每辆	600					
	乘坐人数大于 9 人小于 20 人	每辆	480					
	乘坐人数小于或等于 9 人	每辆	420					
	发动机气缸总排气量小于等于 1 升	每辆	240					
载货汽车(包括半挂牵引车、挂车)		按自重每吨	96					
三轮汽车		按自重每吨	60					
低速货车		按自重每吨	60					
摩托车		每辆	60					
专项作业车		按自重每吨	96					
轮式专用机械车		按自重每吨	96					
小计			—					
船舶	净吨位小于或等于 200 吨	每吨	3 元					
	净吨位 201 吨至 2 000 吨	每吨	4 元					
	净吨位 2 001 吨至 10 000 吨	每吨	5 元					
	净吨位 10 001 吨及其以上	每吨	6 元					
	小计		—					

续表

<table>
<tr><td colspan="3">合计</td><td></td><td></td><td></td><td></td><td></td><td></td></tr>
<tr><td rowspan="7">纳税人或代理人声明：
此纳税申报表是根据国家税收法律的规定填报的，我确信它是真实的、可靠的、完整的。

（签章）</td><td colspan="8">如纳税人填报，由纳税人填写以下各栏</td></tr>
<tr><td>经办人（签章）</td><td></td><td>会计主管（签章）</td><td></td><td colspan="2">法定代表人（签章）</td><td colspan="2"></td></tr>
<tr><td colspan="8">如委托代理人填报，由代理人填写以下各栏</td></tr>
<tr><td>代理人名称</td><td colspan="3"></td><td colspan="4" rowspan="3">代理人（公章）</td></tr>
<tr><td>经办人（签章）</td><td colspan="3"></td></tr>
<tr><td>联系电话</td><td colspan="3"></td></tr>
<tr><td colspan="9">以下由税务机关填写</td></tr>
<tr><td>受理人</td><td colspan="2">受理日期</td><td colspan="2">受理税务机关（签章）</td><td colspan="4"></td></tr>
</table>

填表说明：

（1）本表适用于自行申报车船税的纳税人填报。

（2）本表“车船类别”相应栏次分别根据《附表》同类别车船对应栏次合计填写。

3. 纳税地点

车船税的纳税地点为车船的登记地或者车船税扣缴义务人所在地。依法不需要办理登记的车船，车船税的纳税地点为车船的所有人或者管理人所在地。

问题解答

对于纳税人逾期缴纳车船税的，如何计算滞纳金？

答：自 2008 年 7 月 1 日起，纳税人在保险机构缴纳车船税时，应向保险机构提供被保险车辆前次投保的保险单，以便保险机构查验被保险车辆以前年度的完税情况。对于以前年度没有缴纳车船税的，保险机构在代收代缴当年度应纳税款的同时，还要代收代缴以前年度的未缴税款，并从前次“交强险”保单到期日的次日起至购买本年度保险的当日止，分年度按日加收应纳税款 0.5‰的滞纳金。

9.3 契 税 法

9.3.1 契税的基本内容

记一记：契税法是指国家制定的用以调整契税征收与缴纳之间权利与义务关系的法律规范。我国现行契税是指在土地、房屋权属转移时，向取得土地使用权、房屋所有权的单位和个人征收的一种税。现行契税的基本法律依据是 1997 年 7 月 7 日国务院发布的《中华人民共和国契税暂行条例》。

1. 征税范围

契税的征税范围是在中华人民共和国境内发生使用权转移的土地和发生所有权转移的

房屋,具体包括:

(1) 国有土地使用权的出让,是指土地使用者向国家交付土地使用权出让费用,国家将国有土地使用权在一定年限内让予土地使用者的行为;

(2) 土地使用权的转让,是指土地使用者以出售、赠与、交换或者其他方式将土地使用权转移给其他单位和个人的行为,不包括农村集体土地承包经营权的转移;

(3) 房屋买卖,是指房屋所有者将其房屋出售,由承受者交付货币、实物、无形资产或者其他经济利益的行为;

(4) 房屋赠与,是指房屋所有者将其房屋无偿转让给受赠者的行为;

(5) 房屋交换,是指房屋所有者之间相互交换房屋的行为。

土地、房屋权属以下列方式转移的,视同土地使用权转让、房屋买卖或者房屋赠与征税:

(1) 以土地、房屋权属作价投资入股;

(2) 以土地、房屋权属抵债;

(3) 以获奖方式承受土地、房屋权属;

(4) 以预购方式或者预付集资款方式承受土地、房屋权属。

2. 纳税人

契税的纳税人是在中国境内转移土地、房屋权属,承受的单位和个人。其中,土地、房屋权属是指土地使用权、房屋所有权;承受是指以受让、购买、受赠、交换等方式取得土地、房屋权属的行为;单位是指企业单位、事业单位、国家机关、军事单位和社会团体以及其他组织;个人是指个体经营者及其他个人。

3. 计税依据

出让国有土地使用权,契税计税价格是承受人为取得该土地使用权而支付的全部经济利益。对通过“招、拍、挂”程序承受国有土地使用权的,应按照土地成交总价款计征契税,其中的土地前期开发成本不得扣除。

土地使用权出售以及房屋买卖的,其计税依据为成交价格。其中,成交价格是指土地、房屋权属转移合同确定的价格,包括承受者应交付的货币、实物、无形资产或者其他经济利益。

土地使用权、房屋赠与的,其计税依据由征收机关参照土地使用权出售、房屋买卖的市场价格核定。

土地使用权交换、房屋交换的,其计税依据为所交换的土地使用权、房屋的价格差额。交换价格不相等的,由多交付货币、实物、无形资产或者其他经济利益的一方缴纳税款。交换价格相等的,免征契税。

以划拨方式取得土地使用权的,经批准转让房地产时,应由房地产转让者补缴契税,其计税依据为补缴的土地使用权出让费用或者土地收益。

4. 税率

契税实行3%~5%的幅度比率税率。各省、自治区、直辖市人民政府可以在规定的幅度内按照本地区的实际情况确定,并报财政部和国家税务总局备案。

9.3.2 契税的计算

契税应纳税额的计算公式为:

$$应纳税额=计税依据\times 税率$$

应纳税额以人民币计算。转移土地、房屋以外汇结算的，按照纳税义务发生之日中国人民银行公布的人民币市场汇率中间价折合成人民币计算。

【例 9-3】 甲、乙两单位互换经营性房屋，甲单位的房屋价格为 3 800 000 元，乙单位的房屋价格为 5 000 000 元，当地的契税税率为 3%。

要求：请计算甲单位应缴纳的契税税额。

【解答】 应缴纳的契税税额＝(5 000 000－3 800 000)×3%＝36 000(元)

9.3.3 契税的税收优惠

下列情况下，可免征或减征契税：

(1) 国家机关、事业单位、社会团体、军事单位承受土地、房屋权属用于办公、教学、医疗、科研和军事设施的，免征契税。

(2) 城镇职工在国家规定标准面积以内第一次购买公有住房的，免征契税；超过国家规定标准面积的部分，仍应按照规定交纳契税。

(3) 土地、房屋被县级以上人民政府征用、占用后重新承受土地、房屋权属的，对其成交价格不超过原土地、房屋权属作价补偿费和货币化安置款的部分，给予免税照顾；超过的部分，按规定征收契税。

(4) 对外国驻我国使、领馆、联合国驻华机构及外交代表、领事官员及外交人员，经外交部确认，免征契税。

(5) 对因自然灾害、战争等不可抗力灭失住房而重新购买住房的，可酌情给予减税或免税。

(6) 对承受“四荒”(荒山、荒滩、荒沟、荒丘)土地使用权，用于农、牧、渔业生产的，免征契税。

(7) 四大金融资产管理公司按财政部核定的资本金数额，接受国有商业银行的资产，在办理过户手续时，免征契税；取得相关国有商业银行的不良债权，因处理不良债权而取得债务人的抵债土地、房屋权属的，免征契税。

(8) 对个人购买普通住房，且该住房属于家庭(成员范围包括购房人、配偶以及未成年子女，下同)唯一住房的，减半征收契税。对个人购买 90 平方米及以下普通住房，且该住房属于家庭唯一住房的，减按 1%税率征收契税。对两个或两个以上个人共同购买 90 平方米及以下普通住房，其中一人或多人已有购房记录的，该套房产的共同购买人均不适用首次购买普通住房的契税优惠政策。

(9) 自 2010 年 1 月 1 日起，对经营管理单位回购已分配的改造安置住房继续作为改造安置房源的，免征契税。

(10) 个人首次购买 90 平方米以下改造安置住房，可按 1%的税率计征契税；购买超过 90 平方米，但符合普通住房标准的改造安置住房，按法定税率减半计征契税。

(11) 个人取得的拆迁补偿款及因拆迁重新购置安置住房，可按有关规定享受契税减免。

(12) 财政部、国家税务总局规定的其他减免契税的单位和个人。

对于经批准减税、免税的纳税人改变有关土地、房屋的用途，必须补缴原已经减征、免征的税款。对符合减税或免税条件的纳税人应提出申请报征收机关审核批准。

9.3.4 契税的申报与缴纳

1. 纳税义务发生时间

纳税义务发生时间为纳税人签订土地、房屋权属转移合同的当天,或者纳税人取得其他具有土地、房屋权属转移合同性质凭证的当天。纳税人因改变土地、房屋用途应当补缴已经减征或免征契税的,其纳税义务发生时间为改变有关土地、房屋用途的当天。

权属转移合同性质的凭证是指具有合同效力的契约、协议、合约、单据、确认书等。

2. 征收管理

纳税人应当自纳税义务发生之日起10日内,向土地、房屋所在地的契税征收机关办理纳税申报,并在征收机关核定的期限内缴纳税款。纳税人符合减征或者免征契税规定的,应当在签订土地、房屋权属转移合同后10日内,向土地、房屋所在地的契税征收机关办理减征或者免征契税手续。

问题解答 办理期房退房手续后应退还已征契税吗?

答:按照现行契税政策规定,购房者应在签订房屋买卖合同后、办理房屋所有权变更登记之前缴纳契税。对交易双方已签订房屋买卖合同,但由于各种原因最终未能完成交易的,如购房者已按规定缴纳契税,在办理期房退房手续后,对其已纳契税款应予以退还。

3. 纳税申报

契税纳税人应按主管税务(或财政)机关核定的纳税期限,如实填写并报送《契税纳税申报表》。该申报表的内容及格式参见表9-4。

表9-4 契税纳税申报表

契证号:__________

填表日期: 年 月 日　　　　编　号:__________

承受方(纳税人)	单位/姓名		联系电话	
出让方	单位/姓名			
房屋/土地坐落位置	________镇(乡)________新村 ________路_____巷(弄)_______幢____号___室			
类型	① 商品房 ② 房改房 ③ 二手房 ④ 拆迁安置房 ⑤ 其他			
用途	① 住宅 ② 商业 ③ 办公 ④ 厂房 ⑤ 军事 ⑥ 医疗 ⑦ 教育 ⑧ 科研 ⑨ 其他			
转移方式	① 房屋买卖 ② 房屋赠与 ③ 房屋交换 ④ 土地出让 ⑤ 土地转让 ⑥ 其他			
建筑(占地)面积		成交价格		
税率(3%或6%)		买入日期	年 月 日	

续表

<table>
<tr><td>计征税额＝成交价格×税率</td><td colspan="3"></td></tr>
<tr><td>减免税额</td><td></td><td>应缴税额</td><td></td></tr>
<tr><td rowspan="2">滞纳金申报</td><td>应纳税期限</td><td>逾期天数</td><td>应纳滞纳金(应缴税额×万分之五×逾期天数)</td></tr>
<tr><td>年　月　日</td><td>天</td><td>元</td></tr>
<tr><td>备　　注</td><td colspan="3">领证人签字：＿＿＿＿＿＿</td></tr>
<tr><td>声　明</td><td colspan="3">此纳税申报表是根据《中华人民共和国契税暂行条例》的规定填报的，以上内容是真实、可靠、完整的。
声明人(纳税人或代理人)签字：</td></tr>
<tr><td colspan="4">以下由征收机关填写</td></tr>
<tr><td colspan="4">审核记录
审核人：
审核日期：　　年　月　日</td></tr>
</table>

课外阅读

我国开征物业税的难点①

物业是房地产(不动产)的别称，物业税即指房地产税，是财产税的一种。我国开征物业税的难点主要有以下几点。

难点之一：土地批租制度不适宜物业税的开征。

房地产(物业)税的基石是土地制度。从财产税的角度来看，其涉及两种土地使用和管理制度：一种是土地批租模式；另一种模式是对土地的供应量和交易基本不设限，但使用的土地要定期进行评估，在评估价格的基础上征收财产税(物业税)。

我国实行的是"批租制"，即在土地使用权属于国家的前提下，规定用地者可以向政府购买一定期限的土地使用权。根据土地的不同用途，批租期限从40～70年不等，而其大部分税费，用地者须一次性支付。依据这一制度，房产所有者在购入房地产时，其房价中已经包含了土地批租期限内的几乎全部的房地产税费。土地批租制给各级政府带来了丰厚的财源，可以用来改善公共服务和城市基础实施。不过这种做法实际上是将后40～70年的土地收益一次性收取，是本届政府在花后届政府的钱，是"寅吃卯粮"搞建设，其后果必然导致土地的滥用。目前的批租制度使得地价升高，房产价格也随之增高，因而居民置业的门槛比较高。而在"物业税"的模式之下，房地产业的税收征收环节后移，这样可以令房价下降；业主购房之后，每年再交纳相应的税金。这样一方面可以降低居民的置业门槛，另一方面还可以为地方政府提供稳定的税源，使地方政府改变其短期行为，更加关心投资环境，树立可持续发展的投

① 马克和：《我国开征物业税的难点及现实选择》，载《税务研究》2004年第3期。

资理念,促进城市土地资源的合理配置。目前,绝大多数市场经济国家包括大量发展中国家都采取了这一做法。问题是我国能否以及怎样才能实现土地批租制向"物业税"模式的转变?

难点之二:房地产评估工作尚未明确。

开征物业税,就必须进行房地产评估工作。目前,我国房地产税费的征收实际上由土地管理部门和税务部门双重管理。例如,房地产税由税务部门征收,而土地出让金则须向土地部门交纳。开征物业税后,必须按照国际惯例定期进行土地评估,届时这项具体而又基础性的工作究竟由谁来承担,尚不清楚。

难点之三:产权不明也成为开征物业税的一大障碍。

开征物业税要求土地房屋的产权必须明晰。然而,我国目前有很多的企业、部门、事业单位,产权不清、产权与使用权分离的情况非常严重。有很多的房屋只有使用权,根本没有产权。在实际的征管过程中,按照房屋产权人征税的困难相当大,相当一部分是使用人在交税。而物业税作为财产税的一种,从理论上讲应当向房屋的产权人征收,但在目前的情况之下,明晰产权关系尚有相当大的困难。

难点之四:物业税的税负水平难以确定。

目前,我国房地产业的整个行业链条中涉及大量税费,既有税务机关在房地产取得、保有、转让环节征收的营业税、城建税、教育费附加、所得税、房产税、城镇土地使用税、城市房地产税等税种,又有土地管理部门收取的土地出让金等费用,还有房地产管理部门在房地产登记、使用、经营交易、过户以及日常管理等环节收取的各种费用。据首都经济贸易大学城市系主任丁芸测算,目前开发商要交的税费加起来要占到房价的40%,其中约有15%是税,25%是费。面对如此繁杂的税费及计征办法,要想很快科学测算出现行房地产税的税收负担是较为困难的,因而也使物业税的税负水平难以确定。

难点之五:旧房的重复征税问题如何解决。

开征物业税有利于避免"批租制"的弊端,但从"批租制"过渡到"物业税",显然要经过一番十分复杂的演化过程。因为土地批租制至今已实行了20多年,相当数量的房地产已经一次性交纳了多年的土地税费。换句话说,目前的买房人已经承担了政府批租后高昂的房价,政府事实上是一次性收了70年的"物业税"。现在还将房地产开发和交易环节的税费转入物业税,而物业税一旦开征,对所有的房地产一律按新税法收税,也就意味着重复计征,会令大量"有产者"承受额外的税收负担。在目前的收入水平之下,多数纳税人的承受能力不强,很多人买房要耗尽一生的积蓄,再征物业税将是雪上加霜。这样一来,如何解决旧房的重复征税就成为最棘手的问题。

本章小结

房产税的征税范围是城镇的经营性房屋。纳税人是征税范围内的房屋产权所有人,包括:产权属于集体和个人所有的产权所有人;经营管理人;承典人;代管人或者使用人。房产税按照房屋用途不同确定计税依据,自用的房产以房产的计税余值为计税依据;出租的房产以租金收入为计税依据。房产税的计算分为从价计征和从租计征两种。注意房产投资、融资租赁等特殊情况下的房产税的计税处理方法。

车船税的应税车船为乘用车、商用车、挂车、其他车辆和摩托车以及机动船舶、非机动驳船、拖船和游艇。纳税人是在我国境内拥有车船的单位和个人,包括外商投资企业、外国企业和外籍人员等各类纳税人。从事机动车第三者责任强制保险业务的保险机构为机动车车船税的扣缴义务人。车船税的计量标准为排气量、辆、自重吨位、净吨位和长度。实行有幅度的定额税率,从量计征。

契税的征税对象是在境内转移土地、房屋权属的行为。纳税人是境内承受土地、房屋权属转移的单位和个人。根据不动产转移方式和定价方法不同,契税的计税价格分别为成交价、市场参考价、交换价格差额、补缴的土地使用权出让费或者土地收益。注意以投资入股、抵债、获赠、预购等特殊方式取得土地、房屋权属时的契税处理方法。

自测练习

一、学习思考

1. 房产税的征收范围是什么?

2. 如何计算新购置车船的车船税税额?纳税义务何时发生?

3. 如何确定土地、房屋权属交换的纳税人?

二、案例分析

2012年,宁波中百股份有限公司因北京首创集团受让其26.62%的股权而更名为宁波首创科技股份有限公司,2013年哈工大八达集团受让宁波首创科技股份有限公司16.62%的股权,企业再次更名为哈工大首创科技股份有限公司。由于上述股权变动引起企业法人名称变更,并因此相应的土地、房屋权属人名称需要进行变更登记。

要求:根据上述材料分析股权变动导致企业法人房地产权属更名是否应征收契税?

三、能力训练

1. 某企业拥有生产经营用房一幢,原值3 600 000元;另有仓库一座,原值1 500 000元,一半自用,一半用于出租,年租金收入90 000元,当地规定的扣除率为30%。

要求:请计算该企业应缴纳的房产税税额。

2. 某企业10月2日新购入大型客车2辆(年税额480元/辆),10月11日新购入小型客车4辆(年税额360元/辆),上述车辆于10月25日办理车辆登记手续;10月30日新购入自重吨位20吨的载货汽车8辆(年税额120元/自重吨位),11月5日办理车辆登记手续;11月13日购入净吨位200吨的拖船1艘(年税额3元/净吨位),当年未按照规定办理应税船舶登记手续。

要求:请计算该企业本年度新购入车船应缴纳的车船税税额。

3. 2013年年初,王先生购入普通住房一套,房屋价值550 000元,该地住宅契税率为3%。2013年9月,王先生将该住宅与孙先生一套价值700 000元的住宅交换,王先生另支付差价款150 000元。

要求:请计算王先生2013年度应缴纳的契税税额。

第10章 行为目的类税法

学习目标

【知识目标】

1. 理解并掌握行为目的类税法的基本法律内容
2. 掌握行为目的类各税种计税依据及应纳税额的计算

【能力目标】

1. 能够熟悉我国行为目的类税法各税种的计征管理方法
2. 能够正确处理我国现行的行为目的类各税种的纳税申报事宜

10.1 印花税法

10.1.1 印花税的基本内容

记一记：印花税法是指国家制定的用以调整印花税征收与缴纳之间权利与义务关系的法律规范。在我国，印花税是对经济活动和经济交往中书立、领受、使用税法规定应税凭证的单位和个人征收的一种行为税。凡发生书立、领受、使用应税凭证行为的，都应按照规定缴纳印花税。现行增值税法的基本规范是国务院颁布的于1988年10月1日起实施的《中华人民共和国印花税暂行条例》(以下简称《印花税暂行条例》)。

1. 征税范围

印花税的征税范围具体包括以下各项内容。

(1) 购销、加工承揽、建设工程勘察设计、建筑安装工程承包、财产租赁、货物运输、仓储保管、借款、财产保险、技术合同或具有合同性质的凭证。这里所说的具有合同性质的凭证，是指具有合同效力的协议、契约、合约、单据、确认书及其他各种名称的凭证。融资租赁合同属于借款合同。

(2) 产权转移书据。产权转移书据是指单位和个人产权的买卖、继承、赠与、交换、分割等所立的书据，包括财产所有权、版权、商标专用权、专利权、专有技术使用权等转移时所书立的转移书据。财产所有权所立的转移书据是指经政府管理机关登记注册的动产、不动产的所有权转移所立的书据，以及企业股权转让所立的书据。税法规定，土地使用权出让合同、土地使用权转让合同、商品房销售合同按照产权转移书据征收印花税。

(3) 营业账簿。营业账簿是指单位和个人从事生产经营活动所设立的各种财务会计核算账簿。按反映的内容不同，营业账簿可分为记载资金的账簿和其他账簿。记载资金的账簿是指反映生产经营单位资本金额增减变化的账簿。其他账簿是指除上述账簿以外的有关其他生产经营活动内容的账簿,包括日记账簿和各种明细分类账簿。

(4) 权利、许可证照,包括政府部门发给的房屋产权证、工商营业执照、商标注册证、专利证、土地使用证等。

(5) 经财政部确定征税的其他凭证。

注意: 印花税的征税范围,不仅限于在我国境内书立、领受的凭证,还包括在境外书立、领受但在我国境内使用,在我国境内具有法律效力,受我国法律保护的凭证。

2. 纳税人

印花税的纳税人是指在中国境内书立、领受、使用税法所列举凭证的单位和个人。这里所说的单位和个人,是指国内各类企事业单位、国家机关、社会团体、部队及中外合资经营企业、中外合作经营企业、外资企业、外国企业和其他经济组织及其在华机构等单位和个人。如果一份合同或应税凭证由两方或两方以上当事人共同签订,签订合同或应税凭证的各方都是纳税人,应各就其所持合同或应税凭证的计税金额履行纳税义务。

根据书立、领受、使用应税凭证的不同,纳税人可分为立合同人、立账簿人、立据人、领受人和使用人等。

(1) 立合同人

立合同人是指合同的当事人,即对凭证有直接权利义务关系的单位和个人,但不包括合同的担保人、证人、鉴定人。所谓合同,是指根据《中华人民共和国合同法》(以下简称《合同法》)的规定订立的各类合同,包括购销、加工承揽、建筑工程、财产租赁、货物运输、仓储保管、借款、财产保险以及具有合同性质的凭证。

注意: 当事人的代理人有代理纳税义务。

(2) 立账簿人

立账簿人是指开立并使用营业账簿的单位和个人。如某企业因生产需要设立了若干营业账簿,该企业即为印花税的纳税人。

(3) 立据人

立据人是指书立产权转移书据的单位和个人。

(4) 领受人

领受人是指领取并持有权利许可证照的单位和个人,如领取房屋产权证的单位和个人。

(5) 使用人

使用人是指在国外书立、领受,但在国内使用应税凭证的单位和个人。

3. 计税依据

《印花税暂行条例》按照应税凭证的种类对计税依据分别规定如下。

(1) 合同或具有合同性质的凭证,以凭证所载金额作为计税依据,具体包括购销合同中记载的购销金额、加工承揽合同中的加工或承揽收入、建设工程勘察设计合同中的收取费用、建筑安装工程合同中的承包金额、财产租赁合同中的租赁金额、货物运输合同中的运输费用(运费收入)、仓储保管费用、借款合同中的借款金额、保险合同中的保险费等。上述凭证以“金额”“费用”作为计税的,应当全额计税,不得作任何扣除。

（2）营业账簿中记载资金的账簿，以“实收资本”和“资本公积”两项的合计金额为计税依据。

（3）不记载金额的房屋产权证、工商营业执照、专利证等权利许可证照，以及日记账簿和各种明细分类账簿等辅助性账簿，以凭证或账簿的件数作为计税依据。

问题解答 **未按期兑现的合同是否需要贴花？**

答：应税合同在签订时纳税义务即已发生，应计算应纳税额并贴花。所以，不论合同是否兑现或是否按期兑现，均应贴花。

4. 税率

印花税的税率有两种形式，即比例税率和定额税率（参见表 10-1）。

表 10-1 印花税税目税率表

税 目	范 围	税 率	纳税人	说 明
1. 购销合同	包括供应、预购、采购、购销结合及协作、调剂、补偿、易货等合同	按购销金额 0.3‰ 贴花	立合同人	
2. 加工承揽合同	包括加工、定做、修缮、修理、印刷、广告、测绘、测试等合同	按加工或承揽收入 0.5‰ 贴花	立合同人	
3. 建设工程勘察设计合同	包括勘察、设计合同	按收取费用 0.5‰ 贴花	立合同人	
4. 建筑安装工程承包合同	包括建筑、安装工程承包合同	按承包金额 0.3‰ 贴花	立合同人	
5. 财产租赁合同	包括租赁房屋、船舶、飞机、机动车辆、机械、器具、设备等	按租赁金额 1‰ 贴花，税额不足 1 元的按 1 元贴花	立合同人	
6. 货物运输合同	包括民用航空、铁路运输、海上运输、内河运输、公路运输和联运合同	按运输费用 0.5‰ 贴花	立合同人	单据作为合同使用的，按合同贴花
7. 仓储保管合同	包括仓储、保管合同	按仓储保管费用 1‰ 贴花	立合同人	仓单或保管单作为合同使用的，按合同贴花
8. 借款合同	银行及其他金融组织和借款人（不包括银行同业拆借）所签订的借款合同	按借款金额 0.05‰ 贴花	立合同人	单据作为合同使用的，按合同贴花
9. 财产保险合同	包括财产、责任、保证、信用等保险合同	按支付（收取）的保险费 1‰ 贴花	立合同人	单据作为合同使用的，按合同贴花
10. 技术合同	包括技术开发、转让、咨询、服务等合同	按所载金额 0.3‰ 贴花	立合同人	

续表

税　目	范　围	税　率	纳税人	说　明
11. 产权转移书据	包括财产所有权和版权、商标专用权、专利权、专有技术使用权等转移书据	按所载金额 0.5‰贴花	立据人	
12. 营业账簿	生产经营用账册	记载资金的账簿，按实收资本和资本公积的合计金额 0.5‰贴花；其他账簿按件贴花，每件 5 元	立账簿人	
13. 权利许可证照	包括政府部门发给的房屋产权证、工商营业执照、商标注册证、专利证、土地使用证	按件贴花 5 元	领受人	

注：(1) 适用 1‰税率的还有"股权转让书据"。自 2005 年 1 月 24 日起，"股权转让书据"(包括 A 股和 B 股)从 2‰调为 1‰。

(2) 2006 年 11 月 27 日，财政部、国家税务总局《关于印花税若干政策的通知》，对土地使用权出让合同、土地使用权转让合同、商品房销售合同按产权转移书据征收印花税。

(1) 比例税率

对载有金额的凭证，如各类合同、资金账簿等，采用比例税率。在印花税的 13 个税目中，各类合同以及具有合同性质的凭证、产权转移书据、营业账簿中记载资金的账簿，适用比例税率。现行印花税实行的比例税率有四档，即 1‰、0.5‰、0.3‰、0.05‰。

(2) 定额税率

为了简化征管手续，便于操作，对无法计算金额的凭证，或虽载有金额，但作为计税依据不合理的凭证，采用定额税率，以件为单位缴纳一定数额的税款。权利许可证照，营业账簿中的其他账簿，均为按件贴花，税额为每件 5 元。

10.1.2　印花税的计算

1. 从价定率计征

实行比例税率的凭证，印花税应纳税额的计算公式为：

$$应纳税额=应税凭证计税金额\times比例税率$$

【例 10-1】 A 公司与 B 公司签订了一份商品购销合同，合同金额为 2 000 000 元，购销合同适用税率为 0.3‰。

要求：请计算双方应缴纳的印花税税额。

【解答】 应缴纳的印花税税额=2 000 000×0.3‰=600(元)

2. 从量定额计征

实行定额税率的凭证，印花税应纳税额的计算公式为：

$$应纳税额=应税凭证件数\times定额税率$$

【例 10-2】 某高新技术企业 2014 年 3 月开业，注册资金 2 200 000 元。该企业领受工商营业执照、房屋产权证、土地使用证各一份。

要求：请计算该高新技术企业应缴纳的印花税税额。

【解答】 应缴纳的印花税税额=3×5=15(元)

试一试：某公司2013年8月开业，领受房屋产权证、工商营业执照、商标注册证、土地使用证各一件；与其他企业订立加工承揽合同一份，合同载明Y公司提供的原材料金额为3 000 000元，需支付的加工承揽费为200 000元；另订立财产保险合同一份，保险金额为10 000 000元，保险费120 000元。那么，该公司2013年8月应缴纳的印花税税额=________。

10.1.3 印花税的税收优惠

1. 法定凭证免税

下列凭证，免征印花税：

(1) 已缴纳印花税的凭证的副本或者抄本；

(2) 财产所有人将财产赠给政府、社会福利单位、学校所立的书据；

(3) 经财政部批准免税的其他凭证。

2. 免税额

应纳税额不足1角的，免征印花税。

3. 特定凭证免税

下列凭证，免征印花税：

(1) 国家指定的收购部门与村委会、农民个人书立的农副产品收购合同；

(2) 无息、贴息贷款合同；

(3) 外国政府或者国际金融组织向中国政府及国家金融机构提供优惠贷款所书立的合同。

4. 特殊货运凭证免税

下列特殊货运凭证，免征印花税：

(1) 军事物资运输结算凭证；

(2) 抢险救灾物资运输结算凭证；

(3) 为新建铁路运输施工所属物料，使用工程临管线专用运费结算凭证。

5. 特定情形免税

有下列情形之一的，免征印花税：

(1) 对商店、门市部的零星加工修理业务开具的修理单，不贴印花；

(2) 对房地产管理部门与个人订立的租房合同，凡用于生活居住的，暂免贴花；用于生产经营的，按规定贴花；

(3) 对铁路、公路、航运、水路承运快件行李、包裹开具的托运单据，暂免贴花；

(4) 对企业车间、门市部、仓库设置的不属于会计核算范围，或虽属会计核算范围，但不记载金额的登记簿、统计簿、台账等，不贴印花；

(5) 实行差额预算管理的单位，不记载经营业务的账簿不贴印花；

(6) 对个人出租、承租住房签订的租赁合同，免征印花税；

(7) 对廉租住房、经济适用住房经营管理单位与廉租住房、经济适用住房相关的印花税以及廉租住房承租人、经济适用住房购买人涉及的印花税予以免征。

6. 保险合同免税

农林作物、牧业畜类保险合同，免征印花税。

查一查： 印花税的其他优惠措施还有哪些？

10.1.4 印花税的申报与缴纳

1. 纳税环节

印花税应当在书立、领受时贴花，具体是指在合同签订时、账簿启用时和证照领受时贴花。

2. 纳税方法

根据税额大小、贴花次数以及税收征收管理的需要，印花税采用以下方法。

(1) 自行贴花办法

自行贴花办法即"三自"纳税方法。该方法一般适用于应税凭证较少或者贴花次数较少的纳税人。纳税人在书立、领受或者使用应税凭证的同时，根据应纳税凭证的性质和适用的税目税率，自行计算应纳税额，自行购买印花税票，自行一次贴足印花税票并加以注销或划销，纳税义务才算全部履行完毕。

(2) 汇贴或汇缴办法

汇贴或汇缴办法一般适用于应纳税额较大或者贴花次数频繁的纳税人。一份凭证应纳税额超过500元的，应向当地税务机关申请填写缴款书或者完税凭证，将其中一联粘贴在凭证上或者由税务机关在凭证上加注完税标记代替贴花。

同一种类应税凭证需频繁贴花的，应向税务机关申请按期汇总缴纳印花税。获准汇总缴纳印花税的纳税人，应持有税务机关发给的汇缴许可证，汇缴的期限限额由当地税务机关确定，但最长期限不得超过1个月。

(3) 委托代征办法

委托代征办法主要是通过税务机关的委托，经由发放或者办理应税凭证的单位代为征收印花税款。税务机关应与代征单位签订代征委托书。发放或者办理应税凭证的单位是指发放权利许可证照的单位和办理凭证的签证、公证及其他有关事项的单位。

纳税人不论采用哪种纳税方法，均应对纳税凭证妥善保存。凡国家已明确规定保存期限的，按规定期限办理；其余凭证均应在履行完毕后保存1年。

议一议： 印花税不同纳税方法的区别。

3. 纳税地点

印花税一般实行就地纳税。对于全国性商品物资订货会(包括展销会、交易会等)上所签订合同应纳的印花税，由纳税人回其所在地后及时办理贴花完税手续；对地方主办、不涉及省际关系的订货会、展销会上所签合同的印花税，其纳税地点由各省、自治区、直辖市人民政府自行确定。

4. 纳税申报

印花税的纳税人应按照《印花税暂行条例》的有关规定及时办理纳税申报，并如实填写《印花税纳税申报表》。该申报表的内容及格式参见表10-2。

表 10-2 印花税纳税申报表及填表说明

填表日期： 年 月 日 开户银行：

账号：

纳税人识别号 □□□□□□□□□□□□□□□□□□□□

金额单位：元(列至角分)

<table>
<tr><td colspan="2">纳税人名称</td><td></td><td>税款所属时期</td><td>年 月 日至年 月 日</td></tr>
<tr><td>行次</td><td>税目</td><td>计税总值</td><td>税率(额)</td><td>应纳税额</td></tr>
<tr><td>1</td><td>购销合同</td><td></td><td></td><td></td></tr>
<tr><td>2</td><td>加工承揽合同</td><td></td><td></td><td></td></tr>
<tr><td>3</td><td>建设工程勘察设计合同</td><td></td><td></td><td></td></tr>
<tr><td>4</td><td>建筑安装工程承包合同</td><td></td><td></td><td></td></tr>
<tr><td>5</td><td>财产租赁合同</td><td></td><td></td><td></td></tr>
<tr><td>6</td><td>货物运输合同</td><td></td><td></td><td></td></tr>
<tr><td>7</td><td>仓储保管合同</td><td></td><td></td><td></td></tr>
<tr><td>8</td><td>借款合同</td><td></td><td></td><td></td></tr>
<tr><td>9</td><td>财产保险合同(保险费)</td><td></td><td></td><td></td></tr>
<tr><td>10</td><td>技术合同</td><td></td><td></td><td></td></tr>
<tr><td>11</td><td>财产转移书据</td><td></td><td></td><td></td></tr>
<tr><td>12</td><td>营业账簿(记载实收资本账簿)</td><td></td><td></td><td></td></tr>
<tr><td>13</td><td>营业账簿(记载资本公积账簿)</td><td></td><td></td><td></td></tr>
<tr><td>14</td><td>营业账簿(其他账簿)</td><td></td><td></td><td></td></tr>
<tr><td>15</td><td>权利许可证照</td><td></td><td></td><td></td></tr>
<tr><td>16</td><td>合计</td><td></td><td></td><td></td></tr>
</table>

<table>
<tr><td colspan="3">如纳税人填报，由纳税人填写以下各栏</td><td colspan="4">如委托代理人填报，由代理人填写以下各栏</td></tr>
<tr><td rowspan="3">纳税人
(签章)</td><td rowspan="3">经办人
(签章)</td><td rowspan="3">会计主管(签章)
年 月 日</td><td>代理人名称</td><td></td><td rowspan="2">代理人
(签章)</td><td>备注</td></tr>
<tr><td>地址</td><td></td><td></td></tr>
<tr><td>经办人</td><td></td><td>电话</td><td></td></tr>
<tr><td colspan="7">以下由地方税务机关填写</td></tr>
<tr><td colspan="2">申报表日期</td><td colspan="2"></td><td>接收人</td><td colspan="2">主管地方税务机关签章</td></tr>
</table>

填表说明：

(1) 本表适用于中国境内各类印花税纳税人填报。凡汇总缴纳印花税和已完税印花票的单位和个人均填报本表。

(2) 本表一式三联，第一联(黑色)纳税人留存，第二联(红色)用于税务会计核算，第三联(蓝色)主管地税机关存档。

(3) 纳税人不能按规定期限报送本表时，应当在规定的报送期限内提交延期申报申请审批表，经税务机关批准，可以适当延长期限。

(4) 不按照规定期限报送本表及其他有关资料的，依照税收征管法第三十九条的规定予以处罚。

(5) 本表有关内容按以下要求填写：

① 纳税人识别号：填写办理税务登记时，由税务机关确定的税务登记号；

② 纳税人名称：填写企业全称或业户字号，无字号的填业主姓名，并应与工商登记或主管部门批准的名称一致。

10.1.5 证券交易印花税

我国的证券交易印花税是印花税的一个重要组成部分。证券交易印花税开征于1992年，其现行税法除印花税基本税法规定外，还包括国家税务总局、国家体改委发布的《股份制试点企业有关税收问题的暂行规定》等。

按照规定，股份制试点企业向社会公开发行的股票，因购买、继承、赠予所书立的转让书据，均依书立时证券市场当日实际成交价格计算的金额，由立据双方当事人分别按适用税率缴纳印花税。自2008年9月19日起,对股票交易印花税政策进行调整,由双边征收改为单边征收。目前,我国证券交易印花税的适用税率为1‰。

10.2 车辆购置税法

10.2.1 车辆购置税的基本内容

记一记: 车辆购置税法是指国家制定的用以调整车辆购置税征收与缴纳之间权利与义务关系的法律规范。车辆购置税是国家对购置应税车辆的单位和个人,以其购置应税车辆的计税价格为计税依据,按照规定的税率计算并一次性征收的一种税。现行车辆购置税法的基本规范是2000年10月22日国务院颁布,自2001年1月1日起施行的《中华人民共和国车辆购置税暂行条例》(以下简称《车辆购置税暂行条例》)。

1. 征税范围

根据《车辆购置税暂行条例》的规定,车辆购置税的征税范围包括以下内容。

(1) 汽车

汽车包括各类汽车。

(2) 摩托车

摩托车包括轻便摩托车、二轮摩托车和三轮摩托车。这里所说的轻便摩托车,是指最高设计时速不大于50公里/小时,发动机气缸总排量不大于50立方厘米的2个或者3个车轮的机动车。二轮摩托车是指最高设计车速大于50公里/小时,或者发动机气缸总排量大于50立方厘米的2个车轮的机动车。三轮摩托车是指最高设计车速大于50公里/小时,或者发动机气缸总排量大于50立方厘米,空车重量不大于400公斤的3个车轮的机动车。

(3) 电车

电车包括无轨电车和有轨电车。这里所说的无轨电车,是指以电能为动力,由专用输电电缆线供电的轮式公共车辆。有轨电车是指以电能为动力,在轨道上行驶的公共车辆。

(4) 挂车

挂车包括全挂车和半挂车。这里所说的全挂车,是指无动力设备,独立承载由牵引车辆牵引行驶的车辆。半挂车是指无动力设备,与牵引车辆共同承载,由牵引车辆牵引行驶的车辆。

(5) 农用运输车

农用运输车包括三轮农用运输车和四轮农用运输车。这里所说的三轮农用运输车,是指柴油发动机,功率不大于7.4千瓦,载重量不大于500公斤,最高车速不大于40公里/小时的3个车轮的机动车。四轮农用运输车是指柴油发动机,功率不大于28千瓦,载重量不大于500公斤,最高车速不大于50公里/小时的4个车轮的机动车。

2. 纳税人

车辆购置税的纳税人是指在中华人民共和国境内购置《车辆购置税暂行条例》规定的车辆(以下简称应税车辆)的单位和个人。这里所说的购置,包括购买、进口、自产、受赠、获奖或者以其他方式取得并自用应税车辆的行为。单位,包括国有企业、集体企业、私营企业、股份制企业、外商投资企业、外国企业以及其他企业和事业单位、社会团体、国家机关、部队以及其他单位。个人,包括个体工商户以及其他个人。购置已征车辆购置税的车辆,不再征收车辆购置税。

3. 计税依据

车辆购置税的计税依据是车辆的计税价格。根据《车辆购置税暂行条例》的规定,车辆购置税的计税价格根据不同情况,按照下列规定确定。

(1) 纳税人购买自用的应税车辆的计税价格,为纳税人购买应税车辆而支付给销售者的全部价款和价外费用,不包括增值税税款。这里所说的价外费用,是指销售方在价外向购买方收取的手续费、基金、违约金、包装费、运输费、保管费、代收款项、代垫款项和其他各种性质的价外收费,但不包括增值税税款,计算公式为:

$$计税价格=\frac{全部价款+价外费用}{1+增值税税率或征收率}$$

(2) 纳税人进口自用的应税车辆的计税价格的计算公式为:

$$计税价格=关税完税价格+关税+消费税$$

(3) 纳税人自产、受赠、获奖或者以其他方式取得并自用的应税车辆的计税价格,由主管税务机关参照最低计税价格核定。这里所说的最低计税价格,是指国家税务总局参照应税车辆市场平均交易价格规定的不同类型应税车辆的最低计税价格。

4. 税率

车辆购置税的税率采用固定比例税率,税率为10%。车辆购置税税率的调整,由国务院决定并公布。

问题解答 **如果企业取得的不是增值税专用发票,应如何计算车辆购置税?**

答:车辆购置税是按不含增值税的计税价格计算的,因此,纳税人取得的不是增值税专用发票,而是机动车辆销售统一发票或其他普通发票的,在确定车辆购置税计税依据时也应当换算为不含增值税的销售价格。

10.2.2 车辆购置税的计算

车辆购置税实行从价定率的办法计算应纳税额,其应纳税额的计算公式为:

$$应纳税额=计税价格\times税率$$

【例 10-3】 李某 2013 年 7 月从奇瑞汽车股份公司购买一辆车牌为"东方之子"的小轿车供自己使用,支付价款 120 000 元(含增值税),另支付代收临时牌照费 200 元,代收保险费 360 元,支付购买工具和零配件价款 3 100 元,车辆装饰费 280 元。支付的各项价款均由奇瑞汽车股份公司开具"机动车销售统一发票"和有关票据。

要求:请计算李某 2013 年 7 月应缴纳的车辆购置税税额。

【解答】 计税价格=(120 000+200+360+3 100+280)÷(1+17%)

=105 931.62(元)

应缴纳的车船购置税税额=105 931.62×10%=10 593.16(元)

试一试：某公司进口的一部免税车辆现因改变用途不再属于免税范围。已知该车原价 100 000 元，同类型新车最低计税价格为 150 000 元，该车已使用 3 年，规定使用年限为 15 年，车辆购置税税率为 10%。则该公司应缴纳的车辆购置税税额＝__________。

10.2.3　车辆购置税的税收优惠

我国车辆购置税的法定免税项目有：

(1) 非运输车辆，设有固定装置的非运输车辆；

(2) 军警车辆，军队和武警列入军队武器装备订货计划的车辆；

(3) 外交车辆，外国驻华使(领)馆和国际组织驻华机构及其外交人员自用的车辆；

(4) 其他车辆，国务院规定予以免税或减税的车辆。

查一查：车辆购置税的其他优惠政策还有哪些？

10.2.4　车辆购置税的申报与缴纳

1. 纳税环节

车辆购置税的纳税环节选择在使用环节，实行一次课征制度。具体而言，纳税人应当在向公安机关等车辆管理机构办理车辆登记注册手续前缴纳车辆购置税。

2. 纳税期限

纳税人购买自用应税车辆的，应当自购买之日起 60 日内申报纳税；进口自用应税车辆的，应当自进口之日起 60 日内申报纳税；自产、受赠、获奖或者以其他方式取得并自用应税车辆的，应当自取得之日起 60 日内申报纳税。

3. 纳税地点

纳税人购置应税车辆，应当向车辆登记注册地的主管税务机关申报纳税；购置不需要办理车辆登记注册手续的应税车辆，应当向纳税人所在地的主管税务机关申报纳税。

4. 纳税申报

车辆购置税的纳税人应按照《车船购置税暂行条例》的有关规定及时办理纳税申报，并如实填写纳税申报表。该申报表的一般格式及填表说明参见表 10-3。

表 10-3　车辆购置税纳税申报表及填表说明

填表日期：　　年　月　日　　　　行业代码：　　　　　　注册类型代码：

纳税人名称：　　　　　　　　　　　　　　　　　　　　金额单位：元

<table>
<tr><td>纳税人证件名称</td><td colspan="2"></td><td>证件号码</td><td colspan="2"></td></tr>
<tr><td>联系电话</td><td></td><td>邮政编码</td><td></td><td>地址</td><td></td></tr>
<tr><td colspan="6">车辆基本情况</td></tr>
<tr><td>车辆类别</td><td colspan="5">1. 汽车 2. 摩托车 3. 电车 4. 挂车 5. 农用运输车</td></tr>
<tr><td>生产企业名称</td><td></td><td colspan="3">机动车销售统一发票(或有效凭证)价格</td><td></td></tr>
<tr><td>厂牌型号</td><td></td><td colspan="3">关税完税价格</td><td></td></tr>
<tr><td>发动机号码</td><td></td><td colspan="3">关税</td><td></td></tr>
<tr><td>车辆识别代号(车架号码)</td><td></td><td colspan="3">消费税</td><td></td></tr>
</table>

续表

<table>
<tr><td>购置日期</td><td></td><td colspan="2">免(减)税条件</td><td></td></tr>
<tr><td>申报计税价格</td><td>计税价格</td><td>税率</td><td>免税、减税额</td><td>应纳税额</td></tr>
<tr><td>1</td><td>2</td><td>3</td><td>4=2×3</td><td>5=1×3 或 2×3</td></tr>
<tr><td></td><td></td><td>10%</td><td></td><td></td></tr>
<tr><td></td><td></td><td></td><td></td><td></td></tr>
<tr><td colspan="2">申报人声明</td><td colspan="3">授权声明</td></tr>
<tr><td colspan="2">此纳税申报表是根据《中华人民共和国车辆购置税暂行条例》的规定填报的,我相信它是真实的、可靠的、完整的。
声明人签字:</td><td colspan="3">如果你已委托代理人申报,请填写以下资料:
为代理一切税务事宜,现授权(　　),地址(　　)为本纳税人的代理申报人,任何与本申报表有关的往来文件,都可寄予此人。
授权人签字:</td></tr>
<tr><td rowspan="5">纳税人签名或盖章</td><td colspan="4">如委托代理人的,代理人应填写以下各栏</td></tr>
<tr><td>代理人名称</td><td colspan="2"></td><td></td></tr>
<tr><td>地址</td><td colspan="2"></td><td rowspan="3">代理人(章):</td></tr>
<tr><td>经办人</td><td colspan="2"></td></tr>
<tr><td>电话</td><td colspan="2"></td></tr>
<tr><td colspan="2">接收人:
接收日期:</td><td colspan="3">主管税务机关(章):</td></tr>
</table>

填表说明:

(1) 本表由车辆购置税纳税人(或代理人)在办理纳税申报时填写。

(2)"纳税人名称"栏,填写车主名称。

(3)"纳税人证件名称"栏,单位车辆填写"组织机构代码证书";个人车辆填写"居民身份证"或其他身份证明名称。

(4)"证件号码"栏,填写"组织机构代码证书"、"居民身份证"及其他身份证件的号码。

(5)"车辆类别"栏,在表中所列项目中画√。

(6)"生产企业名称"栏,国产车辆填写国内生产企业名称,进口车辆填写国外生产企业名称。

(7)"厂牌型号""发动机号码""车辆识别代号(车架号码)"栏,分别填写车辆整车出厂合格证或《中华人民共和国海关货物进口证明书》或《中华人民共和国海关监管车辆进(出)境领(销)牌照通知书》或《没收走私汽车、摩托车证明书》中注明的产品型号、发动机号码及车辆识别代号(VIN,车架号码)。

(8)"购置日期"栏,填写机动车销售统一发票(或有效凭证)上注明的日期。

(9)"机动车销售统一发票(或有效凭证)价格"栏,填写机动车销售统一发票(或有效凭证)上注明的价费合计金额。

(10)"免(减)税条件"栏,按下列项目选择字母填写。

A. 外国驻华使馆、领事馆和国际组织驻华机构及其外交人员自用的车辆;

B. 中国人民解放军和中国人民武装警察部队列入军队武器装备订货计划的车辆;

C. 设有固定装置的非运输车辆;

D. 回国服务的在外留学人员购买的国产小汽车;

E. 长期来华定居专家进口自用的车辆;

F. 其他免税、减税车辆。

(11) 下列栏次由进口自用车辆的纳税人填写。

① "关税完税价格"栏,填写《海关关税专用缴款书》中注明的关税计税价格。

② "关税"栏,填写《海关关税专用缴款书》中注明的关税税额。

③ "消费税"栏,填写《海关代征消费税专用缴款书》中注明的消费税税额。

(12)"申报计税价格"栏,分别按下列要求填写:

① 境内购置车辆,按机动车销售统一发票注明的价费合计金额÷(1+17%)填写;

② 进口自用车辆,填写计税价格,计税价格=关税完税价格+关税+消费税;

③ 自产、受赠、获奖或者以其他方式取得并自用的车辆,按机动车销售统一发票(或有效凭证)注明的价费合计金额÷(1+17%)填写。

(13)"计税价格"栏,经税务机关辅导后填写:

① 填写最低计税价格;

② 底盘发生更换的车辆,按主管税务机关提供的最低计税价格的70%填写;

③ 免税条件消失的车辆,自初次办理纳税申报之日起,使用年限未满10年的,按主管税务机关提供的最低计税价格每满1年扣减10%填写;未满1年的按主管税务机关提供的最低计税价格填写;使用年限10年(含)以上的,填写0。

(14)"应纳税额"栏,计算公式如下:

① 计税依据为申报计税价格的,应纳税额=申报计税价格栏×税率;

② 计税依据为计税价格的,应纳税额=计税价格栏×税率。

(15) 本表一式二份(一车一表),一份由纳税人留存,一份由主管税务机关留存。

10.3　城市维护建设税法

10.3.1　城市维护建设税的基本内容

记一记： 城市维护建设税法是指国家制定的用以调整城市维护建设税征收与缴纳之间权利与义务关系的法律规范。城市维护建设税是指以单位和个人实际缴纳的增值税、消费税、营业税(以下简称“三税”)的税额为计税依据而征收的一种税。现行城建税的基本规范是 1985 年 2 月 8 日国务院发布，并于同年起开始实施的《中华人民共和国城市维护建设税暂行条例》，以及国务院于 2010 年 10 月 18 日发布的《关于统一内外资企业和个人城市维护建设税和教育费附加制度的通知》。

城市维护建设税(以下简称城建税)具有两个特征。一是具有附加税的性质。它是以纳税人实际缴纳的“三税”税额为计税依据，附加于“三税”税额，本身并没有类似于其他税种的特定、独立的征税对象。二是具有特定目的。城建税税款专门用于城市的公用事业和公共设施的维护建设。

1. 纳税人

城建税的纳税人是缴纳增值税、消费税、营业税的单位和个人，包括国有企业、集体企业、私营企业、股份制企业、其他企业和行政事业单位、军事单位、社会团体、其他单位以及个体工商户及其他个人。自 2010 年 12 月 1 日起，外商投资企业、外国企业及外籍个人开始征收城市维护建设税。

2. 计税依据

城建税的计税依据是纳税人实际缴纳的增值税、消费税、营业税的税额。

纳税人违反“三税”有关税法而加收的滞纳金和罚款，是税务机关对纳税人违法行为的经济制裁，不作为城建税的计税依据，但纳税人在被查补“三税”和被处以罚款时，应同时对其偷漏的城建税进行补税、征收税收滞纳金和罚款。

城建税以“三税”税额为计税依据并同时征收，如果要免征或者减征“三税”，也要同时免征或者减征城建税。

对出口产品退还增值税、消费税的，不退还已缴纳的城市维护建设税。自 2005 年 1 月 1 日起，经国家税务总局审核批准的当期免抵的增值税税额应纳入城建税和教育费附加的计税范围。

3. 税率

城建税按纳税人所在地的不同，设置了三档税率(参表 10-4)。

表 10-4　城建税税率表

纳税人所在地	税　率	特别规定
市区	7%	1. 由受托方代征代扣“三税”的单位和个人，其代征代扣的城建税执行受托方所在地适用税率 2. 流动经营等无固定纳税地点的单位和个人，在经营地缴纳“三税”的，其城建税的缴纳执行经营地适用税率 3. 铁道部门适用 5%的税率
县城、镇	5%	
不在市区、县城或者镇	1%	

问题解答　　**如何界定城市、县城和建制镇？**

答：一般按如下标准界定：城市是指经过国务院批准建立的市，从税务管理的角度讲，征税的范围包括市区、郊区和市辖县县城，不包括农村；县城是指未设立建制镇的县人民政府所在地；建制镇是指经省、自治区、直辖市人民政府批准设立的建制镇，征税的范围只限于镇人民政府所在地，不包括所辖的行政村。

10.3.2　城市维护建设税的计算

城建税纳税人的应纳税额大小是由纳税人实际缴纳的“三税”税额决定的，其计算公式为：

应纳税额＝(实际缴纳的增值税税额＋实际缴纳的消费税税额＋实际缴纳的营业税税额)×适用税率

【例 10-4】　M 市区某企业为增值税一般纳税人，2013 年 6 月实际缴纳增值税 300 000 元，缴纳消费税 400 000 元，缴纳营业税 200 000 元。因故被加收滞纳金 2 100 元。已知该地区城市维护建设税税率为 7%。

要求：请计算该企业 2013 年 6 月应缴纳的城建税税额。

【解答】　应缴纳的城建税税额＝(300 000＋400 000＋200 000)×7%＝63 000(元)

税法视野　　**城建税缴纳的特殊规定**

答：一般按如下标准界定：城市是指经过国务院批准建立的市，从税务管理角度讲，征税的范围包括市区、郊区和市辖县县城，不包括农村；县城是指未设立建制镇的县人民政府所在地；建制镇是指经省、自治区、直辖市人民政府批准设立的建制镇，征税的范围只限于镇人民政府所在地，不包括所辖的行政村。

10.3.3　城市维护建设税的税收优惠

城建税的主要税收优惠如下。

(1) 海关代征税款免税。海关代征进口环节增值税、消费税时，不征收城建税。

(2) 退税。对因免征、减征增值税、消费税、营业税而发生的退税，可退还已缴纳的城建税。

(3) 涉外企业和个人免税。对外商投资企业、外国企业和外籍个人，暂不征收城建税。

(4) 下岗职工收入免税。下岗职工从事社区居民服务业取得的营业收入，下岗职工占总人数 60%以上的企业，2003 年年底前，3 年内免征城建税。

(5) 机关后勤服务收入免税。从 2001 年 1 月 1 日起，对中央各部门和省级政府、党委、人大、政协、工会、共青团、妇联、台联等所属机关服务中心后勤体制改革后，其为机关内部提供后勤服务所取得的收入，在 2005 年年底以前，免征城建税。

查一查： 城建税还有哪些优惠政策？

10.3.4 城市维护建设税的申报与缴纳

1. 纳税环节

城建税的纳税环节是指城建税法规定纳税人应当缴纳城建税的阶段。其纳税环节，实际就是纳税人缴纳“三税”的环节。纳税人只要发生“三税”的纳税义务，就要在同样的环节分别计算缴纳城建税。

2. 纳税地点

城建税的纳税地点与纳税人缴纳“三税”的地点一致。代扣代缴“三税”的纳税人在代征代扣地纳税。

3. 纳税期限

由于城建税是由纳税人在缴纳“三税”的同时缴纳，所以其纳税期限分别与“三税”的纳税期限一致。

4. 纳税申报

纳税人应按照规定定期缴纳城建税，并如实填制《城市维护建设税纳税申报表》。该申报表的格式参见表 10-5。

表 10-5 城市维护建设税纳税申报表及填表说明

填表日期： 年 月 日

开户银行：
账号：

纳税人识别号 □□□□□□□□□□□□□□□□□□□□

金额单位：元(列至角分)

<table>
<tr><td>纳税人名称</td><td colspan="2"></td><td colspan="3">税款所属时期</td></tr>
<tr><td>计税依据</td><td>计税金额</td><td>税率</td><td>应纳税额</td><td>已纳税额</td><td>应补(退)税额</td></tr>
<tr><td>1</td><td>2</td><td>3</td><td>4=2×3</td><td>5</td><td>6=4-5</td></tr>
<tr><td>增值税</td><td></td><td></td><td></td><td></td><td></td></tr>
<tr><td>营业税</td><td></td><td></td><td></td><td></td><td></td></tr>
<tr><td>消费税</td><td></td><td></td><td></td><td></td><td></td></tr>
<tr><td></td><td></td><td></td><td></td><td></td><td></td></tr>
<tr><td>合计</td><td></td><td></td><td></td><td></td><td></td></tr>
</table>

<table>
<tr><td colspan="3">如纳税人填报，由纳税人填写以下各栏</td><td colspan="5">如委托代理人填报，由代理人填写以下各栏</td></tr>
<tr><td rowspan="3">会计主管
(签章)</td><td rowspan="3">经办人
(签章)</td><td rowspan="3">纳税人(签章)
年 月 日</td><td>代理人名称</td><td colspan="2"></td><td rowspan="2">代理人
(签章)</td><td>备注</td></tr>
<tr><td>地址</td><td colspan="2"></td><td rowspan="2"></td></tr>
<tr><td>经办人</td><td>电话</td><td></td><td></td></tr>
<tr><td colspan="8">以下由税务机关填写</td></tr>
<tr><td>收到申报表日期</td><td colspan="2"></td><td colspan="2">接收人</td><td colspan="3"></td></tr>
</table>

填表说明：

(1) 本表适用于中国境内各类城市维护建设税纳税人填报。

(2) 纳税人识别号是纳税人在办理税务登记证时由主管税务机关确定的税务编码。

(3) 本表一式三联，第一联(黑色)纳税人留存；第二联(红色)用于税务会计核算；第三联(蓝色)为收执联，由主管税务机关留存。

10.4 教育费附加

10.4.1 教育费附加的基本内容

记一记：教育费附加是指国家制定的用以调整城市教育费附加征收与缴纳之间权利与义务关系的法律规范。我国教育费附加是以纳税人实际缴纳的增值税、消费税、营业税税额为依据征收的一种附加税。现行教育费附加的基本规范是国务院于1986年4月28日颁布,并于同年7月1日起执行的《征收教育费附加的暂行规定》,以及国务院于2010年10月18日发布的《关于统一内外资企业和个人城市维护建设税和教育费附加制度的通知》。

1. 纳税人

教育费附加的纳税人是指缴纳增值税、消费税、营业税的单位和个人(除按照《国务院关于筹措农村学校办学经费的通知》缴纳农村教育费附加的单位外),自2010年12月1日起,外商投资企业、外国企业及外籍个人开始征收教育费附加。但海关对进口产品征收的增值税、消费税不征教育费附加。

2. 计税依据

教育费附加的计税依据与城建税相同,以纳税人实际缴纳的增值税、消费税、营业税税额为计税依据。

3. 征收率

现行教育费附加计征比率(即附加率)为3%。

10.4.2 教育费附加的计算

教育费附加纳税人的应纳税额大小是由纳税人实际缴纳的“三税”税额决定的,其计算公式为:

应纳税额=(实际缴纳的增值税税额+实际缴纳的消费税税额+实际缴纳的营业税税额)×教育费附加率

【例10-5】 某股份公司坐落于市区,2013年6月缴纳增值税340 000元,消费税170 000元,营业税60 000元。

要求:请计算该公司应缴纳的教育费附加税额。

【解答】 应缴纳的教育费附加税额=(340 000+170 000+60 000)×3%=17 100(元)

10.4.3 教育费附加的税收优惠

教育费附加的主要税收优惠包括:

(1) 对由于减免增值税、消费税、营业税而发生退税的,同时退还教育费附加;但对出口产品退还增值税、消费税的,不再退还已征的教育费附加;

(2) 对从事生产卷烟和经营烟叶产品的单位,减半征收教育费附加;

(3) 对机关服务中心为机关内部提供的后勤服务所取得的收入,在2005年年底以前,暂免征收教育费附加。

查一查：教育费附加还有哪些优惠政策？

10.4.4 教育费附加的申报与缴纳

1. 纳税环节

教育费附加的纳税环节与城建税的纳税环节相同，就是纳税人缴纳“三税”的环节。纳税人只要发生“三税”的纳税义务，就要在同样的环节分别计算缴纳城建税。

2. 纳税地点

教育费附加的纳税地点与城建税的纳税地点相同，即为纳税人缴纳“三税”的地点。

3. 纳税期限

由于教育费附加是由纳税人在缴纳“三税”的同时缴纳，所以，其纳税期限分别与“三税”的纳税期限一致。

4. 纳税申报

纳税人应按照规定定期缴纳教育费附加，并如实填制《教育费附加纳税申报表》。该申报表的格式参见表 10-6。

表 10-6 教育费附加纳税申报表及填表说明

填表日期： 年 月 日

开户银行：

账号：

纳税人识别号 □□□□□□□□□□□□□□□□□□□□

金额单位：元(列至角分)

<table>
<tr><td>纳税人名称</td><td></td><td colspan="2">税款所属时期</td><td colspan="4">自 年 月 日 至 年 月 日</td></tr>
<tr><td>计税依据</td><td>计征金额</td><td>附加率</td><td>应征额</td><td colspan="2">已征额</td><td colspan="2">应缴(退)费额</td></tr>
<tr><td>增值税</td><td></td><td></td><td></td><td colspan="2"></td><td colspan="2"></td></tr>
<tr><td>营业税</td><td></td><td></td><td></td><td colspan="2"></td><td colspan="2"></td></tr>
<tr><td>消费税</td><td></td><td></td><td></td><td colspan="2"></td><td colspan="2"></td></tr>
<tr><td></td><td></td><td></td><td></td><td colspan="2"></td><td colspan="2"></td></tr>
<tr><td>合计：</td><td></td><td></td><td></td><td colspan="2"></td><td colspan="2"></td></tr>
<tr><td colspan="3">如缴纳人填写，由缴纳人填写以下各栏</td><td colspan="5">如委托代理人填报，由代理人填写以下各栏</td></tr>
<tr><td rowspan="4">缴税人
(签章)</td><td rowspan="4">经办人
(签章)</td><td rowspan="4">会计主管
(签章)</td><td>代理人名称</td><td></td><td rowspan="4">代理人
(签章)</td><td colspan="2">备注</td></tr>
<tr><td>地址</td><td></td><td colspan="2" rowspan="3"></td></tr>
<tr><td>电话</td><td></td></tr>
<tr><td>经办人</td><td></td></tr>
<tr><td colspan="8">以下由税务机关填写</td></tr>
<tr><td>收到申报表日期</td><td></td><td colspan="2">接收人(签章)</td><td colspan="4">地方税务机关签章</td></tr>
</table>

填表说明：

(1) 本表适用于教育费附加缴纳人填报。

(2) 纳税人识别号：填写纳税人的税务登记证号码或微机编码。

(3) 本表一式三联，第一联(黑色)纳税人留存；第二联(红色)用于税务会计核算；第三联(蓝色)为收执联，由主管税务机关留存。

课外阅读

国家税务总局关于发行2007年印花税票有关问题的通知

国税函〔2007〕1198号

各省、自治区、直辖市和计划单列市国家税务局、地方税务局：

2007年版印花税票已印制完成并开始发行，现将有关事项通知如下：

一、2007年版印花税票一套9枚，图案采用国家级自然保护区题材，面值(图名)分别是：1角(可可西里自然保护区・藏羚)、2角(武夷山自然保护区・金斑喙凤蝶)、5角(扬子鳄自然保护区・扬子鳄)、1元(卧龙自然保护区・大熊猫)、2元(双台河口自然保护区・白鹤)、5元(雅鲁藏布大峡谷自然保护区・黑头角雉)、10元(梵净山自然保护区・黔金丝猴)、50元(长白山自然保护区・东北虎)、100元(西双版纳自然保护区・亚洲象)。9枚票规格均为50mm×30mm，图案上印“中国印花税票CHINA”，右下角印有“2007(9-X)”，表明2007年版和按票面金额从大到小的顺序号。

2007年版印花税票采用以下防伪措施：一是全部采用防伪纤维纸印制；二是采用微缩文字；三是采用无色荧光税务标志；四是两条边的正中采用菱形异形齿孔。

二、2007年版印花税票印制有副联，规格均为25mm×30mm，图案为9个纳税大户企业的图标。每枚的文字分别为：邯郸钢铁集团有限责任公司(1角票)、攀枝花钢铁(集团)公司(2角票)、国家电网公司(5角票)、同方股份有限公司(1元票)、中国石油化工股份有限公司(2元票)、中国人民保险集团公司(5元票)、中国联通有限公司(10元票)、洛阳栾川钼业集团股份有限公司(50元票)、联想控股有限公司(100元票)。

税务机关应将印花税票和副联一并出售给纳税人，纳税人在贴花时，可以将副联与印花税票一并粘贴，也可以不粘贴副联。

三、2007年印花税票每张16枚，采用100张大包装和25张小包装两种。每箱均为1万枚，每箱装6大包(16枚×100张×6包＝9 600枚)和1小包(16枚×25张×1包＝400枚)。

税务总局将按各地上报的2008年印花税票需求量计划最低1万枚发运，各地收到查验后10天内按要求填写“印花税票接收单回执”(税务总局FTP上查找)并报税务总局(计划统计司会计处)。

各地收到2007年版印花税票即可启用。

国家税务总局

二〇〇七年十二月五日

本章小结

行为目的税类是以纳税人的某些特定行为为征税对象的一类税收，主要包括印花税、车辆购置税、城市维护建设税和教育费附加。

印花税是对经济活动和经济交往中书立、领受、使用税法规定应税凭证的单位和个人征收的一种行为税。其征税范围主要包括各种应税凭证，如各种合同，产权转移书据，营业账簿，权力许可证照等。印花税的纳税人是指在中国境内书立、领受、使用税法所列举凭证的单位和个人。税法规定印花税的税率有两种形式，即比例税率和定额税率。现行的比例税率有四档，即 1‰、0.5‰、0.3‰、0.05‰。而权利许可证照，营业账簿中的其他账簿，均为按件贴花，税额为每件 5 元。印花税应纳税额的计算分为从价定率和从量定额计征。

车辆购置税是国家对购置应税车辆的单位和个人，以其购置应税车辆的计税价格为计税依据，按照规定的税率计算并一次性征收的一种税。车辆购置税的征税范围包括汽车、摩托车、电车、挂车和农用运输车。车辆购置税的纳税人是指在中华人民共和国境内购置《车辆购置税暂行条例》规定的车辆的单位和个人。税率采用固定比例税率即 10%，其应纳税额＝计税价格×税率。

城建税和教育费附加是指以单位和个人实际缴纳的增值税、消费税、营业税的税额为计税依据而征收的一种税。前者的税款专门用于城市的公用事业和公共设施的维护建设，而后者则是为了加快地方教育事业的发展，扩大地方教育经费的资金来源。城建税和教育费附加的纳税人是缴纳“三税”的单位和个人，其计税依据也是“三税”的税额。城建税按照纳税人所在地的不同设置了三档税率，而教育费附加的附加率为 3%。二者的应纳税额＝(实际缴纳的增值税税额＋实际缴纳的消费税税额＋实际缴纳的营业税税额)×城建税税率或教育费附加率。自 2010 年 12 月 1 日起，外商投资企业、外国企业及外籍个人开始征收城建税和教育费附加。

此外，税法还对上述四种行为目的税的税收优惠、纳税环节、纳税期限、纳税地点以及申报缴纳做出了详细规定。

自测练习

一、学习思考

1. 印花税的纳税人、税目包括什么？税率采用哪种形式？
2. 简述车辆购置税的基本内容。
3. 城建税的计税依据是什么？如何计算城建税应纳税额？
4. 征收教育费附加有何意义？我国目前有哪些优惠政策？

二、案例分析

从印花税改革读出公平①

温家宝总理在“两会”记者会上向世人宣告：“政府的任务就是保护人民的自由、财产和安全。”“今后五年，我们要下决心推进财政体制改革，让人民的钱更好地为人民谋利益。”财政改革离不开税，因为财政收入绝大部分都是税收所得，财政改革是一项大工程，涉及方方面面，而当前人民意见最大而且改革也相对最容易的，就是证券交易印花税的改革。

从 2008 年财政预算报告中我们得知，今年安排印花税收入 1 945.15 亿元，与上年基本持平。1 945 亿元的印花税是个什么概念呢？我们不妨来算一笔账。

按股票日均交易额 1 500 亿元来算，依照现行 0.3%的印花税率双向征收，全年印花税

① http://www.cnstock.com/jrpl/2008-03/22/content_3127246.html。

收入为 2 250 亿元(1 500 亿元×0.3%×2×250 天),也就是说,要完成 1 945 亿元的印花税预算,意味着全年交易额将达 37.5 万亿元(1 500 亿元×250 天),按流通市值 8 万亿元计算,市场一年需换手 4.69 次,即每季度换手超过一次! 众所周知,一年换手超过 4 次是非常高的换手率,国外成熟股市年均换手不足 1 次。

但是如果实现"单项征收",全年交易额就需达到 75 万亿,按现在 7 万多亿流通市值,那就是 1 个月换手 1 次;而如果又改单项又减税率,股民不知怎样地忙个不停了。

概而言之,像去年那样年换手超过 6 次的特大交易额是在特殊年份出现的极其特殊的情况,当年 2 005 亿元的印花税收入,其税基正是全世界独一无二的高投机市场! 财政部预决算报告也承认,全国财政收入之所以超收 7 000 多亿,中央财政超收 4 000 多亿,除了经济快速增长的原因外,还有一些"特殊性、政策性、一次性"征收因素,而所谓"特殊性",就是证券交易活跃和适用税率提高,既然去年实现的印花税收入有其特殊性,那就根本不能作为日后任何一年财政预算的决策基础。

由此看来,舆论热议、上亿股民寄予厚望的印花税减负,其可能性只能是:要么仍按 0.3%税率双向征收,交易额和投机程度略减;要么单项减征,前提是股市必须"活跃"再"活跃",投机更投机;要么政府顺从民意印花税减负,市场也逐渐理性,则 1 945 亿元的印花税指标根本完成不了。

财政预算和决算是非常严肃的事。如今,2007 年财政决算和 2008 年财政预算均已经全国人大通过。但是,就算 2 900 多位全国人大代表已经举起了庄严的手(据悉,财政部的 2007 年中央和地方预算执行情况与 2008 年中央和地方预算有 362 票反对,102 票弃权),建立在高度投机之上的印花税预算,也是根本不顾国际惯例和市场稳定,更是将温总理提出的"保护人民的财产和安全"远远地抛之脑后,对后一点,指定印花税预算的高官恐怕连想都没有想过。

一面将稳定健康作为中国股市发展的根本大计,一面却通过税率调控实实在在地将市场引向高投机,那种拍拍脑袋,既缺乏现代市场经济知识,更不顾人民利益的财政预算,以及与此相关的财政体制,是到了必须彻底改革的时候了。而印花税则是一个最好的入口。恰如温总理所说:"一个国家的财政史是惊心动魄的,如果你读它,会从中看到不仅是经济大发展,而且是社会的进步和公平正义的程度。"但愿从印花税的改革中读出公平和正义。

要求:根据上述资料谈谈我国印花税改革的必要性和可行性。

三、能力训练

1. 掌握印花税应纳税额的计算。

某汽车制造企业 2013 年 5 月开业,注册资金 10 000 000 元,当年发生经济业务如下:

(1) 领受工商营业执照、房屋产权证、土地使用证各 1 份;

(2) 建账时共设 8 个账簿,其中资金账簿记载实收资本 10 000 000 元;

(3) 签订购销合同 20 份,共记载金额 50 000 000 元;

(4) 签订借款合同 1 份,记载金额 3 000 000 元;

(5) 签订技术服务合同 1 份,记载金额 600 000 元;

(6) 签订租赁合同 1 份,记载租赁费金额 500 000 元;

(7) 签订转让专有技术使用权合同 1 份,记载金额 1 500 000 元。

要求:计算该企业 2013 年 5 月应缴纳的印花税税额。

2. 练习车辆购置税应纳税额的计算。

某公司 2013 年 2 月 18 日接受供应商捐赠的一辆车牌为“桑塔纳”的小轿车供自己使用。公司按发票上注明金额 75 000 元申报纳税。经主管税务机关审核,国家核定该车型的最低计税价格为 81 200 元。

要求：计算该公司 2013 年 2 月应缴纳的车辆购置税税额。

3. 掌握城市维护建设税和教育费附加应纳税额的计算。

某县城一加工企业,2014 年 6 月因进口半成品缴纳增值税 1 200 000 元,本月应缴纳增值税 2 800 000 元,本月出租门面房收到租金 400 000 元。

要求：计算该企业 2014 年 6 月应缴纳的城市维护建设税和教育费附加税额。

第11章 税收征收管理法

学习目标

【知识目标】

1. 掌握税务管理、税款征收的法律规定
2. 熟悉税务检查的法律规定
3. 了解违反税收法律制度的法律责任
4. 了解税收征收管理机关及其职权

【能力目标】

1. 能够掌握《税收征收管理法》的适用范围，掌握税务登记、纳税申报和税款征收、税收保全措施和强制执行措施及税务检查、违反税务管理基本规定行为的处罚，能够对税收征收管理有一个全面的认识
2. 能够运用《税收征收管理法》对相关案例进行分析

11.1 税务管理

记一记：税收征收管理是税务机关代表国家行使征税权，指导纳税人履行纳税义务，对日常税收活动依法进行组织、管理、监督、检查的活动。它是实现税收职能的必要手段。

税收征收管理法律制度是国家税法体系的重要组成部分，是有关税收征收管理法律规范的总称，包括税收征收管理法及税收征收管理的有关法律、法规和规章。税收征收管理法律制度的基本规范是《税收征收管理法》。该法于1992年9月第七届全国人民代表大会常务委员会第27次会议通过，自1993年1月1日起实施。此后，全国人民代表大会常务委员会分别于1995年2月28日和2001年4月28日对《税收征收管理法》进行了修订。现行的《税收征收管理法》自2001年5月1日起施行。

税务管理是指税收征收管理机关为了贯彻执行国家税收法律制度，加强税收工作，协调征税关系而开展的一项有目的的活动。税务管理是税收征收管理的重要内容，是税款征收的前提。税务管理包括税务登记管理，账簿、凭证管理和纳税申报管理等内容。

11.1.1 税务登记

税务登记又称纳税登记，是税务机关依据税法的规定，对纳税人的生产、经营活动进行登记并据此对纳税人实施税务管理的一种法定制度。税务登记是税务机关对纳税人实施税收管理的首要环节和基础工作，是征纳双方法律关系成立的依据和证明，也是纳税人必须依法履行的义务。

国家税务总局 1998 年 5 月 22 日颁布的《税务登记管理办法》规定，凡有法律、法规规定的应税收入、应税财产或应税行为的各类纳税人，均应当依照《税务登记管理办法》的规定办理税务登记；扣缴义务人应当在发生扣缴义务时，到税务机关申报登记，领取扣缴税款凭证。税务登记包括开业税务登记，变更税务登记，注销税务登记，停业、复业税务登记，外出经营报验登记等。

1. 开业税务登记

开业登记是指从事生产经营的纳税人，经国家工商行政管理部门批准开业后办理的纳税登记。

(1) 登记的对象

① 从事生产、经营的纳税人

从事生产、经营的纳税人包括企业(包括国有企业、集体企业、私营企业，中外合资经营企业、中外合作经营企业、外商独资企业，以及各种联营、联合、股份制企业等)，企业在外地设立的分支机构和从事生产、经营的场所，个体工商户和从事生产、经营的事业单位。

② 其他纳税人

其他纳税人包括不从事生产、经营，但依照法律、法规的规定负有纳税义务的单位和个人，如事业单位、社会团体、民办非企业单位，除临时取得应税收入或发生应税行为以及只缴纳个人所得税、车船使用税的外，都应按规定向税务机关办理税务登记。

(2) 登记的时间和地点

① 从事生产、经营的纳税人，应当自领取营业执照之日起 30 日内，向生产、经营地或者纳税义务发生地的主管税务机关申报办理税务登记，如实填写《税务登记表》并按照税务机关的要求提供有关证件、资料。

② 其他纳税人，应按规定自负有纳税义务发生之日起 30 日内，持有关证件向所在地主管税务机关申报办理税务登记。

小案例

某税务所在 2014 年 6 月 12 日实施检查中，发现星文商店(个体)2014 年 5 月 20 日领取营业执照后，未申请办理税务登记。据此，该税务所于 2014 年 6 月 13 日作出责令星文商店必须在 2014 年 6 月 20 日前办理税务登记，逾期不办理的，将按《税收征收管理法》有关规定处以罚款的决定。请问，该处理决定是否有效?

(3) 纳税人办理税务登记时应提供的证件、资料

① 营业执照或登记证书，或者其他核准执业证件。

② 有关合同、章程、协议书。

③ 法定代表人(负责人)或业主居民身份证、护照或者其他证明身份的合法证件。

④ 组织机构统一代码证书。

⑤ 其他需要提供的有关证件。

属于享受税收优惠政策的企业，应当提供相应的证明、资料。

其他需要提供的有关证件、资料,由省、自治区、直辖市税务机关确定。

(4)《税务登记表》的内容

① 单位名称、法定代表人或业主姓名及其居民身份证、护照或者其他证明身份的合法证件的号码。

② 住所、经营地点。

③ 经济性质。

④ 企业形式、方式。

⑤ 生产经营范围、经营方式。

⑥ 注册资金(资本)、投资总额、开户银行及账号。

⑦ 生产经营期限、从业人数、营业执照号码。

⑧ 财务负责人、办税人员。

⑨ 其他有关事项。

企业在外地的分支机构或者从事生产、经营的场所,还应当登记总机构名称、地址、法人代表、主要业务范围、财务负责人。

纳税人是个人的,应当在其办理纳税申报时,由税务机关登录其姓名、身份证号码(或护照号码)、职业、住址、工作单位及地址和其他相关信息。

(5)税务登记证

税务机关对纳税人填报的《税务登记表》、提供的证件和资料,应当在收到之日起 30 日内审核完毕。符合规定的纳税人予以登记,发给税务登记证件及其副本,确定纳税人所适用的税种、税目、税率、报缴税款的期限、征收方式和缴库方式。

税务登记证应当载明纳税人的姓名、统一代码、法定代表人或负责人、详细地址、经济性质(或经营类型)、经营方式、经营范围(主管、兼管)、经营期限和证件有效期等。

从事生产经营的纳税人应当按照国家有关规定,持税务登记证件,在银行或者其他金融机构开立基本存款账户和其他存款账户,并将其全部账号向税务机关报告。

税法视野

银行存款账户的类别

1. 基本存款账户

基本存款账户是指存款人因办理日常转账结算和现金收付需要开立的银行结算账户。

2. 一般存款账户

一般存款账户是存款人因借款或其他结算需要,在基本存款账户开户银行以外的银行营业机构开立的银行结算账户。

3. 专用存款账户

专用存款账户是存款人按照法律、行政法规和规章,对其特定用途资金进行专项管理和使用而开立的银行结算账户。

4. 临时存款账户

临时存款账户是存款人因临时需要并在规定期限内使用而开立的银行结算账户。

2. 变更税务登记

从事生产、经营的纳税人，税务登记内容发生变化时，应向原税务机关申报办理变更税务登记的手续。

(1) 适用范围

纳税人办理税务登记后，如发生下列情形之一，应当办理变更税务登记：发生改变名称；改变法定代表人；改变经济性质或经济类型；改变住所和经营地点(不涉及主管税务机关变动的)；改变生产经营或经营方式；增减注册资金(资本)；改变隶属关系；改变生产经营期限；改变或增减银行账号；改变生产经营权属以及改变其他税务登记内容的。

(2) 时间要求

对需要办理工商变更登记的，应当自工商行政管理机关办理变更登记之日起 30 日内，持有关证件向原税务登记机关申报办理变更税务登记。

对需要办理工商变更登记的，应当自有关机关批准或者宣布变更之日起 30 日内，持有关证件向原税务登记机关申报办理变更税务登记。

(3) 增值税一般纳税人被取消资格，办理税务变更登记需要提交的证件

① 增值税一般纳税人申请认定书原件。

② 税务登记证(正、副本)原件。

③ 纳税人税种登记表。

④ 其他有关资料。

变更税务登记的内容涉及税务登记证件的内容需要更改的，税务机关应收回原税务登记证，重新核发新税务登记证。

3. 注销税务登记

注销税务登记是指纳税人需终止履行纳税义务时向税务机关申报办理的税务登记手续。

(1) 适用范围

注销税务登记的适用范围包括：纳税人因经营期限届满而自动解散；企业由于改组、分立、合并等原因而被撤销；企业资不抵债而破产；纳税人住所、经营地址迁移而涉及改变原主管税务机关的；纳税人被工商行政管理部门吊销营业执照；以及纳税人依法终止履行纳税义务的其他情形。

(2) 时间要求

纳税人发生解散、破产、撤销以及其他情形，依法终止纳税义务的，应当在向工商行政管理机关办理注销登记前，持有关证件向原税务登记机关申报办理注销税务登记；按照规定不需要在工商行政管理机关办理注销登记的，应当自有关机关批准或者宣告终止之日起 15 日内，持有关证件向原税务登记机关申报办理注销税务登记。

纳税人因住所，生产、经营场所变动而涉及改变主管税务登记机关的，应当在向工商行政管理机关申请办理变更或注销登记前，或者住所，生产、经营场所变动前，向原税务登记机关申报办理注销税务登记，并在 30 日内向迁入地主管税务登记机关申报办理税务登记。

纳税人被工商行政管理机关吊销营业执照的，应当自营业执照被吊销之日起 15 日内，向原税务登记机关申报办理注销税务登记。

注意： 纳税人注销税务登记的时间规定。

(3) 注销税务登记的程序

办理注销税务登记时，首先要经主管部门、股东会或者董事会的决议，并提交注销税务登记申请以及其他有关证明文件，同时向税务机关结清税款、滞纳金和罚款、缴销发票、发票领购簿和税务登记证件，经税务机关核准，办理注销税务登记手续。

纳税人因生产、经营地点变化注销税务登记的，原税务机关在对其注销税务登记的同时，应当向迁入地税务机关递解纳税人迁移通知书，由迁入地税务机关重新办理税务登记。如纳税人已经或正在享受税务优惠政策时，迁入地税务机关应当在迁入通知书上注明。

4. 停业与复业税务登记

实行定期定额征收方式的纳税人，在营业执照核准的经营期限内需要停业的，应当向税务机关提出停业登记，说明停业的理由、时间、停业前的纳税情况和发票的领、用、存情况，并如实填写申请停业登记表。税务机关经过审核或实地审查后，应当责成申请停业的纳税人结清税款并收回税务登记证件、发票领购簿和发票，办理停业登记。对不便收回的发票，税务机关应当就地予以封存。

纳税人应当于恢复生产、经营之前，向税务机关提出复业登记申请，经确认后，办理复业登记，领回或启用税务登记证件和发票领购簿及其领购的发票，纳入正常管理。

纳税人停业期满不能及时恢复生产、经营的，应当在停业期满前向税务机关提出延长停业登记。纳税人停业期满未按期复业又不申请延长停业的，税务机关应当视为已恢复营业，实施正常的税收征收管理。纳税人停业期间发生纳税义务，应当及时向主管税务机关申报，依法补缴应纳税款。

5. 外出经营报验登记

纳税人到外县(市)临时从事生产经营活动的，应当在外出生产经营以前，持税务登记证向主管税务机关申请开具《外出经营活动税收管理证明》。税务机关按照一地一证的原则核发《外出经营活动税收管理证明》，其有效期限一般为 30 日，最长不得超过 180 日。纳税人应当在《外出经营活动税收管理证明》注明进行生产经营前向当地税务机关报验登记，并按规定提交有关证件、资料。纳税人外出经营活动结束，应当向经营地税务机关填报《外出经营活动情况申报表》，并结清税款、缴销发票。

6. 税务登记证的作用与管理

(1) 税务登记证的作用

税务登记证是纳税人履行纳税义务的书面证明，只限于纳税人自己使用，纳税人凭税务登记证(这里指副本)可办理下列纳税事项：

① 申报办理减税、免税和退税；

② 领购发票；

③ 申报办理外出经营税收管理证明；

④ 申报办理税务机关规定的其他有关事项。

另外，从事生产经营的纳税人到外县(市)从事生产、经营活动的，必须持所在地主管税务机关填发的《外出经营活动税收管理证明》，向营业地税务机关报验登记，接受税务管理。

(2) 税务登记证的管理

税务登记证只限于纳税人自己使用，不得涂改、转借或转让，同时应悬挂在营业场所，并接受税务机关的查验。纳税人遗失税务登记证应向主管税务机关提交书面报告，并公开声明作废，同时申请补发。

11.1.2 账簿、凭证管理

账簿、凭证是纳税人进行生产经营活动和核算财务收支的重要依据，也是税务机关对纳税人征税、管理、核查的重要依据。纳税人账簿、凭证所反映内容的真实可靠性直接关系计征税款的真实性，从而影响税款的足额入库。建立账簿、凭证管理制度，是加强财务管理和税务管理的需要，可以促使纳税人自觉执行国家的财务会计制度，进行会计核算，如实反映生产经营情况，保证国家税收的正确计征。

1. 账簿、凭证管理

根据《税收征收管理法》的规定，纳税人、扣缴义务人应按照有关法律、行政法规和财政、税务主管部门的规定设置账簿，根据合法、有效凭证记账，进行核算。账簿是指定本式总账、明细账、定本式日记账以及其他辅助性账簿。

(1) 设置账簿的范围

① 从事生产、经营的纳税人应当自领取营业执照之日起 15 日内设置账簿。

② 扣缴义务人应当自税收法律、行政法规规定的扣缴义务发生之日起 10 日内，按照所代扣、代收的税种，分别设置代扣代缴、代收代缴税款账簿。

③ 生产、经营规模小又确无建账能力的纳税人，可以聘请经批准从事会计代理记账业务的专业机构或者经税务机关认可的财会人员代为建账和办理账务；聘请上述机构或者人员有实际困难的，经县以上税务机关批准，可以按照税务机关的规定，建立收支凭证粘贴簿、进货销货登记簿或者使用税控装置。

(2) 会计核算要求

纳税人、扣缴义务人应当依据合法、有效的凭证进行账务处理。纳税人、扣缴义务人会计制度健全，能够通过计算机正确、完整计算其收入和所得或者代扣代缴、代收代缴税款情况的，由计算机输出书面会计记录可以作为会计账簿。纳税人、扣缴义务人会计制度不健全，不能通过计算机正确、完整计算其收入和所得或者代扣代缴、代收代缴税款情况的，应当建立总账与纳税或者代扣代缴、代收代缴税款有关的其他账簿。

账簿、会计凭证和报表，应当使用中文。民族自治地方可以同时使用当地通用的一种民族文字。外商投资企业和外国企业可以同时使用一种外国文字。

(3) 财务会计制度管理

凡从事生产、经营的纳税人必须将所采用的财务、会计制度和具体的财务、会计处理办法，按税务机关的规定，自领取税务登记证件之日起 15 日内，及时报送主管税务机关备案。纳税人使用计算机记账的，应当在使用前将会计电算化系统的会计核算软件、使用说明书及有关资料报送主管税务机关备案。纳税人建立的会计电算化系统应当符合国家有关规定，并能正确、完整核算其收入或者所得。

纳税人、扣缴义务人的财务、会计制度或者财务、会计处理办法与国务院或者国务院财政、税务主管部门有关税收的规定抵触的，依照国务院或者国务院财政、税务主管部门有关税收的规定计算应纳税款、代扣代缴和代收代缴税款。

(4) 账簿、凭证的保管

从事生产经营的纳税人、扣缴义务人必须按照国务院财政、税务主管部门规定的保管期限保管账簿、记账凭证、完税凭证及其他有关资料。账簿、记账凭证、报表、完税凭证、发票、出口凭证以及其他有关涉税资料不得伪造、变造或者擅自损毁。账簿、记账凭证、报表、完税凭证、发票、出口凭证以及其他有关涉税资料的保管期限,除另有规定者外,应当保存10年。

2. 发票管理

发票是指在购销商品、提供或者接受服务以及从事其他经营活动中,开具、收取的收付款凭证。它是确定经济收支行为发生的法定凭证,是会计核算的原始依据,也是税务稽核的重要依据。税务机关是发票的主管机关,负责发票的印制、领购、开具、取得、保管、缴销的管理和监督。

为了加强发票管理,财政部于1993年12月制定了《中华人民共和国发票管理办法》(以下简称《发票管理办法》),国家税务总局制定了《中华人民共和国发票管理办法实施细则》(以下简称《发票管理办法实施细则》),对发票的印制、领购,发票的开具和保管,发票的检查以及对违反发票管理制度的处罚等作出了规定。同时,为加强普通发票管理,保障国家税收收入,规范网络发票的开具和使用,国家税务总局制定的《网络发票管理办法》,自2013年4月1日起施行。

(1) 发票的种类、样式和内容

发票的种类由省级以上税务机关确定。在全国范围内统一样式的发票,由国家税务总局确定,如增值税专用发票。对在省、自治区、直辖市范围内统一样式的发票,由省级税务机关确定。统一样式包括发票的种类、各联用途、具体内容、版面排列、规格、使用范围等。发票的基本联次为三联:第一联为存根联,开票方留存备查;第二联为发票联,由收执方作为付款或收款原始凭证;第三联为记账联,开票方作为记账原始凭证。发票的基本内容包括:发票的名称、字轨号码、联次及用途;客户名称;开户银行及账号;商品名称或经营项目;计量单位、数量、单价、大小写金额;开票人;开票日期;开票单位(个人)名称(章)等。代扣、代收、委托代征税款的,其发票内容应包括代扣、代收、委托代征税种的税率和代扣、代收、委托代征税额。

(2) 发票的印制

增值税专用发票由国务院税务主管部门指定的企业印制;其他发票,按照国务院税务主管部门的规定,分别由省、自治区、直辖市国家税务局、地方税务局指定企业印制。发票防伪专用品由国家税务总局指定的企业生产。发票应当套印全国统一发票监制章,全国统一发票监制章的式样和发票版面印刷的要求,由国家税务总局规定,发票监制由省、自治区、直辖市税务机关制作。禁止伪造发票监制章。发票实行不定期换版制度。

(3) 发票的领购

① 领购发票的对象

依法办理税务登记的单位和个人,在领取税务登记证后,向主管税务机关申请领购发票;依法不需办理税务登记但需要使用发票的单位,可以按规定程序向主管税务机关申请领购发票;临时到本省、自治区、直辖市以外地区从事经营活动的单位或个人,凭所在地税务机关证明,可向经营地税务机关申请领购经营地的发票。

② 领购发票的程序

申请领购发票的单位和个人应当提出购票申请,提供经办人身份证明,税务登记证件或者其他有关证明,以及财务印章或者发票专用章的印模,经主管税务机关审核后,发给发票领购簿。领购发票的单位和个人凭发票领购簿核准的种类、数量及购票方式,向主管税务机关领购发票。

税务机关对外省、自治区、直辖市来本辖区从事临时经营活动的单位和个人申请领购发票的,可以要求其提供保证人或者根据所领购发票的票面限额及数量缴纳不超过 1 万元的保证金,以限期缴销发票。按期缴销发票的,解除保证人的担保义务或者退还保证金;未按期缴销发票的,由保证人或者以保证金承担法律责任。税务机关收取保证金应当开具收据。

保证人是指在中国境内具有担保能力的公民、法人或者其他经济组织。国家机关不得做保证人。保证人同意为领购发票的单位和个人提供担保的,应当填写担保书。担保书的内容包括担保对象、范围、期限和责任以及其他有关事项。担保书须经购票人、保证人和税务机关签字盖章后方为有效。

(4) 发票的开具和保管

单位、个人在购销商品、提供或者接受经营服务以及从事其他经营活动中,应当按照规定开具、使用、取得发票。销售商品、提供服务以及从事其他经营活动的单位和个人,在对外发生经营业务收取款项时,收款方应当向付款方开具发票;收款单位和扣缴义务人支付款项时,由付款方向收款方开具发票。所有的单位和从事生产、经营活动的个人,在购买商品、接受服务以及从事其他经营活动支付款项时,应当向收款方取得发票。取得发票时,不得要求变更品名和金额。不符合规定的发票,不得作为财务报销凭证,任何单位和个人有权拒收。

填开发票的单位和个人必须在发生经营业务确认营业收入时开具发票。未发生经营业务一律不准开具发票。

单位和个人在开具发票时,必须做到按号码顺序填开,填写项目齐全,内容真实,字迹清楚,全部联次一次复写、打印,内容完全一致,并在发票联和抵扣联加盖单位财务印章或者发票专用章。开具发票后,如发生销货退回需开红字发票的,必须收回原发票并注明"作废"字样或取得对方的有效证明;发生销售折让的,在收回原发票并注明"作废"字样后,重新开具销售发票。

开具发票的单位和个人应当建立发票使用登记制度,设置发票登记簿,并定期向主管税务机关报告发票使用情况。开具发票的单位和个人应当按照税务机关的规定存放和保管发票,不得擅自损毁。已经开具的发票存根联和发票登记簿,应当保存 5 年。保存期满,报经税务机关查验后销毁。任何单位和个人不得转借、转让、代开发票;未经税务机关批准,不得拆本使用发票;不得自行扩大专业发票的使用范围。禁止倒买倒卖发票、发票监制章和发票防伪专用品。

(5) 发票的检查

对发票进行检查是税务机关的职权之一。根据《发票管理办法》及《发票管理办法实施细则》的规定,税务机关在发票检查中有权进行下列检查:

① 检查印制、领购、开具、取得和保管发票的情况;

② 调出发票查验;

③ 查阅、复制与发票有关的凭证、资料;

④ 向当事各方询问与发票有关的问题和情况;

⑤ 查处发票案件时,对与案件有关的情况和资料,可以记录、录音、录像、照相和复制。

单位和个人从中国境外取得与纳税有关的发票或者凭证,税务机关在纳税审查时有疑义的,可以要求其提供境外公证机构或者注册会计师的确认证明,经税务机关审核认可后,方可作为记账核算的凭证。税务机关在发票检查中需要核对发票存根联与发票联填写情况时,可以向持有发票或者发票存根联的单位发出"发票填写情况核对卡",有关单位应当在接到税务机关开具的"发票填写情况核对卡"后如实填写,15 日内将有关情况报回。

印制、使用发票的单位和个人,必须接受税务机关依法检查,如实反映情况,提供有关资料,不得拒绝、隐瞒。税务机关在行使发票检查时应当履行以下职责:

① 税务人员进行检查时,应当出示税务检查证,否则,被检查单位和个人可以拒绝;

② 税务机关需要将已开具的发票调出查验时,应向被查验的单位和个人开具发票换票证;需要将空白发票调出查验时,应当开具收据。经查无问题的,应当及时返还。

(6) 网络发票及其管理

网络发票是符合国家税务总局统一标准并通过国家税务总局及省、自治区、直辖市国家税务局、地方税务局公布的网络发票管理系统开具的发票。

① 信息登记在税务机关内部建立一个电子网络系统,在这个电子网络系统中建立一个纳税人交易信息登记中心(设有纳税人交易信息数据库),登记纳税人的交易信息,并在各地税务机关设置工作站,负责纳税人交易信息申报的受理、录入和输出。为减少数据远程传输量,也可分区设置分中心,交易双方在区内的交易信息在区中心登记,交易双方不在同一区内的交易信息在上一级中心登记。为便于贮存、管理、备份、使用,中心登记所设的纳税人交易信息数据库可按月份分设分库,按交易信息所属月份分别贮存。

② 交易登记录入。与发票填开一样,纳税人交易信息一般由销售方进行申报登记。纳税人发生应税业务后,向上述电子网络系统设在主管税务机关的工作站进行申报,审核通过以后,各工作站将纳税人交易信息录入、传输到登记中心,进入纳税人交易信息数据库。为了便于将交易信息直接导入计算机系统,提高数据处理的工作效率,可要求纳税人采用电子文档方式报送申报资料。偏远地区条件不具备的,可填写纸质表格由税务中介机构、税务机关录入计算机;在有条件的地方则可通过计算机网络或电子邮件系统报送,提高报送工作效率。

③ 网络发票打印。作为交易购买一方的纳税人,可向上述电子网络系统设在主管税务机关的工作站进行申请,办理经济业务交割手续,取得一定时期内其购买的货物和劳务各销售一方在系统中申报登记的交易信息——电子网络发票(发票联)。电子网络发票为纸质凭证,是纳税人交易信息数据库中登记的交易信息的输出形式,盖有税务机关印签,与传统发票具有相同的法律效力。这种电子网络发票实际就是纳税人一定时期内发生的外购业务的汇总发票(发票联)。同样,作为交易销售一方的纳税人,也可申请取得电子网络发票(记账联),这种电子网络发票则是一定时期内发生的销售业务的汇总发票(记账联)。

3. 税控装置的使用管理

税控装置是指以遏止在交易过程中实施作弊行为而达到有效控制税源为目的,具有正确反映纳税人收入情况、保证计税依据和有关数据的正确生成、安全传递及可靠存储,自动打印发票,并能实现税收控制、管理的电子收款机和支持该电子收款机的管理系统。税务机关利用税控装置对纳税人的生产经营情况进行监督和管理,以保障国家税收收入,防止税款流失,提高税收征管工作效率,降低征收成本。

纳税人应当按照税务机关的要求安装、使用税控装置,不得损毁或者擅自改变税控装置,并按照税务机关的规定报送有关数据和资料。税控收款机的使用、维修单位和个人必须接受主管税务机关进行的依法检查,如实反映情况,提供有关资料,不得拒绝、隐瞒。

小案例

2013 年 5 月起，根据《税收征收管理法》的需要，A 县地税局在饮食行业中依法强制推广使用税控收款机。某个体餐馆在税务机关的监督下安装了税控收款机。同年 7 月中旬，地税局发现该餐馆在 6 月初自行改动了税控装置，并虚假申报纳税，导致少缴 6 月份应纳税款 2 000 元。该县地税局于是发出责令限期改正通知书，在履行告知程序后，对其自行改动税控装置的行为处 500 元罚款，并依照法定程序对其偷税行为作出补缴税款、加收滞纳金，并处 1 000 元罚款的决定。

11.1.3　纳税申报

纳税申报是纳税人、扣缴义务人按照法律、行政法规规定，在申报期限内就纳税事项向税务机关提出书面申报的一种法定手续。纳税申报是纳税人履行纳税义务、界定纳税人法律责任的主要依据，是税务机关税收管理信息的主要来源和税务管理的重要制度。

1. 纳税申报的对象

纳税申报的对象为纳税人和扣缴义务人。纳税人、扣缴义务人应按照法律、法规规定的申报期限、申报内容如实办理纳税和代扣代缴、代收代缴申报手续。临时取得应税收入或发生应税行为的纳税人，在发生纳税义务以后，应立即向经营地税务机关办理纳税申报和缴纳税款。纳税人在纳税期内没有应纳税款的或者享受减税、免税待遇的，也应当按照规定办理纳税申报。

纳税人、扣缴义务人按照规定的期限办理纳税申报或者报送代扣代缴、代收代缴税款报告表确有困难，需要延期的，应当在规定的期限内向税务机关提出书面延期申请，经税务机关核准，在核准的期限内办理。

2. 纳税申报的内容

纳税人和扣缴义务人的纳税申报和代扣代缴、代收代缴税款报告的主要内容包括：税种、税目；应纳税项目或者应代扣代缴、代收代缴税款项目；计税依据；扣除项目及标准；适用税率或者单位税额；应退税项目及税额、应减免税项目及税额；应纳税额或者应代扣代缴、代收代缴税额；税款所属期限等。

纳税人办理纳税申报时，应当如实填写纳税申报表，并根据不同情况相应报送下列有关证件、资料：

(1) 财务会计报表及其说明材料；

(2) 与纳税有关的合同、协议书及凭证；

(3) 税控装置的电子报税资料；

(4) 外出经营活动税收管理证明和异地完税凭证；

(5) 境内或者境外公证机构出具的有关证明文件；

(6) 税务机关规定应当报送的其他有关证件、资料。

扣缴义务人办理代扣代缴、代收代缴税款报告时，应当如实填写代扣代缴、代收代缴税款报告表，并报送代扣代缴、代收代缴税款的合法凭证以及税务机关规定的其他有关证件、资料。

3. 纳税申报的方式

纳税申报方式是指纳税人和扣缴义务人在发生纳税义务和代扣代缴、代收代缴义务后，在其申报期限内，依照规定到指定税务机关进行申报纳税的形式。目前，主要的纳税申报方式有以下三种。

(1) 直接申报

直接申报是指纳税人自行到税务机关办理纳税申报。这是一种传统的申报方式。

(2) 邮寄申报

邮寄申报是指经税务机关批准的纳税人使用统一规定的纳税申报特快专递专用信封，通过邮政部门办理交寄手续，并向邮政部门索取收据作为申报凭据的方式。纳税人采取邮寄方式办理纳税申报的，应当使用统一的纳税申报专用信封，并以邮政部门的收据作为申报凭据。邮寄申报以寄出的邮戳日期为实际申报日期。

(3) 数据电文

数据电文是指经税务机关批准的纳税人经由电子手段、光学手段或类似手段生成、储存或传递的信息，这些手段目前包括电子数据交换、电子邮件、电传或传真等。例如，目前纳税人的网上申报就是数据电文申报方式的一种形式。

纳税人采取电子方式办理纳税申报的，应当按照税务机关规定的期限和要求保存有关资料，并定期书面报送主管税务机关。纳税人、扣缴义务人采取数据电文方式办理纳税申报的，其申报日期以税务机关计算机网络系统收到该数据电文的时间为准。

11.1.4 税款征收

税款征收是税务机关依照税收法律、法规的规定，将纳税人应当缴纳的税款组织征收入库的一系列活动的总称。它是税收征收管理工作中的核心内容和中心环节，是实现税收职能的最关键一环，在整个税收工作中占据着极其重要的地位。根据《税收征收管理法》的规定，税务机关依照法律、行政法规的规定征收税款，不得违反法律、行政法规的规定开征、停征、多征、少征、提前征收、延缓征收或者摊派税款。除税务机关、税务人员以及经税务机关依照法律、行政法规委托的单位和人员外，任何单位和个人不得进行税款征收活动。

1. 税款征收方式

税款征收方式是指税务机关根据各税种的不同特点和纳税人的具体情况而确定的计算、征收税款的方法和形式。我国的税款征收的方式主要有以下八种。

(1) 查账征收

查账征收是指由纳税人依据账簿记载，先自行计算缴纳，事后经税务机关查账核实，如有不符合税法规定的，可以多退少补。这种方式主要对已建立会计账册且会计记录完整的单位采用。

(2) 查定征收

查定征收是指税务机关根据纳税人的生产设备等情况在正常条件下的生产、销售情况，对其生产的应税产品查实核定产量、销售额并依照税法规定的税率征收税款的方式。这种方式一般适用于生产不固定、账册不够健全的单位。

(3) 查验征收

查验征收是指税务机关对纳税人应税产品进行查验后征税，并贴上完税证、查验证或盖查验戳，并据以征税的一种税款征收方式。这种方式一般适用于生产零星、分散的高税率产品的纳税单位。

(4) 定期定额征收

定期定额征收是指税务机关依照有关法律、法规的规定，按照一定的程序，核定纳税人在一定经营时期内的应纳税经营额及收益额作为计税依据，确定应纳税额(包括增值税税额、消费税税额、营业税税额、所得税税额等)的一种税款征收方式。核定定额的程序为纳税人自报、典型调查、定额核定、下达定额。这种方式一般适用于生产经营规模小又确无建账能力，经主管税务机关批准可以不设置账簿或暂缓建账的小型纳税单位。

(5) 代扣代缴

代扣代缴是指负有扣缴税款的法定义务人，对纳税人应纳税款进行代扣代缴的方式。由支付人在向纳税人支付款项时，从所支付的款项中依据税收法规的规定直接扣收税款。实行代扣代缴的目的是对零星分期、不易控制的税源实行税源控制。

(6) 代收代缴

代收代缴是指负有收缴税款的法定义务人，对纳税人应纳税款进行代收代缴的方式。由与纳税人有经济业务往来的单位和个人在向纳税人收取税项时，依照税收法规的规定收取税款。这种方式一般适用于税收网络覆盖不到或很难控制的领域，如委托加工应税消费品时，由受托方代收代缴的消费税。

(7) 委托代征

委托代征是指受托单位按照税务机关核发的代征证书的要求，以税务机关的名义向纳税人征收一些零散税款的税款征收方式。

(8) 其他方式

其他方式如邮寄申报纳税、自计自填自缴、自报核缴方式等。

比一比：各种征收方式适用的征税对象。

2. 税款征收中纳税人、扣缴义务人的权利和义务

(1) 税款征收中纳税人、扣缴义务人的权利

根据《税收征收管理法》的规定，税款征收中纳税人、扣缴义务人具有以下权利：

① 纳税人、扣缴义务人有权向税务机关了解国家税收法律、行政法规的规定，以及与纳税程序有关的情况；

② 有权要求税务机关为纳税人、扣缴义务人的情况保密；

③ 对税务机关所作出的决定，享有陈述权、申辩权；

④ 纳税人因有特殊困难，不能按期缴纳税款的，经省级国家税务局、地方税务局批准，可以延期缴纳税款，但是最长不得超过3个月；

⑤ 纳税人可以依照法律、行政法规的规定，向税务机关书面申请减税、免税；

⑥ 纳税人超过应纳税额缴纳的税款，税务机关发现后应当立即退还；纳税人自结清缴纳税款之日3年内发现的，可以向税务机关要求退还多缴的税款并加算银行同期存款利息，税务机关及时查实后应立即退还；涉及从国库中退库的，依照法律、行政法规有关国库管理的规定退还；

⑦ 税务机关按照规定付给扣缴义务人代扣、代收手续费；

⑧ 当事人对税务机关的处罚决定、强制执行措施或者税收保全措施不服的，可以依法

申请行政复议，也可以依法向人民法院起诉。

小案例

某税务稽查局工作人员张某在对A软件设计有限公司依法进行税务检查时调阅了该公司的纳税资料，发现该公司的核心技术资料正是其朋友李某所在的B电脑网络有限公司所急需的技术资料，于是就将A软件设计有限公司的技术资料复印了一套给李某，张某的这一做法给A软件设计有限公司造成了无可挽回的经济损失。A软件设计有限公司发现此事后，认为税务干部张某的行为侵害了企业的合法权益，决定通过法律途径来维护企业的商业、技术保密权。

请问：纳税人可以请求什么权利？其法律依据是什么？

（2）税款征收中纳税人、扣缴义务人的义务

根据《税收征收管理法》的规定，税款征收中纳税人、扣缴义务人具有以下义务：

① 纳税人、扣缴义务人应如实向税务机关提供与纳税和代扣代缴、代收代缴税款有关的信息，按照税法规定或者税务机关依照税收法规确定的期限，缴纳或解缴税款，并取得完税凭证或代扣代缴凭证；

② 扣缴义务人依照法律、行政法规的规定履行代扣、代收税款的义务；

③ 纳税人、扣缴义务人、纳税担保人同税务机关在纳税上发生争议时，必须先依照税务机关的纳税决定缴纳或者解缴税款及滞纳金，或者提供相应的担保，然后可以依法申请行政复议；对行政复议决定不服的，可以依法向人民法院起诉；

④ 欠缴税款数额较大的纳税人在处分其不动产或者大额资产之前，应当向税务机关报告。

3. 税款征收程序

税款征收程序因征收方式的不同而有所不同。税款一般由纳税人直接向国家金库经收处缴纳。国家金库经收处将收纳的税款，随同缴款书划转至金库后，税款征收完成。

税务机关征收税款时，必须开具完税凭证。完税凭证是税务机关收取税款时的专用凭证和纳税人履行纳税义务的合法证明，其式样由国家税务总局统一制定。完税凭证的种类包括各种完税证、缴款书、印花税票以及其他完税证明。

4. 税款征收的行政措施

税款征收的行政措施是指为保证税款及时足额征收入库所采取的措施，主要包括加收滞纳金、核定应纳税额、税款的补缴与追征、税收保全措施、税收强制执行措施、阻止出境、税款优先执行等。

（1）税收滞纳金

为了保证国家税款的及时入库，法律、法规根据税种的不同特点、纳税人的经营情况、应纳税额的大小规定了不同的纳税期限。纳税人必须按照规定的期限缴纳税款。根据《税收征收管理法》的规定，纳税人未按照规定期限缴纳税款的，扣缴义务人未按照规定期限解缴税款的，税务机关除责令限期缴纳外，从滞纳税款之日起，按日加收滞纳税款0.5‰的滞纳金。加收滞纳金的起止时间为法律、行政法规规定或者税务机关依照法律、行政法规的规定

确定的税款缴纳期限届满次日起至纳税人、扣缴义务人实际缴纳或者解缴税款之日止。经税务机关批准延期缴纳税款的，在批准期限内不加收滞纳金。拒绝缴纳滞纳金的，可以按不履行纳税义务实行强制执行措施，强行划拨或者强制征收。

例如，某公司将应于 2014 年 4 月 10 日缴纳的税款 20 万元拖至 4 月 30 日缴纳。根据《税收征收管理法》的规定，税务机关可以加收滞纳金的金额为 2 000 元（200 000×0.5‰×20）。

(2) 核定应纳税额

① 核定应纳税额的对象

根据《税收征收管理法》的规定，纳税人有下列情形之一的，税务机关有权核定其应纳税额：

A. 依照法律、行政法规的规定可以不设置账簿的；

B. 依照法律、行政法规的规定应当设置但未设置账簿的；

C. 擅自销毁账簿或者拒不提供纳税资料的；

D. 虽设置账簿，但账目混乱或者成本资料、收入凭证、费用凭证残缺不全，难以查账的；

E. 发生纳税义务，未按照规定的期限办理纳税申报，经税务机关责令限期申报，逾期仍不申报的；

F. 纳税人申报的计税依据明显偏低，又无正当理由的；

G. 未按照规定办理税务登记的从事生产、经营的纳税人以及临时经营的纳税人。

② 核定应纳税额的方式

为了减少核定应纳税额的随意性，使核定的税额更接近纳税人的实际情况和法定负担水平，税务机关可以按以下方式进行核定：

A. 参照当地同类行业或者类似行业中，经营规模和收入水平相近的纳税人的收入额和利润率核定；

B. 按照成本加合理费用和利润的方法核定；

C. 按照耗用的原材料、燃料、动力等推算或者测算核定；

D. 按照其他合理的方法核定；

E. 若采用一种方式不足以正确核定应纳税额的，税务机关可以同时采用两种以上的方式核定。

③ 关联企业应纳税额的核定

根据《税收征收管理法》的规定，企业或者外国企业在中国境内设立的从事生产、经营的机构、场所与其关联企业之间的业务往来，应当按照独立企业之间的业务往来收取或者支付价款、费用；不按照独立企业之间的业务往来收取或者支付价款、费用，从而减少其应纳税的收入或者所得额的，税务机关有权进行合理调整。税务机关可以按照下列顺序和方法调整计税收入额或者所得额：

A. 按照独立企业之间进行的相同或者类似业务活动的价格；

B. 按照再销售给无关联关系的第三者的价格所应取得的收入和利润水平；

C. 按照成本加合理的费用和利润；

D. 按照其他合理的方法。

具体核定时，按下列原则进行：

A. 纳税人和关联企业的购销业务，未按照独立企业之间的业务往来作价的，税务机关可以根据税法规定的顺序和确定的方法调整其计税收入额和所得额，核定其应纳税额；

B. 纳税人与关联企业之间融通资金所支付或者收取的利息超过或者低于没有关联关系的企业之间所能同意的数额,或者利率超过或者低于同类业务的正常利率的,主管税务机关可以参照正常利率予以调整;

C. 纳税人和关联企业之间提供劳务,未按照独立企业之间业务往来收取或者支付劳务费用的,主管税务机关可以参照类似劳务活动的正常收费标准予以调整;

D. 纳税人与关联企业之间转让财产、提供财产使用权等业务往来,未按照独立企业之间业务往来作价或者收取、支付费用的,主管税务机关可以参照没有关联关系的企业之间所能同意的数额予以调整。

纳税人与其关联企业未按照独立企业之间的业务往来支付价款、费用的,税务机关自该业务往来发生的纳税年度起3年内进行调整;有特殊情况的,可以自该业务往来发生的纳税年度起10年内进行调整。

记一记: 税款的"多退少补"

情　形	责任界定	处理方式
少缴税款	税务机关责任	税务机关在3年内可以要求纳税人补缴税款,但不得加收滞纳金
	纳税人计算错误	税务机关在3年内可以追征税款、滞纳金;有特殊情况的追征期可以延长到5年,偷税、抗税、骗税的,不受时间限制
多缴税款	税务机关发现	立即退还
	纳税人发现	纳税人自结算缴纳税款之日起3年内发现的,可以向税务机关要求退还多缴的税款并加算银行同期存款利息

这里的"特殊情况",是指纳税人或者扣缴义务人因计算错误等失误,未缴或者少缴、未扣或者少扣、未收或者少收税款,累计数额在10万元以上的。税款的补缴与追征的期限,自纳税人、扣缴义务人应缴未缴或者少缴税款之日起计算。

(3) 税款的补缴与追征

纳税人有合并、分立情形的,应当向税务机关报告,并依法缴清税款。纳税人合并时未缴清税款的,应当由合并后的纳税人继续履行未履行的纳税义务;纳税人分立时未缴清税款的,分立后的纳税人对未履行的纳税义务应当承担连带责任。

欠缴税款的纳税人因怠于行使到期债权,或者放弃到期债权,或者无偿转让财产,或者以明显不合理的低价转让财产而受让人知道该情形,对国家税收造成损害的,税务机关可以依照《合同法》的规定行使代位权、撤销权。

代位权是指因债务人怠于行使其到期债权,对债权人造成损害的,债权人可以向人民法院请求以自己的名义代为行使债务人的债权,但该债权专属于债权人自身的除外。

撤销权是指因债务人放弃到期债权、无偿转让财产或者以明显不合理的低价转让财产(受让人知道该情形的),对债权人造成损害的,债权人可以请求人民法院撤销。

税务机关依照上述规定行使代位权、撤销权的,不免除欠缴税款的纳税人尚未履行的纳税义务和应承担的法律责任。

小案例

某企业财务人员 2010 年 7 月采取虚假的纳税申报手段少缴营业税 5 万元。2013 年 6 月，税务人员在检查中发现了这一问题，要求追征这笔税款。该企业财务人员认为时间已过 3 年，超过了税务机关的追征期，不应再缴纳这笔税款。

请问：企业财务人员的想法对吗？其法律依据是什么？

（4）税收保全措施

税收保全措施是指税务机关对可能由于纳税人的行为或者某种客观原因，致使以后税款的征收不能保证或难以保证的案件，采取限制纳税人处理或转移商品、货物或其他财产的措施。

根据《税收征收管理法》的规定，税务机关有根据认为从事生产、经营的纳税人有逃避纳税义务行为的，可以在规定的纳税期之前，责令其限期缴纳税款；在限期内发现纳税人有明显的转移、隐匿其应纳税的商品、货物以及其他财产迹象的，税务机关应责令其提供纳税担保。如果纳税人不能提供纳税担保，经县以上税务局（分局）局长批准，税务机关可以采取下列税收保全措施：

① 书面通知纳税人开户银行或者其他金融机构冻结纳税人的金额相当于应纳税款的存款；

② 扣押、查封纳税人的价值相当于应纳税款的商品、货物或者其他财产。

纳税担保包括由纳税人提供并经税务机关认可的纳税担保人，以及纳税人所拥有的未设置抵押权的财产，但国家机关不得做纳税担保人。

纳税人在规定的限期内缴纳税款的，税务机关必须立即解除税收保全措施；限期届满仍未缴纳税款的，经县以上税务局（分局）局长批准，税务机关可以书面通知纳税人开户银行或者其他金融机构，从其冻结的存款中扣缴税款，或者依法拍卖或者变卖所扣押、查封的商品、货物或者其他财产，以拍卖或者变卖所得抵缴税款。

个人及其所抚养家属维持生活必需的住房和用品，不在税收保全措施的范围之内。

因税务机关滥用职权违法采取税收保全措施以及采取税收保全措施不当，或者纳税人在期限内已缴纳税款，税务机关未立即解除税收保全措施，使纳税人的合法利益遭受损失的，税务机关应当承担赔偿责任。

（5）税收强制执行措施

税收强制执行措施是指当事人不履行法律、行政法规规定的义务，有关国家机关采用法定的强制手段，强迫当事人履行义务的行为。

根据《税收征收管理法》的规定，从事生产、经营的纳税人、扣缴义务人未按照规定的期限缴纳或者解缴税款，纳税担保人未按照规定的期限缴纳所担保的税款，由税务机关责令限期缴纳，逾期仍未缴纳的，经县以上税务局（分局）局长批准，税务机关可以采取下列强制执行措施：

① 书面通知其开户银行或者其他金融机构从其存款中扣缴税款；

② 扣押、查封、依法拍卖或者变卖其价值相当于应纳税款的商品、货物或者其他财产，以拍卖或者变卖所得抵缴税款。

税务机关采取强制执行措施时，对相应所列纳税人、扣缴义务人、纳税担保人未缴纳的滞纳金同时强制执行。纳税人、扣缴义务人和其他当事人因偷税或少缴的税款或者骗取的出口退税款，税务部门除可以无限期追征外，并可以采取税收强制执行措施。

税务机关将扣押、查封的商品、货物或者其他财产变价抵缴税款时,应当交由依法成立的拍卖机构拍卖;无法委托拍卖或者不适于拍卖的,可以交由当地商业企业代为销售,也可以责令纳税人限期处理;无法委托商业企业销售,纳税人也无法处理的,可以由税务机关变价处理,具体办法由国家税务总局规定。国家禁止自由买卖的商品,应当交由有关单位按照国家规定的价格收购。

对未按照规定办理税务登记的从事生产、经营的纳税人以及临时从事生产、经营的纳税人,由税务机关核定其应纳税额,责令缴纳;不缴纳的,税务机关可以扣押其价值相当于应纳税款的商品、货物。扣押后缴纳应纳税款的,税务机关必须立即解除扣押,并归还所扣押的商品、货物;扣押后仍不缴纳应纳税款的,经县以上税务局(分局)局长批准,依法拍卖或者变卖所扣押的商品、货物,以拍卖或者变卖所得抵缴税款。

强制执行措施必须由法定的税务机关行使,不得由其他单位和个人行使。税务机关行使强制执行措施必须依照法定权限和法定程序,不得查封、扣押纳税人个人及其所抚养家属维持生活必需的住房和用品。因税务机关滥用职权违法采取税收强制执行措施以及采取税收强制执行措施不当,或者纳税人在期限内已缴纳税款,税务机关未立即解除税收强制执行措施,使纳税人的合法利益遭受损失的,税务机关应当承担赔偿责任。

问题解答 如何区分税收保全措施和税收强制执行措施?

答:税收保全措施是指税务机关在"纳税期限届满之前"发现纳税人有可能逃避纳税时采取的"预防性措施"(如冻结存款账户、查封商品)。

税收强制执行措施是指纳税人在"纳税期限届满之后"不缴税,经税务机关责令限期缴纳仍不缴纳,税务机关采取的"断然措施"(如直接从其存款中扣缴税款、拍卖其商品以抵缴税款)。

(6) 阻止出境

根据《税收征收管理法》的规定,欠缴税款的纳税人或者其法定代表人需要出境的,应当在出境前向税务机关结清应纳税款、滞纳金或者提供担保。未结清税款、滞纳金,又不提供担保的,税务机关可以通知出境管理机关阻止其出境。阻止出境的范围适用于未结清税款、滞纳金,又不提供纳税担保的纳税人或者法定代表人。

小案例

某集体工业企业主营机器配件加工业务,由于经营不善,在停止其主营业务时把所承租的楼房转租给某企业经营,将收取的租金收入挂在"往来科目",未结转收入及申报缴纳有关税费。该县地税局在日常检查时,发现了其偷税行为并依法作出补税、加收滞纳金和处以罚款的决定。对此,该企业未提出异议,却始终不缴纳税款、滞纳金和罚款。

该县地税局在多次催缴无效的情况下，一方面依法向人民法院申请对其罚款采取强制执行措施；另一方面将此案移送公安局进一步立案侦查，追究该企业的法律责任。地税局在与公安局配合调查期间，得知该企业的法定代表人李某已办理好出国、出境证件，有出国（境）的迹象。

请问：该企业在缴清税款、滞纳金或提供纳税担保前，李某可以出境吗？

(7) 税款优先执行

《税收征收管理法》规定了税收优先权，主要内容有以下三个方面。

① 税务机关征收税款，税收优先于无担保债权，法律另有规定的除外。

② 纳税人欠缴的税款发生在纳税人以其财产设定抵押、质押或者纳税人的财产被留置之前的，税收应当先于抵押权、质权、留置权执行。

③ 纳税人欠缴税款，同时又被行政机关决定处以罚款、没收违法所得的，税收优先于罚款、没收违法所得。

问题解答　**如何理解“纳税人欠缴的税款发生在纳税人以其财产设定抵押、质押或者纳税人的财产被留置之前的，税收优先于抵押权、质押权、留置权”？**

答：(1) 纳税人先欠税，后抵押的，税收优先；(2) 纳税人先抵押，后欠税的，抵押优先。

税法视野

税收优先权问题

《税收征收管理法》第 45 条规定了税收优先权三个方面的内容：一是税收优先于无担保债权；二是纳税人欠缴的税款发生在纳税人以其财产设定抵押、质押或者执行以前的，优先于该担保债权；三是税收优先于罚款、没收违法所得。这对于实际工作中税款“执行难”问题的解决确有帮助，但仍难以从根本上解决问题。

一般优先权，在日本等国家民法上将其称为一般先取特权，指的是由法律直接规定的特定种类的债权人，就债务全部财产的价值优先受偿的权利。《税收征收管理法》规定的税收优先权虽有优先清偿效力，但这种优先仅仅是在某些方面的优先，税款的受偿仍落后于享有物权担保的债权，并且，由于我国破产实践中零破产现象的大量存在，税款的优先受偿往往得不到实现。

从某种意义上讲，这正是担保物权对特殊债权排挤的结果。可以预见，随着社会主义市场经济的进一步发展，这种担保物权排挤特种债权的现象将会更为普遍。再加上债务人为了达到逃避缴纳税款的目的，往往在其财产上恶意设立担保债权，这就使得国家税款更难以得到有效保护。

另外,《税收征收管理法》规定了税收的一般优先权制度,并不等于就承认税收权力和私法债权在性质上的同一性,也就是说,税仍不是债。首先,税与债的性质不同。税收是国家凭借政治权力参与国民收入再分配的一种经济手段,具有强制性、无偿性和固定性的特征;而债是特定当事人之间请求特定行为的民事法律关系,具有自愿性、有偿性和对等性的特征。

其次,特定种类的债应区别看待。大陆法系各国规定的一般优先权主要有司法费用一般优先权、劳动(雇工)工资一般优先权、社会保险费一般优先权以及税收一般优先权等。严格地讲,司法费用一般优先权及税收一般优先权与劳动(雇工)工资一般优先权是不同性质的;如果说劳动(雇工)工资一般优先权因涉及的是平等主体之间民事法律关系还称之为债的优先权的话,税收一般优先权、司法费用一般优先权则因涉及国家政治权力的参与和保障而不能称之为债的优先权。

最后,税务机关与债权人的法律地位不同。

(1) 在税收法律关系中,代表国家行使税收征管权的税务机关和纳税人之间的主体地位是不平等的,形成管理与被管理关系;而在民事法律关系中,债权人与债务人之间的主体地位平等。

(2) 税务机关不拥有对税收的所有权、分配权、处分权,也无权放弃欠税的清偿权,税收收入不属于税务机关,而是国家财政收入的组成部分,其所有权和支配权在国家;而债则不同,债权人拥有并行使全部权利。税不是债,甚至不是特定的债。

认识了税和债的区别就会发现,税收优先权理应高于有担保债权的优先权。遗憾的是,在《税收征收管理法》中及现行破产法律制度中,税务机关的法律地位并未高于债权人,这不利于对国家税款的有效保护。

(8) 其他有关税款征收的规定

① 延期缴纳税款制度

纳税人和扣缴义务人必须在税法规定的期限内缴纳、解缴税款。纳税人因有特殊困难,不能按期缴纳税款的,经省、自治区、直辖市国家税务局、地方税务局批准,可以延期缴纳税款,但最长不得超过3个月,同一笔税款不得滚动审批。

纳税人需要延期缴纳税款的,应当在缴纳税款期限届满前提出申请,并报送有关材料:申请延期缴纳税款报告;当期货币资金余额情况及所有银行存款账户的对账单;资产负债表;应付职工工资和社会保险费等税务机关要求提供的支出预算。税务机关应当自收到申请延期缴纳税款报告之日起20日内作出批准或者不予批准的决定,批准延期内免予加收滞纳金;不予批准的,从缴纳税款期限届满之次日起加收滞纳金。

② 减免税收制度

减免税必须有法律、行政法规的明确规定(具体规定在税收实体法中体现)。地方各级人民政府、各级人民政府主管部门、单位和个人违反法律、行政法规规定,擅自作出的减税、免税决定无效,税务机关不得执行,并向上级税务机关报告。纳税人申请减免税,应向主管税务机关提出书面申请,并按规定附送有关资料。减免税的申请须经法律、行政法规规定的减税、免税审查批准机关审批。纳税人在享受减免税待遇期间,仍应按规定办理纳税申报。减税、免税期满,纳税人应当自期满次日起恢复纳税。

11.1.5 税务检查

1. 税务检查的概念

税务检查又称纳税检查，是指税务机关根据税收法律、法规的规定，对纳税人、扣缴义务人履行纳税义务和扣缴义务的情况进行审查监督的活动。通过税务检查，能够了解税法执行情况，发现有无违反财经纪律和财务会计制度以及隐瞒收入、偷税漏税、骗取出口退税等问题；通过税务检查，有利于严肃税收法纪，纠正错漏，保证税收收入。

2. 税务检查的范围

税务机关有权进行下列税务检查。

(1) 检查纳税人的账簿、记账凭证、报表和有关资料，检查扣缴义务人代扣代缴、代收代缴税款账簿、记账凭证和有关资料。

(2) 到纳税人的生产、经营场所和货物存放地检查纳税人应纳税的商品、货物或者其他财产，检查扣缴义务人与代扣代缴、代收代缴税款有关的经营情况。

(3) 责成纳税人、扣缴义务人提供与纳税或者代扣代缴、代收代缴税款有关的文件、证明材料和有关资料。

(4) 询问纳税人、扣缴义务人与纳税或者代扣代缴、代收代缴税款有关的问题和情况。

(5) 到车站、码头、机场、邮政企业及其分支机构检查纳税人托运、邮寄应纳税商品、货物或者其他财产的有关单据、凭证和有关资料。

(6) 经县以上税务局(分局)局长批准，凭全国统一格式的检查存款账户许可证明，查询从事生产、经营的纳税人、扣缴义务人在银行或者其他金融机构的存款账户。税务机关在调查税收违法案件时，经设区的市、自治州以上税务局(分局)局长批准，可以查询案件涉嫌人员的储蓄存款。税务机关查询所获得的资料，不得用于税收以外的用途。

3. 税务机关在税务检查中的权力

税务机关对从事生产、经营的纳税人以前纳税期的纳税情况依法进行税务检查时，发现纳税人有逃避纳税义务行为，并有明显的转移、隐匿其应纳税的商品、货物以及其他财产或者应纳税的收入的迹象的，可以按照《税收征收管理法》规定的批准权限采取税收保全措施或者强制执行措施。

税务机关依法进行税务检查时，有权向有关单位和个人调查纳税人、扣缴义务人和其他当事人与纳税或者代扣代缴、代收代缴税款有关的情况，有关单位和个人有义务向税务机关如实提供有关资料及证明材料。

税务机关调查税务违法案件时，对与案件有关的情况和资料，可以记录、录音、录像、照相和复制。

小案例

2014 年 6 月 23 日，某地方税务局接到群众电话举报：某私营企业已中途终止与某公司的《承包协议》，银行账号也已注销，准备于近日转移他县。该局立即派员对该企业进行了调查，核准了上述事实，于是检查人员对该企业当月已实现的应纳税额 5 263.13元，作出责令其提前到 6 月 25 日前缴纳的决定。

请问：该地方税务局提前征收税款的行为是否合法？为什么？

4. 纳税人、扣缴义务人在税务检查中的权利和义务

(1) 纳税人、扣缴义务人及其他当事人对未出示《税务检查证》和《税务检查通知书》的有权拒绝检查。

(2) 纳税人、扣缴义务人必须接受税务机关依法进行的税务检查,如实反映情况,提供有关资料,不得拒绝、隐瞒。

5. 税务稽查工作程序

(1) 根据《税收征收管理法》和国家税务总局《税务稽查工作规程》的规定,实施稽查前应当向纳税人发出《税务检查通知书》,告知其检查时间、需要准备的资料、情况等。

(2) 稽查人员实施税务稽查时应当2人以上,并向被查对象出示《税务检查证》和《税务检查通知书》。未出示《税务检查证》和《税务检查通知书》的,被查对象有权拒绝其检查。

(3) 税务机关在税务检查的过程中可以采取包括实地检查、调账检查等在内的多种方法,同时,在《税收征收管理法实施细则》中也明确了各种检查方法的实施程序。例如,调账检查,调取被查对象的账簿凭证及有关资料时,检查人员应向被查对象送达《调取账簿资料通知书》,并根据所调取的资料填列《调取账簿资料清单》;在调取和退还资料时,被查对象应核对后签名。检查人员调取以前年度的会计资料,应在3个月内完整归还;有特殊情况调取当年的会计资料,应在30日内归还。

(4) 检查结束后,检查人员应就检查发现的问题与被查对象交换意见,核对有关的数据。根据《行政处罚法》的规定,在给予被查对象处罚之前,税务机关应履行告知程序,向被查对象送达《税务行政处罚事项告知书》,告知被查对象已经查明的违法事实、行政处罚的法律依据和拟将给予的行政处罚,并告知被查对象依法享有陈述、申辩的权利,有要求举行听证的权利等。

(5) 税务文书一经送达被查对象,即发生法律效力。

(6) 对涉嫌构成犯罪的涉税案件,将移送司法机关处理。

11.2 税收法律责任

法律责任是违法主体因其违法行为所应承担的法律后果。在税收法律关系中,违法主体主要承担行政责任和刑事责任。行政责任是由税务机关对税收违法行为所追究的法律责任,刑事责任是由国家司法机关对触犯刑律的税收违法行为所追究的法律责任。在税收法律关系中,按照法律责任的主体分为纳税主体的法律责任和征税主体的法律责任。在《税收征收管理法》《中华人民共和国刑法》(以下简称《刑法》)及相关法律、行政法规对违反税收法律制度的违法行为应当承担的法律责任作了相应的规定。

11.2.1 违反税收管理行为的法律责任

1. 违反税务管理基本规定行为的处罚

(1) 纳税人有下列行为之一的,由税务机关责令限期改正,可以处2 000元以下的罚款;情节严重的处2 000元以上1万元以下的罚款。

① 未按照规定的期限申报办理税务登记、变更或者注销登记的。

② 未按照规定设置、保管账簿或者保管记账凭证和有关资料的。

③ 未按照规定将财务、会计制度或者财务、会计处理办法和会计核算软件报送税务机

关备查的。

④ 未按照规定将其全部银行账号向税务机关报告的。

⑤ 未按照规定安装、使用税控装置，或者损毁或擅自改动税控装置的。

⑥ 纳税人未按照规定办理税务登记证件验证或者换证手续的。

(2) 纳税人不办理税务登记的，由税务机关责令限期改正；逾期不改正的，由工商行政管理机关吊销其营业执照。

(3) 纳税人未按照规定使用税务登记证件，或者转借、涂改、损毁、买卖、伪造税务登记证件的，处 2 000 元以上 1 万元以下的罚款；情节严重的，处 1 万元以上 5 万元以下的罚款。

小案例

某税务所 2013 年 6 月 12 日接到群众举报，辖区内为民服装厂（系个体）开业近两个月尚未办理税务登记。6 月 14 日，该税务所对为民服装厂进行税务检查。经查，该服装厂 2013 年 4 月 24 日办理工商营业执照，4 月 26 日正式投产，没有办理税务登记。根据检查情况，税务所于 6 月 16 日作出责令为民服装厂于 6 月 23 日前办理税务登记并处以 500 元罚款的决定。

请问：该税务所的处罚是否合法？

2. 扣缴义务人违反账簿、凭证管理的法律责任

扣缴义务人未按照规定设置、保管代扣代缴、代收代缴税款账簿或者保管代扣代缴、代收代缴税款记账凭证及有关资料的，由税务机关责令限期改正，可以处 2 000 元以下的罚款；情节严重的，处 2 000 元以上 5 000 元以下的罚款。

3. 违反纳税申报规定行为的法律责任

纳税申报是依法纳税的重要环节，通过纳税申报，税务机关可以了解纳税人的有关收支活动，有效控制税款的征收。根据《税收征收管理法》的规定，纳税人未按照规定的期限办理纳税申报和报送纳税资料的，或者扣缴义务人未按照规定的期限向税务机关报送代扣代缴、代收代缴税款报告表和有关资料的，由税务机关责令限期改正，可以处 2 000 元以下的罚款；情节严重的，可以处 2 000 元以上 1 万元以下的罚款。

4. 拒绝税务机关检查的法律责任

税务机关依法进行税务检查时，有权向有关单位和个人调查纳税人、扣缴义务人和其他当事人与纳税或者代扣代缴、代收代缴税款有关的情况。根据《税收征收管理法》的规定，纳税人、扣缴义务人逃避、拒绝或者以其他方式阻挠税务机关检查的，由税务机关责令改正，可以处 1 万元以下的罚款；情节严重的，处 1 万元以上或者 5 万元以下的罚款。

5. 拒不接受税务机关处理的法律责任

从事生产、经营的纳税人、扣缴义务人有《税收征收管理法》规定的税收违法行为，拒不接受税务机关处理的，税务机关可以收缴其发票或者停止向其发售发票。

11.2.2　偷税行为的法律责任

根据《税收征收管理法》的规定，纳税人伪造、变造、隐匿、擅自销毁账簿、记账凭证，或者

在账簿上多列支出或者不列、少列收入,或者经税务机关通知申报而拒不申报或者进行虚假的纳税申报,不缴或者少缴应纳税款的,是偷税。

对纳税人偷税的,由税务机关追缴其不缴或者少缴的税款、滞纳金,并处不缴或者少缴的税款50%以上5倍以下的罚款;构成犯罪的,依法追究刑事责任。

扣缴义务人采取上述所列手段,不缴或者少缴已扣、已收税款,由税务机关追缴其不缴或者少缴的税款、滞纳金,并处不缴或者少缴的税款50%以上5倍以下的罚款;构成犯罪的,依法追究刑事责任。

根据《刑法》的规定,纳税人采取伪造、变造、隐匿、擅自销毁账簿、记账凭证,在账簿上多列支出或者不列、少列收入,经税务机关通知申报而拒不申报或者进行虚假的纳税申报的手段,不缴或者少缴应纳税款,偷税数额占应纳税额的10%以上不满30%并且偷税数额在1万元以上不满10万元的,或者因偷税被税务机关给予2次行政处罚又偷税的,处3年以下有期徒刑或者拘役,并处偷税数额1倍以上5倍以下罚金;偷税数额占应纳税额的30%以上并且偷税数额在10万元以上的,处3年以上7年以下有期徒刑,并处偷税数额1倍以上5倍以下罚金。

扣缴义务人采取上述所列手段,不缴或者少缴已扣、已收税款,数额占应缴税额的10%以上并且数额在1万元以上的,依照上述的规定处罚。

想一想: 某酒店2013年5月实际应纳营业税50万元,由于资金周转困难,该单位决定向主管地税机关申报缴纳30万元税款。同年10月,税务部门在检查中发现了此问题。请问:该酒店的行为属于什么行为?应当承担哪些责任?

对多次犯有偷税行为未经处理的,按照累计数额计算。单位犯偷税罪的,对单位判处罚金,并对其直接负责的主管人员和其他直接责任人员,依照偷税罪处罚。

11.2.3 逃避追缴欠税行为的法律责任

根据《税收征收管理法》的规定,纳税人欠缴应纳税款,采取转移或者隐匿财产的手段,妨碍税务机关追缴欠缴的税款的,由税务机关追缴欠缴的税款、滞纳金,并处欠缴税款50%以上5倍以下的罚款;构成犯罪的,税务机关应当依法移送司法机关追究刑事责任。

根据《刑法》的规定,纳税人欠缴应纳税款,采取转移或者隐匿财产的手段,致使税务机关无法追缴欠缴的税款,数额在1万元以上不满10万元的,处3年以下有期徒刑或者拘役,并处或者单处欠缴税款1倍以上5倍以下罚金;数额在10万元以上的,处3年以上7年以下有期徒刑,并处欠缴税款1倍以上5倍以下罚金。单位犯本罪的,对单位判处罚金,并对其直接负责的主管人员和其他直接责任人员依照上述规定处罚。

11.2.4 骗取出口退税的法律责任

根据《税收征收管理法》的规定,以假报出口或者其他欺骗手段,骗取国家出口退税款的,由税务机关追缴其骗取的退税款,并处骗取税款1倍以上5倍以下的罚款;构成犯罪的,依法追究刑事责任。

根据《刑法》的规定,假报出口或者其他欺骗手段,骗取国家出口退税款,数额较大的,处5年以下有期徒刑或者拘役,并处骗取税款1倍以上5倍以下罚金;数额巨大或者有其他严重情节的，处 5 年以上 10 年以下有期徒刑，并处骗取税款 1 倍以上 5 倍以下罚金；数额特别巨大或者有其他特别严重情节的，处 10 年以上有期徒刑或者无期徒刑，并处骗取税款 1 倍以上 5 倍以下罚金或者没收财产。

纳税人缴纳税款后，采取上述欺骗方法，骗取所缴纳的税款的，依照《刑法》对偷税罪的规定来处罚；对骗取数额超过所缴纳的税款部分，依照本罪的规定处罚。

单位犯有本罪的，对单位判处罚金，并对其直接负责的主管人员和其他直接责任人员依照上述规定处罚。

对骗取国家出口退税款的，税务机关可以在规定期间内停止为其办理出口退税。

11.2.5 抗税行为的法律责任

根据《税收征收管理法》的规定，以暴力、威胁方法拒不缴纳税款的，是抗税，除由税务机关追缴其拒缴的税款、滞纳金外，依法追究刑事责任。情节轻微，未构成犯罪的，由税务机关追缴其拒缴的税款、滞纳金，并处拒缴税款 1 倍以上 5 倍以下的罚款。

根据《刑法》的规定，对抗税罪处 3 年以下有期徒刑或者拘役，并处拒缴税款 1 倍以上 5 倍以下罚金；情节严重的，处 3 年以上 7 年以下有期徒刑，并处拒缴税款 1 倍以上 5 倍以下罚金。以暴力方法抗税，致人重伤或者死亡，构成伤害罪或杀人罪，依法律规定，应择一重罪处罚。

11.2.6 拖欠税款行为的法律责任

根据《税收征收管理法》的规定，纳税人、扣缴义务人在规定期限内不缴或者少缴应纳或者应解缴的税款，经税务机关责任限期缴纳，逾期仍未缴纳的，税务机关除依照《税收征收管理法》的规定，采取强制执行措施追缴其不缴或者少缴的税款外，可以处不缴或者少缴的税款 50%以上 5 倍以下的罚款。

11.2.7 不进行纳税申报行为的法律责任

根据《税收征收管理法》的规定，纳税人不进行纳税申报，不缴或者少缴应纳税款的，由税务机关追缴其不缴或者少缴的税款、滞纳金，并处不缴或者少缴的税款 50%以上 5 倍以下的罚款。纳税人、扣缴义务人编造虚假计税依据的，由税务机关责令限期改正，并处 5 万元以下的罚款。

11.2.8 扣缴义务人不履行扣缴义务的法律责任

根据《税收征收管理法》的规定，扣缴义务人应扣未扣、应收而不收税款的，由税务机关向纳税人追缴税款，对扣缴义务人处应扣未扣、应收未收税款 50%以上 3 倍以下的罚款。

11.2.9 虚开增值税专用发票或者虚开用于骗取出口退税、抵扣税款的其他发票行为的法律责任

有为他人虚开、为自己虚开、让他人为自己虚开、介绍他人虚开上述专用发票行为之一的，即构成虚开增值税专用发票或者虚开用于骗取出口退税、抵扣税款的其他发票罪。

虚开增值税专用发票是一种严重地违反税法的犯罪行为，不仅影响国家的财政收入，而且扰乱了市场经济秩序，妨碍公司、企业公平竞争，因此，必须予以严厉打击。根据《刑法》的

规定,虚开增值税专用发票或者虚开用于骗取出口退税、抵扣税款的其他发票的,处 3 年以下有期徒刑或者拘役,并处 2 万元以上 20 万元以下罚金;虚开的税款数额较大或者有其他严重情节的,处 3 年以上 10 年以下有期徒刑,并处 5 万元以上 50 万元以下罚金;虚开的税款数额巨大或者有其他特别严重情节的,处 10 年以上有期徒刑或者无期徒刑,并处 5 万元以上 50 万元以下罚金或者没收财产。

单位犯上述规定之罪的,对单位判处罚金,并对其直接负责的主管人员和其他直接责任人员;处 3 年以下有期徒刑或者拘役;虚开的税款数额较大或者有其他严重情节的,处 3 年以上 10 年以下有期徒刑;虚开的税款数额巨大或者有其他特别严重情节的,处 10 年以上有期徒刑或者无期徒刑。

11.2.10 非法出售增值税专用发票行为的法律责任

出售增值税专用发票罪是指违反国家发票管理规范,非法出售增值税专用发票的行为。

非法出售增值税专用发票的,处 3 年以下有期徒刑、拘役或者管制,并处 2 万元以上 20 万元以下罚金;数量较大的,处 3 年以上 10 年以下有期徒刑,并处 5 万元以上 50 万元以下罚金;数量巨大的,处 10 年以上有期徒刑或者无期徒刑,并处 5 万元以上 50 万元以下罚金或者没收财产。

11.2.11 开户银行及其他金融机构不履行税收法规规定职责的法律责任

纳税人、扣缴义务人的开户银行或者其他金融机构拒绝接受税务机关依法检查纳税人、扣缴义务人存款账户,或者拒绝执行税务机关作出的冻结存款或者扣缴税款的决定,或者在接到税务机关的书面通知后帮助纳税人、扣缴义务人转移存款,造成税款流失的,由税务机关处 10 万元以上 50 万元以下的罚款,对直接负责的主管人员和其他直接责任人员处 1 000 元以上 1 万元以下的罚款。

小案例

某从事商品销售的个体户自 2013 年起在 B 县某服装市场经营服装,2013 年 4 月该市场拆迁。该个体户自 2013 年 5 月 1 日起搬至自己的家中继续从事经营。同年 7 月中旬该县国税局在税务登记验证工作中发现其未办理税务登记变更手续,并少缴税款 6 000 元。国税局遂责令其于 7 月 25 日前到国税局办理税务登记变更手续,并缴纳未缴的税款 6 000 元及相应的滞纳金 500 元。

该个体户到期未申请办理变更手续,也未缴纳税款及滞纳金。7 月 26 日该局再次发出限期改正通知书及限期纳税通知书,限 7 月 30 日前缴纳税款。该个体户逾期仍未履行。7 月 31 日,经县国税局局长批准,该局书面通知开户银行冻结其相当于应纳税及滞纳金的存款,并对该个体户处以 3 200 元的罚款。银行在接到通知后,拒绝执行税务机关作出的冻结税款决定。

请问:(1) 对该个体户的处罚是否有法律依据;(2) 国税局在执法的过程中是否有违法行为;(3) 开户银行应承担什么法律责任?

11.2.12 税务人员及其税务机关违反税法行为的法律责任

1. 税务机关及相关人员违反税法行为的法律责任

(1) 税务机关违反法律、行政法规的规定提前征收、延缓征收或者摊派税款的，由其上级机关或者行政监察机关责令改正，对直接负责的主管人员和其他直接责任人员依法给予行政处分。

(2) 税务人员违反法律、行政法规的规定，擅自作出税收的开征、停征或者减税、免税、退税、补税以及其他同税收法律、行政法规相抵触的决定的，除依照《税收征收管理法》规定撤销其擅自作出的决定外，补征应征未征税款，退还不用征收而征收的税款，并由上级机关追究直接负责的主管人员和其他直接责任人员的行政责任；构成犯罪的，依法追究刑事责任。

2. 税务人员违反税法行为的法律责任

(1) 税务人员违反规定擅自改变税收征收管理范围和税款入库预算级次的，责令限期改正，对直接负责的主管人员和其他直接责任人员依法给予降级或者撤职的行政处分。

(2) 税务人员徇私舞弊，对依法应当移送司法机关追究刑事责任的不移送，情节严重的，依法追究刑事责任。

(3) 税务人员与纳税人、扣缴义务人勾结，唆使或者协助纳税人、扣缴义务人有违反《税收征收管理法》规定的行为，构成犯罪的，按照《刑法》关于共同犯罪的规定处罚；尚不构成犯罪的，依法给予行政处分。

(4) 税务人员私分扣押、查封的商品、货物或者其他财产，情节严重，构成犯罪的，依法追究刑事责任；尚不构成犯罪的，依法给予行政处分。

(5) 税务人员利用职务上的便利，收受或者索取纳税人、扣缴义务人财物或者谋取其他不正当利益，构成犯罪的，依法追究刑事责任；尚不构成犯罪的，依法给予行政处分。

(6) 税务人员徇私舞弊或者玩忽职守，不征收或者少征应征税款，致使国家税收遭受重大损失，构成犯罪的，依法追究刑事责任；尚不构成犯罪的，依法给予行政处分。

税务机关的工作人员徇私舞弊，不征或者少征应征税款，致使国家税收遭受重大损失的，处5年以下有期徒刑或者拘役；造成特别重大损失的，处5年以上有期徒刑。

税务机关的工作人员违反法律、行政法规的规定，在办理发售发票、抵扣税款、出口退税工作中，徇私舞弊，致使国家利益遭受重大损失的，处5年以下有期徒刑或者拘役；致使国家利益遭受特别重大损失的，处5年以上有期徒刑。

(7) 税务人员滥用职权，故意刁难纳税人、扣缴义务人的，调离税收工作岗位，并依法给予行政处分。税务人员对控告、检举税收违法违纪行为的纳税人、扣缴义务人以及其他检举人进行打击报复，依法给予行政处分；构成犯罪的，依法追究刑事责任。

11.2.13 违反税务代理的法律责任

税务代理人违反税收法律、行政法规，造成纳税人未缴或者少缴税款的，除由纳税人缴纳或者补缴应纳税款、滞纳金外，对税务代理人处纳税人未缴或者少缴税款50%以上3倍以下的罚款。

课外阅读

《税收征收管理法》及实施细则存在的问题(节选)[①]

一、《税收征收管理法》尚未解决的一些税收征管老问题

1. 税收法律体系不够完善

从税法体系上看,新《税收征收管理法》及其实施细则承担的法律职能与其实际地位不相匹配。新《税收征收管理法》及其实施细则既承担了程序法的功能,又有实体法的功能。因此,我们建议对现行《税收征收管理法》的实体部分、体制部分等内容作适当删减,在税收管理程序方面尽量规定明确,不留盲区;同时加快制定出台税收基本法及其他单行税收法律,使税收基本法、税收实体法、税收程序法各司其职,各尽其责。

2. 税收执法刚性不强

新《税收征收管理法》及其实施细则部分强制性条款刚性不强,赋予权力不够,税务部门执法手段较为软弱。从目前情况看,税务部门对违法行为除加收滞纳金、罚款外,只能提请司法部门行使刑事查处权,工商部门行使吊销营业执照权,金融部门行使扣款权、冻结存款权等。因此,我们建议建立独立的税收司法保障体系,赋予税务稽查一定的侦查权;必要时可借鉴国外的经验,建立一支懂税法、精财会的税务警察队伍,可对特定对象搜查住所、限制人身自由,使税务执法有坚强的后盾,从组织上保证对违法行为有足够的震慑力。

3. 税收征管资料档案制度尚不健全

新法规定了纳税人对相关的纳税资料如会计账簿、凭证等应该妥善保管,但对税务机关征收管理资料如税务登记资料、票证管理资料、纳税人的申报及相应的税款征收资料、税务稽查资料、税务行政复议及行政诉讼资料、税收计会统资料等如何保管没有进行相应规范,也没有相应的管理制度。因此,我们建议新《税收征收管理法》明确规定:税务机关要根据实际情况建立规范的征管资料管理制度,做到有据可查。

4. 关于税收保全、强制执行的适用范围问题

《税收征收管理法》第 37 条、第 38 条、第 40 条规定,只能对从事生产、经营的纳税人采取税收保全、强制执行措施。对非从事生产、经营的纳税人取得应税收入但未按规定缴纳的税款,如何采取税收保全、强制执行措施却没有作出任何规定。随着知识经济、信息经济的迅猛发展,凭借专利权、著作权等知识产权获得高收入及高工薪的人会越来越多,对这类纳税人的收入如果不能采取有效的管理措施和强制措施,税收收入将大量流失,税法的公平性也无从体现。

二、需要由《税收征收管理法》予以规范调整的新问题

1. 电子商务涉税问题

随着信息化技术的不断提高,我国在日常生活中出现了大量的网上交易行为,国际上通行说法是“电子商务”。当然,目前征税的国家并不多,大多数国家和地区尚处

---

① http://www.chinaacc.com/tougao/article/2007/8/943692299l870022736.html。

于对电子商务征税准备阶段。但对发展中国家特别是我国来说，由于基本上是电子商务的净输入国，加之国内市场广阔，对电子商务征税并强化控管显得更加迫切，否则将流失大量税收。因此，我们建议修改完善有关税收法律法规及规章制度，逐步实现电子商务与电子税务一体化，对《税收征收管理法》和税收实体法涉及的内容作修改和完善，健全电子商务税务管理，以适应对电子商务征税的需要。

2. 关于工商登记与税务登记衔接问题

《税收征收管理法》第 15 条第 2 款规定："工商行政管理机关应办理登记注册、核发营业执照的情况，定期向税务机关通报。"但这些规定在实际工作中很难办到，例如，目前工商行政管理部门与税务机关在管理范围的划分方面存在着标准不一致的问题。根据《税收征收管理法实施细则》第 12 条的规定，纳税人应向生产经营地或纳税义务发生地税务机关办理税务登记。实际上纳税人虽然大多数是在其所在的县(区)工商局领取营业执照，但仍有相当一部分纳税人是在省、市工商局办理的工商登记。这就给双方之间的信息沟通、情况通报带来了诸多不便，也给税务机关通过工商登记监控税源带来了一定的困难。另外，由于工商部门与税务部门是不同的管理部门，它们也有严格的内部管理制度，因此在实践中"工商行政管理机关应办理登记注册、核发营业执照的情况，定期向税务机关通报"很难到位。

3. 纳税评估的法律地位依据不足问题

尽管目前国家税务总局，省、市、县局都制定了《纳税评估管理办法》，但《税收征收管理法》及其实施细则，均无有关纳税评估具体问题的处理规定，没有直接赋予纳税评估的法律地位，使得纳税评估的整个工作过程始终处于执法的法律边缘，使其相应职责、手段、方法等也都徘徊于管理与稽查之间，具体操作很难有个准确尺度。对纳税人自行查补申报税款，纳税评估对此可以不予处罚，但《税收征收管理法》规定申报不实属偷税行为，纳税评估中关于补税的法律法规依据不足，评估结果处理缺少法律依据，刚性不足。因此，我们建议将纳税评估的法律地位提高，以法的形式加以规范，完善评估内容，规范评估程序，明确评估时限，统一评估文书，让评估工作有法可依、有章可循，增强纳税评估的法律效力和可操作性。

4. 关于县级税务局的下设分局的处罚权问题

《税收征收管理法》第 14 条和《税收征收管理法实施细则》第 9 条的规定：税务机关是指各级税务局、税务分局、税务所和省以下税务局的稽查局。自 2001 年新修改的《税收征收管理法》实施以来，各地应征管改革的需要，对以乡镇为单位设立税务所的体制进行了改革，按一定的地域范围设立了分局，从而分局成为基层税务机关进行税收征管工作的主体。那么，县级税务局的下设分局是否作为税务所的替代，同样具有行政处罚权？这个问题一直困扰着基层税务机关，建议《税收征收管理法》对税务机构的名称进行明确。

5. 县级税务局稽查局税务行政处罚决定权的问题

目前，税务机关内部对县级税务局稽查局税务行政处罚决定权存在争议。一种观点认为，《税收征收管理法实施细则》第 9 条明确了稽查局的执法主体资格，具有行政处罚权，且不受任何限制；另一种观点认为，稽查局虽有执法主体资格，具有行政处罚权,但受罚款数额限制,即《税收征收管理法》第74条规定,税务所只有2 000元以下(含本数)的行政处罚决定权。建议在《税收征收管理法》中对稽查局的处罚权作出明确规定。

6. 关于追征期问题

《税收征收管理法》对以下情形的追征期未作规定:一是因税务机关和纳税人双方的共同责任,致使纳税人未缴或少缴税款的;二是因第三方的责任,造成纳税人不缴或少缴税款的。如纳税人采用电子缴税的,因银行扣款不及时或错误扣款造成未缴或少缴税款的;再如因网络、计算机或其他储存媒介的运行失常,导致未缴或少缴税款的。因此,我们建议新《税收征收管理法》应当对税款追征期加以完善:除偷税、抗税和骗税行为外,对于其他未缴或少缴税款的追征行为都应明确追征期;对于征纳双方都有责任或第三方责任导致未缴或少缴税款的,除明确追征期外。可借鉴民法上关于过错责任的分担,对滞纳金的加收作出区别规定。

7. 关于发票管理问题

《税收征收管理法》第21条第2款规定,"单位、个人在购销商品,提供或接受经营服务以及从事其他经营活动中,应当按照规定开具、使用、取得发票。"发票的管理机关是税务机关,以票管税已成为实施税收管理的重要措施。从现实情况看,部分发票并没有完全归属税务机关管理,且纳税人千差万别,仅靠几个税务人员管好逐笔开票是远远不够的,不仅需要征纳双方自觉遵守税法的规定,同时,需要全社会参与监督,作为税收征管的基本法规。《税收征收管理法实施细则》中应有所体现。

8. 委托代征税款无可执行的"国家有关规定"

《税收征收管理法实施细则》第44条规定,有关委托代征税收要"按照国有关规定"委托,而此处所说的"规定"具体指的是什么规定,究竟由什么制度(按照新《税收征收管理法》第29条规定应当是法律、行政法规来明确)不够明确。当前,税务系统正加速税收信息化建设,撤并收缩相应的农村征收机构,如何采取行之有效的方式管好农村集贸零散税收显得十分迫切。从基层的实际情况看,"委托代征"是解决基层农村集贸零散税收征管力量不足,利于税收控管和方便纳税的有效办法。因此,我们建议以规章或规范性文件的形式作出内容清晰、具备可操作性的《税收委托代征制度》,以解决当前委托代征税款行为中存在的问题。

本章小结

税收征收管理是税务机关代表国家行使征税权,指导纳税人履行纳税义务,对日常税收活动依法进行组织、管理、监督、检查的活动。税收征收管理是实现税收职能的必要手段。为了加强税收征收管理,规范税收征收和缴纳行为,保障国家税收收入,保护纳税人的合法权益,促进经济和社会的发展,国家制定了《税收征收管理法》。本章主要介绍了包括税务管理、税款征收、税务检查和法律责任等方面的内容。

税务管理是税收征管的基础环节,是税款征收的前提,主要包括税务登记(开业税务登记,变更税务登记,注销税务登记,停业、复业税务登记,外出经营报验登记等),账簿、凭证管理，纳税申报(直接申报、邮寄申报、数据电文)。

税款征收是税收征收管理中的核心内容的中心环节，主要包括税款征收方式(查账征收、查定征收、查验征收、定期定额征收、代扣代缴、代收代缴、委托代征和其他方式)，税款征收的行政措施(加收滞纳金、核定应纳税额、税款的补缴与追征、税收保全措施、税收强制执行措施、阻止出境、税款优先执行等)。《税收征收管理法》中对税款征收的措施的规定，对维护税收法规和保障税款及时足额征收入库具有重要作用。

税务检查可以有效控制税收征收管理工作，税务机关和纳税人在税务检查中都具有各自的权利和义务。

税收法律责任是对征纳双方违反税法等法律制度时给予的惩罚，如果未达到司法机关的立法标准，应给予违法的税务机关和纳税人以行政处理；如果达到司法机关的立法标准，则应追究刑事责任。

自测练习

一、学习思考

1. 税务管理、税款征收的法律规定有哪些？
2. 税务检查的法律规定有哪些？
3. 违法税收法律制度的法律责任有哪些？
4. 在税款征收中纳税人有哪些权利和义务？

二、案例分析

1. A 县某餐饮部属承包经营，该县征管分局接群众反映，该餐饮部利用收入不入账的方法偷逃税款。2013 年 5 月 25 日，分局派两名税务干部(李某与钱某)对其实施检查，税务人员在出示税务检查证后，对相关人员进行了询问，但没有线索，于是对餐饮部经理宿舍进行了搜查，发现了流水账，经与实际申报纳税情况核对，查出该餐饮部利用收入不入账的方法，偷逃税款 5 万元的事实。

5 月 28 日，该分局依法下达了税务行政处罚事项告知书，拟作出追缴税款、加收滞纳金、并处 3 万元罚款的决定。5 月 29 日，下达了税务行政处罚决定书。5 月 30 日，该餐饮部提出税务行政处罚听证要求。6 月 5 日由李、钱二人和其他一名干部共同主持了听证会，经听取意见后，当场作出税务行政处罚决定，并要求听证所花费用由餐饮部承担，并将决定书当场交给餐饮部代表。在没履行义务的情况下，该餐饮部于 7 月 5 日就 3 万元罚款一事向县地税局提出行政复议申请，县地税局以纳税人未缴纳税款及已超过法定复议期限为由不予受理复议申请。7 月 6 日，餐饮部依法向县人民法院起诉。

要求：根据上述案例，请指出其中的不合法之处。

2. 松山公司成立于2012 年，主营网站服务。在 2013 年度所得税纳税申报时，该公司与税务机关发生争议：税务机关认为，松山公司计提的长期投资减值准备金 10 万元不得从应纳税所得额中扣除；松山公司不同意税务机关的意见，并以此为由拒缴税款。

税务机关在责令松山公司限期缴纳无效后，作出了暂停松山公司使用发票的处罚决定。松山公司对此处罚决定不服，于是向人民法院起诉。

要求：(1) 松山公司与税务机关发生的纳税争议中，税务机关的意见是否符合税法的规定；(2) 松山公司拒缴税款的做法是否合法；(3) 税务机关的处罚决定是否合法。

三、能力训练

某区税务机关与其管辖的纳税人之间发生以下事项。

(1) 发现甲公司开具的普通发票填写项目不齐全,于是停止对甲公司供应发票。

(2) 发现乙公司欠缴税款 40 万元,税务机关在多次催缴无效的情况下,查封了其一处有产权的不动产,准备以该不动产拍卖所得抵缴税款。丙公司闻讯后,以该房产已经抵押给丙公司作为合同担保,并且依法办理了抵押物登记手续为由,对税务机关的查封行为提出异议。

(3) 发现丁公司欠缴税款 30 万元,税务机关在多次催缴无效的情况下,对该公司的账簿资料进行了检查,发现该公司账户上确实无钱可付,但丁公司放弃了 A 公司应付的一笔早已到期的 30 万货款。经了解,丁公司从未向 A 公司追讨过欠款。

要求:根据有关法律规定,回答下列问题。

(1) 分析税务机关对甲公司停止供应发票的处理是否正确。

(2) 分析税务机关如何处理对乙公司征收税款与丙公司以房产抵押作为合同担保之间的关系。

(3) 分析税务机关可以采取何种措施追缴丁公司欠缴的税款,从而维护国家的税收权益。

第12章 税收救济法

学习目标

【知识目标】

了解并掌握税务行政复议、税务行政诉讼和税收行政赔偿的法律规定

【能力目标】

1. 能够掌握税务行政复议、税务行政诉讼的适用范围、管辖和程序；掌握税务行政赔偿的范围、时效、程序、方式与标准，能够对税收救济法有一个全面的认识
2. 能够运用税务行政复议、税务行政诉讼和税务行政赔偿相关知识对相关案例进行分析

12.1 税务行政复议

根据《税收征收管理法》的规定，纳税人、扣缴义务人、纳税担保人同税务机关在纳税上发生争议时，必须先依照税务机关的纳税决定缴纳或者解缴税款及滞纳金或者提供相应的担保，然后可以依法申请行政复议；对行政复议决定不服的，可以向人民法院起诉。当事人对税务机关的处罚决定、强制执行措施或者税收保全措施不服的，可以依法申请行政复议，也可以依法向人民法院起诉。当事人对税务机关的处罚决定逾期不申请行政复议也不向人民法院起诉、又不履行的，作出处罚决定的税务机关可以采取强制执行措施，或者申请人民法院强制执行。

记一记：税务行政复议是指当事人(纳税人、扣缴义务人、纳税担保人)认为税务机关及其工作人员作出的税务具体行政行为侵犯其合法权益，依法向上一级税务机关或作出具体行政行为的税务机关所属地方人民政府(复议机关)提出申请，复议机关经审理对原税务机关具体行政行为作出维持、变更、撤销等决定的活动。认为具体行政行为所依据的规定不合法时，可以一并向行政复议机关提出对该规定的审查申请，有关机关按照规定的权限和程序予以处理。税务行政复议活动是税务机关的一种行政执法行为，税务行政复议是我国行政复议的一个重要组成部分。

12.1.1 税务行政复议的范围

根据《税收征收管理法》《税务行政复议规则》等规定，税务行政复议的受案范围仅限于税务机关作出的具体行政行为，不包括抽象行政行为。

(1) 税务机关作出的征税行为，如税收税款、加收滞纳金；审批减免税和出口退税；税务机关委托扣缴义务人作出的代扣代收税款行为。

(2) 税务机关作出的责令纳税人提交纳税保证金或提供纳税担保行为。

(3) 税务机关作出的税收保全措施。

(4) 税务机关作出的通知出境管理机关阻止出境行为。

(5) 税务机关作出的税收强制执行措施。

(6) 税务机关作出的行政处罚行为,如罚款;销毁非法印制的发票,没收违法所得;对为纳税人、扣缴义务人非法提供银行账户、发票、证明或者其他方便,导致未缴、少缴税款或者骗取国家出口退税款的,没收其非法所得。

(7) 税务机关拒绝颁发税务登记证、发售发票或不予答复的行为。

(8) 法律、法规规定税务机关受理复议的其他具体行政行为。

12.1.2 税务行政复议的管辖

税务行政复议的管辖是指税务行政复议机关之间受理税务行政复议案件的职权划分。

根据《中华人民共和国行政复议法》的规定,对于实行垂直领导管理体制的税务系统,行政复议管辖的基本制度是实行由上一级税务机关管辖下一级税务机关的基本原则。

(1) 对省级以下各级国家税务局作出的税务具体行政行为不服的,向其上一级税务机关申请行政复议;对省级国家税务局作出的具体行政行为不服的,向国家税务总局申请行政复议。

(2) 对省级以下各级地方税务局作出的税务具体行政行为不服的,向其上一级税务机关申请行政复议;对省级地方税务局作出的具体行政行为不服的,向国家税务总局或者省级人民政府申请行政复议。

(3) 对国家税务总局作出的税务具体行政行为不服的,向国家税务总局申请行政复议。

(4) 对其他机关、组织等作出的税务具体行政行为不服的,按照下列规定申请行政复议:

① 对税务机关依法设立的派出机构,依照法律、法规或者规章的规定,以自己名义作出的税务具体行政行为不服的,向设立该派出机构的税务机关申请行政复议;

② 对扣缴义务人作出的扣缴税款行为不服的,向主管该扣缴义务人的税务机关的上一级税务机关申请行政复议;

③ 对国家税务局和地方税务局共同作出的具体行政行为不服的,向国家税务总局申请复议;对税务机关与其他机关共同作出的具体行政行为不服的,向其共同上一级行政机关申请行政复议;

④ 对被撤销的税务机关在撤销前所作出的具体行政行为不服的,向继续行使其职权的税务机关的上一级税务机关申请行政复议。

议一议: 国家税务总局和地方税务局复议管辖有什么区别?

12.1.3 税务行政复议的程序

税务行政复议的程序由申请、受理、审理、决定和送达等环节构成。

1. 税务行政复议申请

申请人对税务机关作出的征税行为不服，应先根据法律、行政法规确定的税额、期限缴纳或者解缴税款及滞纳金，然后须在收到税务机关填发的缴款凭证之日起 60 日内提出行政复议申请，并要先向复议机关申请行政复议，对复议决定不服，再向人民法院起诉。对除税务机关作出的征税行为以外的其他税务具体行政行为不服的，可以申请行政复议，也可以直接向人民法院提起行政诉讼。

记一记：申请人对税务机关作出的征税行为不服的，应先缴纳或者解缴税款及滞纳金，然后须在收到税务机关填发的缴款凭证之日起 60 日内提出行政复议申请，并且要先复议，对复议不服的才能向人民法院起诉；对其他税务具体行政行为不服，可复议也可起诉。

2. 税务行政复议受理

复议机关收到行政复议申请后，应当在 5 日内进行审查，对不符合规定的行政复议申请，决定不予受理，并书面告知申请人；对符合规定，但是不属于本机关受理的行政复议申请，应当告知申请人向有关行政复议机关提出申请。对符合规定的行政复议申请，自复议机关法制工作机构收到之日起即为受理。

对应当先向复议机关申请行政复议，对行政复议决定不服再向人民法院提起行政诉讼的具体行政行为，复议机关决定不予受理或者受理后超过复议期限不作答复的，申请人可以自收到不予受理决定书之日起或者行政复议期满之日起 15 日内，依法向人民法院提起行政诉讼。

小案例

个体工商户王某于 2013 年 5 月 10 日领取营业执照，并开始从事生产经营活动，同年 8 月 25 日，该县地税局在漏征漏管户清理工作中，发现王某未向地税机关申请办理税务登记，也未申报纳税(应纳税款共计 5 000 元)。该县地税局于是对王某未按规定期限办理税务登记的行为，责令限期改正，并依照法定程序作出罚款 1 000 元的决定；对未申报纳税的行为，责令限期改正，同时依照法定程序作出追缴税款及加收滞纳金、并处未缴税款 3 倍即 1.5 万元罚款的决定。王某对此不服，于是在接到税务处理和处罚决定书后，向市地税局提出行政复议申请。

请问：(1) 该县地税局对王某的处罚是否正确，为什么；(2) 该市税务局应否受理王某的行政复议申请？

3. 税务行政复议审理

税务行政复议审理是税务机关针对税收争议问题，根据税收法律、法规的规定，进行审查并作出处理决定的过程，由申请受理、审理、复议决定和送达等环节构成。

4. 税务行政复议决定

复议机关法制工作机构应当自受理行政复议申请之日起 7 日内,将行政复议申请书副本或者行政复议申请笔录复印件发送被申请人。复议机关法制工作机构应当对被申请人作出的具体行政行为进行合法性与适当性审查,提出意见,经复议机关负责人同意,作出行政复议决定。

复议机关应当自受理申请之日起 60 日内作出行政复议决定。情况复杂,不能在规定期限内作出行政复议决定的,经复议机关负责人批准,可以适当延长,并告知申请人和被申请人;但是延长期限最多不超过 30 日。

记一记: 税务行政复议程序的时间规定

(1) 申请人对税务机关征税行为不服的复议申请,应在缴清税款、滞纳金并收到税务机关填发的缴款凭证之日起 60 日内提出;对作出的税收保全措施、强制执行措施等不服复议的申请,在接到税务机关采取上述措施通知之日起 15 日内提出。

(2) 复议机关对收到的复议申请应当在 5 日内审查。

(3) 对于应先复议,才能申请诉讼的,要在收到不予受理决定书或行政复议期满之日起 15 日内,提起诉讼。

(4) 复议机关要在受理行政复议申请之日起 7 日内,将行政复议申请书副本或者行政复议申请笔录复印件发送被申请人。

(5) 复议机关应当自受理申请之日起 60 日内作出行政复议决定,延长期限最多不超过 30 日。

5. 税务行政复议送达

税务行政复议送达是指复议机关将行政复议决定送达至申请人手中的行为,送达期限依照《中华人民共和国民事诉讼法》关于送达的规定执行。

12.2 税务行政诉讼

税务行政诉讼是指纳税人和其他税务当事人不服税务机关及其工作人员作出的具体税务行政行为、违法或不当,侵犯了其合法权益,依法向人民法院提起行政诉讼,由人民法院对具体税务行政行为的合法性和适当性进行审理并作出裁决的司法活动。税务行政诉讼的目的是保证人民法院正确、及时审理税务案件,保护税务当事人的合法权益,维护和监督税务机关依法行使行政职权。

12.2.1 税务行政诉讼的受案范围

税务行政诉讼的受案范围,是税务行政诉讼制度的核心内容,是人民法院对税务机关拥有的司法审查权。根据《行政诉讼法》的规定,行政诉讼原则上只对具体的行政行为的合法性进行审查。税务行政复议的具体受案范围如下:

(1) 对税务机关作出的处罚决定不服的;

(2) 对税务机关作出的税收保全措施不服的;

（3）对税务机关作出的税收强制执行措施不服的；

（4）对税务机关作出的通知出境管理机关阻止出境不服的；

（5）对税务机关不予依法办理或答复的行为；

（6）认为税务机关违法要求履行义务的；

（7）对税务机关作出的征税行为发生争议，经税务复议机关复议，对复议决定不服的；

（8）对税务机关作出除征税以外的其他具体行政行为不服的。

12.2.2　税务行政诉讼的管辖

税务行政诉讼的管辖适用《行政诉讼法》对管辖的规定，分为级别管辖、地域管辖和裁定管辖三种。

1. 级别管辖

级别管辖是划分上下级人民法院之间受理一审行政案件的分工和权限。税务行政诉讼级别管辖的主要内容是：基层人民法院管辖一般的税务行政诉讼案件；中级、高级人民法院管辖全国范围内重大、复杂的税务行政诉讼案件。

2. 地域管辖

地域管辖是确定同级人民法院之间受理第一审行政案件的分工和权限，包括以下四项。

（1）一般地域管辖

行政案件由最初作出具体行政行为的行政机关所在地人民法院管辖；经复议的案件，复议机关改变原具体行政行为的，也可以由复议机关所在地人民法院管辖。

（2）特殊地域管辖

特殊地域管辖是指对限制人身自由的行政强制措施不服提起诉讼由被告所在地或原告所在地人民法院管辖。

（3）专属管辖

专属管辖是指因不动产提起的行政诉讼由不动产所在地人民法院管辖；因不动产的转让、出租的确认行为而发生的行政诉讼，由不动产所在地人民法院管辖。

（4）选择管辖

选择管辖是指对两个以上的人民法院都有管辖权的税务行政诉讼案件，可由原告选择其中一个人民法院提起诉讼。原告向两个以上有管辖权的人民法院提起税务行政诉讼的，由最先收到起诉状的人民法院管辖。

3. 裁定管辖

裁定管辖是指人民法院依法自行裁定的管辖，包括以下三项。

（1）移送管辖

人民法院发现受理的案件不属于自己管辖时，应当将所受理的税务行政诉讼案件移送有管辖权的人民法院。受移送的人民法院不得再自行移送。

（2）指定管辖

有管辖权的人民法院由于特殊原因，不能行使对税务行政诉讼案件的管辖权的，由其上级人民法院指定管辖；人民法院对管辖权发生争议，由争议双方协商解决；协商不成，报它们的共同上级人民法院指定管辖。

(3) 管辖权的转移

上级人民法院有权审判下级人民法院管辖的第一审税务行政案件,也可以把自己管辖的第一审税务行政案件移交下级人民法院审判。下级人民法院对其管辖的第一审税务行政案件,认为需要由上级人民法院审判的,可以报请上级人民法院决定。

问题解答　　**税务行政讼诉的管辖与时限如何?**

答:对税务机关作出具体行政行为不服的,纳税人可以在税务机关作出具体行政行为之日起3个月内,向该税务机关所在地的人民法院提起诉讼。

经过税务行政复议,复议机关未改变原税务机关的具体行政行为,纳税人对行政复议决定不服的,可在收到复议决定书之日起15日内向原税务机关所在地的人民法院提起诉讼。

经过税务行政复议,复议机关改变了原税务机关的具体行政行为,纳税人对税务行政复议决定不服的,可在收到复议决定书之日起15日内向原税务机关或税务复议机关所在地的人民法院提起诉讼。

12.2.3 税务行政诉讼的起诉和受理

起诉是指税务行政相对人认为税务具体行政行为侵犯了自己的合法权益,依法向人民法院提出诉讼请求,要求人民法院行使国家审判权予以保护和救济的诉讼行为。受理是指人民法院接到诉讼请求后,经审查认为符合法定起诉条件,决定予以立案审理的行为。当事人提起税务行政诉讼,应当向人民法院提交起诉状。人民法院接到原告的起诉状后,进行审查,作出立案或不予受理的裁定。

1. 起诉的条件

税务行政相对人依法享有起诉权,不允许任何人的非法限制和剥夺;同样,起诉权也不能任意使用。根据《行政诉讼法》的规定,税务行政诉讼的起诉必须具备以下条件:

① 原告必须有起诉资格;

② 起诉必须有明确的被告;

③ 起诉必须有明文的法律依据;

④ 起诉必须有具体的诉讼请求;

⑤ 起诉必须有确实的事实根据;

⑥ 起诉的程序必须合法。

2. 起诉的受理

人民法院接到起诉状后,经过审查,认为符合起诉条件的,应当在7日内立案。决定立案的期限,从人民法院接到起诉状次日起计算;对不符合法定要件的,人民法院可以限期责令补正起诉条件,若原告不补正或补正后仍不符合起诉条件的,人民法院应在7日内作出裁定,通知原告不予受理。原告对于不予受理的裁定,可向上一级人民法院提起上诉。

问题解答　　**税务行政讼诉的受理时限如何?**

答：人民法院在接到原告的起诉状后，应在7日内作出审查结果，裁定立案受理或不予受理。

人民法院应当在税务行政诉讼案件立案之日起5日内，将起诉状副本发送被告税务机关。

被告应当在收到起诉状副本之日起10日内，向人民法院提交作出具体行政行为的有关材料，并提出答辩状。被告不提出答辩状的，不影响人民法院审理。

人民法院应当在收到答辩状之日起5日内将答辩状副本发送给原告。

12.2.4　税务行政诉讼的审理和判决

税务行政诉讼的审理是指人民法院对税务行政案件进行实质性审查，并确认、判决行政机关的行政行为是否合法、正确的诉讼活动。人民法院审理税务行政案件，以法律、法规为依据，以规章为参照，以一般规范性文件为参考。人民法院审理税务行政案件实行公开、合法、回避、两审终审等制度。

1. 审理的原则

对行政案件的审理，不仅要做好前述准备工作，在审理时还应遵循以下原则。

(1) 起诉不停止执行的原则

即一般情况下，诉讼期间税务具体行政行为不停止执行，除非有特殊情况才停止执行，如被告认为需要停止执行的；原告申请停止执行，人民法院认为该行政行为的执行会造成难以弥补的损失，并且停止执行不损害社会公共利益，裁定停止执行的；法律、法规规定停止执行的。

(2) 不适用调解的原则

即人民法院审理行政案件，不能适用调解，无权以调解的方式结案。

(3) 被告负举证责任的原则

即人民法院审理行政案件，应由作为被告的税务机关对其所作出的税务具体行政行为负举证责任，即提供证据证明被诉税务行政行为的合法性，如果不能提供，该税务机关就要承担败诉的后果。

2. 审理的方式和依据

根据《行政诉讼法》的规定，人民法院审理一审行政案件应采用开庭审理的方式，即在人民法院审判人员的主持下，在诉讼参加人和其他参与人的参加下，依法定程序对被起诉的税务具体行政行为进行审查并作出裁判。开庭审理又分为审理开始、法庭调查、法庭辩论、合议庭评议和判决裁定等阶段。

3. 审理的范围

根据《行政诉讼法》的规定，法院在行政诉讼中的主要任务是对具体行政行为是否合法进行审查，即审查行政行为的合法性。税务行政诉讼的审查范围主要包括行政机关的法定职权、作出具体税务行政行为的事实和证据、适用法律和法规以及法定程序等内容。

4. 审理后的判决

根据《行政诉讼法》的规定,人民法院对一审案件,经审理后,根据不同情况,分别作出如下判决。

(1) 维持判决,即税务具体行政行为证据确凿,适用法律、法规正确,符合法定程序的,判决维持。

(2) 撤销判决,即税务具体行政行为的主要证据不足或者适用法律、法规错误,或者违反法定程序,或者超越职权,或者滥用职权的,判决撤销或者部分撤销,并可以判决被告重新作出具体行政行为。

(3) 履行判决,即被告不履行或者拖延履行法定职责的,判决其在一定期限内履行。

(4) 变更判决,即税务行政处罚显失公正的,可以判决变更。

问题解答　**税务行政处罚、行政复议和行政诉讼的关系如何?**

答:纳税人、扣缴义务人、纳税担保人同税务机关在纳税上发生争议时,必须先依照税务机关的纳税决定缴纳或者解缴税款及滞纳金,或者提供相应的担保,然后可以依法申请行政复议;对行政复议决定不服的,可以依法向人民法院起诉。

当事人对税务机关的处罚决定、强制执行措施或者税收保全措施不服的,可以依法申请行政复议,也可以依法向人民法院起诉。

12.3 税务行政赔偿

税务行政赔偿是指税务机关及其工作人员在税务执法的过程中,违法行使职权给公民、法人或其他组织的合法权益造成损害,由国家承担赔偿责任,并由税务机关具体履行赔偿义务的一项法律制度。

12.3.1 税务行政赔偿概述

为了保障公民、法人和其他组织享有依法取得国家赔偿的权利,促进和监督税务机关及其工作人员依法行使职权,1994 年 5 月第八届全国人大会常委会第 7 次会议通过《国家赔偿法》,自 1995 年 1 月起施行。它既是一部规范国家赔偿的实体法,又是一部具有较强操作性的程序法,同时也是税务行政赔偿的主要法律依据。1997 年 4 月最高人民法院发布了《关于审理行政赔偿案件若干问题的规定》。此外,《税收征收管理法》也规定了税务行政赔偿的有关内容。

1. 构成要件

(1) 存在税务机关或其工作人员的职务违法行为

税务机关或其工作人员的职务违法行为是构成税务行政赔偿责任的核心要件,也是税务行政赔偿责任存在的前提。所谓职务违法行为,是指税务机关或其工作人员侵害纳税人和其他税务当事人合法权益的行为发生在履行税收管理职责的过程中。同时,税务机关或其工作人员的行为违反法律、法规规章的规定。

(2) 存在对纳税人和其他税务当事人合法权益造成损害的事实

损害的事实是构成税务行政赔偿责任的必备要件。如果税务机关或其工作人员违法行使职权没有侵犯纳税人等税务行政相对人的合法权益或侵犯的是非法利益，则不发生税务行政赔偿问题。这里的损害事实指的是实际发生的损害，对尚未发生的损害，税务机关没有赔偿义务。

(3) 违法行为与损害事实之间存在因果关系

违法行为与损害事实之间存在因果关系的含义是违法行为直接导致了权益受损害的结果。如果税务机关及其工作人员在行使职权时存在违法行为，纳税人和其他税务当事人的合法权益也遭受到损害了，但是这种损害却不是税务机关及其工作人员的职务违法行为引起的，税务机关就不承担赔偿义务。

议一议：税务行政赔偿与税务行政补偿及民事赔偿的区别是什么？

2. 赔偿请求人与赔偿义务机关

(1) 赔偿请求人

税务行政赔偿请求人是指有权对税务机关及其工作人员的职务违法行为造成损害提出赔偿要求的人，包括：受害的纳税人和其他税务当事人；受害的公民的继承人和其他有扶养关系的亲属；承受原法人或者其他组织权利的法人或者其他组织。

(2) 赔偿义务机关

税务行政赔偿义务机关是指代表国家履行具体赔偿义务、支付赔偿费用、参与赔偿复议和参加赔偿诉讼的税务机关。在税务行政赔偿中具体的赔偿义务机关如下。

① 一般情况下，税务机关及其工作人员违法行使职权侵犯纳税人和其他税务当事人的合法权益并给其造成损害的，该税务机关就是履行赔偿义务的机关。

② 两个以上税务机关及其工作人员或税务机关及其工作人员和其他国家行政机关共同行使职权侵犯纳税人和其他税务当事人的合法权益并给造成损害的，共同行使职权的机关为共同赔偿义务机关，承担连带赔偿责任。

③ 受税务机关委托的组织及其工作人员行使被委托的税收征收管理职权，侵犯纳税人和其他税务当事人的合法权益并给其造成损害的，作出委托授权的税务机关是履行赔偿义务的机关。

④ 赔偿义务机关被撤销的，继续行使其职权的税务机关为赔偿义务机关。没有继续行使其职权的税务机关的，由撤销该赔偿义务机关的机关为赔偿义务机关。

⑤ 经过税务行政复议机关复议的，最初造成侵权行为的税务机关为赔偿义务机关。但税务机关的复议决定加重损害的，由复议机关对加重损害部分履行赔偿义务。

12.3.2　税务行政赔偿的范围与时效

1. 范围

(1) 侵犯人身权的赔偿

① 非法拘禁纳税人和其他税务当事人或者以其他方式剥夺纳税人和其他税务当事人人身自由的。

② 以殴打等暴力行为或者唆使他人以殴打等暴力行为造成纳税人和其他税务当事人身体伤害或者死亡的。

③ 造成纳税人和其他税务当事人身体伤害或者死亡的其他违法行为的。

(2) 侵犯财产权的赔偿

① 违法征收税款及滞纳金的。

② 对纳税人和其他税务当事人违法实施罚款、没收违法所得等行政处罚的。

③ 对纳税人和其他税务当事人违法采取强制执行措施或者税收保全措施的，或者采取强制执行措施或者税收保全措施不当的。

④ 违反国家规定向纳税人和其他税务当事人征收财物、摊派费用的。

⑤ 造成纳税人和其他税务当事人财产损害的其他违法行为。

(3) 税务机关不承担赔偿责任的情形

① 税务机关工作人员与行使行政管理职权无关的个人行为。

② 因纳税人和其他税务当事人自己的行为致使损害发生的。

③ 法律规定的其他情形。

2. 请求时效

税务行政赔偿请求人请求赔偿的时效为 2 年，自税务机关及其工作人员行使职权时的行为被依法确认为违法之日起计算。如果税务行政赔偿请求人在赔偿请求时效的最后 6 个月内，因不可抗力或者其他障碍不能行使请求权的，时效中止。从中止时效的原因消除之日起，赔偿请求时效期间继续计算。

12.3.3 税务行政赔偿的程序

1. 非诉讼程序

(1) 赔偿请求的提出

税务行政赔偿请求人应当先向负有赔偿义务的税务机关提出赔偿要求，其赔偿的项数可以是一项，也可以数项，在共同税务职务行为侵害赔偿案件中，赔偿请求人有权向其中任何一个赔偿义务机关要求赔偿，该赔偿义务机关应当依法先予全部赔偿。

赔偿请求人要求赔偿应当递交申请书，赔偿请求人书写申请书确有困难的，可以委托他人代书；也可以口头申请，由赔偿义务机关记入笔录。

赔偿义务机关经过依法确认，对确有属于税务行政赔偿范围的，侵犯纳税人及其他当事人的人身权或财产权行为的，应当给予赔偿。

小案例　　**税务行政赔偿申请书的内容**

税务行政赔偿申请书应当载明事项为：受害人的姓名、性别、年龄、工作单位和住所，法人或者其他组织的名称、住所和法定代表人或者主要负责人的姓名、职务；具体的要求、事实根据和理由；申请的年、月、日。

（2）赔偿请求的处理

赔偿义务机关应当自收到申请之日起 2 个月内依照有关法律的规定给予赔偿；逾期不赔偿或者赔偿请求人对赔偿数额有异议的，赔偿请求人可以在期限届满之日起 3 个月内向人民法院提起诉讼。

2. 诉讼程序

当税务行政赔偿机关逾期不予赔偿或者税务行政赔偿请求人对赔偿数额有异议时，税务行政赔偿请求人可以向人民法院提起诉讼。人民法院经审查认为符合起诉条件的，应当进行审理。税务行政赔偿诉讼的提起必须以税务机关的先行处理为条件，对赔偿请求人的人身权、财产权受到的损害是否应赔偿、赔偿多少可进行调解，且税务机关不需承担对损害事实部分举证责任。

税务机关向税务行政赔偿请求人支付了行政赔偿费用后，应当责令有故意或重大过失的税务机关工作人员、受委托的组织或个人承担部分或全部赔偿费用。

12.3.4　税务行政赔偿的方式与标准

1. 赔偿方式

（1）支付赔偿金

支付赔偿金是指在计算受害者所受损害的程度后，以支付货币的形式给予受害者相应的赔偿。它是国家赔偿的主要方式，其特点是使用范围广和便于操作，是一种较为理想的赔偿方式。

（2）返还财产

返还财产是指税务机关将违法取得的财产返还给受害人的赔偿方式。适用返还财产的前提是财产或原物还存在，如果原物已经损毁或灭失，也就不存在返还财产的问题。应当注意的是，返还财产应当包括财产在行政相对人失去控制期间的孳息物。

（3）恢复原状

恢复原状是指赔偿义务机关按照受害人的愿望和要求，使被损害的物体或关系恢复到损害发生之前的状态或性能。当恢复原状比赔偿金赔偿更容易、更便捷时，才使用恢复原状的赔偿方式。

除了以上三种经济赔偿方式以外，如果税务机关及其工作人员的职务违法行为给受害人的名誉权、荣誉权等造成损害的，由侵权机关在侵权影响范围内，为受害人消除影响、恢复名誉、赔礼道歉。

2. 赔偿的标准

我国在确定赔偿标准上，采取适当赔偿原则，即以保障受害人生存和生活必需为限，使受害人所受到的损失能够得到适当弥补。

（1）侵害人身权的赔偿标准

① 侵犯公民人身自由的，每日赔偿金按照国家上年度职工日平均工资计算。

② 造成公民身体伤害的，应当支付医疗费，赔偿因误工减少的收入。减少的收入每日赔偿金按照国家上年度职工日平均工资计算，最高额为国家上年度职工年平均工资的 5 倍。

③ 造成部分或者全部丧失劳动能力的，应当支付医疗费以及残疾赔偿金，残疾赔偿金最高限额为国家上年度职工年平均工资 10 倍；全部丧失劳动能力的为国家上年度职工年平均工资的 20 倍；造成全部丧失劳动能力的，对其扶养的无劳动能力的人，还应当支付生活费。

④ 造成死亡的,应当支付死亡赔偿金、丧葬费,总额为国家上年度职工年平均工资的 20 倍。对死者生前扶养的无劳动能力的人,还应当支付生活费。

(2) 侵害财产权的赔偿标准

① 违法征收税款、加收滞纳金的,返还税款及滞纳金。

② 违法对应予出口退税而未退税的,应予退税。

③ 处罚款、没收非法所得或者违反国家规定征收财物、摊派费用的,返还财产。

④ 查封、扣押、冻结财产的,解除对财产的查封、扣押、造成财产损坏或者灭失的,应当恢复原状或给付相应的赔偿金。

⑤ 应当返还的财产损失的,能够恢复原状的恢复原状,不能恢复原状的,按照损害程度给付相应的赔偿金。

⑥ 应当返还的财产灭失的,给付相应的赔偿金。

⑦ 财产已经拍卖的,给付拍卖所得的价款。

⑧ 对财产权造成其他的损害的,按照直接损失给予赔偿。

按照《国家赔偿法》和《国家赔偿费用管理办法》的规定,税务行政赔偿费用列入各级财政预算,由各级财政按照财政管理体制分级负担。

课外阅读 **提升纳税人权益保护的司法救济层次**①

《税收征收管理法》将纳税人权益的保护作为立法的主要宗旨之一,其中直接涉及保护纳税人权益和为纳税人服务的条款有近 30 个,还有多个条款通过规范税务机关的行政行为保障纳税人权益。近几年,纳税人的合法权益得到很大程度的体现和尊重,但是一些侵害纳税人权益的现象仍时有发生。

这些侵害纳税人权益的现象主要有:一是税收执法侵权,包括执法程序执行不严谨,缺乏对纳税人知情权的尊重,滥用自由裁量权,部分税务人员的不廉行为导致纳税人权益受损;二是纳税人涉税选择权受限制,包括不能自主选择纳税申报方式,不能自主选择缴税方式,不能自主选择退税方式;三是税务机关部分内部管理要求增加纳税人的"奉行成本"。税务机关为规范管理,强化责任,导致部分涉税流程复杂,纳税人疲于奔走。税务机关在进行税收分析、税源调查、年终总结时,常常要求企业报送大量的报表资料。

税收立法是税收法治的核心,通过立法的形式将纳税人权益赋予纳税人,是保障纳税人权益体系的重要环节。由于历史和现实原因,我国对纳税人权利立法还存在缺失和不足,在传统税收立法思想中,长期坚持国家本位,过分强调国家权力和纳税义务。在现行的税收制度的设计上,侧重强调税收财政职能的实现,缺乏完善的纳税人权利救济机制,在税法制定程序上,缺乏应有的民主性与公开性。税务机关作为政府筹集财政资金的职能部门,一旦出现税收法律、法规的规定不一致或对于现有的税收法律、法规的不同理解时,税务机关往往会自觉或不自觉地采取对自己有利的解释。

① 陆静波,钱赛虎:《提升纳税人权益保护的司法救济层次》,2009 年 8 月《中国税务报》。

针对目前纳税人权益受到侵害的现象，提升司法救济的层次和增加维权的途径成为必要。

《税收征收管理法》已经规定和完善了纳税人的合法权益，但不够细化，程序性内容多，实质性内容少，更多的是规定税务机关和税务人员如何在工作中避免侵害纳税人合法权益，而没有从纳税人的视角规定如何保护自己的合法权益。国家应从纳税人的层面出台一部《纳税人权益保护法》，让征纳双方在具体行政过程中都能自觉地遵守和维护。

《税收征收管理法》规定的纳税人救济途径单一，主要有申请行政复议和行政诉讼。纳税人与税务机关发生争议除了单打独斗没有自己的维权组织。而国外的纳税人一般都有自己依法成立的维权组织，像西班牙的纳税人保护委员会、德国的纳税人联盟等。目前，我国各地相继成立了纳税人维权中心，但都是以税务机关为主导的、缺乏制度诚意的组织，应该将此类组织发展成类似劳动仲裁、消费者协会性质的具有沟通、协商、调解、仲裁功能的社会维权组织，纳税人可以不必要非跟税务机关“对簿公堂”，而是通过此类组织与税务机关沟通交涉，这样既有利于纳税人更好地维护自己的合法权益，又能在一定程度上缓和征纳矛盾。

本章小结

税收救济是以税务争议为对象和内容，并以解决税务争议为直接目的，是保护纳税人的合法权益，保证税收执法机关依法征税的法律制度。我国的税收救济法律制度是由税收行政复议制度、税收行政诉讼制度和税收行政赔偿制度三个部分组成的。

税务行政复议是指当事人（纳税人、扣缴义务人、纳税担保人）认为税务机关及其工作人员作出的税务具体行政行为侵犯其合法权益，依法向上一级税务机关或作出具体行政行为的税务机关所属地方人民政府（复议机关）提出申请，复议机关经审理对原税务机关具体行政行为作出维持、变更、撤销等决定的活动。认为具体行政行为所依据的规定不合法时，可以一并向行政复议机关提出对该规定的审查申请，有关机关按照规定的权限和程序予以处理。税务行政复议活动是税务机关的一种行政执法行为，税务行政复议是我国行政复议的一个重要组成部分。

税务行政诉讼是指纳税人和其他税务当事人不服税务机关及其工作人员作出的具体税务行政行为、违法或不当，侵犯了其合法权益，依法向人民法院提起行政诉讼，由人民法院对具体税务行政行为的合法性和适当性进行审理并作出裁决的司法活动。税务行政诉讼的目的是保证人民法院正确、及时审理税务案件，保护税务当事人的合法权益，维护和监督税务机关依法行使行政职权。

税务行政赔偿是指税务机关及其工作人员在税务执法的过程中，违法行使职权给公民、法人或其他组织的合法权益造成损害，由国家承担赔偿责任，并由税务机关具体履行赔偿义务的一项法律制度。税务行政赔偿包括税务行政赔偿的范围、时效、程序、方式与标准。

自测练习

一、学习思考

1. 解决税收争议的方式有哪些,各自的适用范围、管辖和程序是什么?

2. 税务行政赔偿的范围、时效、程序、方式与标准是什么?

二、案例分析

A县甲企业承包经营,该县地税局稽查局接群众反映该企业偷逃税款。2013年4月25日,稽查局派人依法对其实施检查,查出该企业利用收入不入账的方法,偷逃税款5万元的事实。4月25日,该稽查局依法下达了《税务行政处罚事项告知书》,拟作出追缴税款、加收滞纳金、并处3万元罚款的决定;4月29日,下达了《税务行政处罚决定书》。截至5月20日,该企业既未缴纳税款,也未缴纳罚款。5月20日,经县局局长批准,该县地税局对甲企业采取强制执行措施,查封了甲企业价值相当于应纳税款的一辆小汽车,在该企业的仓库保管,并责令企业有关人员看管。5月25日,汽车被盗。该企业对县局的税务处理决定和税收强制执行措施不服,于6月20日向该市地税局提出行政复议申请,要求撤销县局的税务处理决定,并赔偿企业被盗汽车。

请问:

1. 该市地税局能受理甲企业的行政复议申请吗?

2. 如果甲企业对市地税局的行政复议决定不服提出行政诉讼,人民法院会支持甲企业的诉讼请求吗?

三、能力训练

张某于2013年3月进入某市新开设的集贸市场经营水果,未办理税务登记手续。该市国税局城区税务分局集贸税务所根据张某及其他纳税人的情况,核定张某每月应纳税额为1 000元,并下达核定书。同时通知张某于每月1—10日到集贸税务所缴纳上月的应纳税额,但至4月11日张某一直未履行其纳税义务。集贸税务所派税务员王某和协税员陈某前往催缴,但张某拒不缴纳,于是王某和陈某在未留下任何字据的情况下扣押张某价值1 000多元的水果10箱,存放在某厂的仓库。4月20日,张某仍未到该所缴纳税款,经所长的批准,集贸税务所将所扣押的10箱水果委托该市场经营水果的纳税人黄某代卖,因部分水果腐烂,黄某代卖所得款项仅600元,支付代卖费用100元,实际抵缴税款500元,当税务人员王某再次找张某时得知,因经营不佳,张某已于4月16日离开该集贸市场,所有的商品货物均已带走。当王某说及张某还有500元税款应该补缴时,有人告诉王某,该市场经营者刘某曾借过张某800元,王某随即找到刘某询问此事,刘某承认确有此事,于是王某要刘某代张某缴纳税款500元,刘某一开始不同意,后经再三要求,刘某只得答应代张某缴纳应补缴的税款500元。请根据《税收征收管理法》及《税收征收管理法实施细则》的有关规定对此案例进行分析,并回答下面的问题:

1. 税务部门采取的扣押张某的水果并变卖的做法属何种行为?税务人员在具体执行过程中存在哪些问题?

2. 税务部门要求刘某代为支付税款的行为是否有法律依据?在具体操作上是否符合法定程序?

参 考 文 献

[1] 朱为群. 税法学[M]. 上海：立信会计出版社,2004.

[2] 中国注册会计师协会. 税法[M]. 第二版. 北京：经济科学出版社,2007.

[3] 王磊. 新编税收实务[M]. 第二版. 大连：大连理工大学出版社,2005 .

[4] 中国注册会计师协会. 2008 注册会计师辅导教材《税法》[M]. 北京：经济科学出版社,2008.

[5] 全国注册税务师执业资格考试教材编写组. 2008 注册税务师辅导教材《税法》[M]. 北京：中国税务出版社,2008.

[6] 翟建华,丁增稳. 税法[M]. 北京：北京交通大学出版社,2007.

[7] 甄立敏. 税法与实务[M] . 北京：清华大学出版社,2006.

[8] 财政部会计资格评价中心.《经济法基础》全国会计专业技术资格考试辅导教材[M]. 北京：经济科学出版社,2007.

[9] 徐孟洲. 税法 [M]. 第二版. 北京：中国人民大学出版社,2006.

[10] 吴佩江. 税法教程新编 [M]. 第二版. 北京：科学出版社,2007.

[11] 刘少军. 税法学[M]. 第二版. 北京：中国政法大学出版社,2007.

[12] 国家税务总局教材编写组. 税收基础知识[M]. 北京：中国税务出版社,2003.

[13] 刘佐. 中国税制概览(2007 年版)[M]. 北京：经济科学出版社,2007.

[14] 王曙光,马克和,蔡德发. 税法学[M]. 大连：东北财经大学出版社,2006.

[15] 高丽萍,马克和. 税法[M]. 第二版. 北京：中国财政经济出版社,2007.

[16] 马克和. 税收应用基础[M]. 第二版. 北京：高等教育出版社,2009.

[17] 马克和. 实用税收基础[M]. 北京：经济科学出版社,2010.